信用债
投资分析与实战

低利率时代的投资选择

| 第2版 |

Credit Debt
Investment Analysis
and Practice

刘婕◎著

机械工业出版社
CHINA MACHINE PRESS

教科书中十年不变的公式和理念离真正的债券市场相距甚远。作为从业十余年、管理规模超过 300 亿元的投资经理，作者一直在一线从事投资管理工作，具有丰富的实战经验。自第 1 版出版以来，本书受到读者的广泛认可，也收到很多修改和完善的建议，本次更新主要包括以下内容：提供了信用债市场最新的投资方法和理念；增加了两章投资实战的内容，侧重于实际投资管理，更符合实战定位；为了精简内容，将钢铁核心内容通过小专题的方式放在煤炭一章后面，增加可读性；根据债券市场持仓结构，增加了对银行业的研究；将所有数据更新到数据最新期限。

图书在版编目（CIP）数据

信用债投资分析与实战 : 低利率时代的投资选择 /
刘婕著 . -- 2 版 . -- 北京 : 机械工业出版社 , 2025.8（2025. 11 重印）.
ISBN 978-7-111-79007-5

Ⅰ . F830.91

中国国家版本馆 CIP 数据核字第 2025TP1929 号

机械工业出版社 　（北京市西城区百万庄大街 22 号　邮政编码 100037）
策划编辑：杨熙越　　　　　　　　　　责任编辑：杨熙越　刘新艳
责任校对：高凯月　张慧敏　景 飞　　责任印制：单爱军
北京联兴盛业印刷股份有限公司印刷
2025 年 11 月第 2 版第 2 次印刷
170mm×230mm · 25 印张 · 355 千字
标准书号：ISBN 978-7-111-79007-5
定价：89.00 元

电话服务　　　　　　　　　　　网络服务
客服电话：010-88361066　　　　机　工　官　网：www.cmpbook.com
　　　　　010-88379833　　　　机　工　官　博：weibo.com/cmp1952
　　　　　010-68326294　　　　金　书　网：www.golden-book.com
封底无防伪标均为盗版　　　　机工教育服务网：www.cmpedu.com

十年前，我刚进入这个行业时，很想拥有一本介绍信用债投资实践的图书，可惜当时没有找到。我在当时最火的社交网站"校内网"上发了一则消息："求介绍各行业信用债分析实践和会计科目特色的书籍！"结果可想而知，没有任何人可以推荐书籍，反而都是"同求""找到了告诉我"之类的留言。

我在这个行业摸爬滚打了十余年后，市场上也陆续有一些关于债券投资的图书，但依然没有一本从投资者的角度去看信用债投资的图书，反而经常有人问我："某类债券怎么看？到底需要关注什么东西？"这显然不是一两句话能说得明白的问题，于是我开始想写本书，一本从投资者的角度去看信用债投资的书。

希望这本书既可以帮到那些和我当年一样，满肚子从书本上学习了金融理论，但不了解信用债投资实践的行业新人。同时，信用债是存量20多万亿元的投资标的，也有很多朋友想了解这个"神秘"的市场。随着交易所债券市场的发展，相信会有越来越多的个人投资者参与到信用债投资中，让信用债投资也成为个人资产配置的重要项目。对于想了解和参与信用债市场投资的朋友，这本书也可以成为你的参考书。

这么多年来，为了更好地了解信用债投资标的，我进行了大量的实地调研，我经常调侃自己是这个市场上调研最多、跑得最勤快的投资经理之一。而现在，我要把这些年调研企业过程中发生的故事、所思所想都汇总在本书里。本书也是我十年信用债投资和研究经验的一个缩影。

信用债市场变化得实在太快了，研究方法和投资实践都在快速迭代，为了给读者呈现债券市场上最前沿的投资实践，我在第 1 版的基础上创作了本书（第 2 版）。我积极吸收了第 1 版读者的一些意见，并进行了修改，加入了大量债券投资的实操部分，简化了对投资方法相似的行业的叙述，改动比例超过了 50%。本书首先以讲故事的方式，向读者阐述在过去十年的三次违约潮中我的亲身经历，以及什么因素引领我避开了雷点。然后，分银行、城投、地产、煤炭（钢铁）四大板块，分享、评判信用债投资和研究方法，包括行业概况、个体分析框架、财报特点、量化打分模型等。最后，分享一些投资实战中的组合管理策略和心得。

在债券市场中，以银行、城投、地产、煤炭（钢铁）为主的板块几乎已经占到信用债存量的 80% 以上。所以本书的内容可以覆盖大部分日常投资中看到的信用债种类。现在，债券市场面临的最大问题是债券绝对收益率已经比较低。也正是由于中国的债券市场已经进入低利率时代，所以本书所倡导的信用债的精细化管理才更有用武之地。作为从业人员，我也期待越来越多不同风险评级的企业来债券市场融资，这样信用债收益率区间才能越来越宽阔，信用债从业人员的价值才会越来越受到认可。

最后，作为从小到大读着枯燥经济理论的金融从业者，我想让这本书成为一本没有任何经济学基础的读者都能读懂的书，所以我尽量避开专业的词汇，用接近聊天的语言和大家谈谈这十年我在这个行业的经验和所见所闻。就像和朋友坐着闲聊，聊聊那些在信用债市场上发生的事、那些我们在投资中踩过的坑。让我们开始吧！

第一章

规避爆雷企业的经验和教训

第一节　如何预判并规避陷入困境的城投类企业

地方政府投融资平台（以下简称"城投公司"）至今还没有一例公募债违约事件发生。城投公司债券的零违约和保刚兑，也进一步加深了债券市场对于城投公司债券的信任度。近年来，城投公司债券的存量规模不断增加，信用利差不断压缩，这些事实说明了债券市场对城投债不断加深的偏好。但是，即使城投债在大的框架下是受到债券市场喜爱的，依然会有些城投公司在沉重的压力下现出原形，成为"城投神话"中的"闹事者"。这里，简单地将城投债"闹事者"定义为债券（估值或者成交）收益率超过 10% 的城投公司。

对于一个投资经理及其管理的净值化账户而言，一只债券的收益率从 3% 以下上升到 10% 以上，已经算是比较大的投资失误了。即使债券最后并没有违约，这样的事件给投资经理以及账户的出资人带来的负面影响也是巨大的，因此，我们很有必要去学习如何规避这样的事件。

我在投资过程中，遇到过不少"城投神话"的"闹事者"。下面将讲述在实际投资过程中，我是如何提前识别出这些风险并做出投资决策的。

一、城投"四大天王"

2018 年开始兴起的城投"四大天王"是城投债的第一批"闹事者"。城投四大天王分别是"东镇江、西贵州、南湘潭、北大连"。随着问题慢慢得到解决，"四大天王"已经渐渐退出舞台，即使如此，城投"四大天王"仍然是一个时代的缩影，它代表了城投债务问题第一次以单个城市的形式出现在大众眼前。

（一）镇江：背靠大树好乘凉

苏南的五个城市又称"苏南五虎"，经济实力都很强。"苏南五虎"中的镇江，地理位置是苏南五个城市中最差的。镇江西边的南京市作为省会城市，天然被赋予省级的资源，再加上历史悠久、大学林立、居于长江边，城市发展优势十分明显。镇江东边的"苏锡常"依次靠着上海，是"长三角"经济圈的核心城市。因此，镇江只能通过大量举借债务跟上苏南其他城市的发展，2015 年之前，镇江债券融资成本超过 7%，非标融资成本更高。经过多年的累积，本息的压力越来越大，发展到最后，甚至镇江一年的财政收入都不够为城投公司的债务支付利息。

我第一次接触镇江的城投公司是在 2013 年，当时有人推荐镇江的债券，发债的城投公司是镇江的主要平台之一，平台的地位比较高，收益也十分诱人。经过研究后，我拒绝了这笔投资，主要有两个原因：第一，镇江的融资需求十分旺盛，市场上到处都是镇江的项目，给投资人一种再多的钱都填不满需求的感觉，这种对资金的强烈需求的背后是后续融资到期时巨大的资金滚续压力；第二，同样是市级平台，镇江城投公司的融资成本明显高于周边城市。简单的道理是，风险越高，收益率越高。以我当时所在机构的资金成本和风险偏好，明显不需要这样高收益和高风险的债券。

2013 年，城投的分析框架并不是那么齐全，市场的认知也没有那么系统。简单的认知是，如果一个地区本来债务规模就十分庞大，再加上融资成本又比较高，那么债务累积就会更快。本着"剔除区域尾部风险"的投资理念，我当时没有选择投资这个区域。果然，在2017~2018年货币政策收紧、城投融资政策也收紧的双重打击下，镇江的债务问题逐渐暴露出来。一个经历过这个时期的镇江债券持有人曾跟我说："那时候天天晚上睡不着觉，事情解决后仿佛劫后余生。"在经历过这件事后，这位朋友的团队放弃了信用债投资，转型做了利率债投资和中介业务，他告诉我，自从不做高收益债，精神压力小了很多，睡眠质量也变好了。

　　虽然镇江经历过困难的时期，但那已经是过去的事了。背靠经济实力强大的江苏省以及高效的债务管控体系，镇江已经走出高成本融资的阴霾，实现了低成本融资和再融资的正常化。同时由于江苏省的地方债倾斜，城投公司债务被转化成地方政府债务，从而大大减轻了城投公司的还债压力。图1-1选取了GDP体量相近的几个城市，可见，镇江市获得的地方政府债支持，无论在绝对量和增速上，都遥遥领先其他城市。

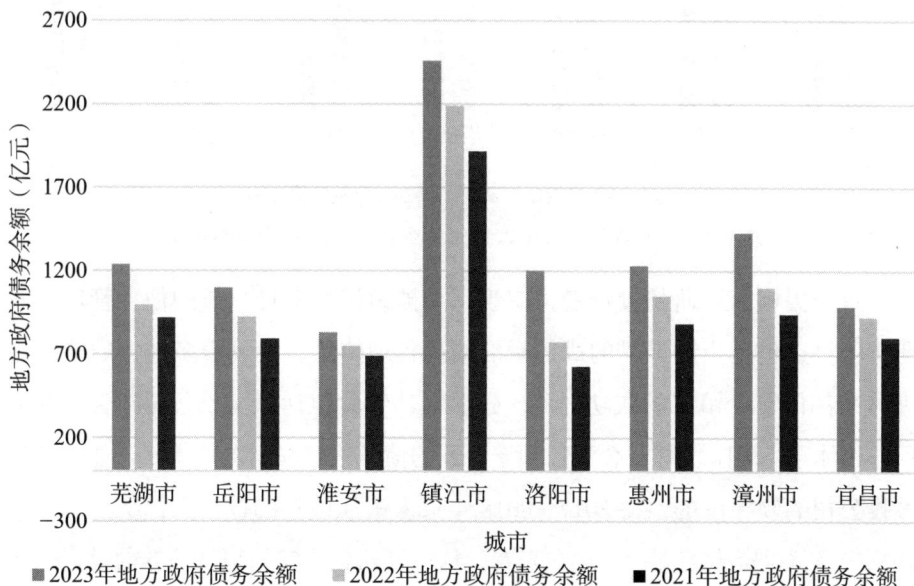

图1-1　样本城市地方政府债务余额

当然也有市场的声音认为这是"会哭的孩子有奶吃"。镇江从 2018 年进入化债期，在政策的利好下，发行地方政府债置换了城投债务，城投债务率逐年降低。与此同时，江苏其他城市和全国其他城市一样，城投债务率逐年上升。如图 1-2 所示，2023 年在江苏"十三太保"中，曾经城投债务率最高的镇江已经从老大变成了老七。尽管镇江的城投债务率已经属于江苏中游水平，兄弟城市中也大有债务率比镇江高不少的城市，但由于由来已久的"四大天王"的名号，镇江的政府债务率依然是最高的，这说明镇江在地方政府债上获得了最多的支持。

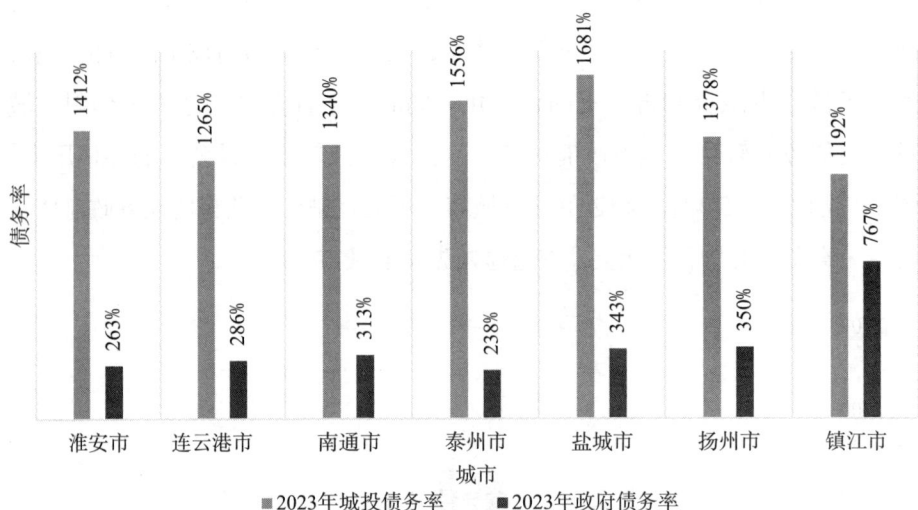

图1-2　江苏省部分城市城投债务率和地方政府债务率对比

每个去镇江调研的投资者，应当都会被镇江严密且高效的债务管理手段所折服。这也是全国最早的成体系的债务管理体系，后续很多地方的债务管理体系都借鉴了镇江的成功经验。这些成功经验包括从城投公司到省级的多层防控体系、风险缓释资金池、频繁召开的债务化解联席会议等。正如镇江某城投公司的领导说的，在 2017～2018 年买入镇江债券的投资人都赚钱了，镇江从未辜负投资人的支持。现在来看，从一开始就不参与镇江债券的投资未必是正确的选择。但站在债券投资者的角度上看，当时镇江的财政收入不足以支付城投债务的利息，也就是说连利息都需要再融资来滚续，也就是后续分析章节提到的债务陷入"庞氏骗局"的状态。作为投研人员，在发债主体靠自己已经无法形成良性循环的状态下，就应该选择不投资。虽然最后通过省政府协调，债务滚续问题得到缓解，但去判断政府的协调能力是有很多不确定性的，这实际已经超过了投研人员的研究能力。投研人员应该通过严谨的分析和累积的经验去做出投资决策，而不是靠信仰。"看不懂"或"判断不了"的投资不要去做，这是我的投资理念。因此，在庆幸没有经历过 2017～2018 年"糟心时刻"的同时，我也不后悔在收益率最高的时候没有参与投资。

（二）贵州：茅台化债心意诚

2015 年 1 月，证监会发布《公司债券发行与交易管理办法》，将公司债发行主体范围由原来的境内外交易所上市公司，扩大到所有公司制企业。同年，交易所公司债发行数量较上年翻倍。正是在这样的背景下，贵州省城投债券余额暴增，如图 1-3 所示，2014 年底整个贵州省城投债券余额只有 806 亿元，这个数字在 2015 年底增加至 1394 亿元，到 2016 年底快速上升至惊人的 2420 亿元，增速达到约 74%，一年时间内几乎翻倍。

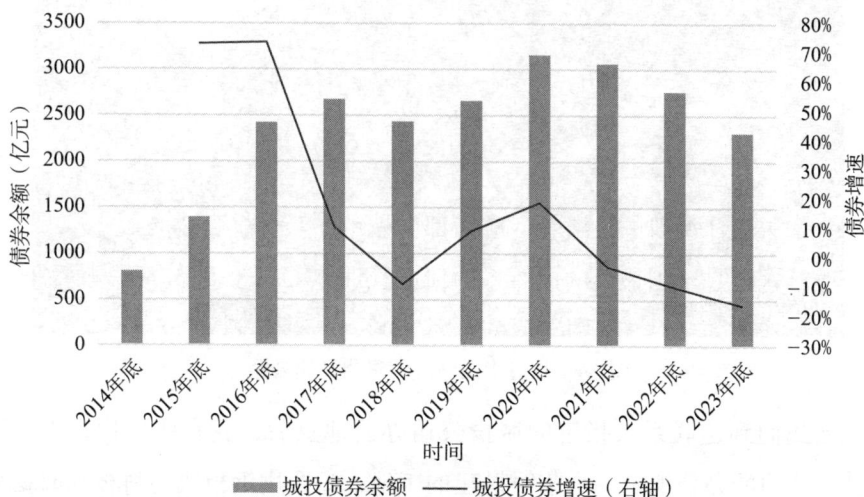

图1-3 贵州省城投债券余额及增速

　　由于贵州省城投债券供应增加，我也在 2016 年前往贵州调研了两次。2016 年，我和信评老 Y 在飞机降落到贵阳之后，从贵阳出发，开始对整个贵州省的发债主体进行实地调研。当时的贵州刚刚实现"县县通高速"，这些高速公路穿梭在贵州的崇山峻岭之间（见图 1-4）——遇沟架桥、遇山打洞，这让长期生活在长三角平原地区的投资人感到异常壮观，但是，这份壮观的背后是惊人的高速公路建设成本，贵州的高速公路建设成本至少是平原的两倍以上，但由于通车量比较少，高速公路的收益却远不及长三角地区的高速公路。我清楚地记得，调研时车行驶在贵西的高速公路上，我们很少看到其他车辆，这幅景象与我当时刚刚去调研过的山东对比强烈。我们的车就这么静静地行驶在空旷的崇山峻岭之间，偶尔见到一两辆车，带给我们这些外地人些许安全感。我们必须面对一个残酷的事实，全国除了东南沿海地区的部分高速公路，中西部城市的大部分高速公路每年的收入扣掉养护费用后，都不足以支付修建高速公路的银行贷款利息。

图1-4　越过崇山峻岭的贵州高速公路

　　当我们到达联系人指定的城投公司办公地点后，我有些吃惊，因为这个城投公司的办公地是一个临时搭建的工地：一个用钢板或塑料板临时搭建的蓝色的二层工地。在走上工地的二楼时，我甚至感觉到楼梯的不稳固。在这个临时工地里，我们找到城投公司的负责人。城投公司负责人带我们参观了作为债券资金募集用途的安置房项目，还参观了城投公司的主要资产（土地）。城投公司负责人站在高高的山上，指着另外几座山，表示这就是城投公司的主要资产，未来要进行开发。看着城投公司负责人对未来建设的憧憬和这个原始的小城镇，我陷入了沉思。这样的投资真的有意义吗？至少从财务上看，这些投资是现金流极少且远远不能覆盖利息的投资。之后，我还去过贵州几次，只能说未来的发展空间还比较大。在投资上，我最终只选择了省会贵阳的主要城投公司进行了短期投资，短期投资到期后便不再新增。经济相对落后，使得贵州更渴望发展、渴望资金。正是在这样的背景下，当债券市场向贵州打开大门后，贵州从中获取了大量的资金，步子迈得太大导致了债务积累过快，从而造成了后续再融资困难。

2017～2018 年，央行货币政策收紧叠加城投融资政策收紧，使得所有城投公司融资变得困难。如果说别的省份只是个别城市由于债务负担沉重出现困难，那么贵州省则是整个省的城投公司再融资都出现了困难，部分信托融资出现了展期。2019 年，债务问题凸显，引起了贵州省级领导的关注。2019 年 10 月 18 日，贵州分管金融的副省长谭炯带队在上海证券交易所召开全省债券市场投资者恳谈会。根据《21 世纪经济报道》，恳谈会上，贵州省地方金融监管局局长介绍了贵州省为完善债券发行兑付的多项配套措施，包括支持贵州省担保有限责任公司调整注册资本，提高担保能力，为全省公开市场债券发行提供担保增信，推动设立注册资本金 600 亿元的贵州省国有资本运营公司（简称贵州国资），提高债券融资能力等。恳谈会后贵州开启了"茅台化债"的历程。2019 年 12 月，贵州茅台发布了《关于国有股份无偿划转的提示性公告》，公告了茅台集团将 5024 万股、4% 的贵州茅台股份无偿划转给贵州国资。随后，贵州国资将到手的部分贵州茅台股份在二级市场变现，换得近 700 亿元，用于贵州城投融资平台的化债。在 2020 年 12 月，贵州国资将手中茅台股份卖到仅剩 0.68% 时，茅台集团再次向贵州国资无偿划转贵州茅台的股份，第二次划转贵州茅台的股份也是 4%，而随着贵州茅台股价的上涨，这 4% 的贵州茅台股份价值已接近千亿。2020 年之后，贵州省城投公司的债券融资余额逐年减少（见图 1-3），除了债券市场对贵州债券需求减少、贵州城投债融资成本较高之外，贵州省也"砸锅卖铁"偿还了不少公开市场债券，从而减少了公开市场的刚性兑付压力。谭副省长在恳谈会上的承诺得到兑现，贵州省公开发行的债券没有任何一起违约，这为贵州省的金融稳定和债务化解奠定了坚实的基础。

（三）湘潭：举全省之力化债

关注到湘潭的债务问题，主要是由于湘潭非标展期的负面舆情。一个地区的城投公司的非标展期，往往意味这个地区的资金链紧张、再融资不畅，那么，这个地区债券违约的可能性就更大一些。所有的债务——无论是非标、银行贷款还是债券，都是一根绳上的蚂蚱，虽然在实践中，城投公司的债券确实有一定的偿还优先级，但非标展期往往是债券违约的前奏，非标的违约一定会使得债券市场用脚投票，选择不再持有该地区的城投债，而债券市场的用脚投票，使得该地区债券融资规模减小，甚至不能在债券市场进行再融资，进一步恶化该地区的债务情况，湘潭就是这个恶性循环的受害者。正因为持有这样的投资理念，在进行城投债的投资决策时，如果确定某个地方的非标展期是由于真实的资金紧张，且没有任何迹象表明这个地区未来会好转，我在投资上会规避该地区或者该主体城投债的投资。

湘潭的债务问题，最终在湖南省的统筹安排和湘潭市的共同努力下得以解决。回顾湘潭的化债经验，主要包括以下几个方面的化债措施：①债务置换。包括三种形式：国开行贷款置换隐性债务、地方债置换隐性债务和金融机构贷款置换隐性债务。②成立省级化债基金。湖南省设立湖南省债务风险化解基金，为湘潭市等市县下属平台公司提供流动性支持救助资金。③调度财政资金化债。通过公共预算安排、政府性资金调度、土地出让、资产处置等方式筹集化债资金。④融资平台整合。2019 年清理整合了全市 17 家融资平台公司，重组为新的城发集团、产业集团和交发集团。

在各方的努力下，湘潭债务率呈现稳中有降的良好局面（见图1-5）。到湖南调研时，有个细节让我很感动：时任湘潭市委书记的张书记竟然对湘潭的债务相关数据了如指掌、倒背如流，可见这位女书记为湘潭的化债做了大量的工作。在各方的努力下，如图1-5所示，在湖南省各个城市城投债务率都增加的情况下，湘潭实现了债务率的下降。在2022年进行的第三次城投化债中，湘潭也得到了相当大力度的政策支持，在整个湖南省只拿到1000多亿元地方政府再融资债的情况下，湘潭获得了651亿元。这部分资金全部用于偿还城投有息债务，从而使湘潭实现了城投债务率的减少。随着湘潭债务率的下降、债券偿还风险的缓释，整个湖南省的债券得到了债券市场的认可。因为对湘潭债务风险的处理得当，在湖南省城投债重新进入债券市场后，湖南省全省的城投债券融资成本都有了大幅度的下降。

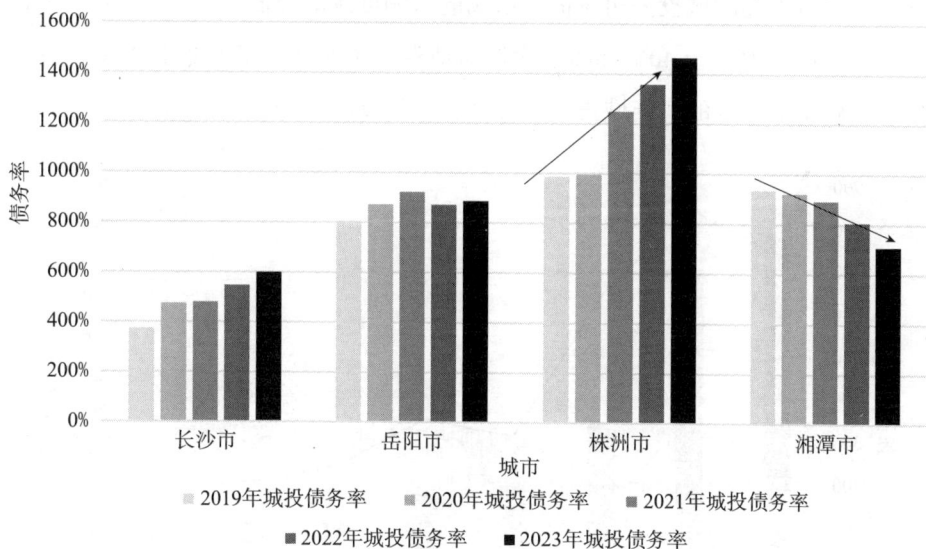

图1-5 湖南部分城市的城投债务率

（四）大连：东三省包围圈

与其他城投三大天王不同，大连的债务率不高（大连2021年到2023年的债务率均低于100%），对债券的依赖度也不大，为何也被债券市场列入"四大天王"的行列呢？原因主要有两个：第一，在 2016 年"东北特钢"事件后，债券市场很多机构对整个"东三省"的地方国企债券"一刀切"，导致身处辽宁的大连受到牵连；第二，大连地理位置优越，这座城市本身有着辉煌的历史，属于整个"东三省"最受债券市场认可的城市之一，因此，在"东北特钢"事件发生之前，大连在债券市场发行的债务是"东三省"城市中规模相对较大的，因此，在债券市场"一刀切"之后，大连需要净偿还的债券兑付资金相对更多。

现在"东三省"的城投公司和债券市场基本上处于供需两不旺，逐渐"相忘于江湖"的状态。如图 1-6 所示，自 2016 年"东北特钢"事件后，大连在债券市场的融资余额逐渐降低，对债券市场处于债券净偿还的状态。图 1-6中"债券占比"是指债券融资在整体城投债务融资的占比，这个指标逐年降低，意味着大连的城投公司对债券市场的依赖度逐渐降低。"债券占比"这个指标的全国均值处于 40%～50%，大连对债券市场的利用度远低于全国平均水平，这就是前文说的大连城投公司和债券市场逐渐"相忘于江湖"。

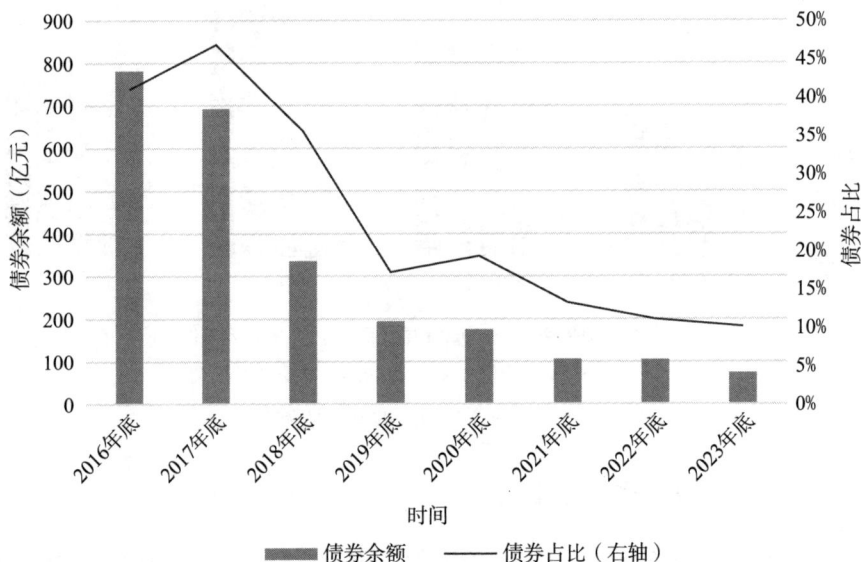

图1-6 大连城投公司的债券余额和债券占比

债券余额逐步降低意味着大连用其他途径的资金偿还债券，大连城投公司的债券虽然曾经收益率较高，但也从未出现过违约。化解途径除了银行资金，最主要的来源是政府专项债券。

如果说"债务率低"和"对债券市场的依赖度低"都是债券市场喜欢的指标，那为什么"东三省"的融资成本依然较中东部省市的同级别平台更高呢？我的答案是债券市场给予各个省市的"估值"不同。就像权益市场会给科技、汽车等高成长行业更高的估值一样，债券市场也会容忍东部沿海城市的城投公司更高的债务率，因为东部沿海城市未来经济发展更有活力，财政收入增速更快，有着巨大的"时间换空间"的资本；相同地，权益市场给钢铁、银行等传统行业的估值往往低于 10 倍，意味着市场认为这些行业已经过了快速发展的阶段。债券市场也会对于未来经济发展速度相对较慢的城市给予更低的估值，因为债券市场认为这个城市如果发展前景一般，那么基建投入的产出效率就会更低，甚至没有必要对这个城市进行大规模基建投资。权益市场的估值类比债券市场的债务率，可以比较清楚地解释当前市场的定价行为。

在信用分析框架中，我高度重视"实地调研"，因为这可以让你在各个城市的对比中，感受并判断城市应有的"估值"水平，即这个城市的经济活力能够承受多高的债务率。在债券市场的定价和债务率容忍度上，对于不同的城市，债券市场会给予不同的估值。上面这些对于估值和债务率的思考，最终也成为我选择或放弃购买某些地区城投债的理论基础。

二、兰州城投：西部城市融资困局

（一）兰州城投问题的产生原因

2020 年 11 月的"永煤事件"，让整个债券市场对于地方国企产生了信用危机，债券市场开始自动规避一些经济发展前景一般省市的城投债。以兰州城投公司中债券融资规模最大的"兰州市城市发展投资有限公司"（简称兰州城投）为例，2020 年年底，该公司债券存量余额为 212 亿元，但在"永煤事件"发生后，该公司仅在 2021 年 6 月以较高的利率（6.5%）发行过一笔 3 亿元的 PPN，之后就再没有从债券市场拿到过钱，而该公司在 2021 年全年需要向债券市场兑付的债券到期金额为 71 亿元，2022 年为 106 亿元。失去债券市场再融资能力的城投公司在债券偿还上慢慢变得捉襟见肘。

（二）兰州城投事件回顾

到 2021 年 9 月，兰州城投的问题引起了甘肃省的重视，甘肃省发展改革委会同甘肃省财政厅等有关部门研究提出了《关于推进市县政府融资平台公司整合升级加快市场化转型发展的指导意见》，这份文件旨在希望加快融资平台公司的整合升级，兼并重组复合类平台，着力打造市场类平台。而这份文件也透露了兰州城投存在一定的资金紧张情况。随后，债券市场开始出现兰州城投的抛盘和异常成交，债券市场的用脚投票开始了。

为了缓解债券市场情绪，平息投资人的疑虑，甘肃省与兰州市均做出巨大努力。2021 年 10 月，甘肃省地方金融监督局组织了债券投资人恳谈会，甘肃省分管金融的副省长等相关负责人以及甘肃省内金融机构负责人出席。在该恳谈会上，甘肃省和兰州市有关领导均表态，保障债务安全，守住不发生系统性风险底线，具体的偿债保障包括对地方国企注资，成立信保基金，建立联动机制等。2021 年 10 月 19 日，兰州市国有企业信用保障基金（简称兰州信保基金）完成工商注册登记。兰州信保基金规模为 100 亿元，首期 30 亿元。兰州信保基金出资人包括甘肃省国有资产投资集团有限公司、甘肃省公路航空旅游投资集团有限公司等，基金专项投资于兰州市属国有企业发行的各类债券。至此，债券市场对于兰州城投的担忧得到缓解。

然而，2021 年 11 月，市场出现兰州新区城市发展投资有限公司（简称兰州新区城投）的商业承兑汇票违约的新闻，后来兰州新区城投解释因为存在工程上的纠纷，所以出现商业承兑汇票拒付的情况，很快该逾期商业承兑汇票已经完成兑付。即便如此，债券市场投资人脆弱的信心还是再次遭到瓦解，兰州市的城投债市场价格再次出现异动。

甘肃省领导带领相关人员于 12 月 6 日、7 日赴京拜访人民银行及相关金融机构总部，就稳定增加信贷规模、助力打好防范化解重大金融风险攻坚战等事宜进行深入沟通交流，取得了良好效果。2021 年 12 月 14 日，兰州市人民政府国有资产监督管理委员会发文称：今年以来，受新冠疫情影响，西部地区融资环境不佳，兰州建投融资工作遇到前所未有的困难和挑战，产生了流动性风险，按照目前整体债务化解方案和资源配置情况，完全可以覆盖目前的流动性风险。

2021 年 12 月 19 日，兰州市政府再次开会提振资本市场信心，时任副省长张锦刚，市委副书记、市长张伟文牵头召开化解兰州建投公司债务问题金融机构通气会。副省长张锦刚强调，省委、省政府始终密切关注兰州建投债务风险，兰州建投风险状况总体可控。希望大家共同推动一揽子化险方案落实落地，共同维护全省良好的金融生态。

以其他省的化债经验来看，省级领导的积极推动能在很大程度上助力完成化债任务，甘肃省两次高级别的会议显然给兰州城投以莫大的支持。但这似乎不能成为评级公司维持评级的理由，2021 年 12 月以及 2022 年 1 月，两家评级公司新世纪和穆迪分别下调了兰州市两家主要城投公司的评级。两家评级公司下调兰州市城投公司的理由包括：经济增长疲弱、税收能力低且债务负担沉重。

（三）兰州城投事件给债券市场的启示

回顾兰州城投的事件经过，我们可以得出这个结论：如果一个主体不能在债券市场上进行正常的再融资，这就意味需要从其他渠道获取资金去填补这个窟窿。对于盈利能力本来就不强的城投公司而言，弥补这个窟窿最重要的渠道包括：一是卖地；二是银行贷款、非标等其他融资渠道；三是专项债；四是其他国企的拆借。我们遗憾地看到，以上四个渠道中，前两个渠道并不通畅。很多业内的人问我，在众多西部城市中，为什么是兰州的城投出现了问题？我想以上四个渠道中前两个渠道并不通畅是重要的原因之一，下面我将通过以下几组数据来揭晓答案。

第一，房地产市场相对差，未来基金（卖地）收入不乐观。各个城市房地产可售月数可代表各个城市的房地产库存情况，如图1-7所示，截至2022年4月，兰州的可售月数超过80个月，远高于市场30～40个月的平均水平。房地产库存较高说明该城市有较大的去库存压力，旧的库存去不掉同时也意味着该市未来土地市场将比较萎靡。在地方政府对卖地收入的依赖一时半会儿还无法改变的情况下，未来土地市场的萎靡将直接影响当地城投公司的收入来源。

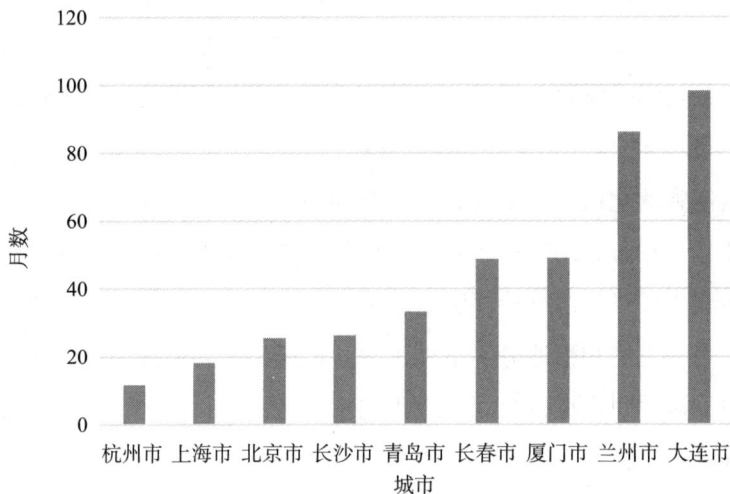

图1-7　各个城市房地产可售月数

注：可售月数等于该区域的可售面积／过去6个月的平均销售面积，数据时点为2022年4月。

第二，金融支持力度一般，远低于全国平均水平。我选取了西部几个城市和全国平均水平进行对比，从图1-8可以看出，一方面，兰州的贷款增速2019年以来就低于全国平均水平，且与全国平均水平有着较大的差距；另一方面，对于其他西部城市，新疆的贷款增速逐年提升，金融支持力度逐年增强，与兰州形成鲜明对比。

（四）如何捕捉兰州城投的卖出信号

2022 年 6 月，兰州城投的（估值）收益率依然在 20% 以上，可见兰州城投的困难并没有解决。但是，作为站在委托人角度考虑问题的投资经理，我认为兰州城投债券的风险规避并不困难，一方面，整个事件的时间窗口很长，经理是有时间去做反应和处理的；另一方面，只要稍微关注事件的进展，就能得出事情短时间解决不了、估值会上行的结论。

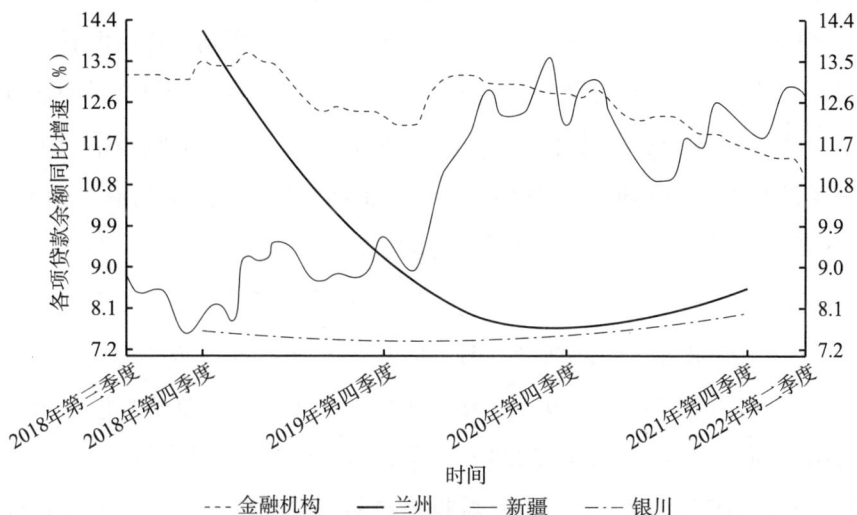

图1-8 兰州、新疆、银川贷款余额同比增速

注：甘肃省和兰州市的贷款增速趋势较为一致，为突出说明兰州的情况，因此使用兰州市的数据。

资料来源：Wind 资讯。

对于我而言，这次风险事件有两个很清晰的卖出信号，一是债券再融资不畅，这是强卖出信号。兰州城投在 2021 年 3 月短融只发了 3 亿元，且发行利率（5%）出现了明显的调升，可见债券市场信心已经恶化；随后 2021 年 4 月，兰州城投偿还了 10 亿元的到期债券，开始了漫长的净偿还之路。2022 年 6 月是个关键的时间点，这个月兰州城投需要偿还 30 亿元的到期债券，而兰州城投在当月仅勉强发行了 3 亿元的债券。因此，2021 年 6 月基本可以判断兰州城投再融资出现问题了，这是个非常强烈的卖出信号。随后到达了 2021 年 8 月的偿债高峰，单月兰州城投需要偿还 34 亿元债券，而没有一笔债券发行成功，这个卖出信号就更明显了。对于我而言这是必须卖出的信号，而此时兰州城投债券的估值收益率就在 5% 附近，卖出并无太大的亏损。

二是甘肃省官方文件确认市场推测。前文提到 2021 年 9 月，甘肃省发布《关于推进市县政府融资平台公司整合升级加快市场化转型发展的指导意见》，从文件内容可以推测出，兰州城投的资金链已经比较紧张。对于我而言，这相当于官方确认了资金链紧张。资金链已经紧张到需要求助省里，显然问题已经不小了，这是明显的卖出信号。2021 年 9 月，兰州城投的估值收益率也就在 6% 附近，相比于将要面临的不确定性，这 6% 的收益率的风险补偿是明显不够的，（估值）收益率上行风险很高。我认为此时持有兰州城投，持有性价比也是很低的，卖出才是更好的选择。

2020 年 6 月，一年期兰州城投债券的（估值）收益率在 20% 以上，净价约为 85 元。如果可以捕捉到以上两个信号，在 2021 年底以当时的净价（约 95 元）卖掉，就可以少亏 10 元，这对于债券几个点的收益率来说，是一笔很大的亏损。当然，如果在 2020 年 6 月，以 20% 的收益率买入了兰州城投债券，站在 2024 年看，兰州所有城投公司的债券都全部兑付，也能获得很高的投资收益（事实上除了少量高收益户，对于达到 20% 以上收益率的城投债，持有机构大概率已经出库并要求卖出以处置风险）。与此同时，即使兰州的城投债得到安全兑付，兰州的城投公司在债券市场的融资能力也没有恢复。对于债券市场认可度不高的城投平台，从债券融资渠道转向协商性更好的银行融资渠道，未尝不是一种双赢的选择。

三、柳州城投：债务问题的由来以及解决方案

（一）柳州城投平台为什么受到关注

（1）融资成本和估值纷纷走高（见图 1-9），这代表着市场的选择和用脚

投票。在城投公司的融资成本都往下走的时候，柳州城投平台无论是融资成本还是信用利差都在往上走。信用利差的走高往往意味着信用风险的升高，债券市场供需失衡。虽然在 2019 年的信用债大牛市中，柳州城投平台也跟随着市场有一定程度的下行，但从 2020 年中开始，越来越多的人开始讨论柳州高债务的问题，信用利差也随之走高。

图1-9 2018年以来柳州城投平台的信用利差和收益率走势

（2）融资成本走高的背后，是高债务率和对债券融资的过分依赖。"没有无缘无故的爱和恨"，柳州城投平台收益率抬升的背后，是高企的债务规模。用发债城投有息债务除以一般预算收入作为衡量债务率的指标，可以看到图 1-10 的结果，在广西壮族自治区 GDP 排名前三名的城市中，柳州的债务率远高于其他城市，以 1359% 的债务率名列广西榜首，而南宁的债务率是 420%，桂林是 210%。对比全国的数据，柳州城投公司的负债率也是十分高的。

再进行横向对比，我选取了 2023 年和柳州 GDP 水平差不多的城市，从图 1-11 的债务率水平上看，柳州依然一骑绝尘。湖州虽然在债务绝对数额上高于柳州，但湖州的 GDP 质量更高，财政收入远高于柳州。

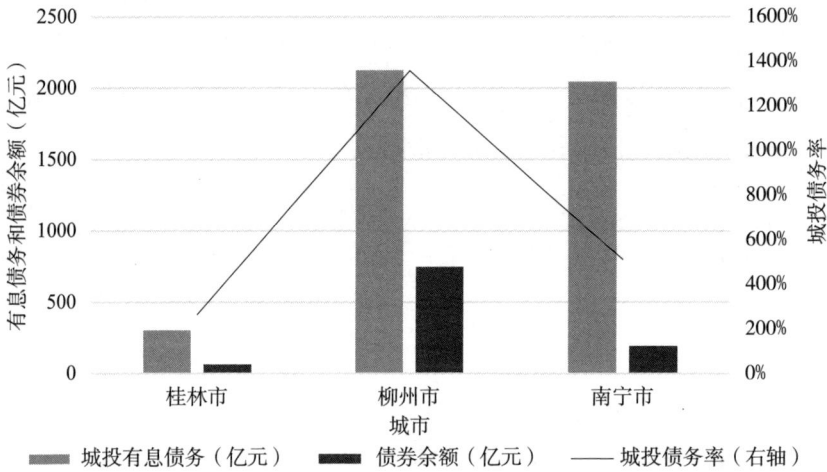

图1-10　2023年广西三市债务情况

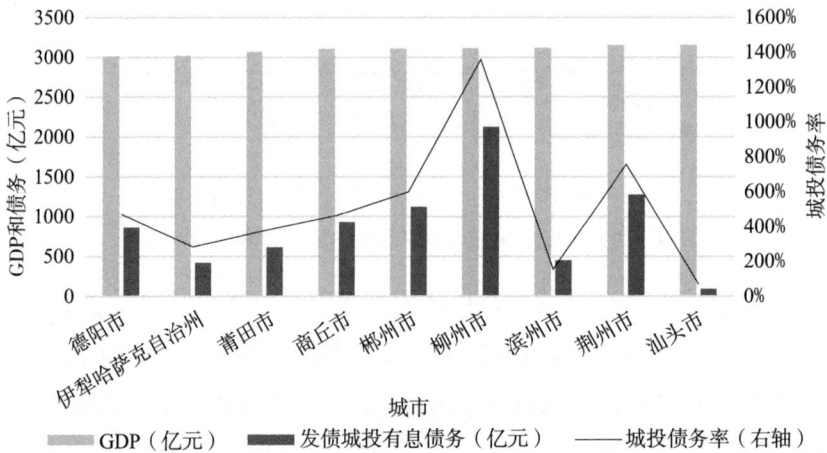

图1-11　2023年相同体量城市的债务情况

所谓"苍蝇不叮无缝的蛋"，债券市场上每天传闻很多，部分传闻最终也被证实是事实，但是为什么有些地方政府城投公司融资成本会受到传闻的负面影响，而有些根本不受影响呢？根本还是取决于自身的实力和债务是否匹配，因此，柳州被市场关注，归根结底是因为相对于这个城市的财政实力，这个城市的融资规模过大。更直白地说，这个城市本身过度融资了。

（3）高债务的背后，是城市发展和规划的定位问题。2019 年底，我曾经回柳州调研城投平台。一切都是我熟悉的——桂柳话、螺蛳粉。可是，以专业的角度坐在会议室调研各大平台的时候，我意识到了不少问题：

1）新区规划太过庞大，与人口产业导入速度不匹配。

别的城市一般同一时间只建设一个新城，而柳州这个 GDP 体量的城市竟然同时建设两个庞大的新城——北城新区和柳东新区。开发新区的规模太大，这个规模和速度远大于人口流入和产业需求，导致很多投入的资金沉淀，投入资金效率低下或者变成无效投入。

柳州的工业主要靠柳工、柳汽、柳钢支撑。而作为工业支撑之一的柳钢，部分产能要搬迁到防城港；柳工在三一和中联两大巨头的高歌中，在很难增加市场份额的情况下，光靠螺蛳粉显然很难支撑起这么大的投资。

2）城投公司市场化程度低，跟市场沟通少，不懂平台融资运作。

2022 年 5 月，新闻报道了两则关于柳州的负面信息：第一则信息是，柳州的平台和投资者沟通境外债展期。关于这个传闻，公司立刻发函澄清，对于负面消息反应迅速，从而避免了负面情绪的广泛传播。虽然采取了必要的措施，但负面消息毕竟已经形成，对债券持有人的心理打击还是存在的，平台在债务规模比较大的时候，更应该避免负面舆论产生。

第二则信息是，柳州城投公司公告将部分土地资产注销，从而大大减少了公司的净资产。这个注销土地资产的操作给债券市场带来了不必要的负面影响。在债券市场对于当地城投公司的信心比较脆弱时，城投公司本身应该谨慎对外传递信息。按照后来的官方解释，此次注销土地资产是由于政府计划对这部分土地进行招拍挂，后续会给公司资金和其他资产作为补偿，并不是直接减少城投公司的资本金。所以就这件事而言，从一开始就有很多解决方案，而不应该直接注销土地资产、减少权益，让债券市场认为某个城投公司发生了负面事件。更好的解决方法可以是：①和政府商量，减少土地资产的同时，增加一笔对政府的应收款或者其他的待收资产。②政府先找好其他可以注入的资产，进行等额置换。

（二）柳州城投平台的债务解决方案

找到问题的原因，才能找到解决的方案。参照全国其他地区的解决方案，面临债务困境的城投公司可以做的事情有很多。

（1）规划上量力而行，控制投资规模。

柳州城投公司对于基建的整体投资资金已经超过3000亿元，投资资金规模已经比较庞大。为减轻压力，可以先消化前期开发的土地，实现土地回款，再去考虑进一步的大规模开发。地方政府进行一级土地开发只需覆盖未来2~3年的建设使用，无须沉淀太多资金，因为资金沉淀时间太长不仅不利于资金周转，还会增加利息支出。

（2）向自治区（省里）汇报情况，获取包括专项债等资源。

地方政府债务是经过多年形成的历史遗留问题，现任领导如果化解债务有困难，应当立即拿出可行的化债方案并向上级汇报情况。毕竟省级的资源和调配能力远远大于市级，可以调配的资源包括银行信贷、转移支付（要政策）、专项债等。城投公司大部分资金都投资于基础设施建设和土地整理，这些投入都是要经过比较长的时间才能获得回报的项目，因此，这类项目匹配的应该是国开行等10年以上的长期资金，不是债券市场3~5年的资金，更不是1年的流贷资金。专项债也是化解债务的重要资金来源，专项债中有用于化解隐性债务的部分，这部分资金可以替换前期城投平台一些公益性的投资和支出。2021年，广西地方政府债净融资额超过1000亿元，地方政府债券每年都有新增额度可以用于化解隐性债务。

（3）与当地金融机构协商增加授信额度。

遇到债务困难的城投公司，可以协调市级领导出面，号召所有银行增加授信额度，获取银行的信贷支持，包括：增加银行购买债券的授信额度，先压低非标、债券等高成本融资；与所在省本地银行建立更深入的合作，合作点主要在于调配临时周转资金，比如每个银行给予5亿~10亿元的流贷，组成流动资金池,以增强债券市场信心。

(4)平台整合,增强实力。

整合当地融资平台成为一家,并只由这一家平台发债,对整个柳州的平台资金进行统一调配和归集。实力比较弱的几家各自奋斗,不如合并在一起统一作战,资金实力更为强大。现有各个平台的资金全部归集,有利于统一调配资金、互通有无,以便对债务进行更严格的管控。

(5)更为严格的债务管控措施,债务管控形成严密的闭环。

可以向化债成功的城市学习,比如镇江,每周或者每个月市领导开会讨论下个月债务到期的资金安排和偿付计划,如果有任何资金没有到位,应当立即启动紧急预案。紧急预案内容应当包括跟市里其他企业的临时拆借、财政资金(应收款的返还)等。江苏还有很多城市有更为详细且有效的债务管理体系,可以派官员或者城投公司骨干去学习先进经验。

(6)聘请专业人士进行更多、更专业的市场沟通。

如前文讲过的境外债展期辟谣、资产注销辟谣等,一直在辟谣就永远是被动挨打的姿态。应当聘请专业人士做市场沟通和舆论引导,更为积极主动地为投资者答疑解惑。学习上市公司的 IR 怎么做的吧,发行上千亿债券的企业,难道不应该雇个专业人士对接投资人吗?

(7)整合市内优质资产,逐渐减少债券融资占比,优化债务结构。

盘点市内优质资产,整合后注入城投公司,增强城投公司的资产实力。优质产业公司、高速路资产、铁路资源、柳江河道资源、矿产资源、医院学校、政府办公大楼、商铺楼宇等有现金流的资产均算优质资产。减少债券融资,拉长债务期限,寻找政策性银行、专项债等更为长期的资金来源,减少对债券市场的依赖。

(8)找担保,绑定信用更强的机构。

可以找市场认可度高的担保机构或省里认可度高的企业担保发债,或者找银行推出信用风险缓释工具。例如,省道的建设资金发债可以与广西交通协商担保,这些增信措施都可以降低融资成本。

（9）高级别领导多出来站台，给到企业实质的支持。

省级领导、市级领导站台，多和投资者沟通，传递良好信号。在根本上重视债务问题，拿出确切的化解路径和债务管控方法（前文均有说过）。只有债务压力不断降低，一切在向着好的方向前进，金融市场的支持才会更多，形成良性循环。

以上九个建议通用于其他面对债务问题的地方政府和城投，也是部分地方政府成功化解地方政府债务问题行之有效的解决方案。柳州的债务问题愈加严峻之后，柳州市协调广西壮族自治区政府获取大量政策和资金支持，广西壮族自治区亦乘着第三次化债的春风，获得了金融层面的大力支持。在政策的利好下，柳州市城投的债务得到了比较好的滚续安排，债务风险得到了控制。

四、天津城投：痛苦的经历

我在职业生涯中，绝大部分时间都能做到提前卖出债券、规避风险，为客户获得超额收益。但我也有遇到挫折的时刻，天津城投债券收益率的过山车走势，给我带来了职业生涯中少数的痛苦经历。

（一）天津城投事件起因

天津城市基础设施建设投资集团有限公司（以下简称"天津城投"）在全国的城投公司中地位较高，因为它是全国城投公司中资产规模最大的一家，市场亲切地称其为"宇宙第一城投"。2021 年末，天津城投资产总规模为8730 亿元，资产负债率为 66%，其中有息债务将近 5000 亿元。除了一般的基础设施建设和土地开发，天津城投还囊括了天津地区的轨道交通、高速公路、供水供电设施等核心资产。天津城投在天津地位之重要，可见一斑。作为债券投研人员，我们根本无法想象如果天津城投的债务出现问题该如何收场，而正是一件看似不可能的事，在"永煤事件"爆发后，悄悄地逼近了债券市场。

"永煤事件"爆发后，市场对省级国企的风险进行了梳理和反思。当时市场认为风险点主要存在于有以下特点的企业：①本身现金获取能力不强，运营强烈依赖再融资；②发债规模巨大，对债券市场融资依赖度高；③企业所在省份经济发展和财政实力均一般，拥有的优势国企较少；④所在省份有过省级企业违约的历史，从 2015 年滨海新区爆炸到 2018 年渤海钢铁破产，再到 2020 年天房集团等市属国企违约，都给天津国企的诚信度蒙上阴影。在这样的市场环境下，存量债券超过 1600 亿元的天津一哥——天津城投成了市场讨论的主体。

（二）天津城投事件回顾

2020 年底，在"永煤事件"的发酵下，天津城投出现了异常成交，成交收益率最高在 8% 左右。对于这些少量的异常成交，市场有两个解释：一是少量做空行为，原因是异常成交的金额都比较小；二是某大行指示将所有天津地区的城投债券均卖出，在市场不好的情况下，机构只能挥泪甩卖。

2022 年初，二级市场上天津城投高估值的卖盘越来越多，即使天津城投的财务负责人多次进行路演和沟通，也总有部分投资人不计成本地卖出，市场上高估值的卖盘越来越多。于是 2022 年 3 月，我和沪上几家基金公司的研究员一起踏上了赴津调研的旅途。

虽然不是第一次去天津调研，但这次天津调研算是我职业生涯中最灰暗的一次。飞机降落已经是晚上，我匆匆赶去跟其他机构的研究员碰面，交流现场还有天津当地银行的工作人员。我到现场的时候气氛明显已经有点儿压抑，研究员们坐在那唉声叹气。随后，我跟他们了解了白天调研的情况还有当地银行授信的情况，总之，情况比我们想象的要严峻不少。交流结束后，我心情郁闷地让研究员老陈陪我走了 3 公里，帮助我理清思路，因为晚上的冷风足以让我保持清醒。在清冷的街道上，我和老陈边走边梳理所有关于天津城投的细节，盘算着各方面可以获得的资金规模，推演着未来事情所有可能的走向。债券市场上发生的事情，永远在挑战现有的分析框架，挑战投研人员的认知。

第二天一早，天津城投召开了现场交流会，交流会的现场人山人海，偌大的会议室都坐满了，大家显然很关心公司的还款计划。公司的工作人员对于突如其来的发债不畅明显还不大适应。在这之前，各大银行和券商都需要争抢公司的债券承销业务，而现在情况刚好相反，是公司恳请各大银行申请包销额度。现场调研没有给到太多有用的信息，很多投资人想象中应当有的支持并没有实际到位，这次调研的结果是低于预期的。调研完毕的几天，市场上天津城投长期限的债券成交收益率已经从调研之前的 10% 跳升到 15% 左右，且成交比较活跃，市场的卖出量也比较大。二级市场的成交收益率在10% 以上，意味着一级市场根本不可能进行市场化发行，公司也不可能接受10% 以上的融资成本。

面对这样的状况，2021 年 6 月 22 日，天津市召开债券市场投资人恳谈会，时任天津市副市长康义出席会议。会议上多家银行领导出席会议并与天津城投签订战略合作协议。同时，市领导要求企业必须提前 3 个月制订还款计划，提前 1 个月落实还款资金，债券到期前 3 个月预警，逐月开展研判。天津设立总规模 200 亿元的市属国企高质量发展基金，应对短期流动性管理需求。恳谈会召开完毕后，市场抛售情绪有所缓解。随着时间的推移，天津城投得到了再融资专项债和多家银行的新增授信支持，二级市场抛售压力逐渐减弱，天津城投发债越来越通畅，市场化资金重新参与进来，发债利率也有所下行。

2022 年 4 月以来，随着债券市场又一轮"资产荒"到来，评级高、期限短的天津城投债券受到市场追捧，收益率快速下行，利率也逐渐恢复到"永煤事件"冲击之前的水平。

（三）天津城投事件中，我的投资操作和思考

在 2021 年 6 月天津恳谈会后，随着收益率的下行，我逐步将手上的少量天津城投的头寸卖出。当时的决策依据主要是几点。第一，天津城投肩负5000 亿元债务，其中 1600 亿元是债券。假设一年的平均融资成本是 5%，则一年需要支付 250 亿元利息。天津城投旗下资产，除了高速公路和轨道交通

现金流较为丰富（高速公路和轨交子公司运营相对独立），其他资产均无法产生丰富的现金流。一年不过 200 多个工作日，1600 亿元的债券意味着，天津城投每一两天就要发行一次 10 亿元规模的债券才能保证其流动性，如果未来再次发生信用风险事件，债券发行受到影响，则其短期现金流的压力将会比较大。第二，天津的房地产市场确实有一定压力，未来基金收入有待观察；除此之外，天津国企混改出售天津医药之后，暂时没有什么特别好的优质资产可以进行资金腾挪。第三，当时已经对各大银行的授信进行了摸排，如果债券市场继续发债不畅，则公司的到期压力比较大，剩余授信支撑不了太长时间的债券兑付。

站在现在的角度来看，同样是受到"永煤事件"影响导致融资不畅，天津城投和兰州城投的结果完全不一样。如图 1-12 所示，截至 2022 年 5 月，天津城投和兰州城投的信用利差走势已经岔开，各自走向不同的道路——天津城投收益率回归恢复，兰州城投冲上云霄。究其原因，我认为天津作为曾经的一线港口城市、首都经济圈的重要组成部分、拥有 1400 万常住人口的城市，在战略上具有更为重要的地位，因此，获得了更多金融和政策上的支持。

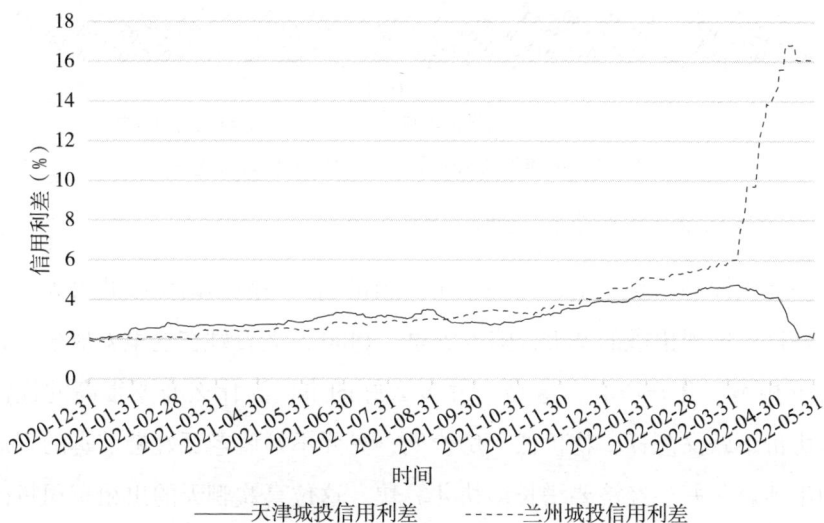

图1-12 天津城投和兰州城投的信用利差对比图

几次去天津的调研都让我感慨良多，这座拥有1400万人口的港口城市，和上海相似的万国建筑告诉今天的人们，这是一座具有悠久历史，曾经无比辉煌的城市。然而，即使天津城投的估值收益率已经恢复，但天津城投——万亿级GDP城市的主平台，融资成本竟然比不过浙江一个县级市。如图1-13所示，浙江省诸暨市的信用利差都远低于天津城投，而且越是信用事件愈演愈烈的时候，债券市场的资金越喜欢扎堆发达地区。当我将这个事实和天津各大国企的领导分享时，他们也和我一样愤愤不平却毫无办法。（定价的原理我在前文的估值理论中已经阐述，在这里不再赘述。）

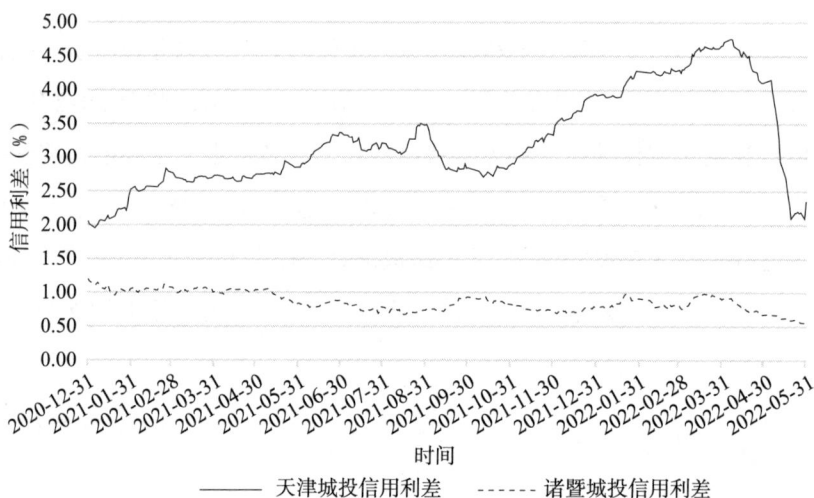

图1-13　天津城投和诸暨城投的信用利差对比图

注：诸暨市，浙江省辖县级市，由绍兴市代管。

坐在天津的出租车上，出租车司机用讲相声一般的语调跟我聊天。我望着窗外这座熙熙攘攘的城市，陷入沉思：1400万老百姓在这里安居乐业，没事听听相声，开开心心，这是一件多么好的事！为什么非要很高的经济增速？房价下跌又怎样？物价低、房价低，只要不妨碍老百姓慢节奏的安居乐业的生活就很好。经济要增长多快才算快？这位喜欢聊天的出租车司机的幸福感比我高多了。我喜欢天津这座城市，它既有上海的历史积淀，又比上海生活节奏更慢，更有人人说起话来都像说相声般的幽默感。祝福天津，希望天津越来越好，希望给天津老百姓提供衣食住行、生活便利的天津城投越来越好！

第二节 如何规避民营房企风险

从 2014 年"11 超日债"违约开始，债券市场从业者开始经历一波又一波的信用债违约潮，我作为这一切的亲历者，其中的震撼依然历历在目：我经历了 2016 年债券"资产荒"时，债券只要能在债券市场上发行就有人买的时代；也经历过 2020 年之前民企信用债的大溃败，当时除了地产的所有行业，民企债券片甲不留地大面积陷入危机；到了 2021 年，没有出现债务问题且还能在债券市场上以合理的价格再融资的民企，几乎可以掰着指头数出来。

房地产行业由于掌握兼具强流动性和强抵押的核心资产（土地和房子），成为民企最后生存之地。这最后的生存之地，在"三道红线"等一系列监管政策以及新冠疫情的双重影响下，也开始面临危机。债券市场上很多资深的信用债投资经理也未能躲过这次"来势汹汹"的危机。我幸运地躲过了，虽然大部分原因是幸运和骨子里的"怂"劲儿，但我的确也看到了一些撤退的信号。下面我将详细叙述我看到的撤退信号、这些信号背后的分析逻辑，以及我的投资操作，给读者做个参考。

一、民营房企接连陷入债务危机

民营地产中最开始面临债务危机的是民企地产商"华夏幸福"。2019 年下半年，华夏幸福的老板王文学曾经带领十几人的团队来拜访，当然，王老板来拜访的目的是与投资者交流股票。因为当时华夏幸福也发行债券，我们债券研究员和投资经理就都坐在会议室的最后一排学习。

华夏幸福的业务模式导致其回款周期比较长，踩中了我"去化慢导致资产负债不匹配"的投资雷点，所以我从来没有参与过华夏幸福的债券投资。

投资金额巨大且回款慢的项目只适合国企去做，再强大的民企都很容易被拖死。在交流会上我曾经试图请教王老板业务模式的问题，可我刚说出我认为华夏幸福的运作模式是"城投＋地产"的模式，马上就被打断，随后，被强烈输出"产业新城"的经营理念。绘声绘色且具有感染力的演说并没有说服我，我始终认为这种业务模式对于资金的使用是无底洞。即使后来有资金实力强大的平安集团加持，也没有动摇我的结论。因为在我看来，城投类业务能且只能由国企做，也只有国企能够基于公益和城市发展的理由进行投资巨大且回款缓慢的项目。当我看到华夏幸福的募集说明书上写着几乎可以与我国 GDP 比肩的计划投资规模、共计几十万亿的新增投资额，我感到浮夸和不真实。虽然华夏幸福已经违约很多年，但我到现在依然保留着当时华夏幸福上门路演的材料，时不时拿出来翻看，感受理想的雄伟和现实的骨感，提醒自己在投资时务必保持清醒：不要被发行人编织的美梦所迷惑，脚踏实地地抓住每一分能抓住的现金流才是硬道理。

2021 年 3 月，华夏幸福正式宣布债券违约，此时华夏幸福境内债券存量为 300 亿元，不少银行、基金公司、保险公司因持有债券而踩雷。也是由于债券规模巨大，很多市场主流机构持仓量并不少，很多债券投研人员因为踩雷华夏幸福而丢掉工作。所以，华夏幸福的违约对债券市场的影响远远超过单纯的投资失败，至少在我的印象里，华夏幸福债券的违约是让公募基金投研人员下岗最多的违约事件。很多投研人员当时认为实力强大的平安集团对华夏幸福的投入已经很大，中途放弃会损失巨额的机会成本，两者不可能割袍。然而，很多债券投资者没想到平安集团止损得如此快速且彻底，这远超出市场的预期，因此，该债券的违约引起了市场的恐慌，很多高杠杆的民企地产债遭到市场的抛售。当时，市场上很多人认为这已经是地产债违约的高潮，没想到只是开始。

地产行业的坏消息接二连三地传出，"宇宙第一房企"恒大集团在爆出商票违约、信托展期、银行贷款停止支付利息、公司内部理财产品不能兑付等新闻之后，终于在 2021 年 9 月公告其确实存在债务风险。恒大集团作为国内房地产销售前三名的企业，2020年销售金额超过7000亿元，拥有2.3万亿元的资产规模和将近2万亿元的负债规模，是国内房地产企业中资产负债规模最大的一家，因此，又被市场称为"宇宙第一房企"。恒大集团这个体量的企业爆出债务问题，影响的不仅仅是资本市场，更广泛地影响着等着恒大交房的千千万万老百姓（见图1-14）。恒大集团出现债务问题后，由于没有办法支付工程款，很多恒大的楼盘停工了，老百姓攒了一辈子钱买的房子竟然成了烂尾楼。于是，地方政府开始介入处理恒大的烂尾楼，很多地方政府的城投公司陆续接手恒大在当地的烂尾楼。地方政府在处理恒大问题的时候，意识到从前对于预售资金的监管过于松散，才导致房子没盖好，钱却被地产商挪走了，政府接手烂尾楼后发现监管账户里没钱用于盖楼。如果要处理烂尾楼的问题，政府只能自掏腰包。烂尾楼那么多，如果都靠地方政府和城投公司去填补窟窿，显然不现实。在恒大事件的影响下，为了避免类似情况再次发生，地方政府加强了对所有地产项目预售资金和楼盘建造款的监管，很多地方在地产商交楼之前，甚至一分钱的预售资金都不许地产商划走。于是，房地产企业的现金流模式被彻底改变，蝴蝶效应开始出现。

图1-14 恒大集团保交楼誓师大会现场

资料来源：恒大集团官方微信号。

二、投资决策的逻辑梳理

前文中分析过，地产企业实质上是由很多地产项目组成的，如果每个项目的预售资金从都可以划出变成都不能划出，或者划出的比例大幅度降低，这势必将改变地厂商现有的现金流模式。站在债券偿付能力分析的角度，我认为这个现金流模式的变化对地产商的打击才是最致命的，因为卖房回款对于房地产企业是最重要的现金流入来源。如果资金都卡在各个地产项目上，不能划出来回流到总部，则债券将失去资金偿还来源。在这种模式下，债券作为地产公司总部发行和偿还的融资工具，实质上成为劣后债权。民营地产商在 2021 年上半年华夏幸福和蓝光发展等销售排名前 50 的房企连续违约之后，融资渠道不断收缩，想靠再融资获取资金用于债券兑付的难度较高，销售回款成为民营地产商最后的救命稻草。如果销售回款需要停留在项目公司，不能按照原计划划回总部，那么包括债券在内的总部债务不能按时偿还的风险都很大。

俗话说"形势比人强"，信用债投资永远需要根据最新的行业情况做出思考和应对。基于房地产行业的变化和以上的投资判断，在投资决策上我摈弃了过去对民营地产企业的信用排序，认为在再融资渠道不畅和销售回款延迟的情况下，民营地产企业已经没有充足的偿债来源，因此，所有民营地产企业的排序已经没有意义，民营地产企业债券都应当卖出了。2021 年 9 月，当我卖出所有持仓的民营地产企业债券时，民营地产企业债券的收益率还比较低，因为债券市场上大部分人还没有意识到房地产行业的危机即将到来。如图 1-15 所示，卖出的民营地产企业债券价格较买入均有一定幅度的上涨，因此，除了票息之外，买入的民营地产企业债券在净价上也实现了盈利退出。

为什么这个卖点比较好？因为此时债券市场还没意识到这是行业的问题，而不仅仅是个券的问题。债券市场对民营债券的判断基本还停留在"高杠杆""激进"的民营地产商会爆雷，一些市场认可度本来就比较高、融资成本比较低的地产商的债券兑付不会出现问题。随着时间的推移，几乎所有民营地产商的债券均出现了估值收益率的大幅度上行，如世茂、龙光等之前市场认为信用资质较好的房企债券均爆雷。站在今天来看，卖出的债券估值收益率出现了大幅度的上行，我的坚决卖出为账户避免了不少损失。当然，避免管理的账户踩雷或者债券价格大幅下跌，本来就是投资经理的职责，并没有什么值得炫耀的，值得庆幸的是我当时操作的果断和坚决。

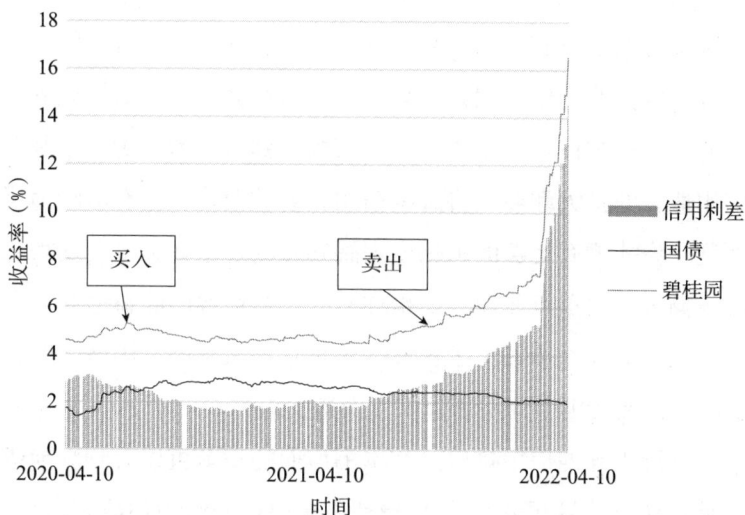

图1-15 民营地产企业债券收益率走势

看到这里，可能有人会质疑，这还不如刚开始就不买任何民营地产企业债券。我对这个问题的回答是，投资本来就是风险和机会共存的，如果对所有投资品种都规避，那么你也就失去了提升账户收益的机会。2020 年下半年是债券市场典型的大熊市，三年期国债从最低点上行了超过 150 个基点。如图 1-15 所示，2020 年下半年，市场上所有债券的收益率均跟随国债大幅上行，但此时该民企地产的收益率几乎没有太大的变化，持仓债券的信用利差由于认可度提高而大幅度压缩。这就意味着，在持有其他债券大幅亏损的时候，持有这只债券是赚钱的。对于管理账户的投资经理而言，目标就是要找到别人亏钱时我少亏，甚至能赚钱的投资标的。因此，如果看准了这只债券信用利差将会大幅压缩，作为投资经理不应该拒绝这样的投资机会。与此同时，金融市场本身是瞬息万变的，跟住市场的迭代并根据市场趋势做出买卖的决策，最终为账户赚取超额收益是投资经理的职责所在。投资经理在理念上可能越来越需要适应瞬息万变的市场，过去那种买入并持有至到期的策略，将会被市场淘汰。

三、避免踩雷的经验总结

为什么能规避这次民企的违约风险，我觉得有两点经验可供读者参考：第一，充分了解企业的信用瑕疵。只要是信用债就一定有信用瑕疵，作为投资人需要充分了解主体的信用瑕疵以及市场给到这只债券的信用利差背后的原因，信用瑕疵的扩大和撕裂将影响信用利差的变化。只有清晰地了解主体的信用瑕疵，你才能有足够的敏感度去感知市场发生什么事会使得该主体的信用瑕疵被撕裂。简单点儿说，如果你看到一只债券的收益率高于另外一只债券，你要知道为什么市场给了这样的定价，如果不问原因就闭眼买入，那么很可能踩雷，或者因为信用利差扩大而遭受损失。

第二，进行正确的信用排序。在本书后面的章节可以看到如何进行房地产行业的信用排序。这里我想强调的是，在现在的信用环境和市场变化下，信用排序的变化很快。可能只要经历1~2年的时间，企业的经营决策或者某些突发事件就会使得信用排序发生变化。比如某闽系老牌地产商，由于报表做得比较好看，2020年前在债券市场的融资成本非常低，几乎可以比肩民企地产一哥龙湖集团。后来其比较高的非标融资成本让我关注到其庞大的表外业务，在确认这些信息后，我发现了其在融资和管理上的一些问题，这些问题后来也成了加速其违约的原因。实践中，有很多投资机构虽然关注到这种变化，但是没有做更为细致的研究和推演，依然固守原有的房企信用排序，用收益率去倒推信用排序，结果是这家优质房企倒在了很多债券市场认为"不如它"的房企前面，很多主流机构深陷其中。

也有人质疑："反正民营房地产商都倒得差不多了，还在乎谁先倒吗？"我对于这个问题的理解是，正确的信用排序可以给投资经理更多反应和逃跑的时间。"时间就是金钱"这句金科玉律用在此时最适合不过，正确的信用排序可以给投资经理更多的时间对市场变化进行观察和判断。如果投资的企业处于行业的信用尾部，成了第一家倒闭的企业，那投资经理完全没有时间反应就直接中招了，也许都来不及思考第一家倒下的企业到底是由于自身的原因还是由于行业的原因。如果投资的企业处于行业信用头部，起码投资经理有时间去观察、思考并进行账户操作。所有的行业都存在优胜劣汰，经营不善的企业倒闭并不一定意味着头部企业也会倒闭。因此，做出正确的信用排序十分重要。

以我们自己的经历而言，2021年2月，第一家房企出事后，一些信用排序靠后的房企债券价格开始大幅下跌。正是由于我们的信用排序是对的，我所持仓的债券在2021年9月估值依然稳定，我才可以顺利卖出。

第三，紧跟行业变化。大部分行业都有周期，一些国内外因素也会影响行业的生存环境。除了行业研究员需要高频跟踪行业数据之外，投资经理自身也要对持仓的债券以及行业有深刻的认识并进行持续的跟踪。如果完全依靠研究员，无论是机构自己的买方研究员，还是庞大的证券公司的卖方研究员，拿给你的可能都是带有他的观点的二手信息，经过加工的信息准确度会有偏差。直到现在，我还保留着自己整理行业数据和部分重点个券数据的习惯，我认为这对于牢牢紧跟市场变化，获得重要的信息点非常重要。

投资经理在一线调研和跟踪企业很重要。对于前文说的房企，每家我都花了1～2年去跟踪，包括参加了多场实地调研，跟企业的上下游以及同业确认关键信息，收集、拆解企业的数据，和企业 IR 反复沟通等。对一个企业进行充分的了解少不了足够长时间的积累和全盘的摸排。例如，调研中同样一个问题，发行人回答时表情和动作不一样，可能表示的是相反的意思。如果仅仅看调研纪要，你很难领会到发行人的真实意思。所以我认为信用债投资本质上是一个体力活，既需要研究团队协助，更需要投资经理亲力亲为。

四、投资判断得到证实：行业情况进一步恶化

就在我将持仓的民企地产企业债券全部卖出的一个月后，花样年集团以戏剧性的方式违约了。债券市场上很多知名的债券研究公众号称其为第一家"躺平"式违约，市场如此评价这家地产公司源于其美元债持有人的反馈。持有这只美元债的海外投资人向我讲述了这样一个故事：花样年集团的这只美元债将于 2021 年 10 月 4 日到期（见图 1-16）。在 2021 年 9 月底债券即将到期时，企业曾向市场持有人透露资金已经安排妥当，原本只有 80 元出头的债券价格一下子飙升到 100 元以上，这个成交价格隐含着债券能够正常兑付的预期。然而，在国庆过后，债券持有人却没有等来已到期债券的兑付款，随后该债券价格开始大幅下挫。这位海外投资人表示，这种出尔反尔的操作确实给美元债投资人信心以极大的重创。

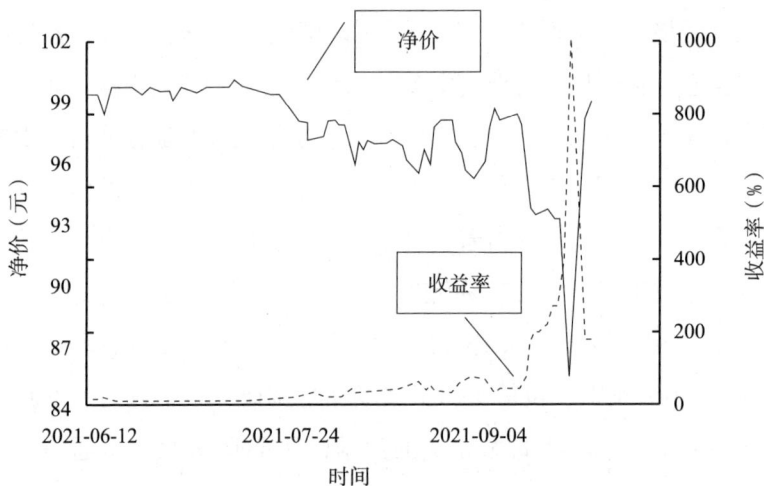

图1-16　花样年集团美元债净价和收益率走势

2021 年 10 月 8 日，为回应市场"躺平"的质疑，花样年集团发公告表示其"绝不躺平"。公司管理层正积极与政府部门、境内外金融机构、合作伙伴诚恳磋商，力争控制和消弭风险，早日走出流动性困境。恳请大家给予公司时间与信任。然而，此时的市场担心的并不仅仅是花样年集团，而是更多

的民营地产商都以"躺平"的态度面对债券市场存量债务，这样的担心是有道理的。2021年下半年，相信很多市场亲历者和我的感受一样。很多地产商想尽办法给市场"秀肌肉"，展现资金实力，频繁拜访投资人以安抚投资人的负面情绪，但在几个月之后就宣布债券违约或者展期。这样的状况让债券市场投资人对民企地产商的信心降到了低点。

到了2022年上半年，在房地产政策逐渐放松，监管开始出台政策帮助维持民营地产公司流动性之际，依然有很多之前市场认为的优质房企爆出流动性紧张的新闻。而债券市场投资人的心态已经从最初的"哪个民营房企爆雷了"，演变成"还有哪个民营房企没有爆雷"，因为此时债务没有展期或者违约的民营房企一只手就能数得过来。

五、房地产行业——经历苦难，继续出发

每个遇到流动性问题并爆雷的房企都有自己的故事，我的朋友圈里这些房企的IR大部分都离职了，有些去券商做了销售，有些转行去做保险，有些去从事旅游、教育等行业，还有些人，即使留在原来的公司，朋友圈也一改之前频繁的公司宣传信息，变成了"诗和远方"。这段历史带给房企从业人员和债务市场投资人的撞击是记忆深刻的，我整理了2020年地产销售规模排名前30的房企的债券违约或展期时间表（见表1-1），读者可以从中窥探到这场危机的惊心动魄。很多房企在债券正式违约之前已经有多笔债务违约或展期，宣布债券违约或展期只是时间问题，因此，下表标注的债券违约时间要比房企实际爆出流动性问题的时间更晚。

表 1-1　排名前 30 房企债券违约或展期时间表

企业简称	2020 年销售排名	债券违约或展期时间
中国恒大	2	2022-1-8，债券展期
融创中国	4	2022-4-2，债券展期
绿地控股	7	2022-5-25，美元债展期

（续）

企业简称	2020 年销售排名	债券违约或展期时间
世茂集团	8	2022-1，供应链 ABS 展期
金科集团	16	2022-6-20，境内债券展期
中南置地	17	2022-6-5，美元债展期
阳光城	18	2022-3-15，境内债券违约
中梁控股	20	2022-5-19，美元债展期
正荣集团	22	2022-4-22，供应链 ABS 展期
龙光集团	23	2022-3-19，境内债展期
富力地产	24	2022-4-7，境内债展期
佳兆业	25	2021-11-11，美元债展期
荣盛发展	28	2022-1-14，美元债展期
奥园集团	29	2021-11-22，ABS 展期
祥生集团	30	2022-6-7，美元债违约

注：销售排名来自克而瑞 2020 年的全口径销售排名。

从表 1-1 中可以看出，排名前 30 的地产公司中有 15 家债券已经爆雷，占比为一半，民企几乎全军覆没。虽然在情感上我希望这是最后的爆雷名单，但前 30 名中很多没有公告违约的房企流动性也不容乐观，恐怕爆雷名单还将继续增加。如果说排名前 30 的头部房企已经是房企中情况最好、融资最通畅的，那么规模更小的民营地产企业爆雷率恐怕更高。房地产市场经历过这次调整，大部分民企地产商将退出债券市场，更多的民企地产商将退出房地产市场。房地产市场高杠杆的野蛮增长时代已经一去不复返，正如旭辉集团原 CEO 林峰所说："行业的萌芽、发展、成熟，乃至于今天的深度调整发展，都遵循一个正常的规律。行业过去太顺利，缺少暴风雨的洗礼，这一场中年危机既是考验，又有利于行业未来的平稳发展。要尊重常识、敬畏规律，在暴风雨中，让自己变得更坚强。"

"在暴风雨中，让自己变得更坚强。"这句话送给自己，同样送给在这场房地产危机中幸存的债券市场投研人。

第三节 民企违约潮给债券市场的启示

每当我回忆起 2018 年开始的这段民企违约潮，脑子里就会浮现歌曲《后来》中的一段歌词，"你都如何回忆我，带着笑或是很沉默"。经历过这段历史的从业人员，应该很多都有和我一样"物是人非"的感觉。

最近几年入行的朋友可能只知道债券市场不喜欢民企，但是并不太清楚其中的理由。债券市场不喜欢投资民企，并不是因为网上很多文章说的"歧视"，而是因为经历了那段民企违约潮后，债券市场的经验总结。对于现在的债券市场而言，只有那些能长时间证实自身市场优势地位的民企，才有可能在债券市场上以合理的价格融资，这与 2017 年之前债券市场的氛围是不同的。在 2017 年之前的债券市场，主流的债券投资人认为民企有着比国企更高的效率、更强的市场竞争力和获利能力。毕竟，在传统的财务分析框架里，这些财务指标更好的公司在信用排序中理应排在前面。然而，在经历了 2018 年开始的民企违约潮后，债券市场发现有些民企甚至连资产负债表中的第一个项目"货币资金"都在造假，传统的财务分析完全失效。债券市场投资人正是在风暴的洗礼中不断更新和优化对债券发行人的分析框架。

这次民企违约开始于 2015 年交易所对于公司债发行的政策松动，2015年 1 月，证监会发布《公司债券发行与交易管理办法》，将公司债发行主体范围由原来的境内外交易所上市公司，扩大到所有公司制企业。2015 年是货币政策的宽松周期，金融体系资金相对宽裕。发行政策放松叠加货币宽松，使得 2015 年交易所公司债发行数量快速攀升。这些发行的债券主流期限为三年期，2015 年发行的债券正好在 2018 年后集中到期。民营企业在货币宽松周期里没有做好投资规划、盲目举债，迈的步子太大。因此，2017 年开始金融"去杠杆"之后，很多经营激进的民营企业缺乏对经济周期和金融周期的预判，前期没有做好流动性管理。于是，很多民营企业出现了资金链断裂。从图 1-17 中可以看到 2018 年开始，民营企业违约的绝对金额开始跳跃式增加，可以分为两个阶段，第一个阶段是 2018 年到 2020 年的非房地产民营企业违约潮，第二个阶段是 2021 年开始的民营地产企业违约潮。上一节已经详细说明了民营地产企业违约潮的原因和经过，本节将阐述 2018 年到 2020 年的非地产民营企业违约潮。

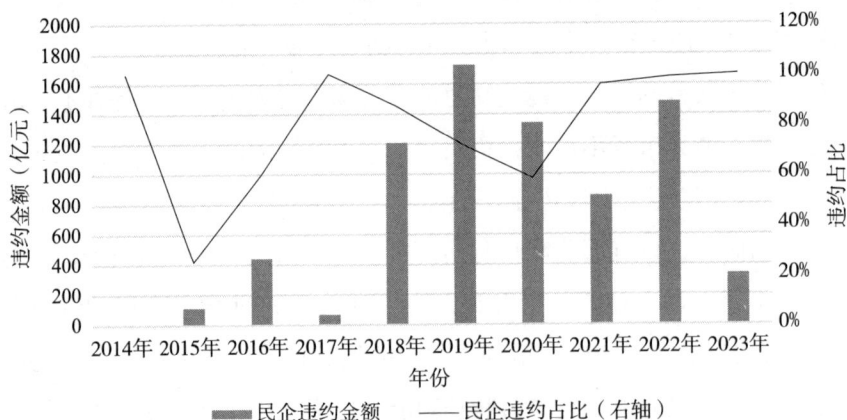

图1-17　民企违约情况

2018 年民企的违约开始于"亿阳集团""富贵鸟"和"凯迪生态"等民企上市公司，在"上海华信"和"永泰能源"等债券市场发债大户违约后达到高潮。2018 年 9 月～12 月的 4 个月时间里，每个月都有 6～7 家民营企业宣布债券违约。也就是在 2018 年的下半年，债券市场民营企业每个月的违约金额几乎与 2017 年全年金额相当。全年来看，2018 年民营企业违约的金额是 2017 年的 9 倍。

在哈尔滨工程大学学习电子工程学专业的邓伟，毕业后在黑龙江省计算机应用开发研究中心做了 4 年的技术工程师。1989 年大庆石油管理局从美国引进的中型计算机系统出现 CPU 电源故障，邓伟挺身而出帮忙解决了问题，并因此获得了第一家政府客户。由此，邓伟创立的亿阳集团企业信息化业务开始扬帆起航。靠着创始人熟悉的通信业务和智能交通业务，亿阳集团逐步站稳脚跟，经营得风生水起。如果业务版图停留在这里，这家企业大概率不会走向债务违约，但亿阳集团明显不满足于此。2000 年上市之后，亿阳集团开始了多元化扩张之路，这些扩张包括完成了对吉林油田"民 114"区块的收购，与乌兹别克斯坦公共事业署签订长期的仪表采购框架协议，以及联合新华人寿以 27.22 亿元的大手笔帮助深圳汇润公司击败中国国航入主深圳航空等。眼花缭乱的多元化扩张并没有取得良好的效果，加上宏观资金面收紧，最终亿阳集团被掏空家底，陷入了债务违约的境地。

我在一个小县城长大，县城最核心的地段里最好的商铺就是号称"中国真皮鞋王"的富贵鸟，那时候我的父亲甚至舍不得买一双富贵鸟男鞋。就是这样一家福建省的知名企业，倒塌也就在一瞬间。2015 年之后，富贵鸟在竞争中逐步落败，无论是款式还是销售方式，都受到七匹狼和意尔康等品牌的夹击。富贵鸟不断尝试转型和多元化发展，曾经尝试进军童鞋、童服市场，但无果而终。最终，在改善业绩的压力下富贵鸟开始发展"副业"，投资于金融、房地产、矿业，这不仅没有让富贵鸟起死回生，反而让其陷入更大的债务危机中。据媒体报道，在富贵鸟的最后时刻，创始人家族通过担保、拆借、对外投资等违规模式，掏空上市公司的现金和资产，使得富贵鸟的破产清算清偿率仅有 2.5%。这种转移资产的操作和超级低的清偿率，加深了债券市场对民营企业的不信任。当时，市场上盛传一个段子，说某卖鞋的企业债券违约后，跟债券持有人商议发放该品牌鞋子的打折券和代金券用于偿债。当时还略显稚嫩的债券市场和债券持有人显然是不能接受的。但站在 2024 年底来看，相对于没钱还债券就无限展期、最后投资人啥也拿不到的偿债方案，给投资人打折券和代金券明显实际很多。

接下来轮到了"凯迪生态"，这个号称"生物质发电第一股"的企业。作为中国最大的生物质发电企业，早期的凯迪生态一路扛着技术创新的大旗。2015 年之后，"凯迪生态"开始了大规模的并购和扩张之路，激进的投资加上投资的项目产出不及预期，导致企业资金链断裂。每家债券违约的民营企业似乎都拿着同样的剧本，这个剧本也是本轮民营企业违约潮的一个缩影。如果说激进的扩张之路碰上宏观大环境的收缩导致了民企的违约潮，那么债券市场还能从"凯迪生态"的违约中得到其他教训。这个教训可以用一句话总结——融资能力不强的企业不适合做发电业务。第一，发电业务，无论是火电、水电或是凯迪做的生物质发电，都是需要大规模投入且回款时间很长的项目。说到底，发电是个资本密集型行业。和所有资本密集型行业一样，融资成本对于发电行业至关重要。在分析单个发电项目或者整个企业时，融资成本和项目 IRR（内部收益率）的差值至关重要。项目 IRR 与融资成本的差值在 3% 以上，我认为是个比较安全的水平。而在融资成本上不占优的企业，想将差值维持在合理的水平，要比资本雄厚、融资能力强的企业难得多。第二，除了上述电费，"凯迪生态"等新能源企业比较依赖国家对于新能源发电的补贴款，而这部分补贴款到账周期较长，进一步加大了企业的资金链压力。或者更明确地说，融资成本高的企业根本不能匹配发电行业这样的商业模式，资金链根本"拖不起"。由于以上两点原因，我认为只有那些融资成本低且资本雄厚的企业才适合做发电业务，因此在投资实践中也会避免投资类似"凯迪生态"这样的企业发行的债券。

如果说 2018 年开年各个行业内的知名上市公司陆续违约只是前菜的话，那"上海华信"和"永泰能源"这种千亿元资产民企的违约，给债券市场和银行体系都带来了重击。"上海华信"是债券市场上第一家违约的 AAA 企业，最后一期（2017 年第三季度）公开报告上显示其资产规模为 1830 亿元，负债规模为 1279 亿元。2018 年 5 月宣布债券违约时，债券存量为 306 亿元。自"上海华信"2014 年发行第一只债券开始，估计每家债券投资机构对于是否应该将其纳入债券市场都做过分析和讨论。对于 2014 年的债券市场而言，这个发行人和它的实际控制人叶简明一样神秘。无论叶简明获得天量国开行授信，还是在捷克收购石油项目和资产等，都是当时债券市场对于这家企业津津乐道的话题。2018 年 3 月，随着企业创始人叶简明被带走，财新一篇特稿《中国华信叶简明被查，复杂政商关系网起底》逐渐将这一谜题解开。财新也凭借这一重炮炸响债券市场信评圈，当时甚至有人自嘲："整个债券市场的信评还不如财新的记者信息量大，只能看着财新的报道做投资决策。"随着中央对国开行原董事长胡怀邦等人的查处，债券市场意识到"上海华信"的神秘背景实际上只是官商勾结下的"权钱交易"。债券投资人也从"上海华信"事件中得到教训,那些不断暗示投资人自己"上面有人"的债券发行人,实际上都是自我吹嘘的纸老虎。

2018 年 5 月"上海华信"官宣债券违约后,紧接着 2018 年 7 月,另外一个千亿资产民企"永泰能源"宣布违约。这家曾经称霸一方的山西煤企给债券市场留下的不仅仅是超过 200 亿元的未偿还债券,更多的是让债券市场解锁了"试探性违约"这一新套路。根据财新的报道,"永泰能源"发言人在 2018 年 7 月一笔短融发行失败后的电话会议中表示:"本次债券发行是想看下市场的反应,结果老投资人的支持较少。"在取消了这笔短融发行的同一天,永泰能源的投资人没能等来"17 永泰能源 CP004"的兑付款,永泰能源正式宣布违约。早上债券发行失败,下午到期的债券便无钱兑付,可见"永泰能源"的资金链十分紧张。2018 年 12 月,交易商协会发布对"永泰能源"的处分,债券投资者了解到"永泰能源"在债券违约之前便有多笔银行贷款、融资租赁和信托逾期,但"永泰能源"并没有披露。经过此次事件,债券市场意识到仅仅依靠发行人的公开披露信息做出债券投资决策,可能存在比较大的问题。于是债券市场越来越重视与银行、非标等其他融资途径市场人士的沟通。债券市场走到今天,债券投资人对于债券市场以外的其他融资渠道的负面反馈已经十分敏感,甚至债券发行人和银行商讨展期都会立刻引起债券市场的异动。

整个 2018 年,35 家民营企业共计 1227 亿元债券违约。2019 年,债券市场对民企的信心不仅没有恢复,民企持续的违约进一步拉低债券市场对于民企的信心,大多数民企几乎失去了债券市场的融资渠道。在 2019 年 36 家民营企业共计 1317 亿元的债券违约事件中,给债券市场带来深刻印象的包括货币资金造假的"康美"、民企航母"中民投"等。

康美药业(以下简称"康美")曾经是广东省最大的药品流通企业,根据康美 2017 年公布的年报,企业总资产为 687 亿元,其中 342 亿元是货币资金,货币资金在总资产中占比接近 50%。这样货币资金充足的企业却在债券市场以超过 5% 的成本融资,但其账上的货币资金收益率(公司当年的利息收入除以货币资金总额）不足 2%。这种"大存大贷"的现象引起了证监会的注意，2018 年，康美被证监会立案调查，从事后监管部门发布的对康美的调查结论来看，造假手段的确超出了债券投资人的认知。从 2018 年康美年报中货币资金从 2017 年的 342 亿元迅速缩水到 18 亿元，可以看出造假的疯狂程度。康美的财务造假是资本市场上的经典案例，央视等官方媒体均有报道，在这里谈论的更多的是对于债券市场的影响。康美事件让债券投资人对于民企报表的真实性产生了很大怀疑，毕竟作为资产负债表的第一项，货币资金是最不容易造假的项目。债券投资人不禁扪心自问："如果审计机构连企业在银行放着多少钱都查不清楚，我们还有什么可以相信？"

在经历了 2018 年的民企陆续违约之后，2019 年初有很多债券投资机构对民企债券采取了"一刀切"的投资策略，债券市场已经习惯了每个月都有民企宣布债券违约。2019 年 7 月，资产规模超过 3000 亿、信用评级为 AAA 的国字头民企——中国民生投资（以下简称"中民投"）正式宣布债券违约。在众多违约民企中，中民投特别受到市场关注主要是由于其特殊的市场地位。2014 年中民投成立，巨人网络董事长史玉柱在微博上写道："总理签字批准成立的一个国字头民营公司，今天创立。我公司投资 10 亿元，仅占股 2%。"这个由全国工商联牵头组织、59 家知名民营企业发起设立的公司，刚成立注册资本就高达 500 亿元，第一任董事长董文标为中国民生银行前董事长，公司市场地位可见一斑。可就是这样的民企航母，也在盲目扩张中迅速走向凋零，2019 年中民投违约时，留下了超过 2000 亿元的债务，其中债券余额 168 亿元，给债券市场留下了以下几点教训：第一，企业的"海外投资"资产质量难以辨别，海外投资及其形成的资产本身需要打个问号。第二，对以金融投资为主业的企业持谨慎态度，股权投资的实际价值很难确认，资产质量太虚。第三，经营板块太多，且每个板块竞争力都不突出的企业，不具备长期投资的价值。

到了 2020 年，这时候宣布债券违约的民企，其资金链紧张、变卖核心资产的新闻早已见诸报端，债券市场对其债券违约也早有预期。就这样，债券市场通过用脚投票出清了市场上90%以上的民企发债主体。2018到2020年这段民企违约潮无疑打开了债券市场投资人的眼界，如果这些事情没有发生，估计债券投资人想不到这么多"五花八门"的违约方式。但是，债券投资人也在这些惨痛的教训中不断迭代对于债券发行主体的分析框架。对于包括我在内的大多数投资人而言，这次民企违约潮，从市场开始有负面新闻到企业在债券市场失去市场化融资功能，是存在比较长时间的"逃生窗口"的。也就是说，如果所在机构的风险偏好比较低，在市场有负面新闻或者债券价格有异动时，便卖出持仓，这时的债券价格往往在80元以上，实际亏损并不算大。由于大多数民企宣布债券违约后清偿率普遍低于30%，所以在债券有负面新闻传出之时就将持仓卖掉似乎是更好的策略。现在的债券市场已经形成了"一有风吹草动"就开始砸盘的特性，这样的市场特性也许正是这段民企违约潮留给债券市场的"肌肉记忆"。

从我本人亲身经历来看，我参与评估过大多数发债民企的信用风险，也实地调研过不少民企，还有过因为在路演时提出的问题比较多且比较尖锐，在会议结束后被民企创始人私下"教育"的经历，他们本意是希望向投资人解释一些看上去自相矛盾的做法，他们认为很多东西上不了台面，但却是业内"习以为常"的。我很感谢他们让我了解了很多行业前沿信息和一手资料，实业从业人员永远是金融从业者的老师，但二者的不同表现在资金性质和风险偏好方面，这可能决定了债券市场主流资金和民企发展意愿之间的差异。我国的民营企业创始人普遍敢打敢拼，特别是2015年之前的民营企业家，大多数都以"ALL IN"的方式经营企业，很少给自己也很少给公司留后路。这些企业能在债券市场上发债，首先都有一段灿烂的经营历史，要么是行业龙头，要么是区域垄断者，有了一定的家底之后想着对外扩张，这种扩张不仅仅是对主业及其上下游的扩张，更多的是跨界扩张，把手伸向看上去很美妙，但自己并不了解的其他行业，这种扩张本身就隐藏着很大的风险。更甚者，一些经营了半辈子实体企业的民营企业家在接触到金融领域后，发现做金融比辛辛苦苦做实业来钱快、赚钱容易。一番豪赌之后，很多企业家连家底都亏进去了。我记得一次调研结束后，一位民企创始人对我说："小姑娘，为了这个项目，我全部身家都进去了，你们投点儿债券怕什么？"听完这话我思索良久。债券投资，说到底是需要安全地拿回本金和票息，企业的风险偏好当然是越低越好，企业的在账现金当然是越多越好。企业的豪赌偏好和债券投资人的保守投资意向是背道而驰的。我经常在调研中听到满头白发的发行人领导对调研的投资人说："看在座的投资人都很年轻，都是年轻人。"相同的话，我从20岁听到30岁，从30岁听到现在将近40岁。我在不同年纪对这句话的理解也不同，20岁的时候听到这句话，我的理解是"发行人觉得投资人太年轻，不能理解他们的企业"；将近40岁的年纪再听这句话，心里莫名感到欢喜——这一定是在夸我显年轻、保养得好。但不管怎样，也许比起很多历经风雨的民企创始人、手握大量资源的企业领导，债券投资人始终是稚嫩的，永远要向做实业的发行人学习，但债券市场从业者经历风雨后也会变得更加成熟且坚韧。

小专题：如何识别"伪国企"

经历过民企违约潮的债券市场对于国企有着特别的偏好，这种"偏好"又被叫作"国企信仰"。而在我看来，这种偏好与其说是信仰，不如说是无奈之下的选择。与权益市场比增长不同，债券市场的信用分析实质上是个"比烂"的过程。因为只要是信用债，都有信用风险，都有信用瑕疵。通过信用分析将信用债按照信用瑕疵进行排序，从而有了信用评级。无论是信用评级方法还是信用债投资实践，都对发行人是不是国企背景给予比较大的评估权重，其背后的根本原因在于两点：第一，也是最核心的一点在于国企能得到民企所没有的股东支持。很多国企发行人的实际控制人为各级政府、发改委、财政局、交通局等行政单位，这些行政单位在资源调配和协调上，相比民企更有优势。第二，国企的内部控制比较好，无序扩张的动力较小。很多发债国企，股东对其都有明确的定位——这个公司做基建，那个公司做产业投资。各个国企在当地政府的安排下都有特定的功能，大的投资计划和业务扩张都需要当地政府的审批。对于债券市场而言，这种模式下的国企比民企经营更稳定、风险更小。毕竟对于债券投资者而言，"稳稳的幸福"是最好不过的事。

本专题的标题"伪国企"是信用分析角度的定义，债券市场更为体面的名称是"混合所有制"企业。实际上叫什么不重要，实质是什么才重要。债券市场中"国企信仰"中的"国企"并不仅仅指超过50%的股权是国企或者大股东是国企，更为实质的是企业在经营困难或者出现流动性风险时，国企股东能够给予强有力的支持。后面我们会看到，有些企业虽然号称是国企股东，但股东无论是在主要管理人员的任免上，还是在企业的经营管理上，都没有起到任何作用。有些民营企业为了方便融资，通过"绕弯"的方式让自己的股东看上去是国企。这种"绕弯"的方式包括：通过挂靠边缘事业单位或者社团组织，再通过复杂的股权关系让其看上去是国企；通过邀请国企对其进行财务投资，使其股东看上去像国企。所谓"财务投资"就是指国企对民企进行投资可能只是为了获得高增长民企的分红或者通过并表民企扩大国企的资产规模，这种"财务投资"在没有发生风险的时候，是可以实现双赢的，即民企可以通过挂靠国企获得更便宜、规模更大的融资，国企可以通过投资民企获得数量可观的分红，实现闲置资金的高回报率。但一旦民企发生风险，进行"财务投资"的国企是不可能拼尽全力、甚至不惜搭上自己去救助"财务投资"的企业的。如此一来，债券投资者所期望的投资国企债券可以获得的国企股东的额外支持就没有了。而这种国企股东的额外支持，已经被债券市场定价在债券较低的收益率里了。如果没有这些支持，债券市场需要发行人给出更高的信用溢价和收益率。按照债券市场的信用分析和定价规律，在经历过一些违约事件后，债券市场把一些虽然从股权结构上看是国企股东，但国企股东对其支持和管理较少的企业叫作"混合所有制"企业。先来看看债券市场历史上被认定为"混合所有制"企业的债券违约案例（见表1-2），债券市场从这些违约案例中逐渐找到对"混合所有制"企业的定义。

表 1-2　"混合所有制"企业债券违约案例汇总

发行人	首次债券违约日期	企业性质（Wind 分类）	资产规模（亿元）	违约债券余额（亿元）	发行时主体评级
远洋控股集团（中国）有限公司	2024-01-21	中央国有企业	1942	269	AAA
紫光集团有限公司	2020-11-16	中央国有企业	2978	187	AAA
中信国安集团有限公司	2019-04-28	中央国有企业	1982	150	AA+
中科建设开发总公司	2018-11-19	地方国有企业	718	50	AA
中国华阳经贸集团有限公司	2018-09-30	中央国有企业	359	94	AA
中城投集团第六工程局有限公司	2018-08-13	中央国有企业	199	14	AA
上海云峰（集团）有限公司	2016-02-29	地方国有企业	247	66	AA-

注：数据大部分来自 Wind 公开数据，部分数据根据新闻报道整理。

　　中信国安集团有限公司（以下简称"中信国安"）于2014年完成混改，中信集团对其股权由100%变更为20.94%（见图1-18）。完成混改之后，中信国安由原来的中信集团100%控股变为股权相对分散、没有实际控制人的公司。在混改中，中信集团将大约80%的股份转让给五家民营企业，此后又发生了眼花缭乱的资本运作。中信国安在混改后的五年里，将资产规模迅速做大了五倍，其债务规模也跟着资产规模一起迅速增加。中信国安出现风险之后，大股东中信集团确实曾帮忙协调债务。但面对中信国安的千亿债务，中信集团没有选择（也没有必要）兜底这个已经混改多年的企业。

　　中国华阳经贸集团有限公司（以下简称"华阳经贸"）和中城投集团第六工程局有限公司（以下简称"中城投"）的情况相对更简单，穿透去看这些企业的股东会发现，这些企业的实际股东是一些名字看着像是国企，但实质上可能只是挂靠国企，甚至只是名字故意碰瓷国企的企业。如图1-19所示，华阳经贸的大股东是"中国贸促会资产管理中心"，另外一个大股东"深圳华诚大通投资有限公司"股权穿透下去是一个叫作"海南省文化交流促进会"的企业，这些企业就是上文所说企业性质的实例。

	股东名称		实际持股比例	认缴出资(万元)	实缴出资(万元)
1	中国中信集团有限公司	关联55家企业>	20.94%	150 000	150 000
2	黑龙江鼎尚投资管理有限公司	关联1家企业>	19.76%	141 545	141 545
3	北京合盛源投资管理有限公司	关联1家企业>	17.79%	127 390	127 390
4	共和控股有限公司	关联7家企业>	15.81%	113 235	113 235
5	瑞盟（上海）股权投资基金合伙企业（有限合伙）	关联2家企业>	15.81%	113 235	113 235
6	天津市万顺置业有限公司	关联17家企业>	9.88%	70 772	70 772

图1-18　中信国安股东结构图

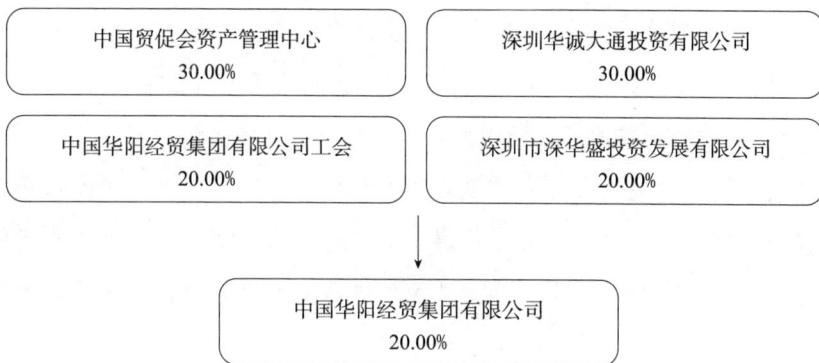

```
┌─────────────────────────┐  ┌─────────────────────────┐
│ 中国贸促会资产管理中心      │  │ 深圳华诚大通投资有限公司    │
│ 30.00%                   │  │ 30.00%                   │
└─────────────────────────┘  └─────────────────────────┘
┌─────────────────────────┐  ┌─────────────────────────┐
│ 中国华阳经贸集团有限公司工会 │  │ 深圳市深华盛投资发展有限公司 │
│ 20.00%                   │  │ 20.00%                   │
└─────────────────────────┘  └─────────────────────────┘
              │
              ▼
      ┌─────────────────────────┐
      │ 中国华阳经贸集团有限公司    │
      │ 20.00%                   │
      └─────────────────────────┘
```

图1-19　华阳经贸股东结构图

对于债券投资人而言，想要识别获得国企股东较多支持，以保证自身所持债券安全的"真国企"，关键是抓住以下两点：

第一，名录查询。无论是国务院国资委还是财政部，履行出资人职责的中央企业都会在其网站上公布央企名录，只有列入名录的才是经过官方认证的央企。对于很多央企的下属企业，其是否真的受到央企的实际管理和调配，可以通过实地调研和咨询央企总部获得信息。对于债券市场而言，地方国企更好辨别，主要是因为地方国企和债券市场沟通的意愿更强，常年有大量的电话路演或实地调研。因此，对于每个地方政府的国企体系、业务分工、企业定位等，债券市场还是比较清楚的，对于不在这个体系内的企业，债券市场都会打个问号。

第二，股东历史支持情况。除了企业的核心管理人员由股东派驻并定期更换外，"真国企"股东的支持方式包括但不限于：

（1）注资，直接给资本金。比如，某些国企股东隔几年就给企业注入资本金，不断帮助企业做大做强资本实力，方便企业更好地发展。

（2）和股东共用银行授信。很多企业与央企和地方国企的股东，在银行是共用授信的，也就是说银行认为它们是一个信用主体。

（3）股东给担保。很多央企和地方国企的股东，给子公司担保额度，子公司发债的时候也可以看到担保人。

（4）股东财务公司拆借资金。很多大的集团公司都有财务公司，无论是集团财务公司还是股东，一般都会给实际控制的子公司拆借额度。

（5）股东协调其他可以控制的企业，临时周转资金给公司使用。

所谓识别"真国企"或者"混合所有制"企业，实际上是债券市场在寻求发债企业在资产负债表之外可能得到的支持。本专题通过历史违约案例的经验教训，为读者总结了识别真伪国企的方法。至少就现在看来，以上两个关键点依然是识别真伪国企的有效方法。

第二章

银行业债券投资：金融稳定基石

第一节　银行风险事件回顾

如果按照交易场所分类，债券市场可以分为银行间市场和交易所市场，其中，银行间市场是比交易所市场更早、规模更大的市场，银行间市场现在依然是债券市场的主导者。银行间市场成立之初，主要是为了让各大银行进行拆借等资金交互。可见，银行这个参与方就是债券市场的发债主体，也是债券市场的主要参与人。因此，银行作为债券市场的最主要参与者，是金融稳定的基石。

一、银行发债种类及存量余额

一般情况下，债券市场将银行、保险、证券等金融企业发行的债券统称为金融债。但处于金融稳定基石地位的银行，还能发行期限较短、目的为短期现金管理的债券——同业存单。根据 Wind 的统计（见表 2-1），截至 2024 年 6 月 30 日，银行发行债券余额约为 52 万亿元，约占整个债券市场债券存量余额的 32%。

表 2-1　债券市场债券存量余额（2024 年 6 月 30 日）

类别	债券数量（只）	债券存量余额（万亿元）	余额比重（%）
国债	268	31.27	19.10
地方政府债	10 944	42.41	25.91
央行票据	3	0.02	0.01
同业存单	14 758	17.47	10.68
金融债	3005	38.32	23.41
政策银行债	312	25.02	15.29
商业银行债	464	3.42	2.09
商业银行次级债券	715	6.49	3.97
保险公司债	95	0.32	0.19
证券公司债	1156	2.39	1.46
证券公司短期融资券	115	0.17	0.11
其他金融机构债	148	0.50	0.30
企业债	2557	1.80	1.10
公司债	14 006	11.66	7.12
中期票据	10 515	10.36	6.33
短期融资券	2789	2.37	1.45
定向工具	3474	2.15	1.31
国际机构债	28	0.07	0.04
政府支持机构债	186	1.76	1.07
资产支持证券	8670	3.09	1.89
可转债	552	0.80	0.49
可交换债	107	0.12	0.08
项目收益票据	13	0.01	0.00
合计	71 875	163.67	100.00

注：部分银行也发行可转债，但银行可转债规模相对债券存量余额较小，因此没有统计入银行发债余额中。

资料来源：Wind 资讯。

截至 2024 年 6 月 30 日，在债券市场发行的债券中，同业存单余额约为 17 万亿元，国开行、农发行等政策性银行发行的政策银行债余额约为 25 万亿元，工农中建交等商业银行发行的普通债权性质的商业银行债余额约为 3.4 万亿元，工农中建交等商业银行发行的劣后债权性质的商业银行次级债券余额约为 6.5 万亿元。值得说明的是，商业银行次级债券是指债券本金的清偿顺序和利息支付顺序在存款人和一般债权人之后，但在股权资本、其他一级资本工具和混合资本债券之前的债券。商业银行次级债券中包含永续债和二级资本债两个次级债券品种，银行发行次级债券的目的均是补充银行的资本。银行发行永续债的目的是补充银行的"其他一级资本"，永续债在资产负债表中计入权益里的"其他权益工具"项目。银行发行二级资本债的目的是补充银行的"二级资本"，二级资本债在资产负债表中计入负债里的"应付债券"项目。按照监管规定，如果银行触发无法生存事件需要减计资本，应先减计一级资本工具后减计二级资本工具，也就是说，虽然都是次级债券，但理论上二级资本债的偿付顺序优先于永续债。

二、银行在债券市场的信用排序

银行在债券市场从好到坏的大致信用排序为：

政策性银行 > 工农中建交五大行 > 国股行 > 城商行 > 农商行 > 村镇银行。

当然，如果以上顺序就是完全真实的信用排序，那就没有写这一节的必要了，以上排序只是大致的信用排序。在以上排序中，对于政策性银行和五大行的排序，市场基本是没有异议的，但是对于这之后的排序，还得根据银行自身的业务激进度、所在区域、股东情况等进行判断，详细的内容将在下一节具体阐述。

2021 年，央行和银保监会发布我国系统重要性银行名单，将银行按系统重要性得分从低到高分为五组。如图 2-1 所示，从监管部门的分组中可以领会到银行的排序，供读者参考。

第一组有8家，包括平安银行、中国光大银行、华夏银行、广发银行、宁波银行、上海银行、江苏银行、北京银行。

第二组有4家，包括浦发银行、中信银行、中国民生银行、中国邮政储蓄银行。

第三组有3家，包括交通银行、招商银行、兴业银行。

第四组有4家，包括中国工商银行、中国银行、中国建设银行、中国农业银行。

第五组暂无银行。

图2-1 我国系统重要性银行分组

银行的信用排序从银行发行债券的信用利差就可以看出，图 2-2 是以银行发行的 3 年左右的一般金融债作为样本计算出的信用利差。信用利差越小代表信用风险越低，从图 2-2 可以看出，五大行的信用利差最小，其次是国股行，再次是城商行，最后是农商行。五大行和国股行的信用利差相差较少，这说明债券市场认为国股行的一般金融债的安全性和五大行差不多，信用风险十分小。而对于城商行和农商行，由于不同银行之间的个体差异比较大，因此信用利差较五大行和国股行明显更大。这代表了债券市场对城商行或农商行的信用排序是有明显差异的，这种差异正是来自银行自身的信用特征，也是我们下一节重点讨论的内容。

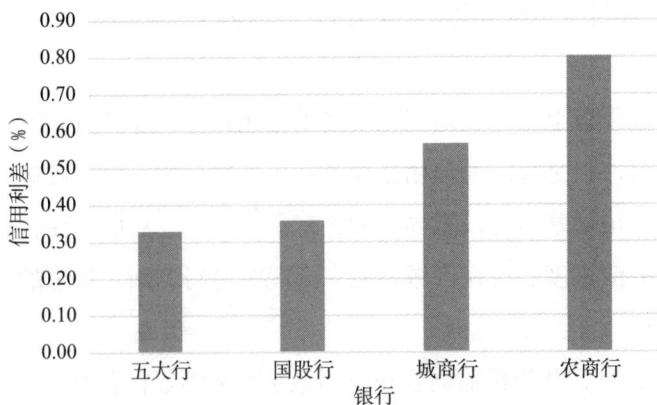

图2-2 不同性质银行的信用利差

注：数据日期为 2024 年 6 月 30 日。

资料来源：Wind 资讯，本书作者整理。

三、银行的信用特征

想要评估任何一个行业的信用风险，首先得了解这个行业的信用特征，即这个行业在什么地方容易出现风险。对于银行业而言，导致银行发行的债券不能偿还的最主要风险来自银行资产质量的崩塌，简单来说就是大量贷款收不回来，都成了坏账。银行通过居民和机构存款等途径获得资金，然后给企业或者居民发放贷款，通过贷款和存款之间的利息差赚取利润。一般情况下，发放的贷款会有部分比例收不回来，收不回来的部分如果能用银行的存贷利息差或者资产端的投资收益冲抵，那么银行尚且是盈利的，且银行本身还能良性发展。如果贷款收不回来的比例比较大，银行的收益没有办法覆盖，则需要用银行的资本金冲抵亏损，上文所说的次级债券就要被扣减了。如果扣减完资本金依然不能冲抵贷款损失，就要开始用一般负债冲抵，此时就轮到债券中的一般金融债和同业存单了。

银行是信用市场的基石，早在 1988 年，国际上就发布了《巴塞尔协议》以帮助监管部门预防银行发生信用风险。中国的银行是全球银行的重要组成部分，随着《巴塞尔协议》的不断升级改版，中国也不断加强对于国内银行的监管。因此，银行债券信用评估将在很大程度上依赖于以《巴塞尔协议》为基础的监管指标。用大白话说就是，只要银行在实际经营中没有故意利用监管漏洞规避监管，在现有的银行监管体系下，银行是不大会出现问题的。然而，近几年也有银行出现风险的案例，下文我通过回顾近年银行出现的一些风险事件，来探讨银行债券信用风险的评估体系。

四、银行风险事件回顾

（一）银行次级债券不赎回带来投资风险

银行债券的风险中，出现频次最高的就是次级债券不赎回。次级债券不赎回将引起该债券估值波动，债券收益率大幅上行。如图 2-3 所示，某银行不赎回次级债券后债券净值出现大幅度下挫。

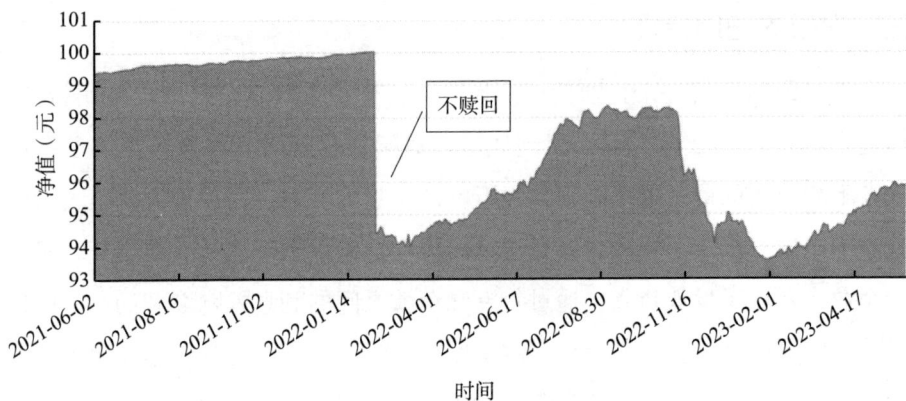

图2-3 某银行不赎回次级债券的净值走势

资料来源：Wind资讯，本书作者整理。

截至2023年4月（见图2-4），共计44家银行选择不赎回次级债券，其中，包商银行对次级债券进行了减计。选择不赎回次级债券的银行以低评级银行为主，主体评级在AA+及以上的银行仅有6家。债券市场投资银行次级债券，基本上已经形成规避低评级银行的行业共识。因此，低评级银行不赎回次级债券一般不会引起市场的剧烈反应。与此同时，主体评级为AA+及以上的银行不赎回二级资本债，会引起比较大的市场关注。如表2-2所示，历史上一共有4家主体评级为AA+的银行选择不赎回二级资本债，两家主体评级为AAA级的银行选择不赎回二级资本债。大多数银行不赎回次级债券的原因都是资本充足率较低，赎回次级债券后该行的资本充足率将继续降低，使得该行的资本充足率低于监管红线（部分不赎回次级债券的银行，在不赎回前资本充足率已经低于监管红线）。

主体评级为AAA的山西银行不赎回次级债券的原因是，此次债券是晋城银行在2017年发行的二级资本债（主体评级为AA），晋城银行在2021年被新组建的山西银行合并重组。由于原发行主体经历了合并重组，因此，新债务的继承主体山西银行选择了不赎回次级债券。

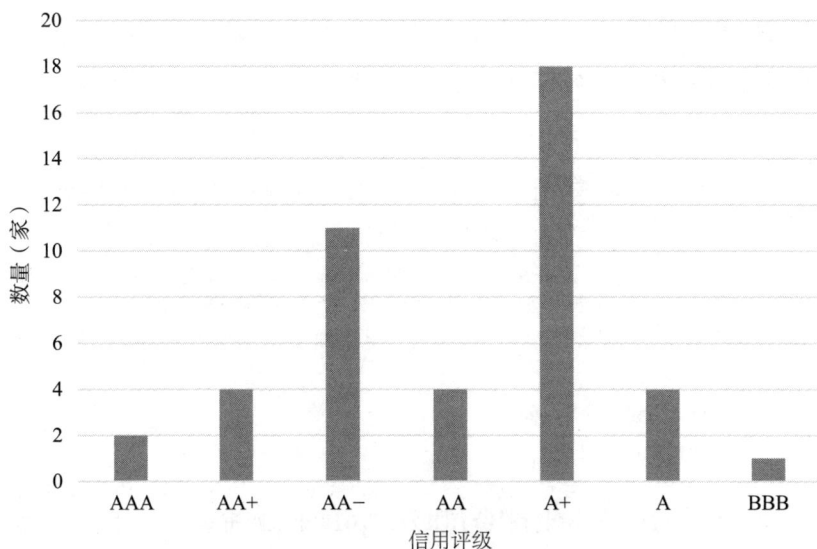

图2-4 不赎回次级债券银行的信用评级分布

资料来源：Wind 资讯，本书作者整理。

表 2-2 不赎回次级债券的中高评级银行

原定到期日	发行人	发行额（亿元）	是否赎回	主体评级
2020-11-11	包商银行	65	全额减计	AAA
2022-05-16	山西银行	10	未赎回	AAA
2018-07-26	天津滨海农村商业银行	15	未赎回	AA+
2019-08-26	宁波鄞州农村商业银行	13.5	未赎回	AA+
2019-12-09	广东南粤银行	15	未赎回	AA+
2022-03-03	营口银行	9	未赎回	AA+

资料来源：Wind 资讯，本书作者整理。

市场上一些主体评级为 AAA 的银行，在公告不赎回次级债券后，由于债券市场反应强烈，很多媒体争相报道，地方监管部门以及银行预期会给区域银行和金融稳定带来不利影响，几天内就将公告撤销，转而改为正常赎回。如图 2-5 所示，九江银行在 2023 年 1 月 5 日发布公告不赎回后，仅在两个工作日后的 1 月 9 日，就对同一只债券发布了赎回的公告，消除了市场的焦虑和可能蔓延的风险。同样地，如图 2-6 所示，天津银行在一天内，就将"不行使赎回选择权"的公告更正为"行使赎回选择权"。

公告日期	标题
2023-01-09	[PDF] 18九江银行二级01:关于九江银行股份有限公司2018年二级资本债券2023年付息及赎回选择权情况公告的更正说明
2023-01-09	[PDF] 18九江银行二级01:江西阳明阳律师事务所关于九江银行股份有限公司赎回九江银行股份有限公司2018年第一期二级资本债
2023-01-09	[PDF] 18九江银行二级01:中国银保监会江西监管局关于九江银行股份有限公司2018年第一期二级资本债券赎回权相关意见的函
2023-01-09	[PDF] 18九江银行二级01:九江银行股份有限公司2018年第一期二级资本债券 发行人赎回选择权 行权公告-更新
2023-01-05	[PDF] 18九江银行二级01:九江银行股份有限公司2018年第一期二级资本债券 不行使赎回选择权 的公告

图2-5　银行更改赎回公告

资料来源：Wind 资讯，发行人公告。

关于天津银行股份有限公司 2018 年二级资本
债券 2023 年付息及赎回选择权行权
情况公告的更正说明

2022 年 12 月 20 日，天津银行股份有限公司披露了《天津银行股份有限公司 2018 年二级资本债券 2023 年付息及赎回选择权行权情况公告》，现对前述公告中的要素进行如下更正：

原公告中要素：

"二、权利行使情况

不行使赎回选择权。未赎回债券在剩余期限内票面利率为 4.80%,固定不变。"

更正为：

"二、权利行使情况

发行人行使赎回选择权。

1、发行人赎回面额：100 亿元

2、赎回价格（元/百元面值）：100 元

图2-6　银行赎回选择权更正说明

资料来源：Wind 资讯，发行人公告。

"不赎回次级债券"是银行债券最高频的风险点，在实际投资管理中，可以通过模拟计算赎回次级债券对于银行资本充足率的影响，评估银行可能进行的"赎回"或者"不赎回"的决策。如果赎回次级债券会导致该行的资

本充足率低于监管红线，则该行是有较大可能性行使不赎回次级债券的选择权的。

（二）内部人控制问题：恒丰银行

恒丰银行的前身是 1987 年成立的山东省烟台住房储蓄银行，2003 年改制后，烟台市国资委一直为第一大股东，到 2015 年底持股 19.4%。作为国内首批 12 家全国性股份制银行，恒丰银行于 2016 年被媒体爆出高管违规进行股权运作试图控制恒丰银行。2017 年 11 月，山东省在启动对恒丰银行的调查后，指出恒丰银行存在内部人控制的弊病，并于同月宣布全面接管恒丰银行。随后，恒丰银行原党委书记、董事长蔡国华被查。

2018 年，恒丰银行定下"注资 1000 亿元，剥离不良 1400 亿元"的大框架，启动重组，并将方案上报山东省。2019 年 12 月，恒丰银行公告其将以非公开的方式发行 1000 亿股普通股，其中中央汇金投资有限责任公司（以下简称"中央汇金"）拟认购 600 亿股，山东省金融资产管理股份有限公司拟认购 360 亿股，剩下的 40 亿股由新加坡大华银行以及其他股东认购。根据山东省与中央汇金签署的回购协议，恒丰银行重组后的实际控制人为山东省国资委。2021 年 8 月，山东省高院二审以国有公司人员滥用职权罪、贪污罪、挪用公款罪、受贿罪、违法发放贷款罪并罚，判处蔡国华死刑，缓期二年执行。在完成重组、相关责任人被判处之后，恒丰银行这个由银行内部人控制导致管理混乱、坏账较多的事件画上句号。

从恒丰银行的事件中，债券市场就"如何识别银行风险"的问题，可以获得以下几点经验教训：

第一，需要谨慎看待股权分散、民企股东较多的银行。2015 年之后，恒丰银行的大股东烟台蓝天投资控股有限公司（实际控制人为烟台市国资委，以下简称"烟台蓝天"）持股比例仅为 20% 左右，其他股权则分散在大大小小58 个股东手里。很多持股超过 5% 的股东为民营企业或个人，民营企业和个人持股均有代持或者利益输送的可能性，在信用分析时应当重点注意这些股东与大股东或者公司高管的关系，厘清银行对这些股东及其关联企业的贷款敞口，关注银行股权变更的资金来源以及实际用途。

第二，多关注股东对银行的实际管理权。从烟台蓝天原董事长被查处的通报来看，烟台蓝天原董事长是蔡国华在烟台市国资委任职期间的下属，两人交往甚密。这就意味着烟台蓝天作为恒丰银行的第一大股东，可能存在股东管理缺位的问题。在信用分析中应当特别关注股东对银行高管的管理权和任命权，一旦股东对银行高管的管理缺位，则需要重点考查银行内部的风险管理质量。

第三，主要管理人员长期没有更换，内部管理权比较集中。从恒丰银行前任董事长蔡国华挪用公款、违法发放贷款来看，董事长一人可以挪用数百亿元的资金，突破银行的所有内控。可见银行内部管理"一言堂"的局面可能会给银行带来比较大的风险隐患。

对于债券市场而言，恒丰银行虽然出现了一些问题，但无论是普通债权还是次级债权均按期兑付，没有对债券市场投资人造成实际影响，但包商银行的债券投资者就没有那么幸运了。

（三）民营股东问题：包商银行

2021 年 2 月，北京市第一中级人民法院做出民事裁定，裁定包商银行破产。民事裁定书显示，截至 2020 年 10 月 31 日，包商银行资产总额为 4.47 亿元，负债总额为 2060 亿元，净资产为 -2055 亿元。这家由"明天系"控股的商业银行，最终留下超过 2000 亿元的负资产宣告破产，成为中国首宗真正意义上的商业银行破产案例。

早在 2019 年 5 月，央行和银保监会就宣布接管包商银行，牵头处置包商银行的风险。随后在 2020 年 7 月，"明天系"的其他金融类企业——华夏人寿、天安财险、新时代证券、国盛证券等，被银保监会宣布接管。包商银行接管组组长、央行办公厅原主任在《中国金融》上刊登了题为《中小银行金融风险主要源于公司治理失灵——从接管包商银行看中小银行公司治理的关键》的文章，文章指出 2005 年以来，明天集团通过大量不正当的关联交易、资金担保及资金占用等手段进行利益输送，包商银行逐渐被"掏空"，造成严重的财务风险与经营风险。清产核资结果显示，"明天系"通过注册 209 家空壳公司，以 347 笔借款的方式从包商银行套取信贷资金，形成占款约 1560 亿元（占包商银行总资产规模的 30%），全部形成不良贷款。

在监管部门的共同努力下，2020 年 4 月 30 日，由存款保险基金出资 66 亿元、持股 27.5% 的蒙商银行正式成立开业，同日包商银行接管组发布公告将包商银行相关业务的资产与负债分别转让至蒙商银行与徽商银行。根据央行报告，监管部门经过深入研究，决定由存款保险基金和央行提供资金，先行对个人存款和大多数机构债权予以全额保障。

对于债券市场而言，比较关注的是债券的兑付情况，在包商银行被接管时，包商银行存续的债券余额为 698 亿元，其中同业存单占大头，余额为 583 亿元。从监管部门发布的对于同业负债（同业存单）的处置方案上看，5000 万元以内的同业负债全额本息兑付；5000 万～1 亿元的同业负债仅兑付本金；1 亿～20 亿元的同业负债兑付 90% 的本金；20 亿～50 亿元的同业负债兑付 80% 的本金；超过 50 亿元的同业负债兑付 70% 的本金。按照募集说明书的相关条款，二级资本债在银行发生破产等事件时可以全额减记，因此，包商银行于 2015 年发行的二级资本债"15 包商银行二级"全额减记，这笔二级资本债的发行规模为 65 亿元。

虽然包商银行事件让债券投资者受到了部分损失，但与此同时，债券市场对银行业的信用评估也愈加重视，改变了很多市场投资者之前的金融债不会出现信用风险的看法。作为债券市场第一家没有全额兑付债券的银行，包商银行更多的是由于股东操纵和内部管理失效双重作用导致出现问题。结合央行对于包商银行的处置报告以及包商银行接管组组长的公开发文，我总结出以下几点银行债券信用风险识别方面的经验教训。

（1）关注银行控股股东的企业性质和管理机制。"明天系"通过 35 个股东持有包商银行 89.27% 的股权，占据控股股东地位，导致大股东操纵股东会，股东管理机制名存实亡。股东通过各种方式进行利益输送，总共套取信贷资金1560亿元，将包商银行变成股东及其关联企业的提款机。

（2）内部管理缺失可能导致银行所有内控措施形同虚设。在包商银行被接管时，董事长担任"一把手"长达11年。在接管前相当长的一段时间里，包商银行内部是在董事长一人的领导下运转的。包商银行管理层凌驾于制度之上，以领导指示代替规章制度。包商银行的重大事项决策、重要干部任免、重要事项安排和大额资金使用等均不需要经过党委会集体讨论决策，"董事长交办"成了常态。

（3）关注监管失效，"内部人"内外勾结，银行经营管理混乱，风险管理和内控管理机制失灵等问题。"监管捕获"也是包商银行公司治理失效的重要原因。部分甘于被"围猎"的地方监管高官不仅收受贿赂，还插手包商银行内部人事任命和工程承揽等事务；有些关系人通过自己控制的公司从包商银行骗取巨额贷款，通过自办的律师事务所从包商银行获取高额律师服务费。

央行《中国金融稳定报告（2019）》对金融机构的评级显示，截至2018年末，全国4355家中小银行业金融机构中，高风险金融机构已达587家。很多银行的风险根源多在公司治理，大股东占款、内部人控制，甚至形成"内部人＋腐败官员＋不良企业"的"黑三角"。随着2024年以来多家中小银行的风险暴露，清退问题银行的问题股东、压实问题银行所在区域的地方责任成为解决中小银行问题的首要途径。除了包商银行，"明天系"控股的潍坊银行、泰安银行、哈尔滨银行，分别由潍坊市、泰安市及哈尔滨市国资委入股，各地国资委成为第一大股东。如果地方无力承担，则央行等监管部门将牵头通过引入战略投资者、资产重组等方式解决问题，其中存款保险基金在其中起到了重要的保障作用。

2019年末，国务院金融稳定发展委员会第九次会议明确提出"健全适应中小银行特点的公司治理结构和风险内控体系，从根源上解决中小银行发展的体制机制问题"。从2020年起，新增地方政府专项债限额中也允许安排一定额度，用于补充中小银行资本金，帮助化解中小银行风险。2021年6月，银保监会先后发布《银行保险机构大股东行为监管办法（试行）》和《银行保险机构关联交易管理办法》的征求意见稿，瞄准股东滥用股东权益和关联交易导致的利益输送，目的就在于堵住银行监管中的缺口。在监管的不断完善下，我们期待作为金融稳定基石的银行业迎来更为稳健的发展。

第二节　银行信用风险评估方法

银行业是以经营贷款风险为主业的行业，宏观环境对商业银行的经营和发展至关重要。在经济繁荣时期，实体企业经营向好，盈利增加，资产负债表改善，偿债能力增强。由于为实体企业发放的贷款的不良率较低，此时银行的经营情况也较好。当经济衰退时，实体企业效益下滑，偿债能力减弱，不良率提升，银行资产质量下降，信用风险增加。因此，经济处于上升周期时，商业银行信用风险较小，经济衰退时，商业银行信用风险有所增加。

宏观环境对银行业的影响很大，本书阐明其重要性但却不把它放到信用评级框架中。其中的主要原因是本节的写作目的是完成对银行业发债主体的信用排序，而不是说明"经济上行时买银行债券，经济下行时规避银行债券"这种理论上正确，但在实际的债券市场上行不通的道理。经济下行就不买银行债券的逻辑在实践中是不成立的，银行债券信用利差的变化也并不会参考经济增速的变化。银行是金融稳定的基石和债券市场最大的参与者，国内的大部分银行债券信用评级都是AAA级，因此，银行债券更多的是作为"流动性吸纳"的工具，为留存在银行间市场的大额资金提供较低的安全收益率，并为银行间市场提供流动性较高的资产。

根据国内银行债券的出险历史，笔者从经验上总结了银行信用风险的评估方法。如表2-3所示，银行信用风险的评估方法大致由五个方面组成：公司治理、运营环境、业务情况、资产质量、监管指标。下面我们详细阐述在这五个方面要关注的问题，以及应该如何理解这些问题。

表 2-3　银行信用评估框架

公司治理	企业性质
	股东情况
	董事会席位
	单一控制风险
	关联方风险
	政府支持
运营环境	所在区域不良率
	人口
	区域贷款增速
	人均 GDP
	行业分布
业务情况	存贷业务
	净息差
	金融市场业务
	盈利能力
资产质量	不良率
	贷款拨备率
	拨备覆盖率
监管指标	资本充足率
	流动性指标

一、公司治理

（一）企业性质

在 2014 年开始的那一轮货币宽松周期中，金融牌照是市场资金竞相争夺的投资标的。银行牌照作为金融牌照中含金量最高的牌照，自然成为市场争夺的对象。金融牌照的特许经营性决定了其稀缺性，企业购买金融牌照不仅可以获得股权价值提升的收益，更可以获得金融机构不菲的分红收益。还有一些市场资金追求的是金融企业背后的资金放大功能，简称银行股权投资的"一鱼三吃"。例如，企业 A 购买银行 B 的股权，第一种吃法是股权质押：企业 A 将购买的银行 B 的股权进行质押拿到资金，通常这一步可以拿回 70%

左右的股权投资资金。第二种吃法是银行 B 直接给企业 A 发放贷款：企业 A 可以利用银行 B 的股东地位让银行 B 给企业 A 及其关联企业贷款。从被查处的违规银行的通告来看，虽然监管对于银行有单一贷款金额的限制，但有些别有用心的企业为了逃避监管，甚至以司机、保姆的名义开立公司向银行贷款，从而最大限度地利用股东地位向银行套取资金。第三种吃法，企业 A 通过银行 B 的投资业务获得资金，具体做法为：银行 B 通过投资信托公司、券商资产管理公司或者基金公司的产品的方式将资金挪出银行体系，这些产品资金的实际流向为企业 A 及其关联企业的项目，实际上资金使用方为企业 A 或者其关联企业。

由于国有企业天然具有获得资金的丰富性且获得资金成本较低，国有银行没有必要和部分民营银行一样，利用金融牌照为融资提供便利。债券市场那些持有银行股权的国有发债企业，持有的目的更多的是为当地政府或者国资委代行管理职责。有些城投企业持有非本地银行的股权，更多的是希望丰富资产端类别或者赚取一定的投资收益。债券市场发债企业中，国企持有银行股权用于抵押获取资金的做法比较少。相比之下，民营企业对于扩张的冲动、资金的渴求是更明显的。因此，银行的大股东是民企还是国企在很多情况下决定了这家银行的基因，这是分析银行业时首先要关注的问题。

（二）股东情况

很多中小银行的股权比较分散，大股东持股甚至不超过 10%，容易给市场一种这家银行完全市场化运营的错觉。例如一些出问题的银行，表面上看股东十分分散，大股东持股都不超过 5%，实际上很多小股东背后的实际控制人为同一人，这就使得名义上没有大股东进行绝对控制的企业实际上可能被一人实际控制。如果该民企大股东话语权过强，则可能影响银行的内部控制和合规体系，从而引发道德风险。因此，查询一家银行大股东的企业性质相对容易，但找出众多小股东背后的实际控制人更困难些，这需要了解银行复杂股权背后的真实情况，可能还需要投资人进行实地调研、同业探寻、上下游验证等更为细致的工作。

上文"一鱼三吃"的例子说明企业投资银行股权可以达到资金放大的目的，这对于渴望资金的民企而言是一笔很划算的投资。因此，在信用分析中，了解银行股东情况变得十分重要。如果银行的股东都是民企，应当重点分析股东从事的行业、扩张速度、股东意愿等。①从事的行业：如果股东从事的是金融投资、资本运营等金融、类金融的业务，且在金融投资领域没有做出特别有竞争力的品牌，那么很有可能其投资的银行会参与股东错综复杂的投资，这时可以查看银行资产负债表中的投资标的，判断其是否和股东存在关联。除此之外，可以通过同业了解该银行理财部门的资金投向，从而摸清银行对股东的实际敞口。②扩张速度：如果发现银行实际控制人的资产负债规模均迅速扩大，需要警惕股东利用各种金融牌照放大投资、无序融资产生的危害。③股东意愿：了解股东投资银行的目的很重要，如果投资目的为比较纯粹的财务投资，则股东对银行的干预程度较小。如果股东的扩张意愿很强、很激进，则银行很可能成为其扩张路上的重要帮手，成为民营股东的提款机。

对于大量分散的小股东是否只是实际控制人的"马甲"，可以通过查询银行各个小股东的工商信息获得信息，以下情况可能预示小股东是"马甲"：①股东注册资本金额比较小，但对银行的投资金额却很大。②股东经营的业务比较杂（没有正经业务），业内主流企业从来没有听过这家公司。③注册时间点和其控股银行的时间点比较接近，例如，2013 年注册，2014 年便成为银行的股东。④银行小股东的法人为银行大股东的高管、亲属等。⑤小股东员工人数较少，明显不能支撑一个公司的正常运营。如果银行的众多小股东存在以上的特点，我们有理由怀疑小股东是实际控制人的"马甲"。

（三）董事会席位

如果从众多分散的小股东上很难查到实际控制人，那么从董事会席位上可以更清晰地看到。从银行董事会的席位排布上可以看到股东对银行的影响力，有些进行财务投资的机构虽然股权占比比较大，但是董事会席位中没有一席是其派驻的，说明其话语权较小。也有些股东将投票权委托给另外一些股东行使，这些股东也不会派驻董事。如果半数以上董事会席位由同一控制人派驻，那么基本可以断定这家银行的实际控制人就是可以派驻半数以上董事会席位的个人或者机构。

（四）单一控制风险

单一控制风险是指银行内部没有权力制衡机制，个人或者单一机构可以随意冲破银行的内部控制实现自身意志的风险。单一控制风险既包括单一股东对银行的控制，也包括单一管理层对银行的控制，又称"内部人控制"。上文已阐述股东控制的问题，这部分重点聊聊银行的内部人控制。

从监管已经通报问题的银行来看，内部人控制是恒丰银行出现问题的根本原因。传统的银行业信用分析框架可能认为，只要银行的股东是国企，银行就不会出现问题。但在实际经验中，很多银行的股东对银行的管理并不到位。这种不到位的背后可能更多的是对银行的业务不了解，且银行的国企股东中没有拥有银行监管经验的专业人才。正是国企股东的监管缺失，才给了在银行长期担任管理职责的管理层以"监守自盗"的机会，最终产生了很多国企作为大股东的问题银行。

要识别一家银行是否有内部人控制风险可以关注以下四点，供大家参考。第一，了解银行董事长和行长的履历：如果管理层均由国企股东机构派驻且在合理时间内换届，则内部人控制的风险较小；如果银行"一把手"任职时间较长，且对银行"从无到有""从小到大"做出了重要贡献，那么这样的"一把手"在银行的话语权一般较大，此时应当关注这家银行可能存在的内部人控制风险。第二，查看银行监事长、财务部门、风控合规部门"一把手"的履历：是否由股东派驻，和银行"一把手"的履历是否重合，上任时间是在"一把手"之前还是之后，这些信息都有助于我们做出判断。第三，也是最有效的方法，实地调研和业内探寻：例如，行内审批贷款是不是"一把手"一票赞成或一票否决制，是否需要"贷审会"集体投票等。第四，反向验证：很多大型国企、民企都是发债主体，可以向这些贷款企业反向了解银行对其的贷款政策和授信情况，如果发现一些非常规的授信主体和授信企业，则应当注意。特别是一些地方银行，所在地的大企业并不多，通过实地调研了解以上信息，有助于了解该银行的资产质量。

（五）关联方风险

狭义的关联方主要是指银行的股东或受同一股东控制的其他企业等。广义的关联方包括所有可能影响银行偿付能力的实体或企业。从狭义关联方的角度来看，如果银行的大股东出现经营不善、资金链断裂等情况，即使银行没有将此部分贷款纳入不良，投资人依然会关心银行对这些企业的敞口。根据谨慎性原则，分析时会将这部分敞口全部还原到银行的不良中。即使是持股比例比较小的股东，如果资金链出现问题，也应当了解清楚风险敞口规模。实际操作中，除非是监管调查，否则普通债权投资机构很难搞清楚银行对于股东的敞口。某银行的民企控股股东出现债务风险后，该银行曾在投资者交流会上表示银行对于该控股股东的敞口只有十几亿元，但随后在法院的判决书中，投资者发现该银行对于该民企控股股东的敞口超过 300 亿元。这些风险事件的发生让债券市场对于股东已经出现一些问题的银行，直接采取大幅度"提高信用利差"这种简单的方法来抵消可能发生的风险。

从广义关联方的角度来看，除了银行的股东方，债券市场还会将银行放贷的企业、行业、区域的风险都关联起来。例如，"永煤事件"发生后，其所在区域的银行发行的债券需求明显下降；部分地方政府债务较重、城投融资成本较高的区域，其银行发行债券的成本也会较高。除此之外，银行投资业务如果"踩雷"的金额较大，也会影响其发行债券的需求和价格。

（六）政府支持

2014 年开始的对金融牌照的争夺，慢慢在 2017 年的宏观货币紧缩周期中走向尽头。很多大肆扩张的银行股东企业出现了经营不善、资金链断裂的问题。在实践中，越来越多的地方政府出面承接当地银行的股权，当地银行的股权逐渐回归地方政府怀抱。例如，"安邦系"在创始人被查后将持有的35%的成都农商行股权全部转让给成都兴城投资集团有限公司，后者是成都市市属国企，实际控制人为成都市国资委。

相比于股东为民营企业的银行，地方政府或国企控制的银行在获得政府支持上显然更胜一筹。从2020年开始，国务院允许在每年新增的地方政府专项债限额中安排一定额度，用于补充中小银行资本金，专项债的限额每年都超过2000亿元。从实际使用来看，2020～2023年，支持中小银行资本金补充的地方专项债分别发行了353亿元、1594亿元、630亿元和2183亿元，2023年明显加速。这些专项债主要用于帮助农村金融机构进行风险缓释。

无论是恒丰银行、包商银行事件，还是河南中小银行存款诈骗事件，地方政府都充分重视且全程参与处理过程。这种重视正是由于银行在金融系统中的重要性。地方政府在支持和救助过程中最先考虑的是广大群众的利益。无论有没有超过存款保险最高50万元的限额，无论是不是诈骗，政府始终把老百姓的利益放在第一位。因此，银行的系统重要性、社会影响性是政府选择进行支持和救助的重要考量。

二、运营环境

在经济增长和发展中，会出现地区发展不平衡的状态，这些不平衡可能产生地区性经济风险，从而为区域银行带来系统性风险，因此，对于区域银行，还应对其主要经营区域的运营环境进行分析。对全国性银行运营环境的分析更多考虑的是行业的不良率，可以按照其在各省份的布局比例参照地方银行的分析方法进行分析。

（一）所在区域不良率

不良率全称为"不良贷款率"，指金融机构不良贷款占总贷款余额的比重。在评估银行贷款质量时，把贷款按风险基础分为正常、关注、次级、可疑和损失五类，其中后三类合称为不良贷款。

不良率是银行信用分析中最重要的指标，但出于核销、续贷、贷款分类规则等原因，银行本身披露的不良率数据往往和信用分析师想要的不一样。这一点后文再详细讨论。本部分重点讨论区域不良率的不同给区域银行带来的差异。

为了消除年份异常值，图2-7中商业银行的不良率采用了2019～2023年的平均值。从图2-7中可以看到，不同省份的不良率有着很大的差别，其中海南、甘肃、辽宁、青海的不良率都高于4%。那么，这些区域的区域银行即使自身经营得比较好，其所在区域的经营环境也决定了其实际不良率不可能太低。区域的不良率是区域银行经营不可避免的底色。进一步讨论，看到不同区域的不良率差异比较大，投研人员应该进一步思考造成差异的原因，然后进行验证。例如，海南的不良率近几年来飙升，可能与海航集团有关。通过对推测进行验证，可以得到更接近真实情况的区域不良率情况。

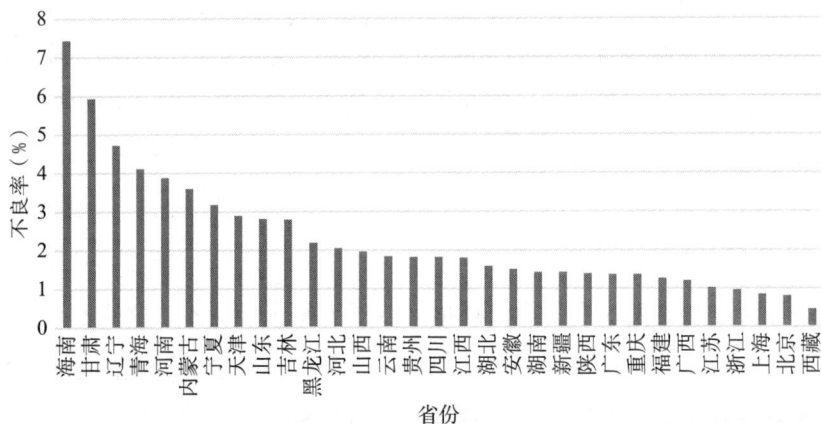

图2-7　商业银行不良率（2019～2023年平均值）

资料来源：Wind 资讯，本书作者整理。

（二）人口

人口净流入或者人口增长率较高，说明此区域比较有吸引力，经济发展潜力也较大。只有企业提供工作岗位才能吸引人口，有企业、有人才会有持续的存款和信贷需求。因此，能吸引人口持续流入的地区的区域银行的经营前景会更好。从图 2-8 可以看出，在三个直辖市中，天津市常住人口数量在近几年有所回落，上海市常住人口增长缓慢，重庆市常住人口增长最快。在四个省份中，黑龙江和甘肃的常住人口有所减少，其中黑龙江的常住人口减速更快，安徽则是在 2003 年经历人口顶峰后有一段时间的回落，近几年人口恢复增长，浙江的常住人口则一直有比较高的增速，说明这个区域的经济更活跃，未来发展更有潜力。

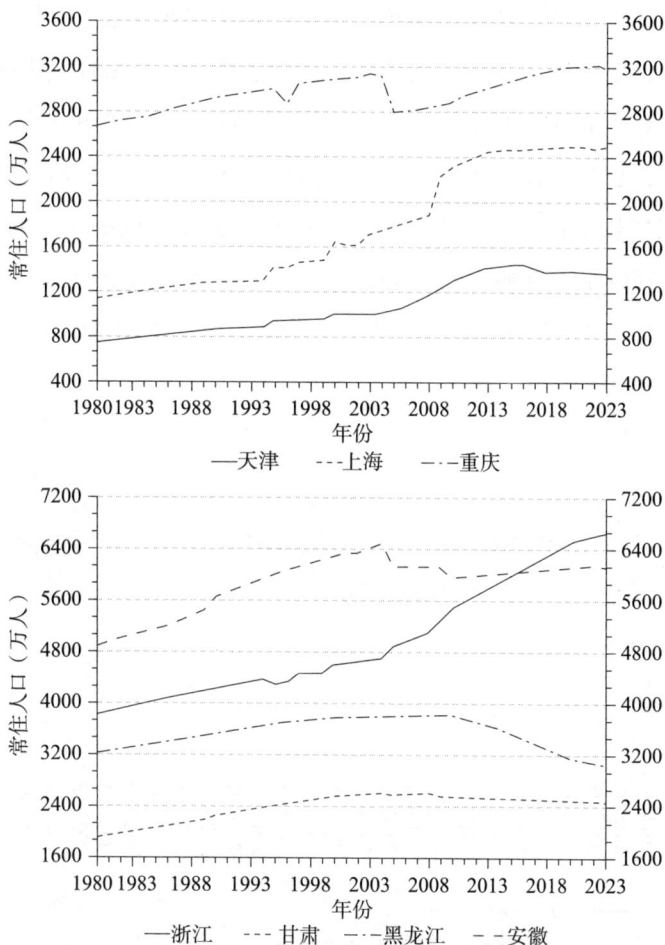

图2-8　部分省份和直辖市常住人口对比

资料来源：Wind 资讯。

（三）区域贷款增速

贷款业务是银行业的主业，如果银行所在的区域贷款需求萎靡、贷款增速较低，该区域的银行也就失去了业务的最基本来源。贷款增速长期处于较低水平或者贷款增速快速下降的区域银行，其运营环境明显差于贷款增速较高的区域银行。如图 2-9 所示，江苏和四川的贷款增速在几年内突出重围。江苏贷款增速表现较好与其经济活力本身较强有关，四川贷款增速表现较好可能与国家"中部产业转移"的政策有关，而河南在"永煤事件"后贷款增速快速下滑，至今增速还回不到事件前。除了受"永煤事件"影响，河南房地产问题相对严重可能也是原因之一。黑龙江和云南在 2016 年宏观货币收缩周期开始后，贷款增速开始下滑，之后信贷增速一直远远落后于全国平均水平。黑龙江贷款增速降低与人口外流、东北老工业基地振兴不及预期有关；云南贷款增速降低与化解存量债务的压力较大有关。对于银行而言，若存量贷款的利息偿还和续期压力较大，则新的贷款的审批速度将受到影响。

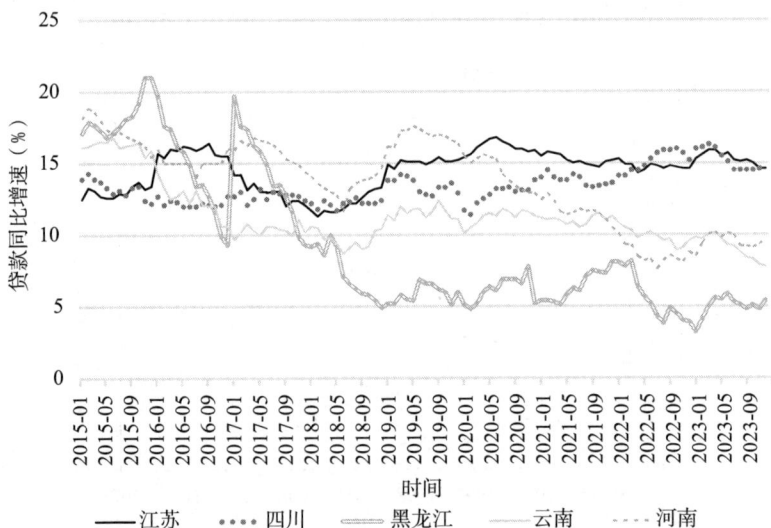

图2-9 部分省份贷款同比增速情况

资料来源：Wind 资讯，本书作者整理。

（四）人均GDP

人均 GDP 是衡量区域经济强弱的指标，银行所在区域比较富裕，则银行的金融资源更为丰富，不仅银行经营更有弹性，当地政府也可以有更多资源用于支持银行。如果银行所在区域经济不发达，居民和企业都没钱，则银行的业务比较难开展，银行的发展潜力也比较小。相反地，银行所在区域比较富裕，企业和居民才有潜在的存款和贷款需求，所在区域地方政府也有更多的富余资源可以用于支持当地银行发展。

（五）行业分布

运营环境的前四项指标更适合用于对区域银行的分析，如果是全国性的银行，除了按照经营区域的权重使用上面的指标，还需要分析银行的行业分布。例如，2022 年，房地产企业违约和展期较多，不利于房地产企业的事件发生时，房地产贷款占比较高的银行在信用分析时应该重点关注房地产板块的不良情况。再如，如果煤价大幅度下跌导致很多煤炭企业经营困难，经济和煤炭高度绑定的省份必然受到影响，则经营该省份的区域银行在信用分析时应该给予关注。

三、业务情况

存贷业务是银行的生命之源，是银行最传统、最稳定的业务。近年来，很多中小银行过度从事金融市场业务，金融市场业务扩张速度快但人员素质跟不上业务扩张速度，导致金融市场业务沉淀了一定的风险。因此，对于业务情况，我分传统的存贷业务、新型的金融市场业务两个部分说明银行从事的业务如何影响其信用风险。

（一）存贷业务

存款是银行的被动负债，是最稳定的负债来源，是银行赖以生存的基础，可以用存贷比、存款占比、资产存款剪刀差等指标衡量银行的存款情况。

　　"存贷比"曾经是银保监会的监管指标，要求不能高于75%，目前已经不是硬性约束，但依然可以从这个指标中看出银行负债的稳定度。存贷比较低的银行，其负债来源更稳定，而存贷比较高的银行，其贷款更大程度上依赖其他主动负债，流动性管理压力更大。如图2-10所示，根据2024年中报统计数据，华夏银行、民生银行、浦发银行等银行的存贷比均超过100%。

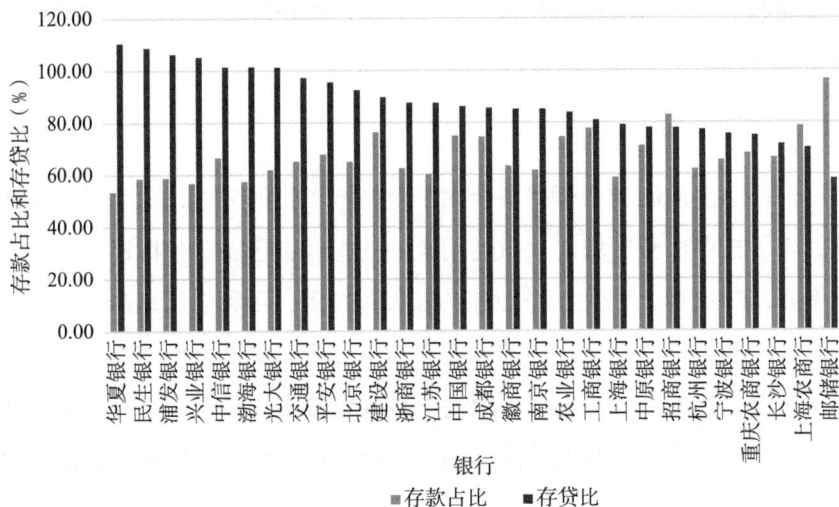

图2-10　银行存款占比以及存贷比情况（2024年中报）

资料来源：Wind 资讯，本书作者整理。

　　"存款占比"是指存款占银行总资产的比重。存款属于稳定性相对好的被动负债，发行债券和同业借款等属于银行的主动负债。主动负债的稳定性低于被动负债，因此存款多往往意味着银行的客户基础更好，经营能力强。本文用存款占比衡量银行负债的稳定性，存款占比高则负债稳定性强，而存款占比偏低的银行，隐含的风险较大。如图2-10所示，根据2024年中报的统计数据，华夏银行、兴业银行的存款占比较低。

　　"资产存款剪刀差"指标等于银行资产增速减去银行存款增速，如果资产扩张速度远超存款增长速度，说明银行规模扩张意愿强而客户基础与扩张意愿不匹配，隐含的风险较大。

（二）净息差

"净息差"包括资产端的生息资产和负债端的负债成本两个方面。一方面，对于资产端的生息资产收益率，一般我们认为生息资产收益率越高，风险溢价越高，资产端面临的风险越大；另一方面，负债端的负债成本越高，说明银行的竞争力越弱，特别是债券和同业借款等主动负债成本越高，代表市场认为这家银行风险越高。存款等被动负债成本较高未必与信用风险相关，银行存款利率的高低既可能与银行所在地居民的储蓄习惯有关，也可能与银行的经营策略有关。净息差指标本身更多是与经营能力和盈利能力有关的指标，当然，盈利能力更强、银行获利能力更强，也可以使得银行拥有更强的偿付能力。

如图 2-11 所示，样本银行中厦门国际银行、渤海银行的净息差较低，均低于1.2%；长沙银行、招商银行的净息差较高，代表这两家银行具备较强的盈利能力。

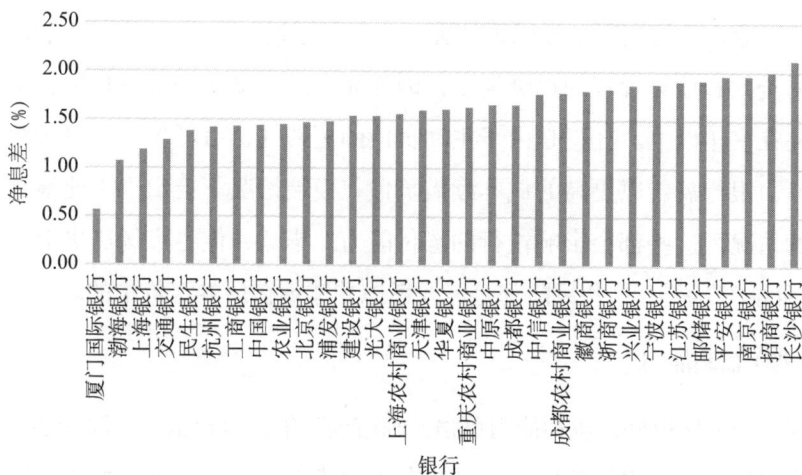

图2-11　银行的净息差对比（2024年6月）

资料来源：Wind 资讯，本书作者整理。

（三）金融市场业务

银行的金融市场业务可能以以下几种方式影响债券市场对它的信用风险

评价：①资产端踩雷风险。资产端的各项金融资产中大部分为债券资产，在债券资产违约增加的情况下，银行的债券资产中信用债踩雷的概率越来越高。如果银行信用债投资风格比较激进，则需要评估其信用债投资的违约损失情况。关于银行的信用债投资，在发行人宣布违约之前，是否将信用债投资损失体现在利润表中是有一定的调整空间的。例如，对于部分在持有至到期投资科目的债券，不需要即时将债券估值损失反映在报表上；再如，部分债券的市场成交价格（即可变现价格）已经远低于债券估值，这部分市场预期损失是暂时不会体现在银行的报表上的。在信用债投资分析中，基于谨慎原则，我们会把涉险的债券金额全部计入银行的潜在损失中。②负债大量依赖于金融市场业务。上文提到的主动负债，即同业负债、债券都属于金融市场业务，过多地依赖主动负债做大银行规模被认为是激进和不稳定的。因为无论是利用同业存单、同业借款还是同业拆借获得负债，这些途径获得的负债期限都十分短（同业存单和同业借款的期限一般只有几个月，最长不超过一年，同业拆借的期限一般以天计算，一般不超过一个月），显然不能匹配资产端的贷款和债券投资的投资期限，因为无论是贷款还是债券投资，平均期限往往在一年以上。③正是由于主动负债的短期性，市场担心一旦央行收紧资金面，银行需要以更高的成本续借负债，极端情况下会出现不能滚续到期债务的情况，这些都会影响银行的偿付能力。毕竟，债券市场历史上出现过不止一次"钱荒"，这些风险都是需要考虑并体现在债券定价中的。

（四）盈利能力

银行业务做得好，盈利能力更强，则市场竞争力以及抵抗风险的能力都更强，这些都能提高银行的信用水平。在盈利能力方面，本书选取资产回报率（ROA）和净资产收益率（ROE）两个指标来衡量银行的竞争力。从图 2-12 可以看出银行间的盈利能力差别较大，盈利能力的差别是与地区和银行类别无关的，与银行本身的经营关系更大。因此，可以通过信用挖掘去选取"小而美"的银行，从而获得信用债投资的超额收益。

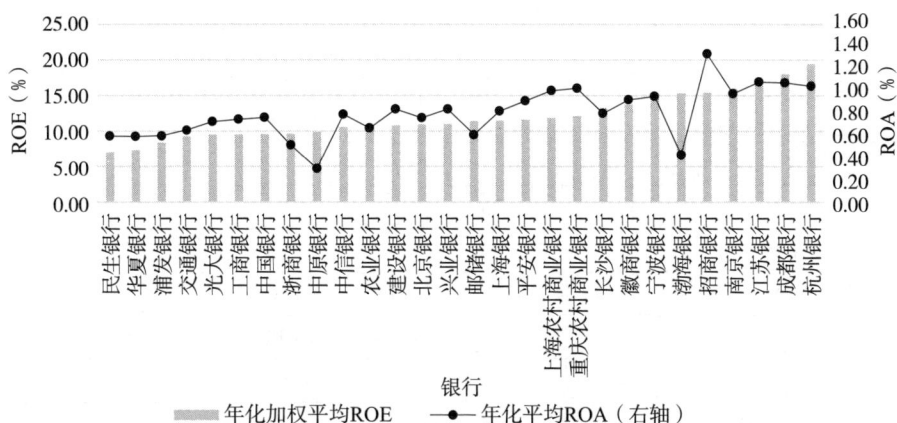

图2-12 银行盈利能力对比

资料来源：Wind 资讯，本书作者整理。

四、资产质量

资产质量体现的是银行从事业务的最终结果。发放贷款、做同业业务或者进行投资的最终结果都会体现在资产质量上。传统的信用分析框架，一般会通过银行贷款五级分类情况来判断银行的资产质量。如表 2-4 所示，商业银行通常依据借款人的实际还款能力进行贷款质量的五级分类，即按风险程度将贷款划分为五类：正常、关注、次级、可疑、损失，后三种为不良贷款。

表 2-4 工商银行贷款五级分类

	2024-06-30	2023-12-31	2022-12-31
报告期	中报	年报	年报
贷款总额（亿元）	278 375.50	260 864.82	232 123.12
正常贷款金额	274 622.00	257 329.80	228 911.42
正常类	269 280.35	252 502.75	224 395.14
关注类	5341.65	4827.05	4516.28
不良贷款金额	3753.50	3535.02	3211.70
次级类	924.53	985.27	1583.72
可疑类	1466.92	1165.27	1185.74

（续）

	2024-06-30	2023-12-31	2022-12-31
损失类	1362.05	1384.48	442.24
占比贷款（%）			
正常类	96.73	96.79	96.67
关注类	1.92	1.85	1.95
次级类	0.33	0.38	0.68
可疑类	0.53	0.45	0.51
损失类	0.49	0.53	0.19
不良贷款率（%）	1.35	1.36	1.38
拨备覆盖率（%）	218.43	213.97	209.47
贷款拨备率（%）	2.95	2.9	2.9

资料来源：Wind 资讯。

（一）不良率

不良贷款率简称不良率，是不良贷款金额与贷款总额的比值，如表 2-4 所示，2023 年工商银行的不良率为 1.36%（不良贷款金额 3535.02 亿元除以贷款总额 260 864.82 亿元）。

传统的信用分析框架中，银行贷款五级分类和不良率是判断银行资产质量的重要指标，但在实际运用中，由于各家五级分类的具体标准不一样，用来横向对比各家银行的不良率是缺乏说服力的。如果一家银行想控制不良率，方法有很多：例如，可以给还不起贷款的贷款个人或者企业展期，展期后贷款不能算逾期；又或者找过桥贷款将原来的贷款还上，再用一笔新的贷款续上，这样就避免了逾期问题。当然，展期或者续贷这个行为本身不能说明贷款人一定还不上贷款（续贷是很多企业正常维持负债规模的方式），只是由于这样的操作手法普遍存在，银行很难判断贷款人的实际还款能力：一些借款人实际上是具备还款能力的，而另外一些借款人则没有还款能力，急需这一笔贷款的滚续来保证借款不逾期。再举一个例子，有些贷款人已经出现了经营不善或者负债接续不上的问题，但在银行 A 的贷款还没到期，理论上，在银行A的贷款并没有逾期，是否将这类贷款归入不良，这是银行可以自行定义的。正是由于银行对五级分类的具体标准很不一样，很多细节可以自行定义，因此，仅仅依靠五级分类来判定银行的资产质量是不够的。

为了更好地了解银行的不良情况，一般会用以下几种方法补充信息来源：第一，参考银行所在区域的不良率，如果银行是区域银行，那么参考银行所在区域的不良率进行修正。例如，西部某省份的城投非标已经大面积违约，那么就可以调高只在这个省份开展业务的银行的不良率。第二，参考所在行业的不良率，如果银行在某个行业投放贷款占比比较高，这个行业的景气度明显下降或者违约明显增加时，应当调高该银行的不良率水平。例如，2022年房地产行业大面积违约，则房地产贷款占比较高的银行不良率理所当然会增加。再如2024年之后，很多个人的按揭贷款还不上，于是更改还款模式，由原来的偿还本息改成只偿还利息，这样的模式看上去不良率比较低，但根据实质大于形式原则，需要调高按揭贷款不良率。第三，银行的关联方或重要客户出现了负面或者违约事件。如果银行股东出现负面事件，即使银行公告没有敞口或者敞口不大，出于谨慎原则，也应调高该银行的不良率。如果出现负面事件的股东是该银行的控股股东或者大股东，则影响会更大一点儿。除此之外，如果该银行的重大投资或者重要客户出现了负面或违约事件，也应当调高该银行的不良率，将相关敞口全部计入银行的不良金额。例如，恒大集团违约时，应当将其超过万亿元的债务进行拆分，将拆分金额加总到银行上年末的不良金额中。

不良率的高低常常能体现一家银行的经营管理水平，部分银行为了让不良率"好看些"，会通过核销不良贷款的方式将不良率维持在合理区间。这个做法本身没有任何问题，只是不利于投研人员通过不良率去分析该银行的经营管理水平，使得不良率这个指标为信用分析提供的信息量不大。因此，实践中会回溯银行的不良率，将银行核销的不良贷款加总回来，得到该银行的累计不良率。累计不良率可以作为不良率的参考指标，分析人员可以借此更清楚地了解该银行的历史不良率情况。

（二）贷款拨备率

贷款拨备率是指银行拨备总额与贷款余额的比例。银行拨备又称准备金，是指金融企业对承担风险和损失的金融资产计提的准备金。由于银行拨备从银行利润中扣减，银行拨备被调侃为银行利润的调节器。例如，银行 A每年扣除拨备之前的净利润是 100 亿元，如果当年计提 10 亿元，则扣除拨备后利润为 90 亿元；如果当年计提 15 亿元，则扣除拨备后利润为 85 亿元。因此，理论上银行是可以通过调节每年拨备计提规模来调节利润的。

从信用分析的角度看，贷款拨备率更高的银行实际上为贷款风险预留了更多的缓冲空间，其未来应对风险的能力更强。上文说到，银行可以通过核销不良贷款的方式降低不良率，但降低不良率是有代价的，这个代价就是扣减拨备。由于核销不良贷款的同时，需要扣减拨备余额，因此，过度降低不良率的结果是贷款拨备率会大幅度降低。因此，拥有高贷款拨备率的同时拥有低不良率，成了业内判断低风险银行的普遍标准。如图 2-13 所示，招商银行、杭州银行就是高贷款拨备率和低不良率的代表。

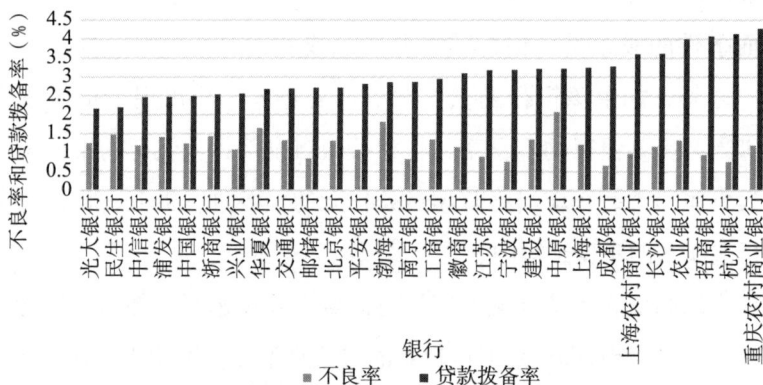

图2-13　部分银行不良率和贷款拨备率（2023年年报）

资料来源：Wind 资讯，本书作者整理。

（三）拨备覆盖率

为了更好地挑选出同时拥有高贷款拨备率和低不良率的银行，"拨备覆盖率"显然是个更好的指标，这个指标的分子是拨备总额，分母是不良贷款余额，实质上就是贷款拨备率与不良率的比值。

$$拨备覆盖率 = \frac{拨备总额}{不良贷款余额} = \frac{贷款拨备率}{不良率}$$

从上面的公式可以看出，一家银行的贷款拨备率越高，不良率越低，其拨备覆盖率就越高。拨备覆盖率越高，则其为资产端的损失就提供了越多的风险缓冲空间，其资产质量越好。

再进一步思考这个问题，不良贷款余额降低的代价是同时降低拨备总额，而拨备总额的增加需要扣减净利润。这就像几个池子，水从净利润的池子流出，流到拨备总额的池子里。当贷款损失确认时，水再从拨备总额的池子里流出。拨备总额池子里水的多少，取决于净利润池子的水源。也就是说，想保持高的拨备覆盖率，只要降低净利润池子里的水位线就行。从净利润里尽量多地计提拨备，让拨备在核销完不良贷款后依然有比较大的余额，如此银行就可以实现高拨备覆盖率。但是，如果真的那么做，净利润则会比较低。于是，这就给了信用分析师一个更好的判断标准，即同时拥有"高拨备覆盖率"和"高利润"的银行才是更真实的低风险银行。如图 2-14 所示，符合这个标准的银行包括杭州银行、成都银行、招商银行等。

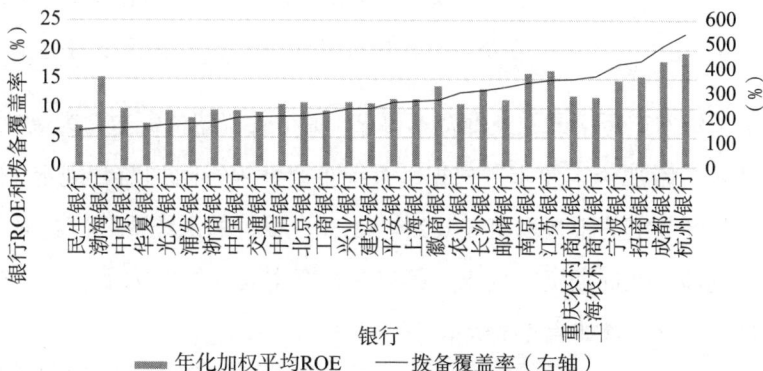

图2-14　银行ROE和拨备覆盖率情况

资料来源：Wind 资讯，本书作者整理。

五、监管指标

（一）资本充足率

资本充足率指标体系共有以下三个指标，计算方法如下。

$$资本充足率 = \frac{资本总额 - 对应资本扣减项}{风险加权资产} \times 100\%$$

$$一级资本充足率 = \frac{一级资本 - 对应资本扣减项}{风险加权资产} \times 100\%$$

$$核心一级资本充足率 = \frac{核心一级资本 - 对应资本扣减项}{风险加权资产} \times 100\%$$

资本充足率是一家银行的资本总额与其风险加权资产的比率。资本总额和风险加权资产的计算均比较复杂，简单来说，资本总额就是资产负债表里的净资产减去一些扣减项目。风险加权资产就是资产负债表里的各项资产科目根据其风险大小乘以一个系数（风险越大，系数越高），然后加总起来。最后，将资本总额除以风险加权资产就得到资本充足率。

既然资本充足率是监管指标，那么银行的资本充足率就必须高于监管要求的数值，这个数值是一系列数字的加总值：

资本充足率监管要求=最低资本要求+储备资本+逆周期资本要求+

系统重要性银行附加资本要求+第二支柱资本要求

其中，资本充足率的"最低资本要求"是 8%；"储备资本"为 2.5%；"系统重要性银行附加资本要求"根据《系统重要性银行附加监管规定（试行）》的规定，不同分组的银行取值在 0.25%～1.5%，银行的系统重要性越强，附加资本要求越高；逆周期资本要求、第二支柱资本要求暂时为零。各大银行的资本充足率监管要求如表 2-5 所示。

表 2-5　不同分组银行资本充足率监管要求　　　（单位：%）

银行名称	资本充足率	一级资本充足率	核心一级资本充足率
工商银行、建设银行、农业银行、中国银行	11.50	9.50	8.50
交通银行、招商银行、兴业银行	11.25	9.25	8.25
浦发银行、中信银行、民生银行、邮储银行	11.00	9.00	8.00
平安银行、光大银行、华夏银行、广发银行、江苏银行、宁波银行、北京银行、上海银行	10.75	8.75	7.75
其他银行	10.50	8.50	7.50

资料来源：Wind 资讯。

众所周知，资本充足率是评估银行风险最重要的指标之一。资本充足率对于银行债券信用风险的评估也很重要，原因主要是部分银行发行的次级债券是否赎回，很大程度上取决于资本充足率是否充足。部分银行由于自身资本充足率较低，选择赎回次级债券后会导致其资本充足率低于监管要求。在这样的情况下，银行通常会选择不赎回次级债券，而债券市场往往将银行选择不赎回次级债券当作风险事件，这也是银行债券投资中发生概率最高的风险事件。在实际投资中，我们往往会模拟测算"不赎回次级债券"对银行资本的影响。经过测算（见表 2-6），部分银行存在赎回最近一期次级债券后，资本充足率不达标的情况。如果这些银行在次级债券到期后不能成功滚续发行，则该银行选择不行使赎回选择权的可能性将非常大。如果选择的投资标的是银行的次级债券，则需要密切关注最近一期次级债券赎回后银行的资本充足率情况。关注的范围不仅仅是赎回后资本充足率不达标的银行发行主体，还包括赎回后资本充足率比较贴近监管要求的银行发行主体。

表 2-6 银行赎回次级债券对净资本的影响

发行人	资本充足率（赎回前，2022年12月31日）	最近一期二级资本债赎回后				赎回规模（亿元）	到期时间	最近一期永续债赎回后			
		赎回规模（亿元）	到期时间	资本充足率	资本充足率是否符合监管要求			资本充足率	一级资本充足率	资本充足率是否符合监管要求	一级资本充足率是否符合合监管要求
银行1	12%	300	2025年11月3日	11%	是	450	2024年9月27日	10%	8%	否	否
银行2	12%	90	2026年1月19日	11%	是	200	2024年9月16日	10%	9%	否	是
银行3	12%	80	2025年9月28日	11%	是	100	2024年12月3日	11%	8%	是	否
银行4	11%	30	2024年12月5日	10%	否	27	2025年9月29日	10%	8%	否	否
银行5	11%	30	2027年1月24日	10%	否	0	—	11%	10%	是	是
银行6	12%	20	2025年4月17日	10%	否	10	2027年1月21日	11%	8%	是	否
银行7	13%	10	2025年8月31日	12%	是	15	2026年5月17日	12%	8%	是	否
银行8	12%	10	2023年9月28日	11%	是	30	2025年9月30日	10%	8%	否	否

资料来源：Wind资讯，本书作者整理。

（二）流动性指标

整体上看，债券市场认为银行发行的债券信用风险比较小，主要原因就在于银行业有着以《巴塞尔协议》为基础的历史悠久且全方位的监管。如果说资本充足率的一整套指标是衡量银行整体资产质量的指标，那么流动性指标则是衡量银行是否能应付短期支出，短期内是否会出现债务兑付风险的指标，这对债券市场来说更为重要。

银保监会在 2018 年 5 月发布的《商业银行流动性风险管理办法》中系统阐述了流动性风险的监管指标和指标计量标准。流动性风险的监管指标一共有 5 个，包括流动性覆盖率（LCR）、净稳定资金比例（NSFR）、流动性比例、流动性匹配率和优质流动性资产充足率。考虑到银行业务的复杂程度，针对不同资产规模的银行采取不同的流动性风险监管指标。其中，资产规模不小于 2000 亿元人民币的商业银行应当持续达到流动性覆盖率、净稳定资金比例、流动性比例和流动性匹配率的最低监管标准。资产规模小于 2000 亿元人民币的商业银行应当持续达到优质流动性资产充足率、流动性比例和流动性匹配率的最低监管标准。

在对银行偿债能力的分析中，LCR 和 NSFR 更具参考意义。LCR 旨在确保商业银行具有充足的合格优质流动性资产，能够在规定的流动性压力情景下，通过变现这些资产满足未来至少 30 天的流动性需求。NSFR 旨在确保商业银行具有充足的稳定资金来源，以满足各类资产和表外风险敞口对稳定资金的需求。具体计算公式和监管要求如图 2-15 所示。

从图 2-16 各个银行披露的 2024 年中的流动性覆盖率以及净稳定资金比例来看，所有样本银行都达到了 100% 的监管标准。但从披露的指标可以看出，规模相对较小的银行短期内愿意留存更多的流动性，因此相对于五大行，重庆农村商业银行、徽商银行等规模较小的银行流动性覆盖率更高。五大行等大型银行由于获取流动性更为容易，反而选择了达到监管标准后保持更低的流动性覆盖率。对于净稳定资金比例这个更加体现中长期流动性的指标，样本银行中邮储银行、上海农村商业银行、建设银行表现更好，华夏银行、民生银行、浦发银行相对落后。

计算公式		监管要求
LCR= $\dfrac{合格优质流动性资产}{未来30天现金净流出量} \times 100\%$		$\geqslant 100\%$

计算公式		监管要求
NSFR= $\dfrac{可用的稳定资金}{所需的稳定资金} \times 100\%$		$\geqslant 100\%$

图2-15　LCR和NSFR计算公式及监管要求

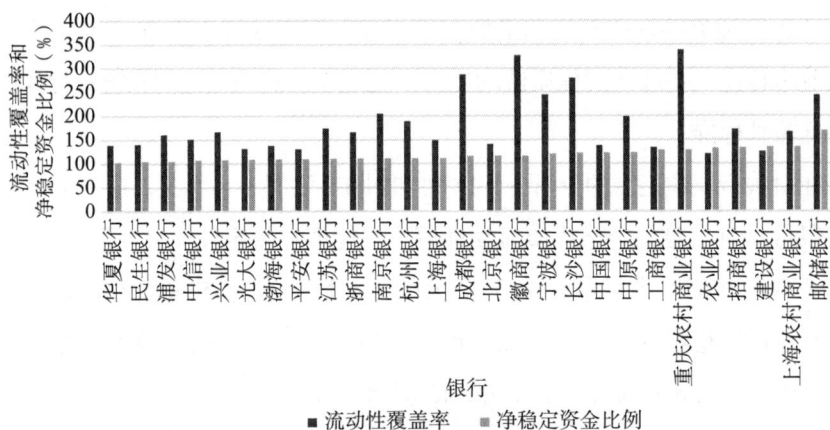

图2-16　银行流动性覆盖率与净稳定资金比例比较

资料来源：Wind 资讯，本书作者整理。

第三节　探秘银行报表的独特之处

银行报表采用会计语言描述了银行业务，因此，要了解银行报表的独特之处，先要了解银行的业务模式。传统分析将银行的业务分为资产业务、负债业务和中间业务。由于债券市场更贴近金融市场业务，因此我从债券市场的角度将银行的业务主要分为传统信贷业务、金融市场业务和中间业务。①传统信贷业务主要是通过存款获得资金来源，形成负债，同时支付利息；通过发放贷款形成资产，同时获得利息收入。②金融市场业务通过同业业务从包括银行在内的金融机构获取同业资金，也可以通过发行债券从债券市场获得发债资金，两种方式都形成负债并需要支付利息；通过进行各项金融投资形成资产，并获取投资收益。③中间业务一般只收取手续费和佣金，在利润表上有所体现，一般不体现在资产负债表上。老百姓接触得比较多的中间业务主要有银行卡收费、汇兑结算等，还有银行理财、金融产品代销、银行托管等偏向资本市场的中间业务。了解了银行的主要业务之后，下面向读者展示各项业务以什么科目呈现在报表中。

一、利润表

与其他行业相比，银行利润表中没有大额的营业支出项目（见表 2-7），主要是因为银行将利息支出等放在了营业收入项目内。因此，银行利润表重点关注的项目主要是营业收入中的各项业务情况、营业支出中的管理费用和减值损失。

表 2-7　某上市银行利润表　　　　（单位：亿元）

报告期	2023-12-31 年报	2022-12-31 年报
报表类型	合并报表	合并报表
营业收入	88.09	76.55
利息净收入	76.11	66.91
利息收入	132.33	114.85
减：利息支出	56.21	47.93
手续费及佣金净收入	1.88	2.38
手续费及佣金收入	3.89	4.28
减：手续费及佣金支出	2.02	1.90

（续）

报告期	2023-12-31 年报	2022-12-31 年报
投资净收益	9.78	5.16
其中：对联营企业和合营企业的投资收益	0.87	0.79
公允价值变动净收益	−1.35	1.36
汇兑净收益	1.25	−0.02
其他收益	0.13	0.62
其他业务收入	0.15	0.07
资产处置收益	0.13	0.08
营业支出	54.45	49.51
税金及附加	0.47	0.44
管理费用	33.98	31.69
资产减值损失	—	—
其他资产减值损失	0.27	0.27
信用减值损失	19.73	17.11
其他业务成本	—	—
营业利润	33.64	27.05
加：营业外收入	0.20	0.10
减：营业外支出	0.20	0.19
利润总额	33.64	26.96
减：所得税	4.37	3.54
净利润	29.27	23.41
减：少数股东损益	1.83	1.53
归属于母公司所有者的净利润	27.44	21.88
加：其他综合收益	−1.29	1.84

资料来源：Wind 资讯。

（一）营业收入

按照银行的业务种类，营业收入可以分为以下几类，一是主要由传统信贷业务和金融市场业务形成的利息净收入，二是由中间业务形成的手续费及佣金净收入，三是主要由金融市场业务形成的投资净收益。

1. 利息净收入

利息净收入是利息收入和利息支出的差额。利息收入包括传统信贷业务的发放贷款利息收入、金融市场业务中的存放和拆借给同业的利息收入、金融市场业务中投资债券等获得的投资利息收入、存放在中央银行的资金获取的利息收入。利息支出主要包括支付给存款客户的利息支出、向同业获取资金的利息支出、发行债券的利息支出。

银行最大的支出项目就是利息支出，而银行报表中将利息支出放在营业收入项目内，这是银行利润表和其他实体行业利润表最大的不同。

2. 手续费及佣金净收入

手续费及佣金净收入是由中间业务产生的，中间业务收入不需要银行承担风险，不需要占用银行资本，是银行比较好的业务收入。一般理解中，这项收入包括银行卡相关的办理费用，银行理财和代销业务收入也属于中间业务收入。虽然理财净值化已经推行多年，但银行理财对投资者的教育发生在2022 年 11 月，新冠疫情开放和房地产政策导致债券收益率大幅度上行，很多银行理财出现了亏损本金的情况，理财客户才发现银行理财并不是保本保收益的投资。从银行的报表看，银行理财业务属于中间业务，银行在其中扮演的是进行专业化管理并赚取管理费的角色，客户购买银行理财的资金并不计入银行的资产负债表。

3. 投资净收益

银行的投资净收益项目和其他行业一样，代表的是金融投资确认的投资结果，金融资产买卖结束后才在投资净收益科目确认投资收益或者损失。需要注意的是，银行投资债券赚取的票息是利息收入，但买卖债券赚取的价差是投资收益。

（二）营业支出

1. 管理费用

银行利润表中的主要营业支出是管理费用，管理费用中占比最高的主要是职工费用和业务费用。职工费用是银行的人力成本，包括职工的工资、奖金、福利等，业务费用主要是银行在开拓业务、客户营销和产品开发时发生的费用。

2. 信用减值损失

信用减值损失是银行当年计提的拨备，是银行为应对贷款中的可能损失而事先预留的资金。如果不计提信用减值损失，则这部分金额会增加当年利润，计提了信用减值损失相当于预留一部分利润，以便应对未到期贷款中可能出现的坏账或损失。有些银行也将每年计提的拨备放在"资产减值损失"科目，叫什么、放在什么科目都不重要，重要的是分析人员知道营业支出中金额最大的减值科目是当年计提的拨备。

信用减值损失提多少、怎么提，每个银行有一定的自由裁量空间，涉及银行如何评估自身的资产质量。因此，信用减值损失这一科目经常被市场诟病为调节银行利润的手段。

二、资产负债表

从银行标准的资产负债表（见表 2-8）可以看到，金额最大的科目是负债端的"吸收存款"以及资产端的"发放贷款及垫款"，可见传统信贷业务是银行的核心业务，金融市场业务和中间业务只是传统信贷业务的补充。为了更好地理解银行的资产负债表和业务关系，可以将表 2-8 简化成表 2-9。

表 2-8　某上市银行的资产负债表　（单位：亿元）

报告期	2023-12-31 年报	2022-12-31 年报
报表类型	合并报表	合并报表
资产：		
现金及存放中央银行款项	169.54	170.75
存放同业和其他金融机构款项	25.71	20.32
拆出资金	36.40	47.24
金融资产	724.92	600.76
其中：交易性金融资产	121.31	136.99
债权投资	421.75	305.47

（续）

报告期	2023-12-31 年报	2022-12-31 年报
其他债权投资	174.26	150.25
其他权益工具投资	7.60	8.05
衍生金融资产	1.89	1.94
买入返售金融资产	1.00	2.92
发放贷款及垫款	1856.26	1562.46
长期股权投资	15.08	14.48
固定资产	12.53	12.99
在建工程	3.51	1.49
使用权资产	3.20	3.28
无形资产	2.93	1.78
递延所得税资产	19.37	15.03
其他资产	6.38	10.38
资产总计	2878.81	2465.83
负债：		
同业和其他金融机构存放款项	8.90	27.33
向中央银行借款	75.46	66.12
拆入资金	66.60	28.11
交易性金融负债	17.26	1.35
衍生金融负债	2.18	1.64
卖出回购金融资产款	92.51	74.77
吸收存款	2191.82	1875.59
应付职工薪酬	4.64	5.19
应交税费	4.64	3.92
租赁负债	2.92	3.00
应付债券	147.67	150.44
预计负债	1.01	0.67
其他负债	22.04	16.32
负债合计	2637.66	2254.46
所有者权益（股东权益）：		
股本	27.41	27.41
其他权益工具	7.20	—
资本公积金	32.50	32.46

（续）

报告期	2023-12-31 年报	2022-12-31 年报
其他综合收益	4.43	5.72
盈余公积金	46.19	46.19
未分配利润	66.64	44.68
一般风险准备	41.41	41.41
归属于母公司所有者权益合计	225.78	197.88
少数股东权益	15.38	13.49
所有者权益合计	241.16	211.37
负债及股东权益总计	2878.81	2465.83

资料来源：Wind 资讯。

表 2-9　某上市银行资产负债表简表　　（单位：亿元）

业务类型	资产		负债	
传统信贷业务	发放贷款及垫款	1856.26	吸收存款	2191.82
央行往来	现金及存放中央银行款项	169.54	向中央银行借款	75.46
金融市场业务	存放同业和其他金融机构款项	25.71	同业和其他金融机构存放款项	8.90
	拆出资金	36.40	拆入资金	66.60
	买入返售金融资产	1.00	卖出回购金融资产款	92.51
	衍生金融资产	1.89	衍生金融负债	2.18
	金融资产	724.92	应付债券	147.67
	其中：交易性金融资产	121.31	交易性金融负债	17.26
	债权投资	421.75		
	其他债权投资	174.26		
	其他权益工具投资	7.60		
	长期股权投资	15.08		
	资产总计	2878.81	负债合计	2637.66

资料来源：Wind 资讯，本书作者整理。

（一）传统信贷业务

如表2-8所示，传统信贷业务将吸收的存款放在"吸收存款"科目，将贷款放在"发放贷款及垫款"科目。

（二）央行往来

银行每接受一笔存款，为了保证存款的安全，银行杠杆放大倍数会受到限制，银行需要向央行缴纳存款准备金。资产科目中的"现金及存放中央银行款项"主要是银行向央行缴纳的存款准备金。

负债端的"向中央银行借款"科目主要是央行通过各种货币政策工具向银行提供的流动性金额。央行的货币政策工具种类繁多，最频繁使用的是每天的公开市场操作（OMO），即央行通过公开市场逆回购向银行提供流动性，银行拿到央行公开市场逆回购的资金后，将其记录在"向中央银行借款"科目。央行向银行提供流动性的货币政策工具种类十分丰富，除了上文说的OMO，还有MLF、SLF、PSL等，感兴趣的读者可以去央行官网查询，这里不再赘述。

（三）金融市场业务

金融市场业务和债券市场相关性更强，种类更多，也更繁杂。金融市场业务又可以分为以下几类业务。

1. 同业业务

同业业务主要指金融机构之间的同业借款。资产端的"存放同业和其他金融机构款项"和负债端的"同业和其他金融机构存放款项"对应着同业借款的借贷双方。如果银行向金融机构借入同业借款，计入负债端的"同业和其他金融机构存放款项"；如银行向其他金融机构出借同业借款，则计入资产端的"存放同业和其他金融机构款项"。

2. 拆借业务

同样是向金融同业进行资金拆借，相对于同业业务，拆借业务是银行间的标准化业务，有专门的监管部门（同业拆借中心）规定拆借业务的期限、参与机构等。这项业务对应银行资产负债表的"拆出资金"和"拆入资金"科目。

3. 回购业务

"买入返售金融资产""卖出回购金融资产款"这两个科目对应的是回购业务。回购业务和拆借业务一样，都是银行间的标准化业务。回购业务是金融机构最常用的资金往来业务。回购业务的资金借出方需要借入方以债券作为抵押，才会借出资金。

大银行和小银行这项业务的区别十分明显：五大行一般是资产端的"买入返售金融资产"余额很大，而负债端的"卖出回购金融资产款"余额很小；相反，小银行一般是资产端的"买入返售金融资产"余额很小，而负债端的"卖出回购金融资产款"余额很大。这背后的逻辑是大银行通过回购业务借钱给小银行。银行间市场约定俗成的资金流转模式为，央行向大银行提供流动性，大银行向小银行及其他金融机构提供流动性。

4. 投资业务

在银行部门的划分中，从事金融市场业务的金融市场部分为资金台和投资台。资金台主要从事以上"同业业务""拆借业务""回购业务"，统称为资金业务。投资台从事投资业务，主要是投资标准债券。投资的债券放入资产端的"金融资产"科目，按照投资债券的不同目的，金融资产可以划分为"交易性金融资产""债权投资""其他债权投资"等二级科目。

投资业务的负债端是债券发行，银行通过发行金融债、同业存单等方式获得资金，计入"应付债券"科目。

第四节 量化工具

量化模型可以作为分析中的辅助工具，帮助我们更理性地看待银行的客观情况。但量化模型不应该作为信用分析的唯一工具，也不能仅凭量化分析结果"一刀切"银行的评级结果。很多分析因子无法量化，最终评级结果应当是结合量化分析和非量化分析结果的综合判断。本节尽量采用可量化的指标做出打分，先阐述打分规则，然后阐述打分结果。

一、得分比率取数标准

根据本章第二节的银行信用风险评估方法，得出如表 2-10 所示的银行量化模型。首先，量化模型的指标大类分为五类：公司治理、运营环境、业务情况、资产质量和监管指标，大类分值合计为 100 分。然后，为每个指标大类下的打分指标赋予分值，打分指标分值的大小取决于其重要性，打分指标的分值合计为 100 分。最后，根据每家银行的情况填写得分比率。下面将详细说明每个指标的重要性以及如何计算得分比率。

表 2-10　银行量化模型

指标大类	大类分值	打分指标	总分	得分比率	得分（= 总分 × 得分比率）
公司治理	25	银行地位	15		
		银行实际控制人	10		
运营环境	20	所在区域不良率	10		
		人口	3		
		区域贷款增速	3		
		人均 GDP	4		
业务情况	15	存贷比	2		
		存款占比	2		
		净息差	4		
		ROA	3		
		ROE	4		
资产质量	20	不良率	7.5		
		贷款拨备率	5		
		拨备覆盖率	7.5		
监管指标	20	资本充足率	12		
		流动性覆盖率	4		
		净稳定资金比例	4		

二、"公司治理"指标打分原则

（一）银行地位

根据本章第一节阐述的我国银行监管的理念，银行的系统重要性决定了该银行对于系统性风险的影响。在不发生系统性风险的监管理念下，对系统性风险影响越大的银行出现风险的概率越小，其中原因既包含了监管力度，也包括了监管的救助意愿。

如果银行性质为六大行（中、农、工、建、交、邮储），则得分比率为100%；如果银行性质为股份制商业银行，则得分比率为75%；如果银行性质为城市商业银行，则得分比率为50%；如果银行性质为农村商业银行，则得分比率为25%。

（二）银行实际控制人

此项指标主要考虑股东是不是真的实际管理和控制持股银行。有些银行的大股东是国企，但如果该国企持股比例很小，则有可能该国企只是对该银行进行财务投资，并无实际的管理和控制。除了实际控制人，还应当查询董事会席位情况，进一步确认银行的实际控制人情况。

如果银行的实际控制人为中央企业，则得分比率为100%；如果银行的实际控制人为地方国有企业，则得分比率为50%；若银行的实际控制人不是央企或国企，则得分比率为0%。

三、"运营环境"指标打分原则

（一）所在区域不良率

从图2-7的不良率可以看出，北京、上海、江浙等经济发达地区的不良率较低，中西部区域的不良率偏高。实际计算中，六大行在全国分布较为均匀，得分比率设置为均值50%。股份制银行贷款区域有所偏重，如表2-11所示，从工商银行和渤海银行的对比中可以看出，渤海银行在华北和东北地区贷款占比更高，由于东北和华北地区不良率相对于长江三角洲、珠江三角洲地区偏高，这所在区域不良率得分比率上应当有所体现。对于城商行和农商行，则使用这些银行所在省份的不良率除以全国平均不良率得到得分比率。所在区域不良率的分值给得比较高，原因在于银行自身的不良率可以调节，但所在区域不良率是中国银监会发布的数据，官方数据质量好于银行自己的数据，具有更高的可信度。

表 2-11　银行贷款区域对比

工商银行			渤海银行		
贷款地区	2024-06-30 贷款占比（%）	2023-12-31 贷款占比（%）	贷款地区	2024-06-30 贷款占比（%）	2023-12-31 贷款占比（%）
长江三角洲地区	22	21.53	华北、东北地区	43.45	46.31
珠江三角洲地区	15.3	15.54	华东地区	25.73	23.36
环渤海地区	16.5	16.44	华南、华中地区	21.81	22.02
中部地区	15.7	15.58	西部地区	9.01	8.31
西部地区	18.3	18.27			
东北地区	4.1	4.15			
中国境外	5.2	5.6			

资料来源：Wind 资讯，审计报告。

（二）人口

表 2-12 包含了部分省市常住人口同比增速的五年平均值。全国性银行得分比率为 50%。如果股份制银行贷款区域有所偏重，则根据其偏重区域的人口流入流出情况进行取值。城商行和农商行，如果所在省份在表 2-12 中的数

据大于 0，则意味着最近该省市人口净流入，得分比率为 100%；如果数据小于或等于 0，则意味着最近该省市人口没有净流入，得分比率为 0%。

表 2-12　常住人口增速情况

指标名称	2019 年	2020 年	2021 年	2022 年	2023 年	五年平均值
北京常住人口同比增速	−0.0912	−0.0457	0.0000	−0.2147	0.0687	−0.06
上海常住人口同比增速	0.2424	0.2821	0.0402	−0.5267	0.4669	0.10
重庆常住人口同比增速	0.7904	0.6587	0.0935	0.0417	−0.6818	0.18
天津常住人口同比增速	0.1446	0.1444	−1.0094	−0.7283	0.0734	−0.28
浙江常住人口同比增速	1.6260	1.4588	1.1132	0.5657	0.7602	1.10
江苏常住人口同比增速	0.2723	0.0945	0.3303	0.1176	0.1292	0.19
四川常住人口同比增速	0.3605	0.2395	0.0119	0.0239	−0.0717	0.11
安徽常住人口同比增速	0.2633	0.2134	0.1310	0.2290	−0.0979	0.15
福建常住人口同比增速	0.8041	0.5801	0.6248	0.0239	−0.1194	0.38
山东常住人口同比增速	0.2878	0.5838	0.0492	−0.0709	−0.3918	0.09
河南常住人口同比增速	0.3751	0.4040	−0.5834	−0.1113	−0.5774	−0.10
杭州常住人口同比增速	3.19	3.03	2.00	1.41	1.18	2.16

资料来源：Wind 资讯，本书作者整理。

（三）区域贷款增速与人均GDP

区域贷款增速和人均 GDP 与上面两个指标遵循相同的取数原则，全国性大行取均值，区域高于均值，给予高得分比率，区域低于均值，给予低得分比率。

四、"业务情况"指标打分原则

根据第二节的数据，"业务情况"各个指标可以根据分位数打分取数，建议的打分取数表如表 2-13 所示。

表 2-13 "业务情况"指标打分取数表

存贷比	得分比率
小于 75%	100%
[75%, 100%]	50%
大于 100%	0%
存款占比	**得分比率**
小于 55%	0%
[55%, 70%]	50%
大于 70%	100%
净息差	**得分比率**
大于 2%	100%
[1.6%, 2%]	50%
小于 1.6%	0%
ROA	**得分比率**
小于 0.7%	0%
[0.7%, 1%]	50%
大于 1%	100%
ROE	**得分比率**
小于 10%	0%
[10%, 14%]	50%
大于 14%	100%

五、"资产质量"指标打分原则

银行的资产质量是银行的生命线，虽然不良率相关指标的可信度有瑕疵，但不良率相关指标依然是评价银行的最重要指标。建议的打分取数表如表 2-14 所示。

表 2-14 "资产质量"指标打分取数表

不良率	得分比率
大于 2%	0%
［1%，2%］	50%
小于 1%	100%
贷款拨备率	得分比率
小于 3%	0%
［3%，4%］	50%
大于 4%	100%
拨备覆盖率	得分比率
小于 300%	0%
［300%，400%］	50%
大于 400%	100%

六、"监管指标"指标打分原则

（一）资本充足率

本书使用资本充足率作为衡量银行资本的指标，银行做任何业务都要考虑资本占用，可见这个指标是银行最重要的指标，应当给予高分值。

虽然对于不同类型的银行，监管机构有不同的监管要求，但资本充足率越高，银行的安全性肯定越高。"资本充足率"打分取数表如表 2-15 所示。

表 2-15 "资产充足率"指标打分取数表

资本充足率	得分比率
小于或等于 15%	资本充足率 /15%
大于 15%	100%

值得注意的是，如果使用量化模型的目的是购买银行的次级债券，建议使用第二节中说到的方法评估银行的资本充足率，如果最近一期次级债券的赎回会导致资本充足率不足，则此项指标的得分比率直接为0%。除非投资机构可以容忍次级债券不赎回的风险，否则不建议投资该银行的次级债券。

（二）流动性覆盖率和净稳定资金比例

流动性覆盖率和净稳定资金比例均为衡量银行流动性的监管指标，取数规则如表 2-16 所示。

表 2-16 "流动性指标"打分取数表

流动性覆盖率	得分比率
小于130%	0%
［130%，150%］	50%
大于150%	100%
净稳定资金比例	得分比率
小于110%	0%
［110%，120%］	50%
大于120%	100%

七、打分结果简述

将总分和得分比率相乘并加总，就可以得到每家银行量化打分的结果（见表 2-17）。值得说明的是，为了不引起争议，本书计算结果全部基于公开数据（数据见表 2-18），部分基于非公开数据得到的分析结果不展示在计算结果中。

表 2-17　样本银行打分结果

公司名称	总分	指标大类				
		公司治理	运营环境	业务情况	资产质量	监管指标
工商银行	63	25	11	5	5	18
建设银行	66	25	11	7	8	16
农业银行	69	25	11	5	13	16
中国银行	63	25	11	5	5	18
邮储银行	75	25	11	8	13	19
招商银行	87	25	10	12	20	20
交通银行	57	25	11	2	5	14
兴业银行	56	20	9	7	5	16
中信银行	62	25	11	7	5	15
浦发银行	48	20	8	1	5	14
平安银行	48	15	9	8	5	12
光大银行	54	25	9	3	5	13
民生银行	41	15	9	1	5	12
华夏银行	48	20	9	3	5	12
江苏银行	77	15	19	11	15	17
北京银行	57	15	17	6	5	14
浙商银行	59	15	19	4	5	16
宁波银行	76	10	19	10	18	20
上海银行	61	15	18	6	8	15
南京银行	71	15	18	10	13	16
徽商银行	52	10	10	8	8	17
杭州银行	75	10	20	9	20	16
重庆农村商业银行	63	10	9	9	15	20

（续）

公司名称	总分	指标大类				
		公司治理	运营环境	业务情况	资产质量	监管指标
中原银行	38	10	2	5	3	18
上海农村商业银行	75	10	21	9	15	20
渤海银行	44	20	2	5	5	12
长沙银行	69	15	13	11	13	18
成都银行	74	15	13	12	18	17

从打分结果可以看出，打分结果和银行规模并不成正比，打分结果和该银行发行债券的收益率具有较高的相关性：得分较低的银行，债券收益率较高；得分较高的银行，债券收益率较低。从债券收益来看，这个打分结果和债券市场的整体评价贴合度较高，意味着打分模型对银行主体信用风险描述相对正确。当然，俗话说"各花入各眼"，读者也可以根据自己所在机构的偏好调整模型数值，使得结果更能体现机构的风险偏好。

附件：银行打分模型数据底稿

银行打分模型数据底稿如表 2-18 所示。

表 2-18 银行打分模型数据底稿（2023 年）

公司名称	银行类型	年化加权平均ROE (%)	年化平均ROA (%)	净息差 (%)	贷款拨备率 (%)	拨备覆盖率 (%)	存贷比 (%)	流动性覆盖率 (%)	净稳定资金比例 (%)	一级资本充足率 (%)	资本充足率 (%)
工商银行	国有大型商业银行	9.53	0.75	1.43	2.95	218.43	80.90	133.65	128.26	15.25	19.16
建设银行	国有大型商业银行	10.82	0.84	1.54	3.22	238.75	89.80	125.43	134.99	14.92	19.25
农业银行	国有大型商业银行	10.75	0.67	1.45	4.00	303.94	83.91	120.27	131.99	13.76	18.45
中国银行	国有大型商业银行	9.58	0.76	1.44	2.50	201.69	86.20	138.14	122.51	14.02	18.91
邮储银行	国有大型商业银行	11.43	0.61	1.91	2.72	325.61	58.25	242.91	169.19	11.60	14.15
招商银行	股份制商业银行	15.44	1.33	2.00	4.08	434.42	77.89	171.71	132.85	16.09	17.95
交通银行	国有大型商业银行	9.29	0.65	1.29	2.70	204.82	97.29	128.50	110.59	12.25	16.34
兴业银行	股份制商业银行	11.00	0.84	1.86	2.56	237.82	105.26	166.73	108.14	10.98	14.44
中信银行	股份制商业银行	10.62	0.79	1.77	2.46	206.76	101.43	151.58	107.67	11.57	13.69
浦发银行	股份制商业银行	8.34	0.60	1.48	2.47	175.37	106.38	160.73	104.92	10.43	12.36

（续）

公司名称	银行类型	年化加权平均 ROE (%)	年化平均 ROA (%)	净息差 (%)	贷款拨备率 (%)	拨备覆盖率 (%)	存贷比 (%)	流动性覆盖率 (%)	净稳定资金比例 (%)	一级资本充足率 (%)	资本充足率 (%)
平安银行	股份制商业银行	11.58	0.91	1.96	2.82	264.26	95.59	130.47	109.09	10.97	12.76
光大银行	股份制商业银行	9.51	0.73	1.54	2.16	172.45	101.24	131.61	108.74	11.79	13.87
民生银行	股份制商业银行	7.04	0.60	1.38	2.19	149.26	108.82	140.61	104.78	10.32	12.30
华夏银行	股份制商业银行	7.38	0.59	1.61	2.69	162.48	110.52	139.09	102.88	10.61	12.38
江苏银行	城市商业银行	16.42	1.08	1.90	3.18	357.20	87.55	174.01	110.33	11.39	13.35
北京银行	城市商业银行	10.98	0.76	1.47	2.72	208.16	92.54	140.80	115.92	11.99	13.11
浙商银行	股份制商业银行	9.65	0.52	1.82	2.54	178.12	87.65	165.78	111.03	9.68	12.86
宁波银行	城市商业银行	14.74	0.95	1.87	3.19	420.55	75.51	244.09	120.33	10.85	15.28
上海银行	城市商业银行	11.50	0.82	1.19	3.25	268.97	79.09	149.27	111.62	10.43	13.33
南京银行	城市商业银行	15.96	0.98	1.96	2.87	345.02	85.09	204.82	111.19	10.79	12.83

（续）

公司名称	银行类型	年化加权平均ROE (%)	年化平均ROA (%)	净息差 (%)	贷款拨备率 (%)	拨备覆盖率 (%)	存贷比 (%)	流动性覆盖率 (%)	净稳定资金比例 (%)	一级资本充足率 (%)	资本充足率 (%)
徽商银行	城市商业银行	13.75	0.92	1.80	3.10	272.51	85.14	327.11	115.97	11.03	13.37
杭州银行	城市商业银行	19.48	1.05	1.42	4.14	545.17	77.24	188.65	111.29	10.92	12.87
重庆农村商业银行	农村商业银行	12.12	1.02	1.63	4.28	360.29	75.07	338.40	128.29	14.53	15.71
中原银行	城市商业银行	9.92	0.30	1.66	3.23	159.59	77.98	198.13	123.10	11.54	12.98
上海农村商业银行	农村商业银行	11.89	1.00	1.56	3.61	372.42	70.26	166.43	135.10	14.71	17.15
渤海银行	股份制商业银行	15.34	0.42	1.07	2.86	158.41	101.42	138.27	109.07	10.03	12.46
长沙银行	城市商业银行	13.24	0.80	2.12	3.62	312.76	71.72	278.77	121.97	10.64	13.06
成都银行	城市商业银行	18.04	1.08	1.66	3.28	496.02	85.58	286.42	115.57	8.90	13.21

第三章

城投债投资：谁与争锋

第一节　城投公司的过去和未来

网络上充斥着地方债务问题十分严峻的新闻，导致一些对债券市场不是特别熟悉的朋友，听到城投债券就立刻面露担忧，并且对投资城投债的投资者发出友善的警告："你就不担心地方政府还不上债券吗？"每当听到这个问题我只能欲言又止，因为这个问题一两句话解释不清楚。一方面大家说得没错，地方政府确实债务压力不轻，大部分地方政府的支出大于收入，缺口部分由中央政府每年对地方政府进行转移支付，2023 年中央政府对地方政府的转移支付超过 10 万亿元。但另一方面，正是由于地方政府和城投公司的运行模式已经经历了时间的洗礼，基于国内现在的经济形势和社会结构，城投债是债券市场中最安全的投资品之一。所以，要了解为什么地方政府债务压力大，但城投债的偿还至今还没有出现过问题，那就必须了解城投公司的过去和未来。

一、城投公司成立背景

1994 年我国实施分税制改革，将原来由地方收取的部分税收划分给中央，解决了中央财政入不敷出的问题。

地方政府自分税制改革之后，税收减少，但城镇化建设中需要的基础设施建设资金却日益增加。俗话说"要致富，先修路"，从跨省高速公路等有现金收入的工程到乡镇小路、小河小沟治理等没有现金收入的基础设施建设，都需要地方政府出钱。然而，全国除了北京、上海、广东、浙江等少数富裕的地方政府，其他地方政府都是没有"余粮"的。大多数地方政府不仅没有"余粮"，每年的地方保障支出等固定费用还需要依靠中央政府转移支付，没有多余的钱做基础设施建设。

地方政府要发展，就需要钱，但由于大部分地方政府一般预算支出大于收入，中央转移支付也有预算约束，其他发展建设资金的缺口只能由城投公司承担。在 2014 年 9 月发布《国务院关于加强地方政府性债务管理的意见》（以下简称 43 号文）之前，地方政府不能作为发债主体进行融资，因此，很多地方政府出资设立了城投公司，城投公司的职责就是为地方政府借钱进行基础设施建设，充当"地方政府的钱袋子"的角色。发展到现在，全国省、市、县各级政府基本都设立了城投公司，也就是说，自分税制改革之后到 43 号文发布之前，地方政府设立城投公司举债进行基础设施建设，已经成为全国各个地方政府的集体选择。城投公司实际上是中央和地方"财权和事权不匹配"的产物。

二、第一轮政府债务化解——地方政府债券的发行

分税制改革之后，城投公司的蓬勃发展带来了规模庞大的地方政府债务。截至 2014 年底，地方政府债务总规模为 24 万亿元，其中地方政府负有偿还责任的债务为 15.4 万亿元，地方政府负有担保责任的债务为 8.6 万亿元。中央政府意识到了这一问题的严重性。针对这一问题，国务院发布了著

名的 43 号文。43 号文的发布拉开了第一轮政府债务化解的大幕。

43 号文的核心内容可以用六个字概括：开正门，堵偏门。所谓"开正门"是指地方政府可以直接发行地方政府债，但举债金额要在国务院的批准限额内。所谓"堵偏门"是指地方政府不能像过去一样借助城投公司无限额地随意借债，举债金额有控制、有预算。

国务院发布 43 号文后，财政部在 2015 年 3 月、4 月发布了发行地方政府债的配套文件：《地方政府一般债券发行管理暂行办法》《地方政府专项债券发行管理暂行办法》。这两个文件开启了地方政府发行地方政府债的时代。

为了确认地方政府的实际债务规模，财政部要求地方政府和城投公司上报债务情况。第一轮城投公司上报的（地方政府类）债务都得到了地方政府债置换额度。地方政府债由省或者直辖市统一发行，发行后将资金分派到各个城投公司。城投公司被纳入地方政府债的负债基本都得到了置换，这在很大程度上减轻了城投公司的债务负担。

关于第一轮城投债务置换，有些有意思的插曲，写出来供大家参考。2015 年底，很多城投公司通过这些低成本的地方政府债融资之后，要求提前向投资人偿还未到期的债券。由于很多投资人的债券是在二级市场购买的，这意味着如果购买的净价超过 100 元，提前偿还只能按照票面偿还 100 元，中间的差价损失就需要投资人承担。在这件事上，投资人与城投公司的出发点和考虑不一样，导致当时投资人在是否同意城投公司提前偿还债券上还有一些分歧，这在当时也引起了广泛的讨论。除此之外，在第一轮债务置换的债务上报中，很多市、县级别的地方政府出于各种考虑，没有将城投公司中的地方政府类债务上报，导致错失了获得地方政府债置换的机会，这也成为很多城投公司的遗憾。也有发达地区的城投公司拿到债务置换的资金后去一线城市置业，这些资产也成为后面城投公司转型的基础资产。

总的来说，第一轮地方政府债务的化解，是以中央政府为主导，通过赋予地方政府发债权来进行的。此次中央政府基本将城投公司上报的债务规模都用地方政府债化解掉了。这些债务如果靠城投公司融资续借，成本肯定远远高于地方政府债。地方政府债以较低的融资成本置换掉了城投公司较高的融资成本，利息部分支出的减少其实也将在很大程度上减小地方政府债务的规模。当然，能够列入置换范围的城投公司债务都是经过政府部门审计后，能认定为地方政府债务的，这些债务一般用于当地修路、修桥等造福百姓的基础设施建设。公众在担心地方政府债务规模庞大的同时，也要感谢城投公司，因为那么多美丽的城市、完善的基础设施，背后都是城投公司在规划和建设。

三、第二轮政府债务化解——地方政府隐性债务化解

2014 年的地方政府债务置换只解决了 2014 年底之前形成的债务，但地方政府财权和事权不匹配这个根本性问题并没有解决。城投公司继续承担着为地方政府融资的职责，地方政府债务规模继续以城投公司为载体迅速增长。中央政府也一直关注这一现象，不断发布规定规范地方政府的举债行为：

2017 年 5 月，《关于进一步规范地方政府举债融资行为的通知》（财预〔2017〕50 号），要求"地方政府举债一律采取在国务院批准的限额内发行地方政府债券方式，除此以外地方政府及其所属部门不得以任何方式举借债务"。

2017 年 6 月，《关于坚决制止地方以政府购买服务名义违法违规融资的通知》（财预〔2017〕87 号），禁止以政府购买服务方式违规融资。

2018 年 3 月，《关于做好 2018 年地方政府债务管理工作的通知》（财预〔2018〕34 号）强调严控地方政府债务增量。

2018 年 3 月，《关于规范金融企业对地方政府和国有企业投融资行为有关问题的通知》（财金〔2018〕23 号），规范国有金融企业对城投企业的融资行为。

我印象最深的就是《关于规范金融企业对地方政府和国有企业投融资行

为有关问题的通知》这一文件，除了规范地方政府的融资行为外，还规范了金融机构的行为。金融机构从自身业务风险的角度考虑，认为城投公司偿债能力更强，因为城投公司与地方政府关系密切，而拥有资源的地方政府的信誉度明显比一般企业更高。金融机构对城投公司融资的集体倾向性，为城投公司增加融资和扩大债务规模提供了便利，这也是监管部门发文规范金融机构行为的原因。

在监管部门对城投公司的发文监管下，城投公司的资金来源和融资渠道都受到了限制，2017年底到2018年，城投企业的融资渠道不断收窄，融资成本不断上升，很多城投公司的融资负责人直言2017年是城投公司日子最不好过的年份。雪上加霜的是，2017年也是央行收紧银根和债券收益率不断上升的时点，城投公司的融资也愈加困难。一些财政实力较弱、融资渠道不是很通畅的城投公司开始出现融资困难的情况。城投公司一旦融资困难，最先感到寒意的是信托和融资租赁公司，他们给城投公司提供的资金被称为"非标准融资"（简称"非标融资"）。当时信用研究员的重要工作之一就是收集非标融资已经出现违约的城投公司信息，这可以作为判断某区域城投公司整体安全性的重要指标。表3-1截取了当时光大证券研究员的报告，当时类似的研究和报告是债券市场的焦点。

表3-1　2018年部分城投公司非标融资瑕疵案例

违约主体	所涉非标项目	职责
云南资本	中融－嘉润31号集合资金信托计划	融资人
天津市政建设集团	中电投先融·锐津一号资产管理计划	担保人
天长城建投	中江金海马6号信托计划	担保人
科尔沁城投	联储证券－政融1号集合资产管理计划、金元百利众成政融1号1-4期专项资产管理计划	融资人
武穴城投	嘉泰301黄冈武穴火车站工业园工程资产管理计划	担保人
凯宏公司	首誉光控黔东南州凯宏资产专项资产管理计划1号、3号	融资人

（续）

违约主体	所涉非标项目	职责
黔东南州开投	首誉光控黔东南州凯宏资产专项资产管理计划 1 号、3 号	担保人
安岳城投	国盛资管神鹰 78 号集合资产管理计划	融资人
松江国投	中江信托 – 金鹤 167 号上海万得凯资产投资集合资金信托计划	担保人
呼和经开	中江国际·金马 430 号呼和浩特市国家级经济技术开发区基础建设项目贷款集合资金信托计划	担保人
榕江新城	中江国际·金马 382 号榕江县基础设施建设投资集合资金信托计划	融资人
金财金鑫	中电投 – 平昌系列资产管理计划	融资人
开原城投	乾堃开原城投应收账款资产管理计划	融资人
三都城投	三都城投 2016 年直接债务融资产品、正略诚信 – 三都城投应收债券投资私募投资基金	担保人
韩城城投	方兴 309 号韩城城投集合资金信托计划	融资人

资料来源：Wind 资讯，光大证券研究所整理。

在很多城投公司资金链都比较紧张的时候，2018 年第二轮地方政府债务置换悄然展开。我清楚地记得，得知开始第二轮地方政府债务置换的消息时我在调研城投公司的途中，某城投公司的财务总监载着我和信用评估分析师在去查看城投公司投资项目的路上。在驱车前往项目的途中，财务总监接到电话，电话中谈论到填报地方政府债务摸底报表的问题。职业的敏感性让我意识到城投债务问题将在本轮政策的推动下迎来转机。

第二轮地方政府债务化解一般被称为地方政府隐性债务化解，这一轮债务化解开始于 2018 年的两个文件，即 2018 年 8 月的《中共中央国务院关于防范化解地方政府隐性债务风险的意见》（中发〔2018〕27 号），以及《地方政府隐性债务问责办法》（中办发〔2018〕46 号）。根据这两个文件，审计署发文要求在 2018 年 8 月底，各个地方政府按照文件规定口径上报债务规模，上报的债务经过审计署审计后可以认定为地方政府隐性债务。在第一轮地方政府债务置换中，城投公司通过债务置换大大减轻了自身的债务负担，尝到了债务置换的甜头。因此，这一次很多城投公司只要债务符合文件规定的条件，就尽量报，不再像第一轮债务置换那样畏首畏尾。当然，这次债务置换配套了极为严格的新增地方政府债务问责办法，极大地增加了在2018年8月之后新增地方政府债务的难度。因此，对地方政府而言，对于城投公司债务"应报尽报"确实是更好的选择。

本轮地方政府隐性债务化解，随着债务一起上报的还有各个地方政府债务的化解方案。隐性债务的化解时间最长为十年，即化解时间从2018年到2028年。也有财政状况比较好的省市将隐性债务的化解时间缩短到五年甚至三年。化解方式包括地方政府偿还现金、划转资产、盘活存量资产、城投公司利润等。每个省、市地方政府的化解方案都不一样，财力强的地方政府一年就能化解，财力差的地方政府就按照规定的十年时间节点制定化解方案。第二轮地方政府债务化解，没有像第一轮一样完全通过发行地方政府债的方式，化解的责任主要在地方政府身上，中央政府更多的是通过隐性债务对地方政府债务进行系统的管控。正是由于隐性债务化解的最终责任是地方政府，省、市、县、区各级地方政府财力差异较大，导致隐性债务实际化解中出现了很多"名不副实"的化解方式，城投公司名义上的隐性债务化解了，但实际上并没有拿到真金白银，而是将隐性债务转换成了城投公司的其他债务。财政部了解到相关情况后，派出工作组对地方政府化债进行督导，提升了隐性债务化解的真实度。

2019年6月，国务院发布《关于防范化解融资平台公司到期存量地方政府隐性债务风险的意见》（国办函〔2019〕40号），央行也给了银行置换地方政府隐性债务的政策和业务权限，银行以更长的期限和更低的利率置换了高成本的地方隐性债务。在政府隐性债务化解政策逐步落地后，城投公司的系统性风险得到了释放和解决。

四、第三轮政府债务化解——一揽子化债方案

2023 年 7 月 24 日，中共中央政治局会议提出："要有效防范化解地方债务风险，制定实施一揽子化债方案。"会议官宣了将对地方政府债务实施"一揽子化债方案"，拉开了第三轮政府债务化解的大幕。实际上，早在 2023 年初，全国性地方城投债务的摸排就已经开始。由于从业多年的职业敏感度，我当时隐约感觉到新一轮的城投债务化解即将到来。做出这个判断的原因是，以往每次城投债务置换都出现在经济周期下行、地方政府捉襟见肘的时期。此时地方政府财政收入下降、土地市场景气度低，往往这个时候，城投公司的日子不是那么好过，部分城投公司出现了债务滚续困难、融资成本高企的现象。历史总是惊人地相似，在昆明城投债务出现负面舆情、天津城投融资成本高企的时点，债券市场终于迎来了第三轮政府债务化解。

本轮政府债务化解的核心点主要有几个：

（1）预防债券兑付风险。本轮政策的首要目的是：救急、救穷，预防城投尾部风险。2023 年上半年，经历了三年的新冠疫情和两年的土地市场低迷之后，市场对于地方政府债务尾部风险十分担忧。部分地区的债务滚续已经十分困难，非标、银行贷款展期比较常见，甚至一直"金身不破"的债券都出现了技术性违约。在这样的背景下，本轮地方债务化解首先要解决掉城投尾部风险。具体而言，债务化解范围更多针对融资成本较高的地方政府债务。这一点和前两轮的化解有着较大的不同，前两轮的化解范围主要是具有公益性的项目，即资金投向的项目要具有足够的公益性，而这次化解更加注重避免城投债爆雷引发系统性风险。为避免发生系统性风险，央行成立中央应急流动性贷款，以临时拆解的模式帮助地方政府应急，偿还在 2025 年之前到期的债券。

（2）一城一方案。前两轮地方政府债务化解方案采用全国统一标准。而本轮债务化解面临新的情况——"旱的旱死，涝的涝死"，地方政府之间差异很大。同一级别的地方政府，部分东部沿海城市融资成本不到 3%，而部分西

北部城市融资成本可能在 6% 以上。在这样的背景下，全国一刀切的方案显然不再合适。本轮债务置换对于债务压力较大的城市，根据其债务规模、债务结构、资源禀赋等不同情况，制定了有针对性的债务化解方案。债务化解方案中的化解方法包括地方政府再融资债、银行展期降息等，旨在减轻城投公司的还款压力，用时间换空间，在发展中逐渐解决历史留存的债务问题。方案中最亮眼的便是地方政府债。

（3）"万亿"地方政府再融资债。此轮地方政府债务化解，最大的亮点在于"万亿"地方政府再融资债。与第二轮主要由地方财政"挤牙膏"式地每年掏点儿钱不一样，地方政府再融资债是能给到城投公司"真金白银"的资金。2023 年 10 月，在"一揽子化债方案"的总体指导下，各省份开始陆续发行地方政府再融资债，债券资金也如期发放给城投公司偿还存量债务。我们推测 2023 年这一万亿元再融资债仅仅是开始，后续几年还会继续有再融资债券发行用于偿还城投公司债务。

当然，"天下没有免费的午餐"。受益于"一揽子化债方案"的地方政府也会在政府支出、政府人员数量、薪酬待遇上受到相应的制约。同时，制约城投公司债务规模扩张的一系列规章制度也在陆续出台，这些政策包括：①城投公司不能再新增发行债券，只能借新还旧。这意味着城投公司失去了债券这一新增资金的渠道。②要求压缩非标债务规模，协商非标债务适度打折，不得对非标债务简单刚兑。③严控新增项目融资。控制新增项目和债务，避免陷入债务越化越多的困境。

2024 年下半年，在前期政策要到期的情况下，监管部门再次出台政策，将防范城投债爆雷的政策期限从 2024 年底延长到 2027 年 6 月。2027 年 6 月这个时间接近 2028 年，即 2018 年第二轮化债中提到的十年化债的到期日。

从三轮化债的历程来看，城投债务已经从简单的保证所有债务的刚性兑付转变到以不发生系统性风险为底线的债券市场的安全兑付。虽然债券市场的债务暂时安全，但银行债务的展期降息、非标的展期打折已经发生，未来规模逐渐扩大只是时间问题。我们在感谢城投公司给城市生活带来便利的基础设施的同时，也要关注由此带来的债务问题将需要更长的时间才能解决。

五、未来城投公司的道路

经过 20 年的发展，我国的基础设施建设已经相对完善。很多地区已经基本完成了棚户区改造及大规模公路建造（如全国基本已经实现县县通高速）等基础设施建设，基础设施建设的资金需求已经不像十年前那么旺盛。很多沿海城市和中部发达省份在完成老城区的改造之外，也已经基本完成新区、经开区、高新区等基础设施的建设。城投公司的基础设施建设职能可谓"功德圆满"，所积累的债务也在三轮地方政府债务化解中得到初步解决。很多城投公司下一步面临的是在履行职能之后的市场化转型问题，这也是现在城投公司信用风险分析中新增的重点。

投资人更关心的是政策变化之后的投资机会。从城投债信用利差来看，两轮地方政府债务置换之前城投债信用利差都曾显著走阔，反映了市场对于城投债信用风险的担忧，这种担忧随着债务置换政策的落地而迅速得到缓解（见图 3-1）。

—— 3年期中债城投债(AA+)到期收益率–3年期中债国债到期收益率

图3-1 两轮债务置换城投债信用利差的变化

资料来源：中国债券信息网 Wind。

正如前文所言，完成历史使命的城投公司将来或多或少会面临转型的问题，对于城投公司而言，未来的路有三条。第一条，不转型，在政府预算范围之内做事，政府有多少钱，城投公司做多少事。第二条，半市场化转型，依赖政府在当地的资源和特许经营权做一些能提供现金流的业务，如市政道路停车场修建、当地河流砂石开采等。第三条，完全市场化转型，城投公司走出自己所在的市县，利用资金优势参与建筑、贸易等完全市场化竞争的业务。

从投资人的角度看，这三条路中的第一条是投资人最喜欢的，因为这个选择可预期性最高、最稳定。没有转型就没有风险，依靠三轮债务化解的成果、地方政府的财力稳妥地化解债务，走这条路的城投公司预计后续信用利差会大幅收窄。

第二条路是城投公司管理者比较喜欢的道路，这条路让城投公司的管理者有事可做，让城投公司的前景更好，还可以增加现金流用以化解地方政府隐性债务。从投资人的角度看，城投公司在本地还是有一定的资源优势的，在当地的特许经营业务或多或少都能赚到钱。这条路虽然也需要城投公司的一些资金投入，但总体风险可控，所以走这条路的城投公司的信用利差大概会维持在现有水平。

第三条路是投资人不希望看到的道路，因为这意味着城投公司将完全脱离原来的路，开展完全参与市场化竞争的业务。投资人普遍认为无论从经验、人员还是机制方面，城投公司都不具备完全参与市场化竞争的条件，市场化转型失败的可能性更高。由于转型需要进入新的行业，城投公司也需要增加大量的债务。城投公司债务率的提高势必会减弱其偿债能力，不利于存量债券的偿付。因此，走这条路的城投公司的信用利差预计会大幅走阔。

六、每个地区城投公司的特点

按照地域将全国的城投公司划分为七个组，分别为华东地区、华北地区、东北三省、华中地区、华南地区、西南地区和西北地区。注意，债务率是衡量各省市城投公司债务情况最重要的指标。2023 年，31 个省、自治区、直辖市（以下统一简称省份）债务率情况如图 3-2 所示。

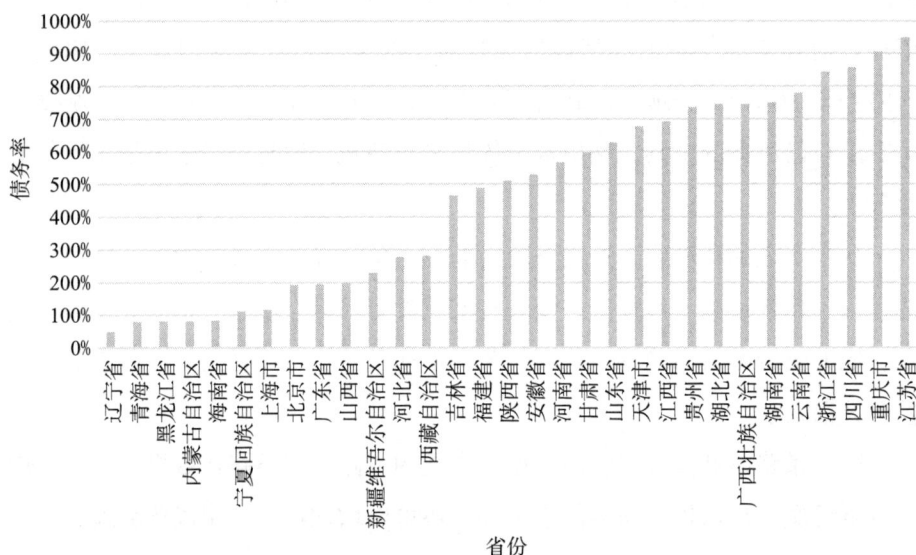

图3-2   2023年各省份债务率情况

资料来源：广发证券研究所。

（一）华东地区

华东地区包括上海、江苏、浙江、山东、安徽。华东地区的主要经济引擎是以江浙沪为代表的长三角核心经济圈。经济发达往往意味着偿债能力更强，因此，上海、浙江和江苏的城投债都比较受债券市场的欢迎。

江苏虽然经济较为发达，但发债城投公司较多，存量债务也较高。如图 3-3 所示，就各地区发债城投公司有息债务余额来看，江苏遥遥领先。庞大的债务规模也一度让债券市场担心江苏的偿付能力，江苏省中城投公司债务压力最大的镇江就一度被市场认为现金流吃紧，但如今在江苏强大的经济实力和债务化解能力下，江苏城投公司在债券市场的认可度不断提升。

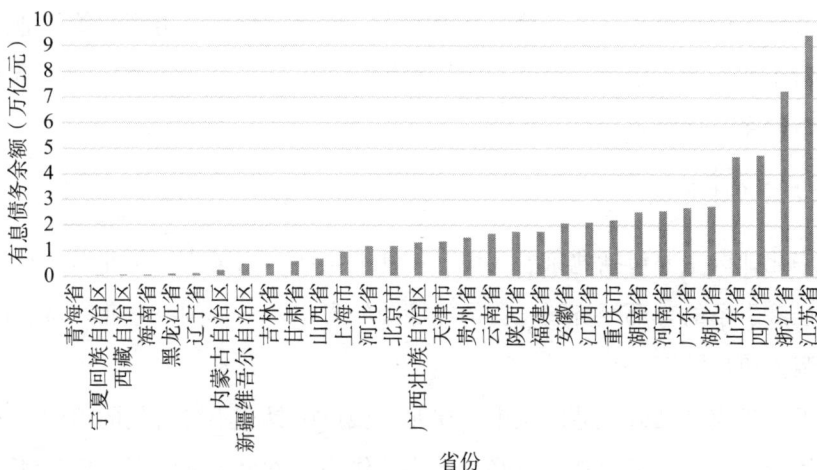

图3-3 2023年发债城投有息债务余额

资料来源：广发证券研究所。

江苏省内分为苏南、苏中、苏北三个区域，其中苏南经济最为发达，主要包括苏州、无锡、常州、镇江和南京；苏中经济次之，主要包括南通、扬州、泰州三个地级市；苏北由于远离上海，是江苏经济最欠发达的地区，主要包括徐州、连云港、宿迁、淮安、盐城五个地级市。由于苏南、苏中、苏北的经济发达程度有一定差距，江苏省内苏南的城投公司融资成本最低，其次是苏中。

安徽省近年来极力融入江浙沪"包邮区"，分享"包邮区"经济快速发展的成果。特别是靠近南京的滁州和马鞍山等市，基本已经属于南京经济圈的城市。例如，滁州的老百姓如果生病了，一般选择去南京而不是合肥就诊。在合肥自身产业引入较好和江浙沪核心经济圈的带动下，安徽省逐步成为中部经济大省。

山东省经济绝对总量较大，地理位置上位于北京和上海之间，具有天然的地理优势。在第四次经济普查中，北方省市的GDP出现较大程度的缩水，其中山东省的GDP缩水程度最大，缩水规模近万亿元，缩水幅度接近13%。GDP是衡量经济实力强弱的最重要指标，GDP缩水代表整体经济实力下降。

除此之外，山东近年来经济增长亮点不多，原有的炼化、电解铝等行业的传统民营企业受冲击较大，存量经济体量主要靠老经济基础支撑，传统沿海经济大省发展面临挑战。

（二）华北地区

华北地区主要包括北京、天津、河北、山西、内蒙古。华北地区是以北京为经济引擎的首都经济圈，首都经济圈的省市基本都围绕着北京做经济建设的调整和布局。

天津是成名已久的港口城市，在北方城市中具有不可替代的地位。天津经济体量较大，且工业基础较好，天津港作为北方最大的海港，也带动着天津经济的发展。地理位置上紧挨着北京的天津，通过更为便利的高速公路网和铁路交通无限地向首都靠近，但北京对于周边城市经济的虹吸作用大于带动作用。雄安新区的建设为天津的房地产市场带来一定的利空效果，天津房地产市场的疲弱幅度全国靠前，亟须通过"京津冀"协同创造新的经济发展点。

河北发债的城投公司较少，城投公司存量债务也较少。一方面，河北城投公司的部分职责被华夏幸福等园区建设型房企所取代；另一方面，河北作为钢铁大省，很多基础设施建设，特别是钢铁厂区的道路等由本地钢铁厂承接和修建，从而减轻了当地城投公司的基础设施建设压力。省会石家庄提出城投公司未来大规模的投资计划，但遇到了全国性的债务化解计划，预计投资规模和债务规模都会小于计划金额。河北城投在过去十年没有猛烈的扩张，现在也没有过于沉重的债务，某种程度上也是一种幸运。

山西发债的城投公司也相对较少，主要原因是山西是煤炭大省，作为当地经济支柱的煤企承担了很多基础设施建设的责任。山西各个城市的财政收入和煤炭价格高度相关，如果煤炭价格较高，则山西各个城市的财政收入较有保障，财政收入质量和弹性也都比较好，这些都有利于增强城投公司的偿债能力。

在债券市场，提到内蒙古，人们首先想到的是2019年违约的"16呼和经开 PPN001"。这只债券的发行人是"呼和浩特经济技术开发区投资开发集团"，属于城投公司。该债券为私募债券，不是公司的公募债券，虽然不构成城投债公募债券违约，但依然对债券市场产生了强烈的冲击。虽然最后经过协调，该笔债券展期后得到兑付，但债券市场对于内蒙古城投公司的印象已经埋下，想要改变恐怕还需要一点儿时间。

（三）东北三省

东北三省包括辽宁、吉林、黑龙江三个省。2016 年发生的东北特钢违约事件，使得债券市场对企业和当地政府处理国企债务违约事件的态度产生怀疑，而后整个东北三省在债券市场的认可度降低。如图 3-4 所示，东北三省信用债余额逐年降低，占整个信用债市场的比例也逐年走低。

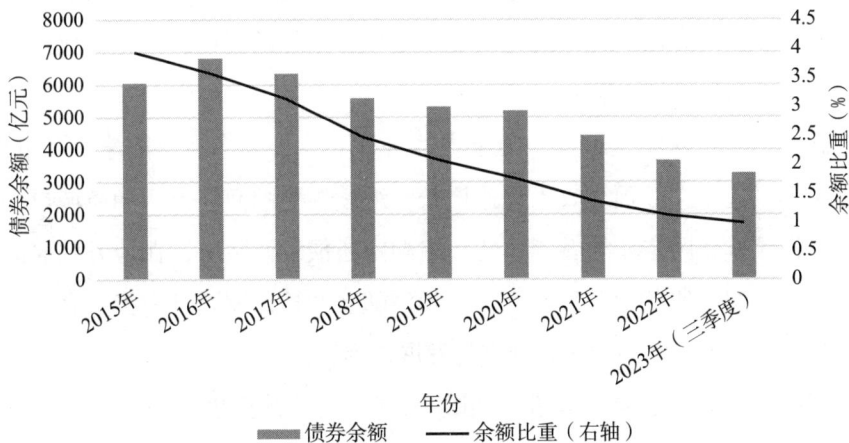

图3-4 东北三省信用债余额以及占全市场比重

资料来源：Wind 资讯，统计口径为注册地在东北三省的所有非金信用债。

实际上，虽然 2016 年之后债券市场对东北三省的信用债采取了消极的态度，但是东北三省却没有任何一例公开发行城投债违约的案例，实际上东北三省这几年的债务压力是在减轻的。但随着 2020 年华晨集团违约，东北三省处理国企信用债的能力和意愿，再次成为债券市场热议的话题。从

图3-4可以看出，2019和2020年渐渐稳住的信用债余额，随着华晨集团信用债违约的处理不当再次下跌。东北三省中，辽宁和黑龙江的发债城投公司数量加起来不超过两位数，这也是债券市场和发行人相互选择的结果。东北三省的城投公司如果想要重返债券市场，首先得增强债券市场投资者的信心，这恐怕还有很长的路要走。

（四）华中地区

华中地区包括湖北、湖南、河南、江西四个省。华中地区被沿海省市包围，为沿海经济带输出人力和物力。

湖北处于五省通衢之位，扼守中原腹地入口，地理位置优越。全省经济唯武汉独大，近年来建设襄阳和宜昌为经济两翼，经济资源向鄂西稍有倾斜。湖北城投公司在新冠疫情之前发债比较少，之后有所增加。新冠疫情之后湖北市、县财政收入增加的速度比不上债务增加的速度，债务占比过高可能给后续还本付息带来压力。

湖南以"长株潭城市群"为全省经济核心，长沙作为"长株潭城市群"的领头羊，近年一般预算收入快速增长，继续领跑湖南经济。湘潭城投公司债务负担较重，屡传非标融资违约，但湖南还债意愿坚决，在地方政府的积极努力下，湘潭债务状况日益好转。相信随着"长株潭"进一步融合，湖南城投公司的债务问题都能随着城市的发展得到解决。

河南城投公司在债务扩张上相对保守，债券融资规模相对较小。但受2020年"永煤事件"、2022年郑州烂尾楼事件的影响，债券市场对河南城投公司持一定的观望态度。2021年以来，河南城投公司领导积极和投资人进行沟通，积极消除"永煤事件"带来的不利影响，试图重振债券市场的信心。搭乘2023年底第三轮地方政府化债的政策利好，河南城投债的接受度也在不断提升。

（五）华南地区

华南地区包括广东、广西、海南、福建。华南地区以广东为引擎，广东经济发达程度高且城投公司整体债务率低，是债券市场最喜欢投资的省份之一。同样沿海的福建，民营经济发达，城投公司整体债务率虽然高于广东但低于全国其他沿海城市，也属于债券市场喜欢投资的省份。

广西和海南虽然地处华南地区，但经济发达程度远不如广东和福建。广西有色的违约事件对广西的影响已经淡化，近年来柳州市城投公司债务压力较大、城投公司数量过多、融资规模过大的问题曾经困扰债券市场，但随着"一揽子化债方案"的出台，柳州获得了广西壮族自治区和国家政策的大力支持。在省市的共同努力下，柳州城投公司债务绝对规模减小，债务滚续平稳。

（六）西南地区

西南地区包括四川、重庆、贵州、云南、西藏。西南地区在地理位置上比较偏僻。从"蜀道之难，难于上青天"的诗句中可以看到，由于地理原因西南地区基建成本相对东南沿海地区更高。因此，西南地区很多基建投资和园区建设投资，其单位产值、投资收益等效益指标普遍低于东南沿海地区。

作为西南地区的核心城市，成都和重庆对周边人口有一定集聚效应，近年因网红景点、火锅文化、街头文化等频频站上热搜；作为"中西部产业转移"的龙头省市，亦受到政策利好。这些文化和产业上的优势为川渝地区人口流入和房价稳定提供了长期的支撑。同时，川渝地区地方政府平台时不时出现的非标、定融等负面舆情，也让市场感受到地方政府的债务压力。

重庆作为直辖市，拥有38个区县，重庆区县之多、距离之远、城投公司数量之多，一直是重庆城投研究员的"噩梦"。如果你住在江北嘴附近，想要去调研重庆的城投公司，可能去一家就要一天。2018年我跟随债市调研团第一次去重庆调研时，投资机构普遍只看九个中心城区，且调研后认为九个中心城区中的某些区域也难以进入投资库。2024年之后我再去重庆调研，明显感觉到投资机构愿意看的区域更为广泛了，一般也会安排住在重庆稍微偏远的地方以便缩短交通距离。

成都对于四川其他市县都有一定的虹吸效应，成都核心五区城投发行的债券比较受市场欢迎。四川的其他城市近年来在债券市场的接受度也日渐提高，宜宾、泸州等以"酒"为核心资产的信用评估理念也逐渐被主流市场接受。

贵州和云南近几年经济增速亮眼，经济快速增长意味着政府做了很多事情，其中就包括城投公司进行的大量基础设施建设，经济快速增长的同时也累积了不少债务问题。贵州和云南的化债举措一直是全国城投化债的样本，一举一动都受到债券市场的密切关注。对于贵州而言"茅台"化债诚意满满，但全省经济快速发展留下的债务需要用时间去化解。现在贵州债券兑付统一由省政府协调和管理也是保证债券安全兑付最有效的解决方案。

对于云南来说，主要需要解决除了某省级国企的债务问题外，还有昆明的债务困境，以及州县时不时出现的财政紧张。例如 2024 年 8 月，瑞丽市在其上半年财政预算执行情况的报告中写道："债务还本付息压力增大，存在可能逾期的风险。结合目前的财政收入情况分析，财政无法还本付息，逾期付息将会严重影响瑞丽市、全州以及云南省政府的信用……国有企业面临着严峻的债务形势，违约风险大，尤其是今年债券刚性兑付的问题。……不确定因素大，存在公开市场违约的重大风险隐患。"可见在地方政府债务压力较大、财政收入下降较快的情况下，为保证城投债券兑付，地方政府做出的巨大努力。作为债券市场上信用利差最高的两个省，债务问题恐怕是贵州和云南未来一段时间均需要面临的难题。贵州和云南的债券一般为高收益账户所喜爱，债券市场主流机构在贵州和云南的持仓偏少。

（七）西北地区

西北地区包括陕西、甘肃、新疆、青海、宁夏。西北地区分布着崇山峻岭，气候恶劣、降雨稀少，大部分地区不能农耕。地理条件决定其经济发展深度和效率不及国内其他地区。

西北地区以陕西为领头羊，陕北是资源型区域，部分资源型城市财政收入受房地产影响较小，在房地产下行阶段财政收入一枝独秀。西安作为六朝古都，是西北最亮眼的城市，然而，西安市曲江系城投发债主体融资成本一度走高，牵连西安城投整体收益率估值上行，后来西安市政府介入帮忙化解了曲江系城投的债务困局。

"兰州城投"事件一度困扰甘肃省国企在债券市场的融资，甚至抬升了整个西北地区的债券融资成本。兰州城投债务风险在兰州各城投债券兑付后逐渐化解，但甘肃城投的债券市场融资额大幅度减少。甘肃的企业债券市场融资额要恢复到兰州城投事件之前，估计还有很长的路要走。

西北地区面积虽大，但单位面积经济产量比较低。西北地区少雨缺水，很多地方的水源都来自山上流下的雪水。与此同时，西北地区的矿产和自然资源，如矿石、石油、风能、太阳能等资源十分丰富。西北地区很多地方依靠采掘业带动经济发展。但凡事都有例外，比如，靠着钾肥资源原本可以一直过好日子的青海国投，选择了花费大量资金扩展下游工业产业链，最后由于经营不善，所有投资均失败，造成了债券违约，昔日"钾肥之王"的违约影响了青海企业在债券市场的认可度。

七、债券市场对城投平台所在区域的认可度

债券市场用信用利差来衡量信用债信用风险的大小，信用利差就等于信用债的收益率减去相同期限国开债的收益率。本文选用各省份 AA 级的城投债作为样本，原因是高评级债券本身具有价格统一性，比如同样是省级的 AAA 级债券，信用利差相差不会很大，不能体现地域差异带来的信用利差差异。相比之下，AA 级债券更能体现地域差异带来的信用利差差异，读者们也能更好地看到其中的区别。

信用利差代表了债券市场对每个地区城投债的风险态度，信用利差越大，说明投资人需要的风险补偿越高。例如，云南的信用利差是 356 个基点（bp），这代表云南的城投债收益率比同期限国开债收益率高 3.56%。本书按照债券收益率所反映的信用利差排序，将地域的债券市场认可度划分为最受认可、认可度较高、比较受认可、认可度存在分歧四个等级。2023 年 9 月城投

债信用利差如图 3-5 所示。

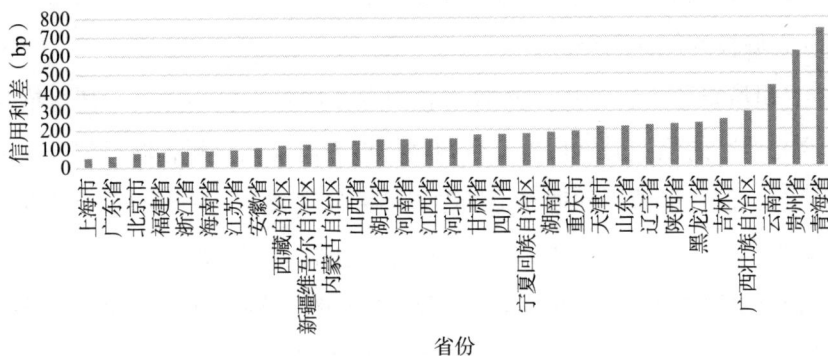

图3-5　各省份城投债信用利差图

注：AA 级信用债，时间点为 2023 年 9 月 30 日。
资料来源：Wind 资讯。

（一）最受认可

债券市场最受认可的城投债发债地域为上海、广东、北京、福建、浙江五个省市（见图 3-6）。这五个省市城投债信用利差都在 90bp 以下。它们最受债券市场认可的主要原因是：①经济较为发达，能持续吸引人口流入，为当地房价提供有效支撑；②经济基础好，人口流入多，基础设施的利用效率较高，为城投公司的基础设施投资提供了正向反馈；③有较为丰富的金融资源，为城投公司的融资提供便利；④商业氛围较好，市场化程度较高，相对而言企业效率较高，偿债意愿较强。

（二）认可度较高

债券市场认可度较高的城投债发债地域为江苏、安徽、河北、山西、湖北五个省（见图 3-7）。

江苏不在第一梯队的主要原因是：一方面，江苏虽然经济发达，但整体债务率也比较高；另一方面，江苏内部分化也比较严重，苏南城投债收益率贴近浙江和福建，但苏北的收益率相对比较高，因此拔高了江苏整体的信用利差。

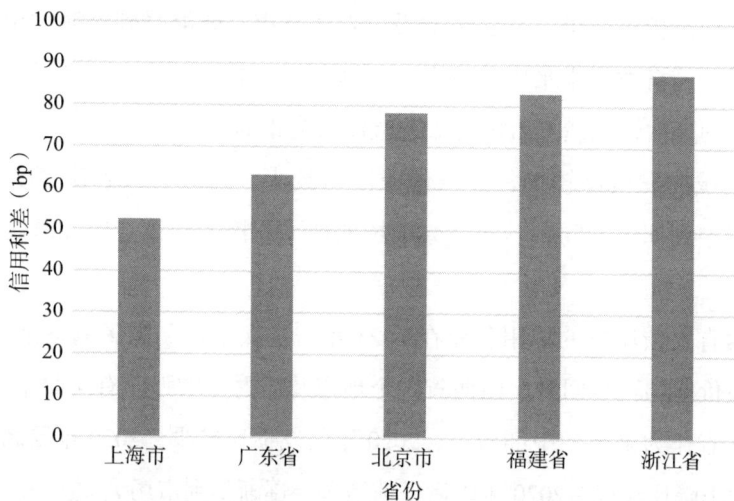

图3-6　最受认可省市城投债信用利差图

注：AA级信用债，时间点为2023年9月30日。

资料来源：Wind资讯。

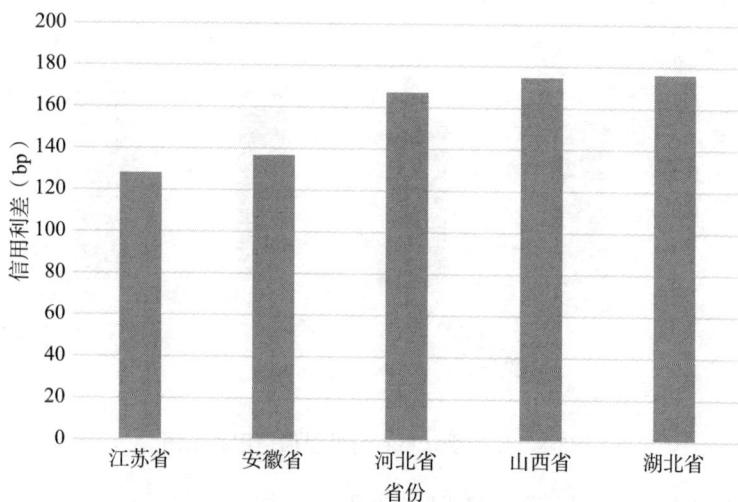

图3-7　认可度较高省份城投债信用利差图

注：AA级信用债，时间点为2023年9月30日。

资料来源：Wind资讯。

安徽地理位置尚可，紧邻东部沿海发达省市，能够受到沿海城市的经济发展辐射。经济发展水平中等偏上，但债务率不高，且没有发生过重大的省级国企违约事件，在债券市场的形象整体较为正面。

河北城投发债比较少，城投债务压力较小。河北妥善解决了冀中能源的债券集中到期还款问题，向债券市场展现了积极的偿债意愿和解决问题的能力。

山西省发债城投的信用利差在 2021 年"永煤事件"的影响逐渐消退后，随着煤炭价格的稳步回升、山西省各个地市政府财力增强而有所收窄。

湖北省作为重要的中部城市，2020 年前发债比较少，2020 年受新冠疫情影响财力下降比较快。2020 年以后发债增多，逐渐受到市场关注。

（三）比较受认可

债券市场比较受认可的城投债发债省份为：江西、新疆、陕西和湖南，它们的信用利差在 220～270bp（见图 3-8）。

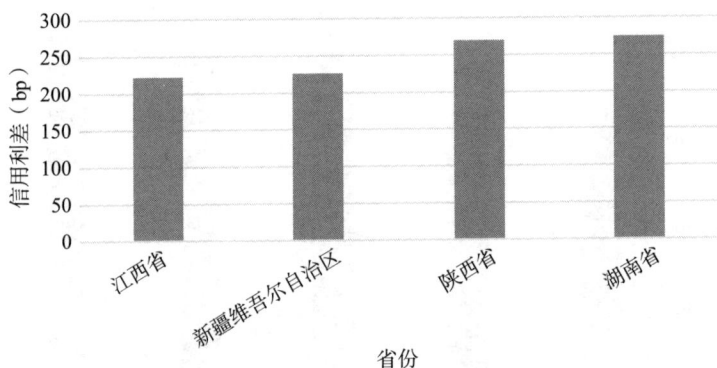

图3-8　比较受认可省份城投债信用利差图

注：AA 级信用债，时间点为 2023 年 9 月 30 日。

资料来源：Wind 资讯。

江西紧邻广东和浙江，经济受到发达省份的辐射。江西近几年来发债逐渐增多，总体信用利差受到几个债务压力较大的城市影响而有所上升，但江西多年来在债券市场没有发生过严重的负面新闻，债市整体形象较好。

新疆作为中亚的经济通道，具有极其重要的战略意义，在转移支付和大行金融资源支持方面具有优势。"农六师"的技术性违约曾对新疆有一定负面影响，但随着事件得到严肃处理，债券市场看到了新疆债务管理的能力和效率，负面影响逐渐消退。2022年西北地区城投受到"兰州城投"事件的影响，部分机构将西北城投全部出库，整体信用利差有所走高。但随着兰州城投事件的解决、第三轮债务化解方案的执行，信用利差所有收敛。

陕西作为西北五省的经济领头羊，其省会西安市尤其对西北五省具有明显的人口集聚效应，能够吸引周边省市的人口、资源和产业。西安市级债务率较低，但部分区县平台近几年屡屡爆出负面新闻，呈现一定的偿债压力。随后地方政府介入，积极处理存量问题，西安城投债券得以安全滚续。陕北主要是资源型城市，产业主要依靠煤炭、石油等资源品的开采，城投债务率较低，城投的偿付能力与大宗商品价格息息相关。

随着湘潭城投债务问题的逐渐解决，湖南城投公司近几年没有发生其他负面新闻，市场认可度不断提高。

（四）认可度存在分歧

剩下的地域都归在认可度存在分歧的等级里（见图3-9）。这一等级的信用利差比上面三个等级更高，这意味着债券市场对这些地域城投债信用风险的认定存在一定的分歧。有分歧才会有较高的收益率，每个机构应该根据自身的风险偏好去选择。

由于第二轮债务化解的最终责任在省级，因此，在2018～2022年的化债周期中，债券市场习惯把省作为评估城投信用资质的重要因素，例如，如果某个城投出问题，则整个省的信用资质和债务管理能力都要受到质疑。山东比较受认可是因为经济总量比较大，山东的经济总量在全国省市中排名第三位（2023 年），作为沿海城市，山东拥有良好的经济基础，但随着潍坊城投的负面新闻增多，整个山东的信用利差开始走高。2023 年开始，山东省和市级政府部门开始重视山东城投的负面舆情并着手化解，随着 2023 年 7 月之后第三轮政府债务化解的展开，山东省和潍坊市的城投公司的信用利差逐渐收敛。

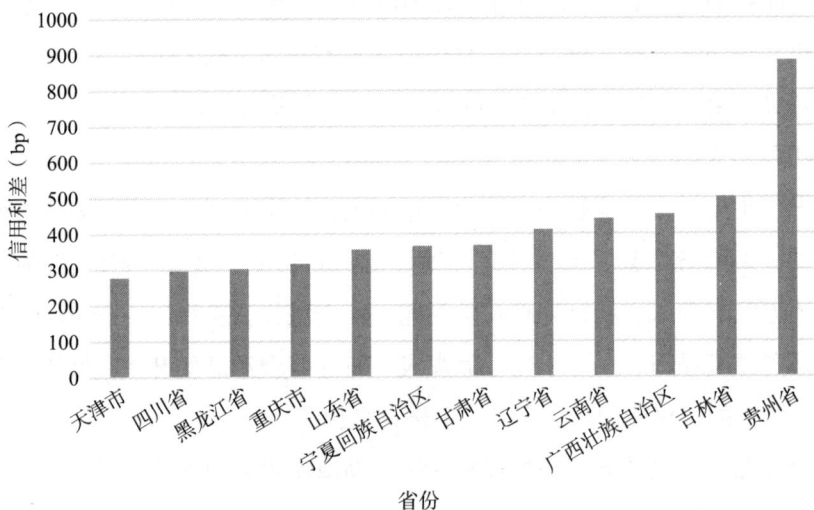

图3-9　认可度存在分歧省份城投债信用利差图

注：AA 级信用债，时间点为 2023 年 9 月 30 日。

资料来源：Wind 资讯。

　　无论从信用利差收敛幅度还是从获得置换债的金额角度上看，天津都是第三轮政府债务化解受益最大的省市。如图 3-10 所示，2022 年末，债务率较高的天津，在地产和产业走弱的双重压力下信用利差不断走高。天津城投不断寻求新的资金来源，试图解决在债券市场上融资成本持续高企的困境。天津的债务问题推动了第三轮政府债务化解方案的落地，随着置换方案的确认，天津城投债券信用利差快速下行。

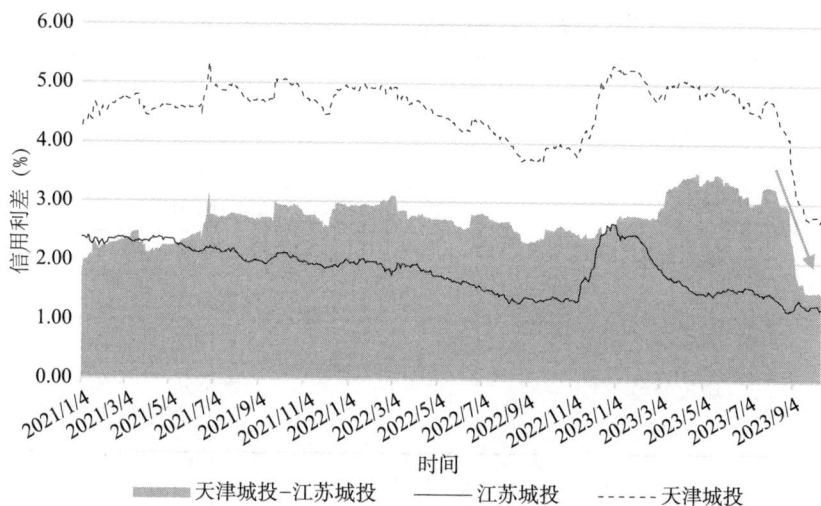

图3-10 天津城投和江苏城投的信用利差对比图

第二节 构建城投债投资方法世界观

在大致了解城投公司整体情况后，投资最终还是得落实到单个投资主体和城投债的选择上。任何行业都是一样，入门者和精通者之间的区别就在于是否有完整的框架，并通过框架进行更为深入和全面的研究。精通者往往能够见微知著，透过现象看本质并推断未来的走势。城投债投资也是一样，通用的风险分析、财务分析仅仅是城投债投资的一部分，投资人用真金白银做出决策，需要考虑的因素会更多。当然，投资实践比理论变得更快，市场环境或是个别事件的冲击将会持续影响、改变投资人的方法论和投资偏好。

城投债信用分析框架主要由三方面构成：大环境、地方政府、城投公司（见表 3-2）。

所谓大环境，包括城投公司所在地域的经济特色、人文环境和债务压力。发生信用风险除了偿债能力有限，还有一个重要的原因就是偿债意愿不强。如果说一个地域的经济特色决定其偿债能力，则一个地域的人文环境往往决定其偿债意愿，偿债意愿是投资人分析城投债信用风险的重要考量因素。

表 3-2　城投债信用分析框架

大环境	经济特色
	人文环境
	债务压力
地方政府	地方财力
	债务率与债务负担
	城投分工
城投公司	业务情况
	资产质量
	债务情况

所谓地方政府，包括政府本身的经济和财政实力（地方财力）、债务率与债务负担，以及地方政府与当地城投公司的业务分工（城投分工）等。城投公司的特别之处在于其和政府之间紧密的关系，因此，政府对城投公司的定位，与城投公司的业务分工，城投公司的领导级别等显得尤其重要。

所谓城投公司，包括城投公司业务情况、资产质量和债务情况等自身的因素，这些被我称为"自身的奋斗"。一般来说，一家公司是否能在债券市场获得较低的融资成本，大部分取决于公司自身的资质。但对于城投公司来说，自身的资质只能起到不到一半的作用。从上一章对于信用利差的分析可见债券市场对于东南沿海省市城投公司发行的债券往往认可度较高。处于经济发达地域的城投公司，只要当地的房价高，土地价格逐年攀升，手上的土地就更值钱，偿债能力也更强；即使在土地市场不好的情况下，发达地域也有更多的实体产业、税收作为支撑，金融机构也更愿意将融资资源向经济发达的地域倾斜。城投公司所处地域的发展情况是城投公司并不能决定的外生变量，但对城投公司的影响又极大。因此，相比于其他类型的公司，城投公司"自身的奋斗"没有出身那么重要。

市场上不少从业者认为城投债没有分析的必要，只要按照地域购买即可。但实际上，同一地域的个体差异还是比较大的。作为城市建设者的城投公司，在不发生系统性风险的情况下不可能发生大规模违约，但某些债务压力较大的地域城投债发生点状违约的可能性依然较大。在市场一轮又一轮"放松—紧缩—放松"的周期下，部分资质较差的城投债还有信用利差走高的风险。对于投资人而言，研究城投债，一方面是不希望自己持有的债券成为最先违约的那一批；另一方面，做好信用排序也可以赚取主体信用资质改善的钱。

一、大环境

城投公司的大环境包括所在地域的经济特色、人文环境和债务压力。经济特色和债务压力决定了偿债能力，人文环境决定了偿债意愿。

（一）经济特色

一个地域的经济特色主要由先天条件、地理因素等客观因素决定，也有通过政策倾斜或者地方政府主观意志培育出来的经济亮点。投资人评估一个地域的经济特色，不仅需要评估经济存量，更要看未来具有较大潜力的新经济增长点。

东南沿海地域港口众多、交通便利、商业氛围浓，是我国经济最发达的地域。东南沿海地域经济普遍比较发达，人均GDP、商业活跃程度比较高。部分东南沿海地域虽然从GDP或者一般预算收入角度看绝对体量不大，但民间商业比较发达，老百姓相对富裕。与此形成对比的是，很多东北老工业城市往往存在经济依赖度过高、经济抗风险能力较差的问题。这些地域全市甚至全省依靠一个产业，如果该产业在经济周期中处于下行趋势，则整个城市或者整个省份的经济将面临很大的下行压力。相对而言，东南沿海经济则具有多样性，既有传统的制造业，网络购物、电子信息等新兴经济发展得也较好，这样的经济形态抗风险能力较强，未来经济的潜在增长点也更多。

西北地区、华北地区由于矿藏比较丰富，是比较明显的资源型经济模式。比如新疆、宁夏部分地域干旱缺水，不适合农耕，开采石油成为这类地域的核心经济点。再如山西煤炭资源丰富，既然挖煤就能把日子过好，当地老百姓不会选择更辛苦的赚钱方式，需要创新力和创造力的高新科技企业相对较少。资源型经济的地域由于经济来源比较单一，当地财政收入与大宗商品的价格高度相关。如图 3-11 所示，2014～2016 年，煤炭价格下跌，山西财政收入增速也由正转负；2016 年之后煤炭价格上行，山西财政收入快速拉升。2020 年煤炭价格触底回升后，山西财政收入同比增长也大幅度回升。

图3-11 煤炭价格与山西财政收入相关性较高

资料来源：Wind 资讯。

（二）人文环境

我国人文环境差异也较大。例如，一些老工业基地第二产业占 GDP 比重较高，每个城市由一个或者几个大型国企支撑。这些重工业城市中小企业不多，民营经济不发达，当地人无论是就业还是收入，基本都围绕着少数几个大型工业企业，可能超过一半人口的经济来源是几个大型工业企业及其上下游。很多企业员工甚至子承父业，一家几代人都在同一家企业工作，企业管理人员缺乏忧患意识，主观能动性比较差，企业员工缺乏努力奋斗、开拓进取的动力。由此形成的人文环境相对官僚化，投资人在沟通问题时，往往得不到实际、有效的解决方案。如果企业管理人员及相关主管单位工作人员对于债券市场比较不重视、偿债意愿比较低，投资人就需要在定价中给予这样的地区更高的风险溢价。

相反的例子是江浙地区，投资人普遍认为江浙地区的市场化程度和商业氛围更好，政府官员和企业管理人都更尊重规则。说到底，信用债投资就是个"欠债还钱"的事情，契约精神更好、偿债意愿更强的地区会明显受到投资人青睐。实践中，江浙地区的信用利差相对也较低，暗含着较低的信用风险。

（三）债务压力

如果说人文环境考虑的主要是偿债意愿和债券市场的印象值，则债务压力主要衡量一个地方的偿债能力，偿债能力受到财政实力和总体债务压力的综合影响。债务压力是城投公司所面临的大环境之一，债务压力大的地方政府还本付息的压力就大。地方政府还债的压力大，地方政府财政腾挪的空间就小，地方政府财政紧张，当地城投公司的偿债能力就会差。所以，在城投债研究中，各个省的债务压力成了重要的判断标准。债务压力具体到量化指标，又以债务率为最主要的指标。

常用的债务率口径有两个：政府债务率和发债城投债务率。这是债券市场评价地方政府债务压力的重要指标，但调研中我发现很多财政局和城投公司的领导分不清这两者的区别。两个债务率的分母是一样的，都是当地的一般预算收入，但分子不一样。政府债务率的分子是地方政府债务余额，这个债务余额政府部门会公布，是浮在水面上的显性债务。地方政府债务是通过发行地方政府债获得的资金，上文说到的第一轮和第三轮债务化解方案中，重要的手段就是发行地方政府债置换城投公司的有息债务。地方政府债务的增量每年由全国人大审批，有着十分严格的审批和控制制度。

发债城投债务率，顾名思义，分子是该区域所有发债城投公司的有息债务的总和。之所以用"发债城投"作为分子，主要考虑的是数据的可获得性，发债城投才有公开财务数据。但随着研究的不断深入，在实践中投研人员也通过调研了解所在区域未发债城投的有息债务情况，并将其加总得到该区域所有城投公司的有息债务，详细的"地方城投债务率"的评估方法将在地方政府小节中详述。

地方政府发行地方债后，会将一部分发债资金给城投公司用于建设。在城投公司报表的负债端也会发现地方债的踪迹，但我们不会将地方债统计到城投公司的有息债务中。因此，政府债务和城投债务是相对独立且不重叠的两项债务。由于两个债务率的分母均为各个地方的一般预算收入，因此投研人员可以将两个指标直接相加获得地方政府的综合债务率。

表3-3是2023年部分省份的政府债务率、发债城投债务率、综合债务率，从中我们可以大致了解各个省份的债务现状和特点。

表3-3　2023年部分省份债务率情况

省份	2023年政府债务率	2023年发债城投债务率	2023年综合债务率
贵州省	728%	736%	1464%
云南省	672%	779%	1451%
重庆市	502%	905%	1407%
广西壮族自治区	648%	745%	1393%
甘肃省	708%	597%	1305%
湖南省	542%	750%	1292%
吉林省	825%	465%	1290%
天津市	548%	677%	1225%
四川省	367%	857%	1224%
江苏省	229%	950%	1179%
湖北省	423%	745%	1168%
浙江省	266%	843%	1109%
江西省	415%	692%	1107%
山东省	369%	627%	996%
河南省	397%	568%	965%
青海省	875%	80%	955%
安徽省	399%	529%	928%

（续）

省份	2023 年政府债务率	2023 年发债城投债务率	2023 年综合债务率
福建省	385%	489%	874%
陕西省	316%	511%	827%
河北省	430%	278%	708%
黑龙江省	609%	81%	690%
新疆维吾尔自治区	411%	229%	640%
西藏自治区	288%	282%	570%
宁夏回族自治区	447%	111%	558%
海南省	456%	83%	539%
辽宁省	467%	49%	516%
内蒙古自治区	359%	82%	441%
广东省	216%	195%	411%
山西省	204%	198%	402%
北京市	184%	193%	377%
上海市	106%	116%	222%

资料来源：广发证券研究所。

政府债务率一般代表地方政府对于中央补充转移支付的诉求，财力较弱的地方政府，每年都会用尽中央分配的政府债务额度，并在下一年向中央申请更高的额度；相反地，北京、上海每年的地方政府债务额度都有结余，因此其政府债务率很低。发债城投债务率体现的是金融资源需求和供给的匹配，结合不同地方的政府债务率，可以了解各地的债务特色。

江苏和浙江是典型的政府债务率低但发债城投债务率高的地方，2022 年江苏政府债务率为 224%，发债城投债务率为 905%；浙江政府债务率为 251%，发债城投债务率为 749%。其中内涵在于，一方面江浙地方政府财力比较强，每年政府债均有余额，政府债务率低；另一方面，区域内经济活跃度较高，市县融资需求旺盛，同时融资供给充足（体现在平均融资成本较低），各大金融机构、债券市场也愿意投资给江浙。供需两旺的结果是江浙的发债城投债务率较高，这是由城投公司的融资需求和金融市场的供给共同决定的。

青海是另一个极端，即政府债务率高但城投债务率低。2022年青海政府债务率为925%，发债城投债务率为99%。远高于平均水平的政府债务率和远低于平均水平的发债城投债务率，表明其依赖以中央为主导的政府债，市场化的融资行为较少。一方面，本身财力较弱且地方有债务需求，只能尽量争取中央的支持；另一方面，青海包括城投公司在内的国企虽然有融资需求，但金融市场的融资供给均不旺盛，"青海国投事件"后，供需继续走弱。简单来说，想从市场借钱但借不到钱，只能向中央政府要地方债额度。

贵州、云南等属于政府债务率、发债城投债务率双高的区域，即综合债务率较高（2022年贵州、云南的综合债务率分别为1450%和1448%）。其背景是西南地区的基础设施建设普遍比沿海城市落后，西南地区普遍财力较弱，有经济发展诉求的地方需要通过举债完善基础设施建设。基础设施完善才能在对外招商、企业入驻、吸引人才等方面的竞争中获得优势，最终带动本地区的经济发展。贵州、云南都属于地理位置偏僻、财力有限但经济发展诉求较强的省份，因此通过举债进行了大量的基础设施建设，造成了综合债务率偏高的结果。

同样是位置偏僻的地区，部分区域如新疆、西藏、宁夏、内蒙古属于政府债务率、发债城投债务率双低的区域，2022年的综合债务率分别为667%、674%、543%、419%。原因是这些地方的自然环境比较恶劣，自然环境、地形条件等客观因素决定了其相对于中西部城市，经济发展的条件较差，经济发展的动力较弱，基础设施、产业园区建设等支出相对较少，因此债务负担较轻。与此同时，这些地方的经济体量较小也是综合债务率比较低的原因，作为我国的政治和经济中心的北京和上海，综合债务率低是因为财力较强，项目可以利用财政拨款开展，项目本身也可以平衡资金。

每个省份都有自己独特的情况，比如山西省的综合债务率很低，发债城投债务率甚至不到100%，并不是因为山西不需要债务，而是因为山西区域内的很多基础设施建设由地方国企（煤炭企业）承担了。总之，每个城投公司的信用评估不能离开所在城市的债务负担，更不可能脱离整个省的债务压力单独分析。现在对于地方政府债务的管理和化解都以各个省级政府为单位，每个省份的债务管理模式也各有特点，因此，以省份为单位去讨论城投公司所处的债务负担的大环境显得尤其重要。

二、地方政府

在了解城投公司所在的大环境之后，接下来需要分析城投公司所在地方政府的情况。这里包括城投公司所在地方政府的经济和财政实力（地方财力）、债务率与债务负担，以及城投分工等。

（一）地方财力

地方财力包括经济发展情况和财政实力，一般是指城投公司所在地方政府的 GDP、财政收入等。这些数据既可以从各地方政府的官方网站获取，也可以在城投公司的评级报告上找到。不少券商研究所将整理好的数据发布在公众号上，从这个途径获取数据也是比较省力的方法。下面将首先阐述如何从各个方面评估地方财力，然后说明地方财力与城投公司的关系。

1. 地方财力的口径和判断方法

财政收入一般分为三个口径：地方综合财力、一般预算收入、税收收入。以表 3-4 为例，讲解这三个口径财政收入的内涵。

表 3-4　某地级市 2014 ～ 2016 年财政收入　（单位：亿元）

科目	2014 年	2015 年	2016 年
一般公共预算收入	**283.00**	**316.56**	**321.18**
其中：税收收入	230.61	256.89	257.62
非税收入	52.39	59.67	63.56
政府性基金收入	**354.34**	**329.47**	**175.71**
上级补助收入	**104.33**	**120.87**	**126.84**

（续）

科目	2014 年	2015 年	2016 年
其中：返还性收入	19.46	19.55	27.23
一般性转移支付收入	35.92	52.16	55.50
专项转移支付收入	48.95	49.16	44.10
预算外收入	**32.12**	**25.80**	**29.20**
其中：政府行政性收费	3.60	3.31	4.55
地方可控财政收入总计	**773.79**	**792.70**	**652.93**

资料来源：Wind 资讯，发行人募集说明书。

一般说的"地方综合财力"就是表 3-4 中的"地方可控财政收入总计"这一数据。地方综合财力主要包括一般公共预算收入、政府性基金收入、上级补助收入三个项目，可以用以下等式表示：

地方综合财力 ≈ 一般公共预算收入 + 政府性基金收入 + 上级补助收入

下面分别详细介绍这些项目的口径以及如何根据这些口径评估财政收入的含金量。

（1）一般公共预算收入。一般公共预算收入是政府在编制收入预算的时候使用的财政收入口径。在计算地方政府的债务率的时候使用一般公共预算收入。一般公共预算收入由税收收入和非税收入两个部分构成。投资人一般也会将一般公共预算收入中的税收收入占比作为衡量财政收入含金量的重要指标。税收收入在一般公共预算收入中占比越高，财政收入的含金量越高。税收收入被认为是较为稳定且具有持续性的财政收入来源。

为了评估税收收入和财政收入是否具有持续性，还应当深入了解当地经济结构、主要产业、主要税收贡献企业等。如果地方政府的大部分税收都来自一两家大型企业，那么了解这一两家企业所在行业的景气度，以及是否具有大规模新增的产能基本可以评估出当地的 GDP 增速，以及财政收入是否将有大幅增加。比如宝武集团将在江苏盐城新建千万吨级钢铁产能，如果这个项目顺利落地，建成投产就将带动上下游经济，预计未来给盐城每年新增约 1000 亿元 GDP 和 100 亿元左右的财政收入。再如，大同煤炭的生产经营情况和煤炭价格也能在很大程度上决定大同的 GDP 和财政收入。

对于绝大多数城市而言，一般公共预算收入通常小于一般公共预算支出，这意味着不仅每年的税收等一般公共预算收入需要全部用于支付当地行政管理、公务员工资等一般公共预算支出，地方政府还得想办法从其他渠道获得资金去填补一般公共预算收入与一般公共预算支出的差额。这就决定了地方政府的一般公共预算收入这部分资金是一个萝卜一个坑，基本没有多余的钱可供自由支配。由于多数地方政府财力有限，如果想开展市政工程等基础设施建设或者发展建设产业园区，很难将所有的支出都列入一般公共预算支出。在财力有限的情况下，对于地方政府来说，想要获得资金，更为实际的方法是卖地，也就是支出得用政府性基金收入填补。

（2）政府性基金收入。政府性基金收入大部分来自地方政府的卖地收入。这个指标波动较大，取决于当年土地市场的情况和卖地指标的获得等因素。土地市场情况好，土地出让较多，地方政府就能获得较多的土地出让金。也有地方政府由于换届等因素，卖地手续审批延迟，当年土地出让金较少，因此当年的政府性基金收入较少。

政府性基金收入除了可以通过政府公开数据获得，也可以用通过事实的土地成交数据获取高频数据的方式获得。土地成交的高频数据在专业的金融系统都可以查到。通过统计每个省市的土地成交情况和同比变化，可以即时了解土地市场状况，通过查看拿地的对手方、土地溢价情况等，可以了解土地成交数据的含金量。全国性大房企的成交价格更加客观和真实，含金量更高。在地产市场不好的年份，为了稳定当地的房价和土地价格，地方城投公司会作为土地的购买方买入土地。如表 3-5 所示，可以通过统计城投公司拿地的比例判断当地政府性基金收入的含金量，一般城投公司拿地的比例越高，说明当地政府性基金收入的含金量越低，此类土地成交价格的稳定性和可持续性就相对较低。当然，房价是更为直接的体现，可以直接打开卖房的 app，查询房价及其变化趋势。我们每到一个地方调研都会去售楼处看看，了解房价变化、去化情况和当地新房入住情况，询问当地人房价走势和入住率等，这些都是比较好的判定当地土地价格走势的方式。

表 3-5　土地出让金分析示例

城市 / 省份	出让金 （亿元）	城投公司拿地金额（亿元）	城投公司占比	出让金同比
淮安	333	307	92%	18%
南通	796	665	84%	−31%
扬州	385	320	83%	−22%
镇江	227	186	82%	−34%
宿迁	267	217	81%	0%
无锡	975	786	81%	−14%
盐城	325	260	80%	−49%
徐州	639	509	80%	−9%
常州	766	609	80%	−8%
泰州	355	275	78%	19%
连云港	219	149	68%	32%
苏州	1367	877	64%	−26%
南京	1308	789	60%	−35%
江苏	7962	5949	75%	−22%

资料来源：广发证券研究所。

相对于一个萝卜一个坑的一般性公共预算收入，政府性基金收入则是地方政府可自由支配资金的主要来源，"土地财政"这个词就由此而来。地方政府卖地的资金供当地政府支配，比如盖个新的园区招商引资，治理整个城市的河道，修建会展中心或体育中心等。城投公司作为执行地方建设任务的主体，大部分收入来源最终也来自地方政府卖地的收入。

（3）上级补助收入。上级补助收入一般源于中央政府对于地方政府的各项转移支付和返还，这块收入一方面用于填补一般公共预算支出和一般公共预算收入的差额，一方面用于各种专项支出，供地方政府自由支配的部分很少。

2. 财政收入和城投公司的关系

在理解财政收入的各个口径之后，投资人在判断一个地域的财政实力时应当同时分析一般公共预算收入和政府性基金收入。

对于城投公司而言，一般公共预算收入虽然"看得见，摸不着"，却是一个地方政府经济和财政实力强弱的体现。一般公共预算收入400亿元，每年一般公共预算收入增长5%的地级市，每年地方财政能增加20亿元的一般公共预算收入；而一个一般公共预算收入只有50亿元的地级市，同样每年一般公共预算收入增长5%，地方财政一般公共预算收入只能增加2.5亿元。相比之下，明显财政收入基数大的地方政府财政实力强。放下存量经济总量代表的经济实力不说，仅仅增量财政收入就很可观。随着第二轮债务置换的进行，中央严禁地方政府新增债务，因此有着大额一般公共预算收入的地方政府可以通过增量收入去解决很多支出需求。如果城投公司的基础设施建设支出都能列入一般公共预算支出，这对于地方政府和城投公司而言都是最轻松的方式。虽然实际上很少有地方政府能将城市的所有基础设施建设支出都列入一般公共预算支出，但一般公共预算收入存量较大的地方政府拥有更明显的资金优势。

城投公司的业务和土地息息相关，很多城投公司都有一级土地整理这项业务。城投公司是一级土地整理的实施主体，地方政府在卖出土地之后，才有资金支付给前期做一级土地整理的城投公司。因此，地方政府每年能卖多少地基本上也决定了当地城投公司当年能回收多少现金流。2019年西北地区的某城投公司发行的非公开定向债务融资工具（PPN）没有按时兑付闹得沸沸扬扬，这个城投公司所在地区的地方政府最终用卖出两块土地的款项兑付了这期PPN，足以说明政府性基金收入对于化解城投债务的重要性。

（二）债务率与债务负担

这里使用地方政府债务率指标来衡量地方政府的债务负担，与前文大环境分析中的债务压力指标差异不大。但大环境分析中使用的省级债务率指标更多的是看大的宏观环境，同样的指标放到某个市或者县地方政府时，明显分析可以精细很多。

由于数据的可获得性，在统计地方政府债务时，最开始我们使用地方政府披露的地方政府债务余额，但地方政府的债务明显不仅限于此。为了获得相对完整的地方政府债务余额，业界现在普遍使用的方法是：对该区域所有的发债城投有息债务进行加总，加总额即是地方政府债务余额。表3-6是2023年江苏地级市债务率的统计结果。

表3-6　2023年江苏地级市债务率

城市	GDP（亿元）	一般公共预算收入（亿元）	发债城投有息债务（亿元）	发债城投债务率
盐城市	7404	483	8116	1681%
泰州市	6732	449	6990	1556%
淮安市	5015	317	4472	1412%
扬州市	7423	348	4788	1378%
南通市	11 813	680	9114	1340%
连云港市	4364	256	3239	1265%
镇江市	5264	321	3823	1192%
常州市	10 116	680	7728	1136%
南京市	17 421	1620	15 599	963%
徐州市	8900	546	5141	942%
无锡市	15 456	1195	6960	582%
宿迁市	4398	302	1723	570%
苏州市	24 653	2457	13 335	543%

资料来源：广发证券研究所。

这个统计口径的合理性在于：由于地方政府本身不是法人主体，不能作为借款主体，因此，地方政府的债务总是需要某些法人主体来承担，城投公司理所当然成为地方政府的债务主体。地方政府的债务都体现在城投公司债务中，把地方政府所有城投公司的债务加总，即可作为地方政府债务比较全面的统计口径。

这个统计口径的不合理性在于：我们只能得到公开披露信息的城投公司的有息债务，对于不公开披露信息的主体则没有办法获得信息。一般公开发行债券的城投公司必须公开披露信息，但是对于其他不公开发债的城投公司，债务显然无法统计。投资者一般会通过查看与公开发债公司的往来款和担保等方式来间接获得不发债城投公司的债务情况，然后大致判断不发债城投公司有息债务的规模。具体方法是，在发债城投公司对外担保主体和资产负债表的"其他应收款"中，寻找名字类似城投公司，股东也是当地国资委的主体。这些主体一般为该发债城投公司的兄弟公司，发债城投公司一般为当地实力最强的城投公司，其他兄弟公司在贷款、非标融资的时候一般都需要当地实力比较强的公司进行担保，或者向实力较强的城投公司拆借，从而形成"其他应收款"。我们一般用发债城投有息债务乘以一个乘数来计算当地所有城投的有息债务，根据经验，这个乘数的全国均值在 1.3～1.5。

如果想要准确获得城投公司所在市或者县的地方政府的债务情况，在以发债城投有息负债加总为统计口径的前提下，可以通过实地调研更为准确地了解地方政府的总体债务情况，一般相邻地区的城投公司的组织管理模式和表外有息债务的安排都具有一定的相似性。这个方法的不足在于调研的信息往往过于零碎且不具有持续性，很难获得完整的全国或者全省的横向对比数据，因此，全口径的城投债务率一般只做参考，横向对比使用得更多的是发债城投债务率。

（三）城投分工

1. 城投公司的业务种类及运作模式

城投公司传统业务主要包括一级土地开发业务、基础设施建设业务、城市运营业务。

为了响应城投公司市场化转型的号召，增加城投公司市场化收入，城投公司新型业务一般还包括建筑施工业务、房地产业务、贸易业务。

（1）一级土地开发业务。一级土地开发业务是指城投公司对一定区域范围内的城市国有土地、乡村集体土地进行统一的征地、拆迁、安置、补偿，使该区域范围内的土地满足"三通一平""五通一平"或"七通一平"的建设条件（变成"熟地"），再对"熟地"进行有偿出让或转让的过程。

城投公司一级土地开发业务的一般过程是：城投公司垫资将"生地"变成"熟地"，然后交给当地土地储备部门收储，土地出让后城投公司将获得垫资款及相应收益。

实务中，对于一级土地开发业务，城投公司与地方政府的结算方式一般有两种。第一种方式叫"利润加成"，即地方政府将城投公司整理土地的所有花费（包括本金投入和资金成本等）加成一定比例的利润（一般是5%~10%），作为一级土地开发业务的结算款给到城投公司。第二种方式叫"出让金额返还"，即城投公司整理的土地在土地市场出让后，将扣除税费的剩余金额按照一定比例给到城投公司。这个比例是城投公司和地方政府商议的结果，对于一些债务负担较重、之前又承接了大量政府公益性项目的城投公司而言，这个比例也可以是100%，即土地出让金缴纳必要的税费后，全额给到城投公司。

（2）基础设施建设业务。基础设施建设业务包括与交通、邮电、供水供电、商业服务、科研与技术服务、园林绿化、环境保护、文化教育、卫生事业等相关的市政公用工程设施和公共生活服务设施建设等。

实务中，地方政府最需要也最花钱的基础设施就是城市内的公共交通道路。绝大部分城市内的公共交通道路是不收费的，具有一定的公益性，所以这些道路的建设和养护费用只能由地方政府安排。在实践中，城投公司建设的很多没有收费的公共交通道路都被纳入隐性债务。

政策上明令禁止增加地方政府债务，但城市还在扩大，免不了还要修新的道路，旧的道路也需要养护，所以城投公司的基础设施建设业务还会继续存在。在不许增加地方政府债务的政策下，开展基础设施建设业务一般有三种方式：一是将建设所需资金纳入一般公共预算支出，通过一般公共预算支出把钱给到城投公司进行建设。这种方式对于城投公司来说是最稳妥的业务方式，因为列入一般公共预算支出的款项都能按时到位，城投公司收到回款比较及时，甚至还可以先收到钱再干活。但不是所有地方政府都这么富裕，所有想做的事情都能纳入一般公共预算支出。地方政府专项债解决了部分问题，一般公共预算支出有限的情况下，地方政府的基础设施建设项目可以通过申请专项债获得资金，这是第二种方式。如果项目不能列入一般公共预算支出且没能申请到地方政府专项债，则需要第三种方式：城投公司自营，用地方政府的资源平衡城投公司的投入。例如，城投公司自己融资建设道路，建设道路所花费的资金可以通过盘活道路周边的土地进行平衡。

（3）城市运营业务。城投公司传统供水、供热、公交、污水处理等有现金流的业务，在这里统称为城市运营业务。一般而言，公交业务的收入不能覆盖成本，需要政府进行一定的补贴；供水、供热和污水处理等业务一般不会亏钱，但也很难有丰厚的利润。

过去，城投公司把绝大部分钱和精力都花在一级土地开发业务和基础设施建设业务上，但随着城市建设到一定阶段，一级土地开发业务和基础设施建设业务需求减少，城投公司未来预计会在供水、供热、公交、污水处理等传统业务上精耕细作。做大做强城市运营业务十分有必要。一方面，城市运营业务有稳定的现金流，且这部分现金流来自非政府部门，有利于减少城投公司对政府的依赖，加速城投公司的市场化转型。另一方面，城市运营业务具有一定的特许经营特征，运营风险较小。如果用心经营城市运营业务，还可以派生出如公交车广告等其他具有稳定收益的业务。

（4）建筑施工业务。过去，很多城投公司在开展基础设施建设等业务的过程中，会将具体的建筑施工业务发包给工程队。但随着城投公司做大做强，很多城投公司将业务延展到原本业务的上下游，建筑施工业务就是城投公司传统业务的下游。用城投公司自己的话说，就是要把整个业务链条上的利润吃干净。

很多城投公司不满足于仅做自己业务链条上的建筑施工业务，也会参与一些市场化招标的建筑施工业务，甚至将业务范围扩张到城投公司所在城市之外的市场化的建筑施工业务。投资人对于城投公司做纯市场化的建筑施工业务的态度是比较负面的，因为建筑施工业务需要垫付比较多的资金，回款比较容易出问题。特别是城投公司在自己所在市或所在省外开展市场化的建筑施工业务，人生地不熟，对当地市场不了解，很容易出现这样那样的问题。

（5）房地产业务。房地产业务包括保障房和商品房业务两个方面，是城投公司一级土地开发和旧房拆迁业务的下游。随着棚户区和城中村改造等旧房拆迁的进行，需要给旧房拆迁的老百姓准备新的住房，这部分业务称为保障房业务。保障房业务一般分为实物安置和货币安置。2016年，全国的大规模棚户区改造业务主要采用货币安置的方式，老百姓拿到安置款后既可以以更优惠的价格购买安置房，也可以以市场化的价格购买商品房。2023年开始的城中村改造则以实物安置为主，即拆掉旧的房子，将拆迁户定点安置到新的保障房中。

对于保障房业务，城投公司回款有两种方式，第一种是城投公司代建保障房，政府回购后分配给拆迁户；第二种是从拆迁到最后安置都由城投公司一手包揽，城投公司收益主要来自拆迁土地的出让。

对于商品房业务，当地城投公司是有一定优势的。一方面，城投公司作为一级土地开发者和规划参与者，对当地市场有深入的了解，还能配套相关资源，而且城投公司往往能拿到比较好的地块，只要房地产行业没有大幅下跌，房地产业务基本上是不会亏钱的。另一方面，城投公司在资金成本上比大部分民企地产商更有优势，房地产业务成本相对更低。当然，在房地产市场不好的时候，我们看到很多城投公司参与招拍挂购买土地，对当地房地产市场的稳地价和稳房价起到积极的作用。判断城投公司房地产业务是否存在风险，应当依据当地房价的走势和具体楼盘的情况。当地房价的走势可以通过了解大型房企入驻情况、当地人口净流入等因素详细分析，我们在调研一个地方的城投公司时，也会走访当地的在售楼盘，了解房价走势和去化情况。

（6）贸易业务。部分城投公司做的贸易业务也属于基础设施建设业务的下游，进行基础设施建设需要将工程外包给施工队，而施工队需要购买水泥、螺纹钢等材料。城投公司可以先在水泥、螺纹钢生产厂商或者贸易商处购买水泥和螺纹钢，然后再卖给施工队。这样既可以赚取原料环节的利润，同时由于施工队的业务收入源于城投公司，又可以保证贸易的安全性。对于施工队而言，虽然损失了一点儿购买水泥、螺纹钢等原材料的差价，但也往往能通过赊账的方式从城投公司处获得水泥、螺纹钢等原材料，不占用资金。因此，这种贸易模式也是施工队愿意接受的。我把这种贸易模式叫作"假"贸易，投资人更希望城投公司做的是"假"贸易，因为这类贸易业务没有风险。

贸易业务的好处不只这些，2020年之前的很长一段时间，城投公司向监管部门递交发债申请时，监管部门会要求城投公司的非政府业务收入不能低于某个比例，城投公司只能想办法增加非政府业务收入，贸易业务正好具有这个优势。大部分贸易业务回款只需要2～3个月，城投公司拿到回款可以再进行新的贸易业务，反复循环做大贸易业务收入。在贸易业务中，投入2亿元的资金，一年循环4次，可以获得8亿元的收入。

当然，也有城投公司进行完全市场化的贸易业务，我把这种贸易叫作"真"贸易。这里的"真"是指真的有风险。对于城投公司而言，开展完全市场化的贸易业务需要有强大的风险管理团队和丰富的风险管理经验。市场上那些在贸易领域摸爬滚打很多年的贸易公司都未必能规避贸易过程中产生的交易对手风险、市场价格变动风险，更何况市场经验相对不足的城投公司。因此，进行完全市场化的贸易对于城投公司来说风险是相对较大的。

2. 业务分工决定城投公司地位

对于一个城市而言，最珍贵的资源就是土地。对于一个企业而言，拥有专营业务牌照就有了盈利空间。因此，城投公司如果能最大限度地"拥有"一个城市的土地资源和专营业务牌照，那么这个城投公司的地位就会更高。这里所谓的"拥有"土地资源只是说城投公司承担了"一级土地开发"和"基础设施建设"的职责，因为这两项业务基本涵盖了把"生地"变成"熟地"的全过程。专营业务牌照的业务包括城市运营业务、沙石开采等具有排他性的业务。

当然，地方政府之所以将一些专营业务交给城投公司运作，除了因为城投公司本身是国有企业外，更多的是为了平衡城投公司的公益性支出。毕竟城投公司作为帮助地方政府融资的企业，修了很多城市中没有收益的道路、桥梁、市民活动中心等，由此形成的债务就需要用专营业务牌照等资源来平衡。

由于一级土地开发、基础设施建设、城市运营业务等业务的公益性较强，主营这些业务的城投公司在政府支持方面有明显的优势，这种优势既体现在地方政府分配资源的问题上，也体现在衡量债务出问题时地方政府是否救助等问题上。拥有这些业务的城投公司不仅仅涉及一个城市的福利民生，具有很强的公益性，还可以从这个城市大量的土地资源中获益。这种重要性，无论何时何地都是地方政府需要考虑的，因此地方政府对待城投公司也区别于其他国企。

与此相反，有些城投公司在市场化转型中，逐步剥离土地开发、基础设施建设、城市运营业务等业务，开展了很多完全市场化的业务，这类城投公司逐渐转变成普通的国企。没有城投业务的国企在债务出问题时，政府的救助意愿是明显降低的，我们也把这一过程称为"城投地位下降"。城投地位增强的企业无疑是受到投资者青睐的，而城投地位下降的城投平台，市场对其定价也会越来越趋向于普通国企。从历史经验来看，政府对于普通国企的救助意愿是低于城投公司的。各级政府一直强调城投公司脱离城投属性、加强市场化运营，目的就在于减少城投公司对政府的依赖，实际上也是地方政府希望用市场化的现金流减轻对于城投的给付压力。

三、城投公司

一个企业能存活下去大部分靠的是自身的奋斗，对于城投公司来说，自身的奋斗虽然不能最终决定市场的评估结果，但城投公司本身的资产质量、债务安排，也能在很大程度上把不同的城投公司区分开来。特别是随着地方政府债务压力的不断增大，城投公司进一步市场化转型，城投公司自身的奋斗变得越来越重要。

在市场实践中，我们看到相邻城市的城投公司，虽然地方政府财力和债务率相近，且同样是当地最主要的城投公司，但是在债券市场上的融资成本却有一定差异。融资成本有差异的原因就在于城投公司自身的业务情况、资产质量和债务结构等。

（一）业务情况

上文的城投分工详细描述了城投公司的主要业务模式。这里主要讨论不同业务模式对城投公司偿付能力的影响。要了解业务模式对城投公司偿付能力的影响，可以回答以下问题：业务收入是否来自政府？政府支付意愿和能力如何？非政府类业务本身赚不赚钱？非政府类业务风险究竟有多大？

1. 业务收入是否来自政府

如果城投公司的某项业务最终收入来自政府并和政府签订了协议，可以认为这项业务收入的确定性很高且风险很小。风险很小的原因是，从实践看来，地方政府一般不会赖城投公司的账。一般来说，市政基础设施建设、土地整理收入都来自地方政府，但由于政策上不允许新增地方政府隐性债务且地方政府的财力有限，很多公益性的基础设施建设只能由城投公司融资解决，地方政府并不进行回购。为了分辨其中的信用风险，投资者需要搞清楚现有业务中政府支付的比例或者项目回款方式，需要了解如果政府不能支付，城投公司的业务及投资的项目将采用什么方式进行资金平衡。一些项目投入资金多、回收周期长、未来回收现金流较少，可能会在极大程度上拖累城投公司的现金流。

供水、供热、公交、污水处理等城市运营业务，虽然收入不来自政府，但我们认为也属于政府类业务。此类业务收入很稳定，且现金流回收及时。这些业务虽然不怎么赚钱，但这些业务收入和来自政府的收入一样，确定性很高且风险很小。

在信用分析中，我们认为来自政府的收入占比越高越好，其实就是希望城投公司的业务收入尽量确定性高且风险小。这和股票投资的逻辑不同，股票投资者希望收入增速很高，而债券投资者厌恶风险对收入增速没有太高的期望，而对业务收入的稳定性要求比较高。

2. 政府支付意愿和能力如何

实务中，尽管有很多城投公司在 2017 年 6 月之前签订了很多约定政府将回购的协议，但政府实际支付的款项并没有完全到位。所以很多城投公司的报表上，应收账款和其他应收账款的金额很大，其中很大一部分就是对政府的应收账款。

地方政府延迟对城投公司应收账款的支付，大部分是能力问题，小部分是意愿问题。能力问题主要还是因为地方政府财力不足，特别是中西部欠发达地区，地方政府有发展经济的需要，但又面临财力不足的问题，光靠一般公共预算支出根本满足不了城市建设和发展的需要。城投公司只能先帮地方政府承担债务，地方政府再通过发展来解决支付能力不足的问题。这就是地方政府债务"以时间换空间"的解决方案。

这里讨论的地方政府对城投公司应收账款的支付意愿，不是指地方政府会赖账不给，而是指资金暂时没有到位，只是挂在城投公司的账上。一般而言，城投公司的应收账款比较少说明政府回款比较及时，这隐含着两层意思：一是地方财政相对宽裕，能够按照合同履行支付义务；二是地方政府财政纪律较好，在项目进行之前已经安排好还款来源，以便及时拨款。部分地方政府将项目的支出列入一般公共预算支出，这样的项目回款就十分有保障。

在业务实践中我也遇到过财政多年不偿还城投公司应收账款的情况，这种情况可能是因为应收账款对应的项目已经沉淀多年，账务已经有点儿算不清了，也有可能是因为城投公司本身债务负担并不重且融资比较通畅，靠自己尚能滚动债务，因此不急于地方财政还钱。总之，不管是什么原因，如果地方政府每年能持续给予城投公司更多的现金回款，往往能够说明该地方政府拥有更强的支付能力和意愿。

3. 非政府类业务本身赚不赚钱

说完政府类业务，再来说非政府类业务。非政府类业务如果属于专营业务牌照性质，基本也很难亏钱。如沙石开采业务，开采成本也就每吨 50 元，按照每吨 100 元的市场价格，肯定是赚钱的；保障房业务，部分保障房业务由于土地不需要缴纳或者仅需要缴纳少部分土地出让金，只需要支付建筑成本，保障房成本明显低于市场价，只要当地的房价跌得不是太惨，只要居民对房子还有需求，保障房业务亏钱的概率就不高。

大家也许看出来了，对于城投公司的非政府类业务，投资人是很宽容的，只要不亏钱就满足了。还是那句话，毕竟城投公司具有较强的公益性质，投资人只要求其做好政府指派的任务，非政府类业务的市场化程度越低越好，最好只做专营业务牌照性质等很难亏钱的业务。

4. 非政府类业务风险究竟有多大

纯市场化业务，如贸易、建筑、金融投资等，城投公司并不具备对应的人才和机制，能做好的可能性很小，实践中我们看到做坏的例子更多。贸易业务基本不赚钱，只能做大收入规模，每年都有国企因为没有把控好贸易业务对手方风险，应收账款收不回来的案例；建筑业务如果不在城投公司所在的城市做，会存在一定的业务风险，由于建筑业务的垫款性质，会有回款困难的风险，例如，近年来很多民企地产商做的建筑业务就产生了大量坏账；金融投资业务就更复杂了，以城投公司的人员配备，很难真的看懂行业，更别提做投资了，在产业投资中踩雷的国企数不胜数。

市场化业务的风险还不仅限于此，有些城投公司喜欢做文旅和康养业务，这类业务如果在城投公司所在的区域做，那么逻辑可以是靠文旅和康养业务提升城市的整体吸引力。但如果这类业务不在城投公司所在的区域做，会面临明显的回收周期长、现金流不确定性大的问题。某省级城投公司就是投资了太多回收期长且现金流回收情况不理想的大项目，导致现金流出现了很大的问题。这些失败的市场化业务都值得我们去借鉴和反思。

（二）资产质量

城投公司的资产一般包括开发成本、土地使用权、房产、应收账款等。

所有资产中，拥有变现能力强、升值空间大、未来收入确定等优势之一的资产，被称为优质资产。剩下的那些相对不好变现的资产被称为无效资产。

1. 优质资产

优质资产一般包括：金融机构股权、土地使用权、房产、对政府应收账款、高速公路。当然，这些优质资产也容易成为银行、信托贷款的质押物。作为投资人，在计算优质资产的金额时，需要扣除受限的部分。因为不管资产多么优质，一旦成为质押品或者受限，和债券投资人就没有关系了。

（1）金融机构股权。国内对金融牌照实行十分严格的准入制，因此金融牌照具有稀缺性，特别是银行、证券公司、基金公司、信托公司、保险公司的牌照。这些牌照的稀缺性决定其价值，因此我们认为金融机构股权价值较高。银行、证券公司、保险公司中也有不少是上市公司，上市公司的价值也可以参照上市公司的估值。因此，金融机构股权的价值是相对可测且流动性较强的。如果城投公司出现债务兑付问题，这部分资产是可以获得抵押贷款或者较快变现的，是投资人比较喜欢的优质资产。

有些城投公司会直接投资一些上市公司股票、银行理财产品等，如果这些投资没有卖出限制，其优质程度基本可以等同于现金。

（2）土地使用权。前文说过，作为城市土地的开发者，很多城投公司手上拥有大量土地的使用权。这些土地包括划拨地、开发土地、已经缴纳土地出让金的土地。

划拨地是指在禁止土地划拨之前，政府给城投公司划入的土地。这部分土地没有经过招拍挂，也没有缴纳土地出让金，很有可能还是荒地或者"生地"。划拨地使用权的价值相比已经缴纳土地出让金的土地肯定差不少，但具体还需要一对一地看划拨地的具体情况。

开发土地是指城投公司还在开发或者已经开发好，但是还没有被土地储备中心收储卖出的土地。这部分土地一般记录在资产负债表的存货（开发成本）或者在建工程里。比起划拨地，开发用地大多已经进行了"五通一平"或者"七通一平"的开发，已经从"生地"转变为"熟地"。

已经缴纳土地出让金的土地就是正常意义上的证件齐全的土地，一般地产商拿到的土地都是这一类。已经缴纳土地出让金的土地的使用权是城投公司资产中质量最好的，因为其手续证件齐全，可以转让和变现。

投资人可以根据以上分类详细区分城投公司资产里的土地使用权，并对其价值进行评估。

（3）房产。很多地方政府的办公楼、行政服务中心、医院、小学、体育馆、商务中心都是城投公司建设的，如果政府不进行回购或者回购还没有完成，这些基本上就是城投公司的房产。所以你会看到有些城投公司有不菲的租金收入，这些能产生较多稳定租金的房产是城投公司的优质资产。

当然，并不是所有房产都是值钱的，还要看具体位置和物业种类。偏远地区或者所谓"鬼城"的房产是不怎么值钱的。还有一些没落园区的厂房无人愿意租赁，一些空置房产年久失修，这些也都算不上优质资产。

（4）对政府应收账款。我倾向于把对政府应收账款算成优质资产，主要考量的是对政府应收账款的最终可获得性。在城投公司的日子风调雨顺的情况下，对政府应收账款可能会一直挂在账上。但是从城投公司破产处置资产的角度来看，对政府应收账款是债权人最好追索的资产。在国家严厉打击逃废债的大环境下，地方政府可能暂时在城投公司挂账，但肯定不会赖账。随着财政纪律的优化，很多存量的对政府应收账款被列入隐性债务，新增的对政府应收账款被列入一般公共预算支出，都有比较明确的还款保障。

（5）高速公路。一方面，高速公路可以收费，拥有稳定的现金流。另一方面，高速公路属于社会资本愿意购买的资产，可以出售获取现金。这两个特性基本决定了高速公路属于城投公司的优质资产。

值得注意的是，中西部地区高速公路通车量较少，导致其收入较低。如果高速公路的收入低到连贷款利息和日常维修费用都覆盖不了，那这样的高速公路算不上优质资产。

2. 无效资产

无效资产一般包括：对其他城投公司的股权，路政、管网，林地、草场、海域使用权，对其他政府平台的应收账款。

（1）对其他城投公司的股权。城投公司持有的其他城投公司或者当地国企的股权是比较难评估的资产。因为这类资产既不上市，也没有审计报告，在进行信用评估时价值很难计算，且实际上清算价值比较低，因此，我们认为是无效资产。

（2）路政、管网。路政主要是指一些城市内不收费的公路及配套的绿化设施，管网一般指供水、供热、污水处理等管道。这类资产虽然看得到，但处置价值较低。虽然有些贷款会用路政、管网作为抵押，但实际上如果城投公司真的还不上钱，也不能拆掉绿化设施和管道拿去卖。因此，路政及管网一般会被城投公司用于扩充资产，但其实际价值比较低。在信用评估中，我们认为这类资产是无效资产。

（3）林地、草场、海域使用权。城投公司拥有的林地、草场、海域使用权，大部分是早年为扩充资产而划拨的，少部分是通过正常手续得来的。无论是通过哪种模式，这些使用权的实际价值都比较低。我曾经到现场看过某些城投公司拥有使用权的林地和草场，其实就是一个山头或者一片茫茫草原，没有经过国土资源局的规划，甚至都不能称为毛地。如果说价值，林地每年砍伐树木，草地每年打草做饲料，都会有点儿收益，但一般这些收益相对于其评估价值而言都很低，基本可以忽略。海域使用权价值就更低了，海域的使用需要经过自然资源部审批。有些国企没有经过国家审批，就填海造地并在上面建设了房屋，但相关证件根本办不下来，导致连投入的资金都收不回来。因此，在信用评估中，我们基本认为林地、草场、海域使用权的价值比较低，属于无效资产。

（4）对其他政府平台的应收账款。一般来说，我们看到发债的城投公司都是当地实力比较强的，还有一些实力较弱的政府平台，因为本身融资能力较弱或者根本不具备融资能力，需要依靠实力较强的城投公司进行资金运作。这就形成某种不成文的习惯，发债的城投公司对当地其他政府平台或者国企有大量的应收账款，这些应收账款记录在"其他应收款"这个会计科目里。这些对所谓"兄弟公司"的应收款，由于借款方实力和融资能力比较弱，其实是很难真正收回的。因此，在信用评估时，投资者认为这些类资产的可回收性较低并把其划为无效资产。

综上所述，在资产质量的评估中，一家城投公司的优质资产占比越高，资产质量越好，偿债能力越强。

（三）债务情况

城投公司的债务分为有息债务和非有息债务。非有息债务一般包括政府补贴（拨款）、地方政府工程预付款、地方政府债、与其他城投（地方政府各个单位）的往来款，对上下游企业的占款等。新闻里经常说的地方政府债务问题主要指的是有息债务。有息债务是我们要重点分析的，要重点分析有息债务的融资来源、融资期限、隐性债务占比和融资成本等。从信用评估的角度看，银行融资占比越高、融资期限越长、隐性债务占比越高、融资成本越低的城投公司，拥有越好的债务结构。

1.融资来源

融资来源一般有银行贷款、债券融资和非标融资。站在债券投资者的角度，银行贷款占比越高、债券融资和非标融资占比越低的城投公司，融资结构越好。特别是在经济下行的周期里，房地产市场不景气，城投公司的主要资金来源——政府性基金收入大幅减少，城投公司将主要依赖再融资来保证债务安全。在经济下行周期中，再融资是城投信用分析中最主要的因素。

（1）银行贷款。银行贷款分为流贷和项目贷。流贷是流动资金贷款的简称，是为满足企业在生产经营过程中对短期资金的需求，保证生产经营活动正常进行而发放的贷款，按贷款期限可以分为一年期以内的短期流动资金贷款和一年至三年的短期流动资金贷款。项目贷也被称为项目融资，是以项目本身的投资回报或者第三者的抵押为担保的一种融资方式。项目融资归还贷款的资金大部分来自项目本身，贷款期限一般比较长。

对于城投公司而言，银行贷款很多都是期限比较长的项目贷，有些期限甚至可达十几年到二十年，这样的长期贷款一方面会在很大程度上缓解城投公司的即时还款压力，另一方面，这样的贷款用途很多涉及农田水利，贷款来自国开行、农发行等政策性银行，贷款利率也很低。这类银行贷款对于城投公司来说是最好的资金来源。

当然，城投公司也会有流贷，流贷作为流动资金的补充，其使用要求没有项目贷那么严格。项目贷往往要求跟着特定的项目放款，使用要求比流贷更为严格。流贷虽然期限比项目贷短，但只要城投公司的运营没有出现较大的问题，银行的贷款政策没有出现较大的变动，一般也是可以续借的。2021年7月，银保监会发布《银行保险机构进一步做好地方政府隐性债务风险防范化解工作的指导意见》（以下简称"15号文"）。15号文中最重要的内容是涉及隐性债务的城投公司不得新增流贷。城投公司的新增流贷受到限制，但城投公司可以通过不涉及隐性债务的子公司新增流贷。15号文发布后，虽然新增流贷受到一定影响，但存量贷款依然可以存续，且新增流贷途径并未完全堵死。因此，无论是项目贷还是流贷，债券投资者普遍认为银行贷款是比较稳定的融资来源。

（2）债券融资。债券融资就是发行债券，站在城投公司的角度看属于直接融资。国家在政策层面提倡企业提高直接融资占比，但是债券投资者，特别是非银行投资者却不希望城投公司发行过多的债券，主要原因是：第一，债券投资者投资的可持续性不强、资金来源不稳定。债券投资者参与投资了某一期债券，但这一期的债券到期再续发时可能不会再投资。这和可以商量续期的银行贷款不同，债券投资者的一次性投资行为会导致债券融资渠道很不稳定。如果城投公司融资来源中债券投资占比过高，其实就意味着债券到期再融资的不确定性很大，也更容易出现债券发行不成功导致的流动性风险。所以，很多城投公司发行人认为拿到债券审批额度就相当于拿到债券融资，其实这个想法十分错误。第二，债券市场是个用脚投票的公开市场，一旦市场有负面新闻，债券发行人的再融资就会受到致命的影响。有时候这种负面新闻甚至和企业也没有太大的联系，但企业一旦由于负面新闻在债券市场失去再融资能力，则很可能出现流动性风险。例如，2020 年底"永煤事件"导致整个河南省的城投公司的债券都被市场用脚投票，"永煤事件"和河南省的城投公司其实没有什么关联，但在市场偏好变化后，河南省的城投公司债券融资渠道受阻、发行难度比"永煤事件"之前要大不少。此时，如果某个城投公司太过依赖债券市场融资，则其再融资压力会更大。

大多数城投公司认为，银行融资、债券融资、非标融资分别占比为 50%、40%、10% 算是比较合理的结构。然而，债券投资者更喜欢债券融资占比低于 30% 的城投公司。

（3）非标融资。非标融资是相对于债券融资和银行贷款等传统标准融资而言的，一般包括通过信托公司、融资租赁公司、保险公司保债计划、AMC公司等进行的非标准方式的融资。一般城投公司融资优先考虑银行贷款，因为银行贷款期限长、利率低；如果得不到银行贷款，才会考虑发行债券；如果债券融资额度已经用完或者临时需要资金，才会考虑非标融资，因为非标融资利率比银行贷款和债券都高。所以无论是从优先选择顺序还是从融资成本的角度考虑，排序都是：

银行融资 ＞ 债券融资 ＞ 非标融资

市场上也普遍认为，非标融资是最后的安全垫。如果城投公司开始接受高成本的非标融资或者大幅度增加非标融资规模，基本就说明公司的资金比较紧张，至少说明公司资金的需求量非常大。所以，站在信用评估的角度，非标融资越少越好。

非标融资越少越好，这个判断也要结合城投公司业务类别，如果一家城投公司只做没有收益的公益性项目，如土地整理和市内公路建设，这些项目没有现金流，所以城投公司不能向银行申请项目贷款，此类公司可能债券融资和非标融资就偏多。此时，可以评估非标融资成本或者非标资金最终来源，判断城投公司的资金情况。部分非标融资的最终资金来源方如果是银行，银行出于信贷政策的原因需要通过非标途径放款，则这种渠道的非标融资成本也比较低。如果是这种情况，我们会将其还原成银行渠道的贷款，而不将其算成非标比例。一般而言，5% 以下算是比较便宜的非标融资成本，7% 以上属于比较高的融资成本，非标融资成本越高，城投公司的资金越紧张。

2. 融资期限

城投公司的融资期限基本决定了其还款分布和还款压力。一般经营状况较好的城投公司会排布其每年到期的贷款金额，使其尽量在更长的期限内平均分布，这样每年的还款压力就会小很多。举个例子，同样是 200 亿元的有息债务，如果融资结构足够好，可能未来五年每年只需要还 20 亿元，剩下 100 亿元都是十年之后需要偿还的贷款。如果融资结构不好，可能未来三年每年要还 60 亿元，只有 20 亿元是三年之后需要偿还的债务。通过这个对比可以看出，融资结构好的城投平台，还款压力和再融资压力明显小很多。

3. 隐性债务占比

除了融资来源和融资期限，至少在 2028 年隐性债务化解结束之前，债券投资者还是希望城投公司隐性债务占有息债务的比例越高越好。一方面，隐性债务占比高的城投业务公益性比较强，和地方政府绑定比较紧密，没有做太多非公益性的市场化业务。另一方面，财政部为了方便隐性债务的管理，设有专门的隐性债务系统，该系统要求城投公司每月上报隐性债务情况。这个系统报送的材料是直达财政部的，一般来说，纳入地方政府隐性债务系统的债务，城投公司是不会让其出现问题的。因此，隐性债务占比较高的城投公司，债券投资者往往认为其安全性也更高。

从第二轮和第三轮化债的政策导向来看，属于隐性债务的部分在再融资安排和置换专项债上均有优先权。当然，相关管理部门也出台了相关措施和政策，限制涉及隐性债务的城投公司新增债务。从这个角度看，涉隐城投新增债务，哪怕新增的债务不是隐性债务，后续都可能导致地方政府承担更多的兜底责任。给涉隐城投加个"金钟罩"，虽然限制了其新增债务，但实际上也说明了地方政府对于涉隐城投存量债务的态度。因此，我们在分析中，除了考虑再融资之外，也应该考虑隐性债务占比高的城投公司后面的政府保障力量。

4. 融资成本

判断城投公司债务结构是否优秀的终极武器是融资成本，因为任何关于风险的考虑都会反映在价格即融资成本中。无论是银行、债券投资人还是非标资金提供者，都会以自己的方式评估城投公司的风险，并按照风险高低给出融资成本，风险越高的城投公司融资成本越高，风险越低的城投公司融资成本越低。

通过整体统筹了解城投债务情况，我们可以做个拆分。下面用一个例子向各位展示拆分的结果：假设某城投公司一共有300亿元的负债，其中200亿元是有息债务，100亿元是非有息债务。100亿元的非有息债务中，20亿元是上级政府拨款，50亿元是与兄弟公司的往来款，30亿元是地方政府债。对于非有息债务，我们要了解50亿元与兄弟公司的往来款未来的回款可能，这部分往来款与资产端的往来款是否能实质性抵消；20亿元上级政府拨款的条件是什么，未来是否有可能因为某种原因需要返还拨款；30亿元的地方政府债是一般债还是专项债，专项债项目运行如何，是否可能因为宏观经济变动导致专项债项目付息不达预期，地方政府是否有贴息。

对于有息债务，我们则更需要重点关注200亿元有息债务是怎么花的，最终形成了什么资产，债务如何回款等问题。通过了解城投公司的业务和资产情况，可以对以上问题做出大致的回答，这些问题同时也可以打通城投公司的资产和负债。举个例子方便读者理解，假设200亿元有息债务中，30亿元资金沉淀在房地产库存中，100亿元资金沉淀在基础设施项目中，50亿元用于股权投资，20亿元用于产业园区的建设。第一，需要弄清房地产库存的项目去化情况，了解项目去化不掉的原因，评估未去化项目的成本与市场价的差异，从而得出房地产库存大致的损失情况。第二，对于基础设施项目，需要了解项目未来的回款安排。对于打算自持的资产，需要了解资产的项目收益情况、资产的市场价值等。通过了解项目的回款情况，可以了解地方政府和城投公司的项目结算模式、地方政府的行为模式，从而判断项目未来的回款节奏。第三，随着基建投资高峰的结束，很多寻求市场化转型的城投公司开始做很多股权投资，很多股权投资投向产业基金，目的是招商引资，这部分投资期限较长，需要评估资产和负债的匹配程度。第四，产业园区建设也是城投公司转型的方向，我们需要比较有息债务融资成本和产业园区的租金率，谨慎对待租金率和融资成本倒挂的项目。

除了评价存量债务，我们还需要了解未来债务规模的增长速度。全国大部分的城投公司债务负担都比较重，如果城投公司在债务负担不轻的情况下依然打算大面积举债，那么投研人员需要考虑其债务的可持续性。要评估城投公司未来债务规模增长的速度，一方面，可以了解股东和管理层的诉求。有些地方政府有比较宏大的建设计划，对城投公司也有3~5年内资产规模的要求，这对应的就是有息债务的增加。另一方面，有些城投公司重大项目比较多，可以通过了解城投公司未来的项目投资规划、资金来源等，大致了解城投公司的债务规模增长速度。

第三节　探秘城投公司报表的独特之处

我看过一档叫作《我就是演员》的综艺节目，我觉得其中一句话说得很有道理："演员要知道角色的目的，角色想表达什么。"其实看财务报表和做一个好的演员一样，看会计科目和数字之前，要知道看这些的目的是什么，你想从财务报表中得到什么信息。

有业内人士认为城投公司的财务报表编制比较随意，不能反映实际情况。但我认为财务报表的局限性不仅仅是城投公司特有的，所有行业的公司都存在这一问题。关键是作为专业人士，我们怎么能从这些被加工和美化过的报表中最大限度地获得想要的信息，怎么能通过现场调研弄清财务报表信息不清楚或者逻辑相互矛盾的地方。本节将尽量通过描述会计科目的内涵，帮大家更好地理解城投公司不同于其他行业公司的会计特点。

一、利润表

从信用评估的角度来看，看城投公司利润表的目的主要是看其有什么收入来源，以及收入来源是否稳定，因为这两个问题决定其偿债现金流。对于市场化业务较多的城投公司，看利润表的目的还在于评估市场化业务是否可能给公司造成较大的损失，或者业务占用过多的资金会不会给公司带来更大的债务压力等。

（一）标准利润表

要回答上面这些问题，一张如表 3-7 所示的城投公司标准利润表提供的信息显然是不够的，但这张利润表也能提供一定的信息，标准利润表能提供的信息主要有以下几点。

（1）这家城投公司的收入和利润规模，搞清楚收入和利润中政府类和非政府类的占比。

（2）从投资收益和公允价值变动中了解这家公司投资是获得收益还是承担亏损。收益或者亏损是否具有持续性，是一次性的还是会对未来的报表造成持续影响。

（3）信用减值损失和资产减值损失金额的大小，以及减值来自哪些资产，这些资产未来是否还会继续带来减值损失，该公司是否还有类似的未来可能造成减值损失的资产。例如，有某家城投公司在生态保护区建了房子，得知违规后拆除，当年就产生一定的减值损失；再如，某家城投公司的贸易业务对手方出现问题，导致应收账款收不回来，造成了减值损失。

（4）城投公司的营业外收入中很多是政府补助。我们需要了解这些政府补助是一次性的还是持续的，持续性的政府补助金额是多少。

需要强调的是，由于城投公司大部分借款的利息都资本化到工程项目成本中，因此，利润表中的利息费用项目根本不能反映城投公司的实际利息支出。实际上，对于城投公司而言，每年的借款利息支出是一笔比较庞大的付现费用。

表 3-7 城投公司标准利润表

项目	附注十一	本期金额	上期金额
一、营业收入	4	3 613 217 960.71	2 014 816 478.30
减：营业成本	4	3 264 622 168.31	1 816 572 686.94
税金及附加		23 394 046.45	29 895 299.00
销售费用		10 788 632.35	12 400 961.65
管理费用		91 178 764.56	79 227 823.80
研发费用			
财务费用		63 258 652.69	44 842 794.05
其中：利息费用		63 226 220.41	45 008 909.00
利息收入		52 654.14	483 129.85
加：其他收益		23 092.11	
投资收益（损失以"－"号填列）	5	358 442 417.82	57 700 862.78
其中：对联营企业和合营企业的投资收益	5	2 926 564.40	8 080 589.81
以摊余成本计量的金融资产终止确认收益（损失以"－"号填列）			
净敞口套期收益（损失以"－"号填列）			
公允价值变动收益（损失以"－"号填列）		1 046 600.00	27 448 600.00
信用减值损失（损失以"－"号填列）		618 000.00	−16 724.00
资产减值损失（损失以"－"号填列）			
资产处置收益（损失以"－"号填列）			−14 673 079.34
二、营业利润（亏损以"－"号填列）		520 105 806.28	102 336 572.30
加：营业外收入		897 231.13	1 312 775.20
减：营业外支出		1 022 436.41	30 277 874.58
三、利润总额（亏损总额以"－"号填列）		519 980 601.00	73 371 472.92
减：所得税费用		108 777 159.92	14 924 461.19
四、净利润（净亏损以"－"号填列）		411 203 441.08	58 447 011.73
（一）持续经营净利润（净亏损以"－"号填列）		411 203 441.08	58 447 011.73

资料来源：Wind 资讯。

（二）营业收入与成本明细表

要获得问题的答案，还得看审计报告中关于利润表的附注。如从表3-8的营业收入明细表中可以获得的信息包括业务种类、毛利润。第一，从这张表中可以清楚看到城投公司的业务种类，包括工程代建、土地开发整理、供水业务等。第二，可以看到这些业务的毛利率情况。比如工程代建及土地开发整理业务毛利率为10%，房地产业务毛利率为65%，公共事业（自来水）毛利率为32%等。这些信息已经比较好地回答了"公司有什么收入来源"：收入规模大、毛利率高的业务才是公司的收入来源。

表3-8 城投公司营业收入明细表

项目	本期发生额		上期发生额	
	收入	成本	收入	成本
工程代建及土地开发整理收入	5 087 190 423.64	4 591 250 349.77	3 112 850 378.83	2 785 307 332.12
房屋销售业务	137 338 397.50	47 402 579.36	241 626 011.86	94 382 596.72
公用事业（自来水）	279 423 541.25	188 673 963.78	255 806 561.51	186 340 121.02
接水安装及工程建设收入	171 140 954.53	122 108 375.96	222 463 375.57	162 610 838.15
保安业务	139 534 441.26	114 997 640.94	137 202 176.50	112 262 044.34
酒店业务	11 958 314.42	15 297 457.77	88 334 446.98	40 697 144.32
房屋租赁业务	16 055 855.41	267 060.81	23 788 116.38	139 784.39
污水处理	153 080 181.50	186 828 077.01	29 460 000.00	27 319 163.73
代建管理费	14 602 210.40	4556.51	6 637 831.12	1 063 742.58
服务费及其他	45 788 528.04	13 786 738.68	136 812 523.90	126 699 270.63
合计	6 056 112 847.95	5 280 616 800.59	4 254 981 422.65	3 536 822 038.00

资料来源：Wind资讯。

每项业务基本都有相对成熟的运作模式和市场，这决定了该项业务的利润率基本稳定在某个区间之内。因此，城投公司每项业务的毛利率有一个大概的经验值（见表 3-9），大部分城投公司某项业务的毛利率都在经验值附近。城投公司由于涉及政府业务较多，有一定垄断性，利润有更大的讨价还价空间。投资人一般根据经验值判断毛利率从而推断该项业务是否赚钱。

表 3-9　城投公司业务的毛利率区间

城投业务	毛利率经验值	注释
一级土地开发业务	5%～20%	既有按照卖地款上缴税费后分成的模式，也有成本加成的模式。具体取决于和政府谈判的情况
基础设施建设业务	3%～10%	成本加成模式，PPP 模式，政府专项债模式等
城市运营业务	0%～20%	公交业务一般都亏钱。对于供水、污水处理、供热业务，各地资源、运营水平不一样，盈利水平不同，大部分地方赚不了钱，但有较好的非政府来源的现金流
建筑施工业务	5% 左右	
房地产业务	10% 以上	城投公司房地产项目很多会有安置房，安置房毛利率较低，会拉低房地产业务的整体毛利
贸易业务	2%～5%	

（三）利润表之外的信息

第二个问题是，"收入来源是否稳定"。这个问题仅靠表 3-8 中的营业收入明细表的信息显然也不能回答，但可以根据经验来判断业务是否稳定，从而得出收入来源是否稳定这个问题的答案，下面我将分业务种类为读者答疑。

（1）城市运营业务如供水、供热、公交、污水处理等业务，只要从事这些业务的子公司没有被划走，这些业务的收入来源就是十分稳定的。

（2）一级土地开发、基础设施建设等业务的收入稳定性，仅仅从表 3-8 是不能判断的，需要的信息还包括城投公司的项目规划、建设进度、城投公司和地方政府之间的收入结算方式、地方政府的土地规划等。

城投公司的项目规划、建设进度对于收入稳定性的影响主要体现在：很多城投公司项目的开发整理有一个周期，大的项目做完了，可能收入就会下降。这些信息都可以通过查询公司的投资计划得到。

城投公司和地方政府之间的收入结算方式很大程度上决定了收入的稳定性。例如，在禁止地方政府购买行为之前，城投公司可以通过政府购买协议将政府支付的购买款都确认为收入，可以确认比较大规模的收入。在禁止地方政府购买行为之后，只有纳入政府一般公共预算支出的项目才可以和城投公司签订协议，部分城投公司为了防止违规，将这部分在预算内的政府项目通过收取代建费的方式确认收入，所谓代建费就是项目收入减去支出的余额。代建费收入规模比项目收入规模小很多，这就是有些城投公司的营业收入在 2018 年之后大幅度减少的原因。

地方政府的土地规划也会在很大程度上影响城投公司收入情况。很多地方城投公司整理的土地出让后才能确认收入。土地规划以及每年土地出让节奏等因素，会导致不同年份土地出让收入的差异。

二、资产项目

对于城投公司债券投资而言，资产的意义远大于利润。城投公司的公益性定位意味着不能指望它赚大钱，只要收入现金流能覆盖债务利息就差不多了，剩下的就指望城投公司有尽量多的优质资产。因此，看资产项目的目的就在于评估城投公司究竟有多少优质资产。特别值得注意的是，信用债投资者应该重点分析在扣除受限资产之后，城投公司还有多少优质资产可以偿还债券本息。

前文我们已经讲过城投公司的哪些资产属于优质资产，哪些资产属于无效资产。这里主要告诉大家，这些优质资产一般都藏在哪些会计科目里。如表 3-10 所示，打开一张经过审计的城投公司的资产负债表，可以看到城投公司的每一个资产科目和负债科目及对应金额。在财务附注里可以看到每个会计科目更详细的信息，投资者可以据此做出判断。

表 3-10　城投公司的资产负债表

资产	附注五	期末余额	期初余额	负债和所有者权益	附注五	期末余额	期初余额
流动资产：				流动负债：			
货币资金	1	9 475 053 848.33	8 986 758 250.86	短期借款	17	2 647 700 000.00	305 000 000.00
以公允价值计量且其变动计入当期损益的金融资产				以公允价值计量且其变动计入当期损益的金融负债			
衍生金融资产				衍生金融负债			
应收票据	2	9 090 799 791.82	2 389 306 299.15	应付票据	18	500 000 000.00	1 100 000 000.00
应收账款	3	1 743 636 358.34	1 742 080 804.39	应付账款	19	1 004 682 724.09	103 075 243.84
预付款项	4	5 605 932 270.39	4 116 052 676.18	预收款项	20	1 789 486 936.78	2 943 890 043.53
其他应收款	5	20 640 055 260.02	9 698 634 781.23	应付职工薪酬	21	10 365 961.55	959 262.11
存货				应交税费	22	420 875 902.82	115 727 042.34
持有待售资产				其他应付款	23	6 515 692 597.23	924 424 679.41
一年内到期的非流动资产				持有待售负债			
其他流动资产	6	230 137 326.77	2 885 557 066.23	一年内到期的非流动负债	24	6 671 727 527.00	2 314 200 000.00
流动资产合计		46 785 614 855.67	29 818 367 878.04	其他流动负债			
				流动负债合计		19 560 531 649.47	7 807 276 271.23

（续）

资产	附注五	期末余额	期初余额	负债和所有者权益	附注五	期末余额	期初余额
非流动资产：				非流动负债：			
可供出售金融资产	7	221 002 100.00	97 850 000.00	长期借款	25	17 418 403 000.00	14 586 390 950.00
持有至到期投资				应付债券	26	5 197 883 997.50	3 250 000 000.00
长期应收款				其中：优先股			
长期股权投资	8	1 402 323 315.41	223 776 372.49	永续债			
投资性房地产	9	4 392 221 670.00	2 384 783 804.00	长期应付款	27	1 202 713 690.39	
固定资产	10	1 464 984 770.23	28 209 761.44	预计负债			
在建工程	11	4 657 953 454.51	3 025 321 742.99	递延收益			
生产性生物资产				递延所得税负债	14	574 816 317.94	295 605 977.75
油气资产				其他非流动负债			
无形资产	12	634 825 560.76	241 439 053.66	非流动负债合计	28	24 393 817 005.83	18 131 998 927.75
开发支出				负债合计	29	43 954 348 655.30	25 939 273 198.98
商誉				所有者权益（或股东权益）：			
长期待摊费用	13	7 911 765.57		实收资本（或股本）		1 000 000 000.00	1 000 000 000.00
递延所得税资产	14	3 526 747.95		其他权益工具		1 000 000 000.00	1 000 000 000.00
其他非流动资产	15	6 176 795 527.80	1 328 279 884.40	其中：优先股			

（续）

资产	附注五	期末余额	期初余额	负债和所有者权益	附注五	期末余额	期初余额
				永续债		1 000 000 000.00	1 000 000 000.00
				资本公积	30	15 964 430 551.35	6 548 960 817.69
				减：库存股			
				其他综合收益	31	166 942 104.48	166 942 104.48
				专项储备			
				盈余公积	32	298 566 984.14	282 154 561.48
				一般风险准备			
				未分配利润	33	2 639 052 311.90	2 179 389 505.56
非流动资产合计		18 961 544 912.23	7 329 660 618.98	归属于母公司所有者权益合计		21 068 991 951.87	11 177 446 989.21
				少数股东权益		723 619 160.73	31 308 308.83
				所有者权益合计		21 792 611 112.60	11 208 755 298.04
资产总计		65 747 159 767.90	37 148 028 497.02	负债和所有者权益总计		85 747 159 767.90	37 148 028 497.02

资料来源：Wind 资讯。

（一）货币资金

很多人都不解为何公司有大量的货币资金，还要去借款。能回答这个问题基本上就能了解货币资金的数额和公司能动用的现金是两回事，货币资金也不一定完全是优质资产。①货币资金可能受限，受限原因包括作为保证金或者用于购买银行存单等，这可以在受限资产中找到。②货币资金可能有指定用途。比如政府专项债或者项目贷款提前下放，但是公司暂时还没有用出去。③年报、季报等关键时点的报表数字会比日均更大，通常日均货币资金不会有关键时点那么多。这是所有公司普遍存在的现象，不仅仅是城投公司。④并表子公司为上市公司，货币资金虽然合并，但不可动用。在城投公司并表子公司为上市公司或者运营相对独立的公司时，形式上并表，但如果财务独立，则不能动用子公司相关资产。不光是货币资金不能动用，上市公司的任何资产都不能动用。

（二）应收账款

应收账款属于城投公司资产负债表中比较重要的科目，需要仔细查看应收账款的对手方以及应收账款回收难度。城投公司应收账款的来源一般有：①一级土地开发等传统城投业务带来的对政府部门的应收账款。由于城投公司的主要职责包括一级土地开发、基础设施建设、城市运营等，所以城投公司的应收账款大部分是对政府部门的应收账款。如表3-11所示，对盐城市住房和城乡建设局的应收账款来自保障房建设，对盐城市土地储备中心的应收账款来自土地整理业务等。对政府部门的应收账款是比较优质的资产。②贸易等市场化业务带来的对贸易对手方的应收账款。对于这些应收账款，需要评估对手方的信用状况，判断其是不是优质资产。③由于业务和其他项目形成的应收账款。

表 3-11 城投公司应收账款明细

单位名称	期末余额	账龄	内容	占应收账款期末余额的比例（%）
盐城市住房和城乡建设局	5 617 379 079.06	1 年以内 1 082 875 741.46； 1～2 年 757 807 806.39； 2～3 年 383 713 313.03； 3～5 年 1 317 621 145.84； 5 年以上 2 075 361 072.34	回购款	61.71
盐城市土地储备中心	1 842 357 878.90	1 年以内 1 039 445 094.36； 1～2 年 802 912 784.54	回购款	20.24
盐城市财政局	1 532 210 361.94	2～3 年 602 405 833.56； 3～4 年 929 804 528.38	回购款	16.83
盐城市城南新区黄海街道办事处北港村民委员会	19 230 000.00	5 年以上	房款	0.21
郑新发	7 234 269.39	4～5 年	房款	0.08
合计	9 018 411 589.29			99.07

资料来源：Wind 资讯。

（三）预付款项

城投公司预付款项的来源一般有：①预付建筑工程款。城投公司委托项目公司进行项目建设，或者将项目分包给建筑公司，有时候需要预付建筑工程款，从而形成预付款。②买地款。城投公司通过招拍挂买入土地，预付买地款。③购买其他资产的预付款。除了常见的预付买地款和建筑工程款外，城投公司有时候会购买股权、商铺等资产，事先预付部分款项，形成预付款。如果预付款金额较大，应当评估预付款所购买资产的质量，评估是否存在由于购买纠纷导致的入账困难等问题。

（四）其他应收款

其他应收款属于城投公司资产负债表中的重要项目，也是城投公司比较有特色的项目。城投公司其他应收款的来源一般有：①一级土地开发等传统业务带来的对政府的应收款，表3-12中对土地储备中心、住房和城乡建设局的应收款，一般被认定为优质资产。②对区域内其他城投公司或者关联公司的借款，如表3-12中对某旅游公司约2.95亿元的应收款。这些借款一般都是借给融资能力相对弱的兄弟公司，不会被认定为优质资产。

（五）存货

如表3-13所示，城投公司的存货主要是开发成本和开发产品。其中开发成本的来源一般有：①土地整理成本。土地整理成本就是把"生地"变成"熟地"过程中花费的资金。实践中，也有很多城投公司把通过招拍挂购买的土地放在这个会计科目里。②道路、桥梁、绿化、水利工程等城市基础设施建设成本。③体育馆、学校、产业园区等项目建设成本。读者可能会疑惑，以上项目有些不应该放入在建工程或固定资产吗？这就是理论和实践的不同，出于计提折旧、增加流动性资产等考虑，实践中城投公司的存货项目往往包罗万象，而之所以这么处理，是因为城投公司和政府部门有着不同于一般企业会计准则的合同约定方式和资产处理方式。

开发产品的来源一般是要出售的建筑物，包括开发的商业地产项目、安置房项目等。由于城投公司旗下有专营房地产的子公司，开发产品的内涵和处理方式和房地产公司一致。实践中，我们会查看开发产品中的每个具体项目，评估可能存在去化困难的项目，并将其作为未来可能发生减值的坏账处理。

很多城投公司的绝大部分资产都是存货，也就是说城投公司的主要资产是土地整理成本、基础设施建设成本以及项目建设成本。这也就意味着城投公司的存货流动性较低。城投公司的存货能不能划分为优质资产取决于城投公司与政府的协议安排，能被政府回购的部分都属于优质资产；政府不负有回购义务的自营项目，则需要根据具体项目的价值来进行评估。已经招拍挂的土地，可以通过对比拿地成本和当下相同区域的房价，评估资产的价值。

期末余额前五名的其他应收款情况

表 3-12 城投公司其他应收款明细

单位名称	期末余额	账龄	内容	占其他应收款期末余额的比例（%）
盐城市土地储备中心	2 779 389 589.94	1年以内 43 253 527.66；1～2年 1 418 462 723.20；2～3年 1 287 600 862.94；4～5年 21 072 476.14；5年以上 9 000 000.00	往来款	49.53
盐城市住房和城乡建设局	916 869 589.61	1～2年 416 974 204.07；2～3年 269 924 390.54；3～4年 109 970 996.00；5年以上 120 000 000.00	往来款	16.34
上海仁澜实业有限公司	305 461 400.00	1年以内	股权转让款	5.44
盐城市亭湖旅游资产投资经营有限公司	295 275 903.44	1年以内	往来款	5.26
盐城东南工业园区实业开发有限公司	186 000 000.00	5年以上	往来款	3.31
合计	4 482 996 482.99			79.88

资料来源：Wind 资讯。

表 3-13 城投公司存货明细

项目	期末余额			期初余额		
	账面余额	跌价准备	账面价值	账面余额	跌价准备	账面价值
开发成本	19 747 436 192.29		19 747 436 192.29	9 500 642 602.25		9 500 642 602.25
开发产品	846 169 782.63		846 169 782.63	193 161 588.11		193 161 588.11
原材料	42 565 133.22	16 249.76	42 546 883.46	2 049 717.76		2 049 717.76
低值易耗品	425 765.21		425 765.21	1 201 330.05		1 201 330.05
库存商品	3 476 636.43		3 476 636.43	1 579 543.06		1 579 543.06
合计	20 640 073 509.78	18 249.76	20 640 055 260.02	9 698 634 781.23		9 698 634 781.23

资料来源：Wind 资讯。

（六）可供出售金融资产和长期股权投资

可供出售金融资产和长期股权投资都属于城投公司对外投资的科目，来源一般有：①相同区域内其他城投公司的股权，这些资产价值评估和变现都比较困难，因此不会被认定为优质资产。②银行、高速公路、铁路的股权：金融牌照具有稀缺性，被认定为优质资产；高速公路资产能产生现金流，一般被认为是优质资产，但最近几年我们发现，道路网络的不断完善、高速公路的增多分散了车流，由于车流的分散，实际能实现盈利的高速公路并不多；铁路资产也是一样的情况，除了京沪、京广等繁忙的路线，绝大多数铁路线并不盈利，城投公司也大多是作为地方政府的出资方持有少量股权，只能说这部分股权公益性很强，对于地方政府而言很重要，但城投公司能拿到实际分红的铁路线确实比较少。③投资的产业基金、民企股权，这部分投资大多为支持所在地产业的发展，不确定性较大，很难评估其价值，因此也不会被认定为优质资产。④持有的上市公司股权，上市公司股权变现价值较高，一般认为上市公司股权是优质资产。

（七）投资性房地产和固定资产

投资性房地产和固定资产的来源一般有：①土地和房屋建筑物，我们需要评估土地和房屋建筑物的入账价值，有些城投公司采用成本法估计且不做调整，有些土地和房屋建筑物由于入账时间比较久，实际价值相对多年前的入账价值有较大的浮盈，土地和建筑物的浮盈应当被视为城投公司的优质资产，未来随时有可能评估入账的增量资产。与此同时，有些城投公司将土地和建筑物每年按评估市价入账，实践中这种计量方式往往会夸大土地和建筑物的实际价值，我们会根据土地和建筑物所在地周围的房价和地价来更正其实际价值。②机器设备、路政设施等基础设施类资产，这类资产价值难以评估，我们不认为这些资产是优质资产。

（八）在建工程

存货科目里一般都是基础设施建设相关的项目或工程，包括体育场馆、工业园区、停车场等。对于城投公司而言，在建工程资产是不是优质资产的判断标准和存货差不多，市场价值比较明确且政府有明确回购义务的都是优质资产。

（九）无形资产

城投公司的无形资产一般是土地使用权，少部分城投公司会有一些采矿权或者挖沙权、草场或林地使用权等。无形资产中的土地使用权为优质资产，对于采矿权或者挖沙权，可以通过具体了解矿产种类和现金流情况来评估其价值，比如景德镇某城投公司的紫砂矿采矿权就比较有价值，但其他城投公司的采矿权如果是开采难度比较大的铝矿，价值就一般。草场、林地、海域使用权的资产价值和其能产生的现金流匹配度比较低，一般不被认为是优质资产。

三、负债项目

了解负债项目其实是为了计算城投公司背负的有息债务规模，下面我们将通过盘点负债项目来计算。

（一）短期借款

短期借款是城投公司的短期有息债务，一般是银行的流动资金贷款。理论上，短期借款金额比较大则意味着城投公司短期的偿债压力较大。但在实践中，只要城投公司本身没有出现大的负面新闻，一般情况下，银行给城投公司的短期借款是可以滚动续借的，不用过于担心银行短期借款过多的问题。

（二）其他应付款

城投公司的其他应付款一般金额都比较大，城投公司的其他应付款大多是与地方政府各部门、区域内其他城投公司或者国企的往来款，也可以理解为企业相互之间的借款，不算有息债务。

（三）一年内到期的流动负债

一年内到期的流动负债是银行借款、债券融资或非标融资等融资一年之内到期的部分。但在实践中，也有城投公司将一年内到期的债券融资或非标融资放在其他非流动性负债里。所以，在计算城投公司的有息债务时，为了不遗漏任何一笔有息债务，应该查看每一个负债项目的明细。

（四）长期借款

一年以上的借款都是长期借款，一般来说长期借款都是银行贷款，但是也有企业把非标融资放在长期借款中，应该注意甄别。长期借款属于有息债务。

（五）应付债券

一年以上的债券都放在应付债券中。应付债券加上一年内到期的流动债券就是发行人所有债券融资渠道的借款总额。应付债券属于有息债务。

（六）长期应付款

城投公司长期应付款的来源一般有：①非标融资。非标融资属于有息债务，非标融资占有息债务比例越高，说明企业的融资环境越差，融资成本也越高。②地方政府债券或者政府补贴。很多企业获得的地方政府专项债、一般债或者专项补贴，都放在这个科目，这个金额占负债比例越高，说明政府支持力度越大。有些城投公司的长期应付款可以占到负债总金额的30%。地方政府债券由于可以滚续发行，因此不应当算作城投公司的有息债务。③其他国企的转贷。一些类似棚改等公益性比较强的贷款，省里或市里会有一个企业整体承接国开行等政策性银行的贷款，然后再把这些贷款转贷给实际执行项目的城投公司，从而形成长期应付款。这部分有息债务一般期限长、利率低，属于城投公司比较优质的有息债务。

将所有科目的有息债务加到一起就能得到城投公司有息债务的总规模，然后我们大致比对有效资产的规模和有息债务的规模。有效资产除以有息债务可以得到一个比例，以 100% 为临界点，这个比例小于 100% 意味着在破产清算模式下，城投公司发行的债券会打折得比较厉害；这个比例远大于 100%，则意味着即使城投公司破产了，债券本息仍有可能得到足额偿还。

第四节　用量化工具一眼看懂城投债

仅仅将传统的财务分析指标作为量化指标，对于分析城投公司来说，显然意义是不大的。量化工具的好处是可以让人直观地了解不同发行人之间的区别，但在实践中把量化工具作为衡量信用风险的唯一工具，明显也是不明智的。初学者可以通过量化工具提升自己的能力，而很多资深信用评估分析师，对于框架和数据都已经了然于心，量化工具只是一个辅助工具而已。

表 3-14 的量化模型尽量纳入了本章第二节提到的城投债信用分析框架。首先，量化指标大类按照第二节的城投债信用分析框架分为大环境、地方政府、城投公司，大类分值合计为 100 分。其次，在每个指标大类下挑出关键的打分指标并赋予分值，这些打分指标的内涵和用意在本章第二节中均有详细说明，所有打分指标的分值合计为 100 分。最后，根据每个城投公司的情况，填写得分比率。得分比率的计算比较复杂，下面将详细讲解得分比率的计算。

表 3-14　城投公司量化模型

指标大类	大类分值	打分指标	总分值	得分比率	得分 （＝总分值 × 得分比率）
大环境	25	省债务率	10		
		债务管理水平	7		
		历史违约	8		

（续）

指标大类	大类分值	打分指标	总分值	得分比率	得分（=总分值 × 得分比率）
地方政府	35	GDP	5		
		一般公共预算收入	5		
		未来税收增长潜力	5		
		政府性基金收入增速	5		
		未来房价走势	5		
		所在城市债务率	10		
城投公司	40	城投公司地位	5		
		近三年平均现金流入/利息支出	5		
		有效资产/有息债务	10		
		是否在城投公司名单内	10		
		隐性债务/有息债务	5		
		未来三年有息债务增速	5		
最终得分					

一、"大环境"指标打分原则

大环境包括省债务率、债务管理水平、历史违约三个指标。

（一）省债务率

在对城投公司的分析中，业内把债务率看作一个很重要的指标，这在逻辑上是合理的，因为债务率越高债务负担越重。但实践中却出现了一个"能者多劳"的悖论。所谓"能者多劳"是指，有些地区由于经济有活力，融资需求比较多，银行也更愿意支持这些经济有活力、融资需求更多的地区，因此整个地区的债务率都比较高。典型的例子就是江苏，江苏的债务率大于700%，对照表3-15，可以得出所在省债务率大于700%的城投公司得分比率为0%。因此，江苏的城投公司在这个打分指标上的得分为0分。

表 3-15　"省债务率"指标得分比率

省债务率	得分比率
>700%	0%
［500%，700%］	50%
<500%	100%

（二）债务管理水平

"永煤事件"让市场得到的最大教训就是在做信用风险评估时一定要考虑政府管理存量债务的意愿和水平。债务管理水平是一个偏定性的指标，本章第一节、第二节中列举了债务管理做得好和做得差的省份，判断债务管理做得好还是差会有一些标准。一般来说，债务管理做得比较好的省份的举措包括：①对城投公司的债务有严格的报备和管理体系；②设立省级偿债基金，为城投公司提供流动性支持。③省级领导对城投公司的债务很重视，会对债务管理表态或帮助企业做一定的金融资源协调。

债务管理水平比较高的省份的得分比率可以达到100%，债务管理水平这个指标的得分可以为7分。债务管理水平较低的省份的得分比率是0%，在债务管理水平这个打分指标上的得分为0分。

（三）历史违约

有些省份的城投公司或者国企有历史违约案例，我们可以复盘并跟踪。如果某个省份在历史上有城投公司违约，但违约是技术性、临时性的，很快就进行了清偿，得分比率可以达到50%；有些省份的城投公司违约了，政府花了一定时间协调，违约事件最终解决，债务清偿完毕，得分比率可以达到25%；有些省份有至今还没解决的城投公司违约，或者有较多城投公司违约，得分比率为0%。城投公司没有出现过违约的省份，得分比率为100%。值得注意的是，这里说的违约是指广义上的违约，包括私募债强制展期、信托等非标途径的违约等所有偿还不上款项的行为，不仅仅指公开市场债券违约。

研究员可以根据各个省份非标违约案例的处理过程和结果，进一步了解省级政府对城投债务违约的处理路径是否通畅，处理效率是否高效。

二、"地方政府"指标打分原则

（一）GDP

GDP 指标得分比率＝城投公司所在城市 GDP/1 万亿元。如果城投公司所在城市的 GDP 超过 1 万亿元，则得分比率为 100%。例如，2023 年江苏苏州（24 653 亿元）、南京（17 421 亿元）、无锡（15 456 亿元）三个城市的 GDP 都超过了 1 万亿元，得分比率都为 100%。扬州 2023 年 GDP 为 7423 亿元，得分比率为 74.23%，GDP 指标得分为 3.71（≈5×74.23%）分。

（二）一般公共预算收入

一般公共预算收入指标得分比率＝一般公共预算收入 /1000 亿元，如果城投公司所在城市的一般公共预算收入超过 1000 亿元，则得分比率为 100%。如浙江省 2023 年杭州（2617 亿元）、宁波（1786 亿）两个市的一般公共预算收入都超过了 1000 亿元，则得分比率都为 100%，一般公共预算收入指标得分为满分 5 分。温州市 2023 年一般公共预算收入为 623 亿元，则得分比率为 62.3%，一般公共预算收入指标得分为 3.12（≈5×62.3%）分。

（三）未来税收增长潜力

综合评估所在城市产业情况，可以预估所在城市的未来税收增长潜力。若未来三年年化税收增速超过 20%，则得分比率为 100%，指标得分为满分；若未来三年年化税收增速大概在 10%～20%，则得分比率为 50%；若未来三年年化税收增速在 10% 以下，则得分比率为 25%；若未来三年年化税收增速维持在现有水平或者下降，则得分比率为 0%。

（四）政府性基金收入增速

如果最近一年的政府性基金收入增速是负值，则得分比率为 0%；增速在

0%～20%，则得分比率为 50%；增速在 20% 以上，则得分比率为 100%。

（五）未来房价走势

通过询问当地人、与大型房企或当地房企交流，可以评估当地未来房价走势。若房价上涨潜力较大，则得分比率为 100%；若房价基本保持平稳，则得分比率为 50%；若房价下跌压力较大，则得分比率为 0%。例如，市场普遍认为一二线城市房价更稳定，而三四线城市则不然。从区域来说，市场普遍认为大湾区、苏浙沪等经济发达地区的房价更有上涨潜力。此项指标主观性较强，但通过调研了解当地经济情况、房地产市场实际库存和供需情况，可以大致做出判断。

（六）所在城市债务率

债务率的计算方式见本章第二节。所在城市债务率计算结果参照表 3-16 的得分比率。

表 3-16 "所在城市债务率"指标得分比率

市债务率	得分比率
>700%	0%
（500%，700%］	25%
［300%，500%］	50%
<300%	100%

三、"城投公司"指标打分原则

（一）城投公司地位

衡量城投公司的地位除了考虑本章第二节描述的业务外，还应该评估所在城市城投公司的数量。业务实践中，一个城市可能分为很多片区（老城区、新城区、经开区、高新区等），每个片区有一个城投公司负责该片区的基础设施建设，不同片区的城投公司之间没有从属关系。如果这样的城投公司超过三个，则得分比率为 0%；有三个，则得分比率为 33%；有两个，则得分比率为 50%；如果该城投公司是当地最大且唯一的，则得分比率为 100%。

（二）近三年平均现金流入/利息支出

近三年平均现金流入/利息支出中的现金流入是指从各种渠道获得的净现金流入，包括隐性债务偿还、政府资本金注入、政府业务收入、政府补助、非政府业务净现金流入。由于城投公司的特殊性，这一指标中的现金流入与现金流量表里的经营现金流并不相同，需要注意区分。对于城投公司而言，应当特别关注每年来自政府的净现金流入是否能够覆盖利息支出。如果每年来自政府的净现金流不足以覆盖城投公司有息负债的利息支出，意味着这家城投公司连付息都要靠债务滚续，这类公司也叫陷入"深度庞氏骗局"的公司，抛开城投公司的特殊性而言，任何陷入"深度庞氏骗局"的公司都值得警惕。得分比率=指标值−1，这一指标值小于1，则得分比率为0%；指标值大于2，则得分比率为100%。

（三）有效资产/有息债务

有效资产根据本章第三节会计科目中的公式计算。这项指标被赋予的分值比较高，主要原因是这项指标通过城投公司资产负债表中有效资产和有息债务的情况，模拟了城投公司在破产状况下的实际偿还能力。这个计算过程还能帮助债券投资者识别在债务不断到期的过程中，有效资产能覆盖多久的债务。这个方法是高收益债研究中最常用和最有效的分析方法。

这一得分比率=有效资产/有息债务，若有效资产/有息债务大于1，则得分比率为100%。如某城投公司有效资产/有息债务=60%，则这家城投公司有效资产/有息债务得分比率为60%。

（四）是否在城投公司名单内

2023年开始进行第三轮化债之后，名单内的城投公司虽然不能新增债券，但存量城投债券得到了一定期限内的保护承诺。因此，如果城投公司在监管规定的城投公司名单内，那么在规定范围和规定期限内的城投公司债券，还是有一定的偿还保证的。

（五）隐性债务/有息债务

隐性债务是指现在时点上未化解的隐性债务余额。城投债务按照属性不同，也可以分为隐性债务、公益性债务、市场化经营债务。从各轮化债来看，政府对于城投公司的隐性债务违约的容忍度最低，其次是公益性债务，再次是市场化经营债务，因此，隐性债务占比越高，说明政府对于城投公司的偿还负担越重。

隐性债务/有息债务得分比率＝隐性债务余额/有息债务。隐性债务余额可以通过询问城投公司工作人员获得，有些区域城投公司的隐性债务余额是保密数据，但占总负债的大致比例是可以获得的。值得注意的是，有些城市的隐性债务用银行贷款、债券等融资方式续期后，就算化解了，而有些城市则不算。在确认隐性债务余额时，最好全面了解当地的隐性债务化解政策，确保数据的准确性。除此之外，应当关注城投公司的市场化经营债务，市场化经营债务占比越高说明市场化转型越快，存在经营性债务出现问题后政府处理效率和结果低于预期的风险。

（六）未来三年债务增加规模/有息债务

了解城投公司未来投资计划，可以大致计算其未来三年债务增加规模。如果未来城投公司债务规模增加过快，债务扩张过于明显，城投公司的债务压力就会明显增加。未来三年债务增加规模/有息债务得分比率=1- 指标值 ×2，指标值超过 50%，则得分比率为 0%。例如，某家城投公司有息债务为 200 亿元，未来三年债务增加规模为 50 亿元，则该城投公司得分比率为 50%（=1-50/200 ×2）；如果这家城投公司未来三年投资增加，计划未来三年债务规模增加 100 亿元，则这家公司的得分比率为 0%（=1-100/200 ×2）。

四、打分结果

计算完所有的得分比率后，加总各项指标得分可得到最终得分。城投公司量化模型最终得分用来做相对比较效果更好。由于每家机构都有自己的风险偏好，不同债券投资机构的风险偏好不同，对得分的要求就会不一样。当然，机构也可以根据自身对城投公司某个方面的关注程度调整各个指标的总分值。

市场上有几千家城投公司，本书限于篇幅仅列举部分样本，选择了2023年GDP为5000亿元左右的城市的主城投作为打分样本，试图说明看上去经济体量相差不大的城市的主城投，由于信用风险不同，市场对其打分和定价是不一样的。从打分结果可以看到（见表3-17），相同体量的城市主城投打分结果相差较大。可以将得分结果和该主体债券市场的融资成本做对比，一方面可以感受市场定价的原理，表内打分结果和债券市场融资成本排序基本一致；另一方面，对于打分结果和融资成本排序不一致的，可以查看导致分数差异的原因。有些主体分数较低是因为其债务率较高且未来的债务增速依然可观；有些主体分数较高主要是由于其隐性债务占比比较高，且关注度较高，每年收到的债务还本付息的资金由地方政府统一安排，实际上安全性较高。投资者可以根据自己的风险偏好定价，并从中找到被高估或者错查的主体。

表 3-17　样本城市主城投打分结果

城市	2023年GDP（亿元）	总得分	大环境	地方政府	城投企业
淄博市	4562	44.76	14.00	9.26	21.50
南阳市	4572	38.73	7.00	13.73	18.00
遵义市	4602	28.93	0.00	6.43	22.50
赣州市	4606	53.65	20.00	9.40	24.25

（续）

城市	2023 年 GDP（亿元）	总得分	大环境	地方政府	城投企业
芜湖市	4741	57.69	20.00	15.44	22.25
岳阳市	4842	30.92	9.00	3.42	18.50
淮安市	5015	42.09	15.00	5.09	22.00
贵阳市	5155	25.81	0.00	4.81	21.00
镇江市	5264	48.99	15.00	6.74	27.25
南宁市	5469	37.74	9.00	8.24	20.50
洛阳市	5482	39.26	7.00	14.76	17.50

| 第四章 |

地产债投资：剩者为王

第一节　房地产企业的故事和信用特征

一、房地产市场的发展阶段

我国房地产市场发展至今一共经历三个阶段，1998～2008 年称为房地产市场的黄金时代，2009～2019 年称为房地产市场的白银时代，2020 年至今称为房地产市场的青铜时代（见图 4-1）。

1998 年，面对亚洲金融风暴的冲击，为扩大内需，《国务院关于进一步深化城镇住房制度改革加快住房建设的通知》（国发〔1998〕23 号）正式印发，开启了房地产市场的黄金时代。房改的主要目的是刺激住房消费需求，使房地产成为国民经济的支柱产业，对冲亚洲金融风暴带来的出口损失，从而开启了近十年房地产市场的黄金时代。如图 4-1 所示，在房地产市场的黄金十年，房地产市场快速发展，平均投资增速高达 27.5%，成为国民经济发展的重要引擎。

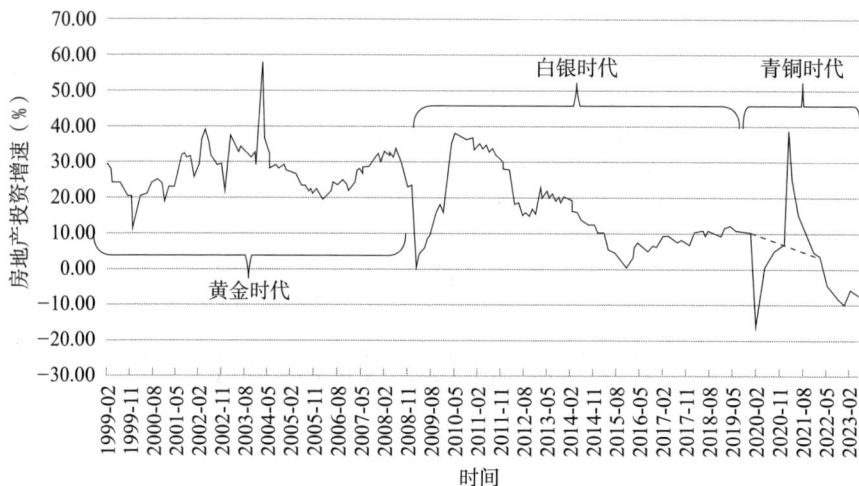

图4-1　房地产市场的发展阶段

资料来源：Wind 资讯，本书作者整理。

2008 年国际金融危机爆发，为应对经济下滑，国家推出"四万亿"经济刺激计划。金融危机导致房地产投资和销售价格跳水，"四万亿"经济刺激计划随即取消了对商业银行信贷规模的限制，多地也出台了对房地产的救市计划，房地产市场迅速恢复。由此，房地产市场开启了近十年的白银时代。从图 4-1 可以看出，白银时代房地产投资增速从 30% 一路下降到 10% 左右。房地产市场在经历了黄金时代接近 30% 的增速后，在白银时代增速慢慢降低，房地产投资回归理性。

从 2016 年起，在"房住不炒"的理念下，各地逐渐实行"一城一策"的地产调控模式。房地产市场从之前国家层面的"大开大合"整体调控变为因城施策的精准调控。2020 年 8 月，住房城乡建设部等监管部门以控制负债、防范风险为目标，制定了"三道红线"的地产调控政策（将在第四章第二节中详述）。以"三道红线"为起点，监管部门陆续出台了贷款集中度管理、一线城市新房摇号积分制等一系列控制房价快速上涨的调控政策，房地产市场进入青铜时代。在青铜时代，房地产市场下行，是房地产企业存量收缩、玩家博弈、剩者为王的时代。

二、房企游戏规则：以销售排名定江湖地位

从房地产销售金额的变化能清楚地看到行业竞争格局的变化。表 4-1 是三个时间点房地产企业的销售排名，选取的三个时间点分别是黄金时代结束后一年、白银时代结束后一年、青铜时代离现在最近的一年。值得注意的是，房地产销售数据由各大房企提供，但并没有经过公证机构或者会计师事务所审计和确认，所以可能存在一定水分，但这不影响我们通过销售排名大概了解房地产行业的市场格局。

经历黄金时代和白银时代，房企年销售额达到高峰，在青铜时代开始后快速下降。在房地产行业的黄金时代和白银时代，敢闯敢拼敢加杠杆的民企发展速度更快，规模增速惊人，因此我们看到 2020 年之前的房地产销售排行榜单上，各类民企争奇斗艳。2010～2020 年，有些房企新上榜（如融创中国、阳光城、旭辉集团、中南置地等），有些房企排名上升了（如碧桂园、新城控股等），也有些房企跌出了榜单（如万达集团、雅居乐、复地集团）。2020 年至今，大部分民营地产企业因资金链断裂（如融创中国、世茂集团），排名在榜单上快速掉落；部分央企和国企地产企业在行业不景气的背景下维持住了销售金额，排名大幅上升。从排名的变化中，能明显感受到不同类型的房企在时代变迁中起伏变化（见表 4-1）。

表 4-1 关键年份房地产企业销售 30 强 （单位：亿元）

2010 年			2020 年			2022 年		
排名	企业名称	成交金额	排名	企业名称	成交金额	排名	企业名称	成交金额
1	万科集团	1026	1	碧桂园	7888	1	碧桂园	4643.0
2	保利地产	660	2	中国恒大	7035	2	保利发展	4573.0
3	绿地集团	650	3	万科地产	7011	3	万科地产	4202.2
4	中海外	578	4	融创中国	5750	4	华润置地	3013.0
5	恒大地产	527	5	保利发展	5028	5	中海地产	2955.0
6	绿城中国	522	6	中海地产	3634	6	招商蛇口	2926.3

（续）

2010 年			2020 年			2022 年		
排名	企业名称	成交金额	排名	企业名称	成交金额	排名	企业名称	成交金额
7	万达集团	369	7	绿地控股	3567	7	金地集团	2218.0
8	龙湖集团	336	8	世茂集团	3003	8	绿城中国	2128.1
9	碧桂园	330	9	华润置地	2850	9	龙湖集团	2032.7
10	富力地产	321	10	招商蛇口	2780	10	建发房产	1703.2
11	雅居乐	295	11	龙湖集团	2706	11	融创中国	1692.1
12	中信地产	282	12	新城控股	2522	12	中国金茂	1550.0
13	金地集团	280	13	金地集团	2426	13	滨江集团	1539.3
14	世茂房地产	269	14	旭辉集团	2310	14	绿地控股	1400.5
15	华润置地	226	15	中国金茂	2237	15	中国铁建	1281.0
16	远洋地产	214	16	金科集团	2235	16	越秀地产	1260.0
17	复地集团	172	17	中南置地	2232	17	旭辉集团	1237.2
18	招商地产	143	18	阳光城	2180	18	华发股份	1202.4
19	新城控股	140	19	绿城中国	2146	19	新城控股	1165.3
20	星河湾	135	20	中梁控股	1688	20	远洋集团	1003.9
21	中国中铁	133	21	融信集团	1552	21	首开股份	869.2
22	金科实业	132	22	正荣集团	1530	22	世茂集团	865.2
23	首开股份	130	23	龙光集团	1497	23	卓越集团	742.7
24	世纪金源	126	24	富力地产	1497	24	美的置业	742.2
25	保利香港	123	25	佳兆业	1435	25	电建地产	685.1
26	金辉集团	118	26	雅居乐	1382	26	金科集团	671.1
27	华侨城	116	27	滨江集团	1364	27	仁恒置地	651.1
28	首创置业	115	28	荣盛发展	1358	28	中交房地产	649.5
29	合景泰富	113	29	奥园集团	1330	29	中南置地	640.2
30	金隅股份	110	30	祥生集团	1306	30	中梁控股	626.1

资料来源：克而瑞地产研究。

三、房企的类型与起伏变化

中国的商品房市场 1998 年开始迈出脚步，当时商品房市场已经比较成熟的香港成了内地房地产企业争相学习的对象，因此粤系房企成为中国房地产发展史上的第一批弄潮儿。随后，对市场经济具有敏锐洞察力的闽系房企跟随其后，搭上房地产行业快速发展的快车。粤系房企和闽系房企成为国内房地产市场先行者。直至 2020 年前后，违约风波后大量民企地产逐渐退出竞争序列，具有融资优势的央企和国企地产企业成为主力。

（一）粤系房企

房地产界有句老话："中国地产看华南，华南地产看粤系。"无论是从在 20 世纪就站稳脚跟的万科集团、中海地产、金地集团、招商蛇口，在房地产黄金十年中独占鳌头的"华南五虎"——恒大地产、碧桂园、富力地产、雅居乐、合生创展，还是在白银时代已经崭露头角的"新华南五虎"——龙光集团、美的置业、奥园集团、佳兆业、合景泰富，都可见一斑。2010 年销售排名前 20 名中有 10 名来自粤系，2020 年前 20 名中虽然只有 8 名来自粤系，但是前 3 名（碧桂园、万科集团、恒大地产）已经悉数归入粤系房企之手。

与和国企绑定发展的万科不同，中海地产带着为国家赚取外汇和学习先进经验的历史使命于 1979 年在香港诞生。作为我国房地产先行者的中海地产发展始于 20 世纪 80 年代，当时由于大量人口涌入，香港的楼市史无前例地腾飞，身处香港的中海地产抓住了机会，在香港房地产开发领域积累了经验和财富。1997 年香港回归，中海地产开始把发展重心转回内地，同时还带回了香港极致商业化的房地产开发理念。虽然万科集团和中海地产在差不多的时间进入房地产领域，但身处香港的中海地产比起万科集团，显然接受了更先进的管理和运营理念。当时的中海地产，不仅是粤系，更是全国房地产市场的引领者。虽然曾经的粤系引领者中海地产长期不在销售规模榜单的前三名，但中海地产净利润率一直处于第一梯队（见图 4-2），是房地产市场的优质经营标杆。

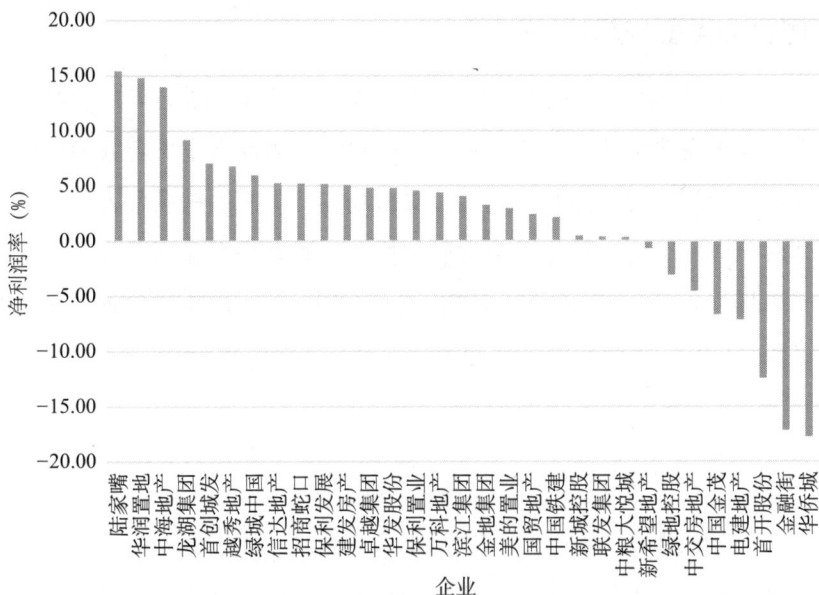

图4-2　存续房企净利润率（2023年）

资料来源：Wind 资讯，本书作者整理。

1984年，为更好地建立蛇口工业区，央企招商局在蛇口工业区建立蛇口工业区房地产公司，后改名为深圳招商房地产有限公司，就是市场熟知的招商地产。

1988年，在招商地产成立后的几年，福田区国资局下成立了一家叫深圳市上步区工业村建设服务公司的企业，这家企业在1993年正式运营房地产业务，这就是后来的金地集团。同样是1988年，深特发下属贸易部的饲料科科长王石，将自己的企业改名为万科集团，并筹备在深交所上市。自此，粤系房企的先行者万科集团、招商蛇口、金地集团、中海地产等整装待发，开启了属于它们的20世纪90年代。

进入20世纪90年代，"华南五虎"雅居乐（1992年）、碧桂园（1992年）、合生创展（1992年）、富力地产（1994年）、恒大地产（1995年）相继成立。"华南五虎"成立之初的民企身份，就注定了它们必须靠自己，才能在竞争激烈的市场获取一席之地。"华南五虎"与"国"字头房企拼杀十几年，合生创展在 2004 年销售金额率先突破百亿元，中海地产、万科集团、富力地产、金地集团也紧跟着杀入百亿元俱乐部。到了 2006 年，销售金额百亿元就是一道门槛，过了这道门槛才是头部房企。随后，粤系房企疯狂扩张，开始了销售金额几乎一年翻一倍的野蛮生长。

在经历 2008 年的亚洲金融危机和 2009 年的"四万亿"之后，在 2010 年的房地产销售排行榜上，冠军万科集团首次突破千亿元，成为千亿元俱乐部的唯一成员。"华南五虎"中四虎已经杀出重围，悉数出现在前 11 名的榜单上，而当年首个进入百亿元俱乐部的五虎之一合生创展却已经消失在榜单上。合生创展在之后的日子里不断换总裁，销售也在人事动荡中萎靡不振。随后，恒大地产和碧桂园以高杠杆、下沉三四线的策略在排行榜上继续向上前进。富力地产则在商业地产上走得越来越远、杠杆越来越高，现在只能靠卖项目还债。雅居乐在海南清水湾孤注一掷后，命运只能随着海南沉浮。雅居乐陷在清水湾项目后便停下加杠杆的脚步，也许正是这种"慢下来"，使得雅居乐成为"华南五虎"中唯一的幸存者。

（二）闽系房企

闽系房企分为南派和北派，南派以厦门为根据地，代表有世茂房地产（简称"世茂"）、旭辉集团（简称"旭辉"）、中骏集团（简称"中骏"）、禹洲集团（简称"禹洲"）、宝龙以及厦门国资旗下的建发地产（简称"建发"）和国贸地产（简称"国贸"）。北派以福建为根据地，代表有阳光城、泰禾集团（简称"泰禾"）、福晟集团（简称"福晟"）以及欧氏家族的正荣集团（简称"正荣"）和融信集团（简称"融信"）。闽系房企的北派债券已经全部出险，包括总部已经搬到上海的阳光城、正荣和融信。在闽系房企繁盛时期，世茂、旭辉、中骏、宝龙、禹洲先后将总部搬到上海，全国布局的雄心跃然纸上，上海的虹桥商务区曾经是众多闽系地产商上海总部的聚集地。曾经因为闽系地产企业聚集而热闹一时的虹桥商务区，也随着民企地产商的爆雷变得格外冷清。

　　无论是南派的世茂、旭辉、中骏，还是北派的阳光城、泰禾、正荣、融信，都成立于 20 世纪 80 年代末 90 年代初。1992 年林中在厦门创办了旭辉的前身"永升物业"，开始进入地产业。2000 年，当闽系老大哥世茂在上海陆家嘴推出著名的"世茂滨江花园"并一战成名时，林中也将"永升物业"从厦门搬到上海并将其改名为"旭辉"，自此，林中带领旭辉从福建走了出去，奠定了旭辉以上海为中心的全国化布局。然而，家底并不算厚的旭辉，为了快速进入一二线城市的房地产市场，选择了与其他房企合作开发这条路。于是，旭辉靠着合作项目快速做大了销售金额。2012 年香港敲钟上市时销售金额仅 106 亿元的旭辉，在 2020 年销售金额达到 2310 亿元，这八年平均年化增长率达到 47%。

　　2012 年之前的闽系地产商，除了老大哥世茂和旭辉，其他大多数业务重心还在福建省内。2012 年阳光城创始人林腾蛟将总部搬到上海，并很快挖来龙湖老将陈凯出任阳光城总裁。陈凯果然不负众望，只用了两年的时间就将阳光城的销售金额从 23 亿元提升至 220 亿元。2015 年陈凯离开后，林腾蛟先后重用万科张海民、碧桂园传奇"双斌"。阳光城在"双斌"⊖的带领下，2020 年销售金额已经突破 2000 亿元，牢牢锁定了销售榜单前二十名的位置。可见，阳光城的快速增长得益于林腾蛟对业界人才的重用。这也奠定了阳光城的企业文化，与其他民企地产创始人"一手包办"的模式不同，林腾蛟选择了充分信任和放权职业经理人。

　　2013 年开始了闽系地产商横扫全国的浪潮，闽系地产商所到之处无人敢抢地王，闽系地产商进而收获了"地王收割机"的称号。如图 4-3 所示，2012 年之前销售榜单上闽系地产除了世茂和旭辉，基本没有其他家；2013 年之后，闽系地产开始崛起，销售金额直线上升，开始频繁霸占各类销售排名榜单。

⊖　指的是朱荣斌和高斌这两位碧桂园高管。
⊜　指的是朱荣斌与吴建斌这两位阳光城高管，在离开碧桂园后，朱荣斌曾加入了阳光城。

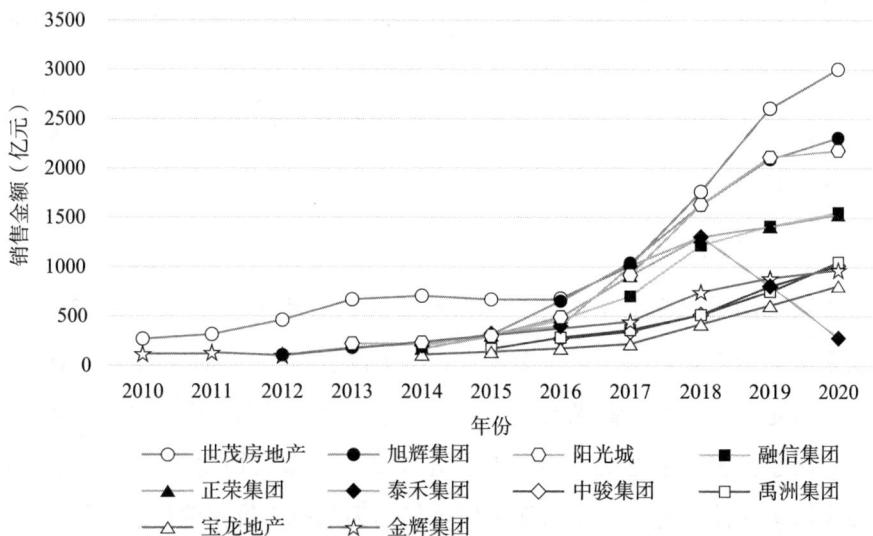

图4-3　闽系房企历年销售金额走势

资料来源：克而瑞，本书作者整理。

　　闽系地产的崛起，绝对少不了莆田的欧氏三兄弟，三兄弟中两兄弟的地产公司在短短几年时间里都突破了千亿元的销售金额，成功跻身地产销售前三十名。欧氏三兄弟中的大哥欧宗金，早在20世纪70年代就创立了欧氏投资集团。欧氏投资集团虽然没有上市，公开披露的资料比较少，但规模和利润都不可小觑。在大哥的帮衬下，老二欧宗荣的正荣集团、老三欧宗洪的融信集团在2020年双双突破千亿元销售金额。早年老二欧宗荣一直在江西做包工头，1993年因为炸掉了一座自己建造的有质量隐患的大桥，而在业界赢得美誉，1998年成立正荣集团后才开始涉猎房地产业务。融信成立时间更晚，2003年才成立，但让融信一战成名的是2016年以110亿元拍下上海静安的地王，这块地创下2016年之前中国土地成交史上最贵的土地的纪录，是2016年名副其实的地王。2014～2020年，融信、正荣的平均销售金额增长率分别为45%、44%，稳居闽系地产商前列。

　　从结果来看，2010年地产销售30强中闽系地产仅有一席，而2020年30强中有五席，2023年仅有曾经的老大哥世茂还在前30名的榜单上，但也陷入债务危机。闽系地产辉煌时，拍地力度让众多其他参与者汗颜，当时地产行业到处都是闽系地产商频频拿地王的新闻。大多数闽系民企地产商债券都已爆雷，从今以后，闽系地产的辉煌只能靠厦门国企三剑客——建发、国贸、象屿继续书写了。

（三）川渝系、浙江系、河北系

粤系和闽系房企对中国地产业影响颇深，除此之外，川渝系、浙江系、河北系房企均小有名望，只是影响力和体量没有粤系和闽系那么大。①川渝系代表为龙湖、金科、蓝光发展，老大哥龙湖成名已久，低调实在，且杠杆低，为房企楷模。后起之秀金科和蓝光发展主要布局川渝，一度发展迅猛，但如今均陷入债务危机。②浙江系房企代表为绿城、杭州滨江、中梁、祥生等。浙江系房企靠质量走江湖，绿城和杭州滨江已经成为品质保障的代表，中梁和祥生也曾是行业令人闻风丧胆的虎将，中梁号称小碧桂园，曾经也凭借"高周转"大杀四方，发家于浙江诸暨的祥生，让业内流传着"一部祥生史，半座诸暨城"的说法。祥生创立40多年，在市场上以风格激进著称。可惜随着中梁、祥生债券的纷纷爆雷，它们也逐渐退出历史舞台。③河北系房企代表华夏幸福和荣盛发展偏好产业园区发展模式，河北城投企业不多，部分原因正是产业园区的发展模式下房企把城投企业的事情做了。华夏幸福和荣盛发展作为河北系房企两员大将，随着大本营环京区域销售萎靡，债券均已经爆雷。

有多少民企在房地产市场称雄，就有多少民企倒下。现在，债券市场中债券还未爆雷的民企寥寥无几，记录曾经辉煌的民营地产企业也是想让读者感受属于那个时代的疯狂，曾经热闹的地产江湖如今已归于平静。俱往矣，数风流人物，还看央国企。

（四）央企系

2023年之后，房地产市场的格局基本形成：央企地产为排头兵，地方国企地产逐步崛起。

央企地产主要包括以下几类：

第一，传统"大厂"，包括地产业务做得比较强的央企，例如保利、中海、华润、招商蛇口，简称"招保中华"。央企中化旗下的中国金茂近年发展快速，是央企地产系的黑马。中国金茂主打中高端住宅市场，产品力和销售规模增速都不容小觑。

第二，建筑系央企地产。建筑系央企地产公司指铁建地产、电建地产、中铁置业等，此类地产公司的业务发展与其建筑类股东绑定比较紧密。近年建筑系房企快速发展，一方面的原因是背靠央企股东，通畅的融资渠道和较低的融资成本帮助企业进行产业延伸，并快速做大规模；另一方面的原因是下游地产业务利润率相比建筑公司更为丰厚。随着房企和城投公司的风险暴露和市场调整，作为乙方的建筑公司所承接的建筑工程项目数量大幅萎缩，在此背景下，建筑公司亟须进行业务策略的调整和转型，打造新的营收增长曲线。鉴于开发项目的利润收入相较于施工业务更为可观，建筑公司从乙方角色转向房地产开发商，通过自主拿地开发、直接建设的方式，有效解决了因房企风险暴露而带来的业务规模缩减问题。所以从 2022 年开始，我们看到新增货值榜单里大量出现各类建筑施工企业，这种现象只会越来越常见。

如果只看股东，中海的股东中国建筑集团也是建筑系央企。但中海与其他高度依赖股东的建筑系央企不同，20 世纪中海就在香港混得有声有色，中海更多的是靠自身的经营得到行业翘楚的地位，其他建筑系央企与中海还有比较大的差距。

第三，特色化运营央企。这类央企地产公司各有特色，例如中交系地产公司包括中交地产股份和绿城。2014 年中交集团作为白衣骑士收购处于困境中的绿城，和中交原有地产企业中交地产股份一起组建中交房地产集团，所以中交地产股份（000736.SZ）和绿城中国（3900.HK，注：绿城中国境内发债主体为"绿城房地产集团"）两家上市公司，和母公司中交房地产集团是三个不同的发债主体。再如，华侨城以旅游地产著称，正常年份的旅游类收入占收入的一半。

（五）地方国企系

地方国企地产公司中风头最猛的主要有三类：一是广东的越秀地产和华发股份；二是厦门的建发、联发、国贸、象屿；三是北京的首开、首创、金融街等。

位于广东的两家国企地产公司越秀地产和华发股份均起家于大湾区，靠着集团母公司的支持逐渐走向全国。越秀集团中除了越秀地产，还有租赁、银行等金融板块，板块之间互相助力，越秀地产在销售金额排行榜上快速攀升。华发股份是华发集团的地产板块，华发集团是珠海国资委的"首席大弟子"，承担了很多片区开发的责任，债券市场亲切地称呼华发集团为"珠海城投"。

在厦门以品质著称的建发，在国企地产的"当打之年"同样交出了耀眼的成绩，如表 4-2 所示。2020 年，建发的销售金额还排在 30 名之外，截至2023 年末，已经牢牢守住前十的位置。建发小弟联发、国贸和象屿也同样进步神速，厦门三子的发迹确实得益于地方国企的优势以及闽系地产敢打敢拼的精神。

表 4-2　地方国有房企销售排名变化

企业名字	2020 年	2021 年	2022 年	2023 年
越秀	58	31	15	16
华发	48	29	16	13
建发	34	18	10	8
联发	86	64	52	32
首开	83	43	27	30

资料来源：克而瑞，本书作者整理。

相比南方系的国企地产公司，北京国企地产公司在 2021 年发力之后，2022 年确实在增速和拿地方面更为保守。也许是环京地区甚至整个北方的销售表现低于预期让北京房企感受到了寒意，在看到南方系国企地产公司挺进北京大本营、高价拿地时，北京国企地产公司也表现得比较克制。

2018 年之后，民企地产公司频频爆雷，拿地缺位。地方国企地产公司承载着地方建设任务顺势崛起，填补民企的拿地缺位。后续，市场将会看到越来越多的地方国企地产公司，甚至城投公司登上地产行业舞台。

四、房地产企业各自的故事

房地产行业每个时代的开启和结束，都伴随着房地产企业的兴衰。每个时代结束后房企的市场排名变化，深刻地告诉着我们这个道理：在对的时间积极扩张业务，可以提升房企的市场地位；在错的时间积极扩张业务，则会被甩得粉身碎骨。当回过头来看表 4-1 的房地产企业销售榜单变化，这种感叹尤为真实地展现在我们眼前。

在房地产行业的起起伏伏中，有的房企在竞争中抓住机遇、崭露头角，也有房企战略失误，逐渐销声匿迹。要预测房企未来的发展，首先要了解它的过去，下面将介绍部分典型房企的发展历史。

债券投资人是风险厌恶者，更多想了解房企的弊端，并且实时监测这种弊端是否会进一步放大，进而影响房企的偿付能力。因此，本书在介绍这些优秀的房企时，对于好的地方可能会一笔带过，会用更大的篇幅去阐述市场对其的一些质疑和由此可能引发的信用风险，望读者能谅解这种"鸡蛋里挑骨头"的视角。

（一）"逆风翻盘"保利

央企中国保利集团有限公司（简称"保利"）的"保利"二字意为"保卫胜利"，有着央企的历史感和家国情怀。"保利"品牌的房地产板块有两家企业，即人称"大保利"的保利发展（600048.SH）和人称"小保利"的保利置业（0119.HK）。两家均为上市公司，保利发展在上海证券交易所上市，保利置业在香港证券交易所上市。由图 4-4 的股权结构图可以看出，港股上市公司保利置业（小保利）的母公司保利（香港）有 50% 的股权隶属于保利集团，有 50% 的股权隶属于 A 股上市公司保利发展（大保利）。这样的股权安排更多是为了符合监管规定，解决保利地产系业务的同业竞争问题，而实际上保利发展并没有和保利置业并表，且两者的运营相对独立，布局的城市也有重合。

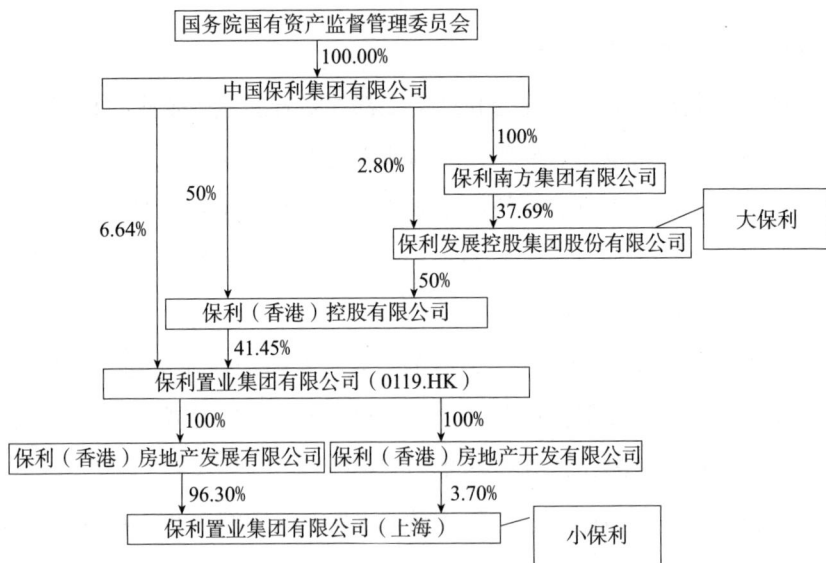

图4-4　保利发展和保利置业股权关系图

资料来源：Wind 资讯，本书作者整理。

保利发展的总部位于广州，并于 2006 年在上海证券交易所上市，2021年之前保利发展的目标一直是销售金额"重回前三"。可能保利发展自己都没想到，同样是 4000 亿元不到的权益销售金额，2020 年保利发展只能排在第五名，2023 年就能排第一名了。在行业下行周期里，稳健发展本身就是最大的利器。

保利置业总部位于上海，2022 年之前的保利置业的土地储备主要在西南区域，是销售金额排在 50 名开外的无名小卒。而在 2022 年之后，保利置业快速布局东南沿海一二线城市，2023 年销售金额已经稳居前 25 名。在房地产市场的持续出清下，保利置业销售规模进入前 20 名只是时间问题。

仅靠"大保利"一家公司，2023 年之后的保利集团已经坐稳"地产一哥"的位置。从保利集团的角度看，如果稳健的"大保利"和快速发展的"小保利"合并销售金额，保利系地产销售金额更是无人能敌。在房地产市场下行的"逆风"环境下，保利系地产无疑成了行业的"逆风翻盘"者。

（二）"行业标杆"万科

在房企经历了几年的出清之后，债券市场对于"混合所有制"房企有了更深刻的认识。所谓"混合所有制"房企是指第一大股东是国企，但实际运营和管理更多依靠房企自身，国企股东虽能提供一定的帮助，但不会不计代价帮忙偿还债务的房企。在债券市场的评价标准里，万科、金地、远洋、绿地都属于这个序列。这个序列的房企能不能活下去，能不能活得好，取决于自己的奋斗。作为行业标杆的万科是"混合所有制"房企中，腰杆子最硬的存在。

万科成立于1984年5月，是当之无愧的房企领军人、房地产行业的黄埔军校，万科凭借其领先的发展战略、先进的管理模式持续领跑行业三十年。万科主要布局一二线城市刚需盘，坚持将大众化的中小户型普通住宅作为主流产品。

万科以管理优良和财务稳健著称。管理方面，当市场上其他房企都还在行业的顺序扩张中野蛮生产时，万科就开始在管理上走专业化路线，一方面在建造方面制定标准化开发流程，另一方面在人才管理方面提供完整的方法论。万科建立的这些开发标准纷纷成为市场学习的标杆。

财务稳健也是万科的一大优势，在过去十年房企销售的排位赛中，不少房企通过不断加大杠杆、增加负债实现弯道超车。万科作为行业龙头，一直以比较稳健的财务方式保持自己的行业地位，实属不易。当然，也有人质疑万科因为财务上过于稳健，错过了2016年那一轮地产行业的发展，从而将销售冠军的位置拱手相让。在2021年开始的房地产企业洗牌中，财务稳健的万科是"混合所有制"房企中最后遭到市场抛售的。在债券市场对房企最悲观的2022年第四季度，万科的信用利差依然保持稳定（见图4-5），当时，同样是"混合所有制"房企的远洋和金地，债券市场的定价基本达到垃圾债的水平。

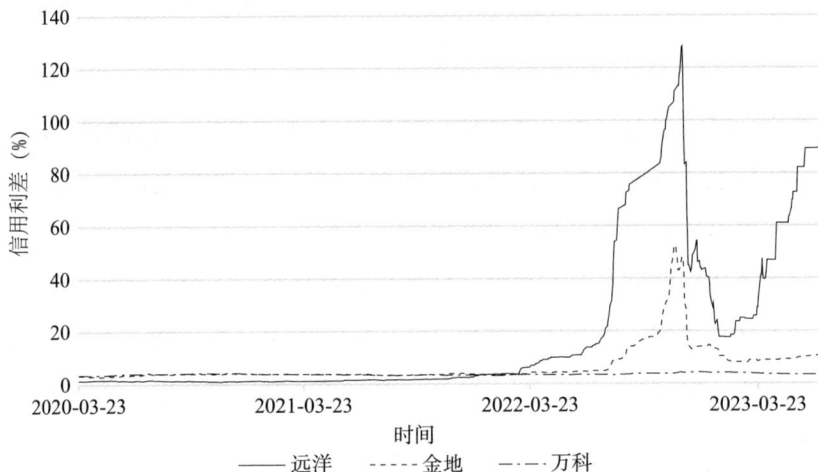

图4-5   "混合所有制"房企信用利差变化

资料来源：Wind 资讯，本书作者整理。

2023 年下半年，随着房地产市场销售的继续萎缩，从 2023 年底开始，万科债券不断遭到债券市场出库和卖出，即使万科大股东深圳地铁站台，依然不能打消投资者的顾虑。2024 年 3 月，彭博社报道"万科向大型保险公司提出债务展期"等新闻，穆迪、惠誉等国际评级机构下调万科评级。随着负面消息的传出，万科的债券收益率不断走高，债券市场对于万科是否会违约以及政府对万科的救助态度展开了激烈的讨论。随后，传出监管开会讨论万科风险处置问题的消息，最终在 2024 年 5 月，万科的银团贷款落地后，万科的收益率才开始下行，但收益率依然维持在 15%～20%（见图 4-6）。这个收益率区间隐含着债券投资者认为银团贷款可以缓和万科暂时的债务滚续问题，但长期的问题还没有解决。相对于万科大股东深圳地铁的融资成本依然在 2%～3% 的正常区间，债券市场对于股东方对万科的救助程度持谨慎态度。因为万科整体债务体量较大，作为国企的深圳地铁不大可能选择投入全力去救助万科，即使这样做也不一定能完全把万科拖上岸，反而一定会影响自身的融资能力。两者之间的收益率差异说明了债券市场对于"股东站台"这件事的判断。在行业的下行趋势下，万科依然会承受比较大的市场压力，但债券从业人员内心都不希望曾经的"行业标杆"万科消失于债券市场。

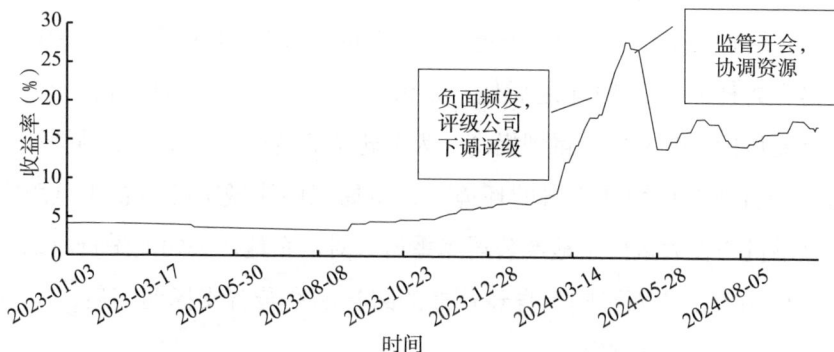

图4-6　万科债券收益率（中债估值）变化

资料来源：Wind资讯，本书作者整理。

（三）"农村包围城市"的碧桂园

出身于顺德的房企碧桂园，在老板杨国强的带领下，从1992年开发第一个楼盘开始，用了不到30年的时间，做成了行业老大。这背后成功的关键主要有三点：①用"成就共享"计划激发员工的主观能动性；②有一整套配合"高周转"的管理体系，提升效率、降低成本；③在三四线城市发展战略上抓住行业发展机遇，实现"农村包围城市"的大增长。

以上三点可以用更通俗易懂的话表达。第一点，碧桂园在2012年开始实行"成就共享"计划，计划的核心是碧桂园的员工可以入股单个地产项目，项目做得好，员工就可以分享项目的利润。碧桂园通过这一员工激励计划极大地提升了员工的积极性。第二点，碧桂园是行业有名的"高周转"房企，碧桂园从拿地到拿到预售许可证并开盘，平均只需要六个月，其他房企可能需要一年甚至更长时间。"高周转"使得碧桂园的投资能尽快回款，减少资金占用和利息成本。第三点，在很多房企不愿意到三四城市甚至更小的城市拿地盖房子的时候，碧桂园挺进这些城市，用低成本做大规模，实现规模的大幅增长，2017～2022 年在销售排名榜单上持续登顶。

2021 年下半年恒大债券实质违约之后，同样是民企且深耕三四线城市的碧桂园债券也遭到抛售。明显感觉到债务压力的碧桂园，当时的首要目的是活下去，战略收缩在所难免。销售"一哥"的位置在 2023 年被拱手相让。幸运的是，碧桂园在 2019 年之后便开始做债务管理，不以销售增速为企业发展的首要目标，财务质量得到提高，为本轮债务危机提供了一定的缓冲。但在房地产行业销售增速下滑的环境下，布局三四线城市的房企明显压力更大。金融机构在大量民企地产公司爆雷后，对民企地产公司的融资收缩也持续为碧桂园带来负面影响。身经百战的碧桂园在苦苦支撑两年后，于 2023 年 8 月宣布进行债务重组。

（四）"草根直男"恒大

恒大由许家印于 1996 年在广州创立，在广州通过"金碧花园"的几期项目打响招牌，而后项目扩展到全国。虽然恒大债券在 2021 年底已经爆雷，恒大也已经走上漫长的债务重组道路，但这些都不妨碍这位曾经的房企老大（恒大 2016 年房企销售金额排名第一）给资本市场留下深刻的印记。

恒大给市场留下的印象主要有三个：一是布局下沉，恒大的楼盘布局主要在三四线城市，以郊区大盘为主，因此，在三四线房价不及预期时，恒大会面临更大的去化压力。二是高杠杆，资本市场都知道恒大融资可以用"凶猛"两个字形容，这种"凶猛"体现在融资需求很大，融资方式花样繁多，可以承受较高的融资成本。三是头条多，恒大总是给资本市场很多意料之外的故事和新闻。

当高杠杆运作遇到"三条红线"和三四线地产销售不振，恒大资金链愈加紧张。2020 年 8 月，恒大请求广东省政府支持重大资产重组，在《恒大集团有限公司关于恳请支持重大资产重组项目的情况报告》中称恒大集团恳请广东省人民政府支持重大资产重组，若重组未能完成，可能引发一系列系统性风险。2021年上半年，恒大陆续公告卖出广汇集团、嘉凯城、恒大文化等资产回笼资金，以求解决资金链紧张问题。随后分别在2021年6月和8月，恒大供应商三棵树和金螳螂公告恒大票据逾期未还。2021年8月19日，中国人民银行、银保监会约谈恒大集团高管。2021年8月20日凌晨，恒大发布声明称"将以最大决心、最大力度保持公司经营稳定，化解债务风险，维护房地产市场和金融稳定"。2021年9月中旬，恒大财富理财爆雷（见图4-7），随后恒大公告三种兑付方案供投资者选择：现金分期兑付、实物资产兑付、冲抵购房尾款兑付。恒大理财持有者损失已成定局。2021年9月23日，恒大一笔当日到期的美元债未能按时付息，至此恒大债券正式违约，恒大走上债务重组的道路。

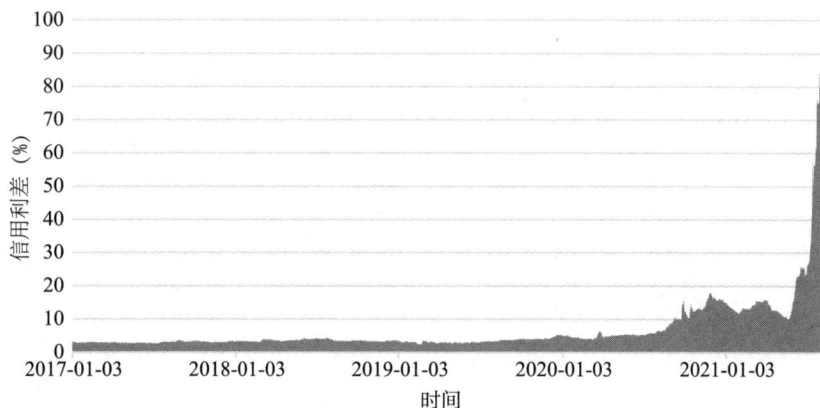

图4-7 恒大集团债券信用利差走势

资料来源：Wind资讯，本书作者整理。

（五）"厦门一哥"：建发

要问房地产市场新时代谁最亮眼，国企地产哪家崛起最快，厦门"三子"是绕不开的话题。特别是老大哥建发，只用了几年时间，就从销售金额排名30名之外的地方国企，快速升级为前10名的全国性房企。2020年，我去建发调研时，建发更多的还是在谈论厦门岛内开发的房子能卖多贵，此时的建发还是偏安一隅的地方国企。2023年，我去调研北京系房企时，从建发北上能抢占北京房企的大本营这个事实，我真切地感受到，建发不再是从前那个建发。

如图4-8所示，上市公司建发股份（600153.SH）旗下一共两家地产公司，建发房产（本书中的"建发"均指"建发房产"这一主体）和联发集团，两者均为债券发债主体。建发房产的母公司建发集团对于厦门有着特殊的意义，建发集团成立之初是厦门经济特区对外引进资金、技术、设备的唯一行政性公司，建发集团的历史基本代表了厦门改革开放的历史。建发集团旗下业务除了地产，还有供应链（贸易物流）和旅游等板块，强大的股东背景给地产板块以强大的股东支持。

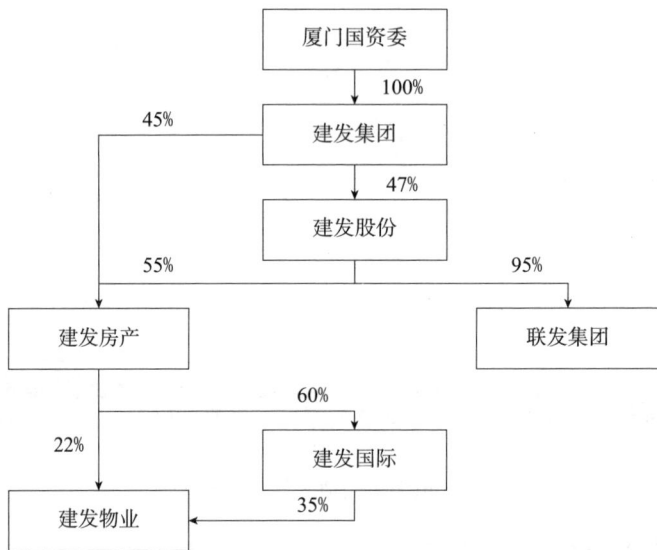

图4-8　建发系地产股权结构

资料来源：Wind资讯，本书作者整理。

在"大哥"建发的带领下，"小弟"联发和"兄弟"国贸、象屿的销售排名也快速上升，逐渐得到市场的关注。在可以预见的未来，厦门"三子"后续将替代闽系民企地产，成为新时代地产市场的佼佼者。

（六）中交地产

中交房地产集团包括中交地产股份（000736.SZ，简称"中交地产"）和绿城中国（3900.HK，简称"绿城"）。 中交房地产集团和中国交通建设股份（601800.SH）是兄弟公司，由于中国交通建设股份是上市公司，两者之间的资金拆借相对困难。中国交通建设集团（简称"中交集团"）以建筑工程起家，建筑工程类的核心资产和实体运营均在中国交通建设股份旗下，中国交通建设集团承担更多的是管理职能。从图4-9的股权结构图可以看出，中交地产和绿城确实都是央企实际控制和管理的地产企业。

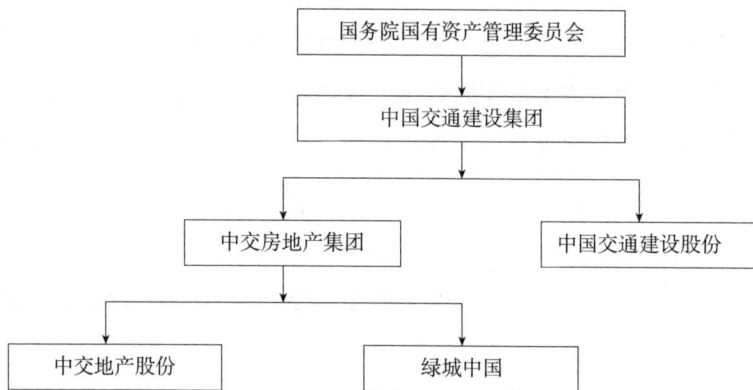

图4-9 中交系地产公司股权结构

资料来源：Wind 资讯，本书作者整理。

中交地产的前身是一家濒临破产的民企——重庆实业，先后由德隆系和中国华融控股。在 2010 年，重庆实业才加入中国交通建设集团，成为中交系下属子公司。2017 年，原来的重庆实业经过一系列资源整合，正式更名为"中交地产"并确立其中国交通建设集团地产板块直接继承者的地位。从此之后，中交地产逐步踏上正轨，开启加速度模式。2019 年中交地产行业排名还在 70 位开外，而到了 2022 年已进入行业 30 强。

现在的绿城虽然是中交系的绿城，但是说到绿城，不得不提绿城的创始人宋卫平。宋卫平时代的绿城追求品质的匠心也成了绿城最珍贵的名片。对品质的追求让绿城获得了市场的赞誉，但也是过于追求品质导致绿城周转过慢，加上急于追求销售规模，最终，在逐步累积的巨大财务杠杆下，绿城陷入了严重的财务危机。2012 年下半年，绿城开始出售股权和项目获得资金。2014 年，宋卫平将绿城 24% 的股权转让给好友融创的孙宏斌，这笔交易最终因为两家房企理念不合而作废，绿城和融创的缘分就此结束。2014 年，绿城引入央企中交集团作为其股东，绿城 7 名董事席位中 5 名来自中交集团，中交集团实际控制绿城，中交集团已将绿城作为子公司纳入其合并报表。

五、债券市场对房企的认可度

房企在债券市场上的融资成本最能体现债券市场对房企认可度，债券估值收益率是房企融资成本的实时数据。收益率只是时点数，代表某一时刻债券市场对某发行人的态度，但事物总在发展和变化，房企的信用排序也在不断变化。图 4-10 中房企的收益率主要参考 2023 年 8 月 11 日 3 年期中债估值，按照收益率曲线做了部分期限平滑调整，按照中债估值收益率及相应的信用利差大小，将房企划分为"最受认可""认可度较高""比较受认可""认可度有差异"四个梯队。

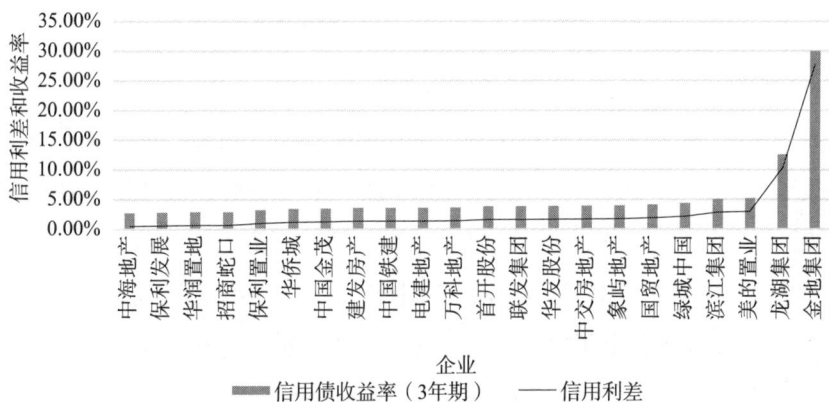

图4-10 部分房企信用债收益率和信用利差

资料来源：Wind 资讯，本书作者整理。

（一）最受认可——"招保中华"

债券市场最认可的房企：招商蛇口、保利、中海、华润。市场最认可的企业一方面是核心央企，有着强大的股东背景和通畅的再融资渠道；另一方面，本身在房地产市场有着比较大的影响力、规模优势，经营情况也较好。

同样是央企背景的房地产企业也有分类和信用排序，央企背景的房地产企业可以分为核心央企、非核心央企、混合所有制三类。信用排序上，核心央企强于非核心央企；混合所有制基本等同于民企。

同样股东背景的情况下，房企市场认可度再按照规模大小和经营情况排序。虽然核心央企"招保中华"这个序列里，融资成本都很低且相差不多，但中海地产是这个序列里融资成本最低、最受认可的企业，主要原因是中海地产的财务稳健性最好，综合下来，净利润率、净负债率和回款效率等指标的平衡性最好，这代表中海地产在盈利能力、偿付能力、经营效率等方面都十分优秀。

（二）认可度较高——非核心央企

中国金茂、中铁地产、保利置业、电建地产、中交地产等央企背景的房企，虽然规模体量和认可度不如"招保中华"，但市场认可度依然比较高。

中国金茂是央企中化集团旗下的港股上市公司，住宅地产布局主要在一二线城市，持有型物业金茂大厦和金茂酒店也具有一定的品牌优势。债券认可度较高，但由于债券余额很小，公司跟债券市场沟通也比较少。

中铁地产是上市公司中铁股份的地产板块，特色在于在铁路站点边建设配套商业综合体和住宅。中铁地产债务率相对高，但在央企中铁的牌子下，融资利率比较低。

"小保利"保利置业虽然没有大哥保利发展的规模体量和江湖地位，但作为保利系地产的重要成员，在融资上也具有天然的优势。

华侨城集团是国务院直属的一级企业，背景雄厚，华侨城以文旅地产见长，即以文化旅游项目带动周边地产销售，因此，华侨城土地储备中三四线城市郊区大盘较多。"文旅带动地产销售"的模式和恒大、融创有相似之处，"郊区大盘"的土地储备特点与恒大、碧桂园类似。在房地产不景气的背景下，华侨城于2022年计提181亿元资产减值损失，加之新冠疫情影响下旅游产业受到影响，2022年华侨城净利润为-232亿元。虽然净利润损失在意料之中，但华侨城的净利润损失的量级之大确实让债券市场始料未及。随着新冠疫情结束，旅游客群重新回归，华侨城盈利有望触底回归。基于华侨城纯正的央企背景，以及2022年不及预期的报表、三四线的土地储备占比较高等综合考虑，债券市场给华侨城的估值低于"招保中华"，因此，华侨城的债券收益率也高于"招保中华"。

中交房地产作为中国交通建设集团的子公司之一，央企背景认可度也比较高。但中交房地产前身是中交集团对外收购的地产公司，不是中交集团内部发展起来的，且中交体系的地产板块和实力更为雄厚的建筑板块分属不同的子公司，在央企纯正性上比不上"招保中华"。更为重要的是，在规模体量、财务指标、产品特色、内业认可度上，和"招保中华"依然有一定差距。因此，债券市场认可度较高，但总体评级低于"招保中华"。绿城在股权和管理上都属于中交地产系，但融资成本比其他央企高，主要有几个方面的原因：①绿城是中交作为"白衣骑士"收购的企业，并不是传统的中交系企业；②中交是绿城的大股东，但绿城还有九龙仓等其他股东；③绿城是更为市场化的企业，跟传统央企风格还有一定差异。

（三）比较受认可——地方国企地产公司

地方国企地产公司——建发、联发、首开、华发、象屿、国贸等，属于比较受市场认可的房企。能在房地产市场闯出一番天地的国企地产公司有以下特点：①实际控制人背景强大。国企地产公司实际控制人均为经济发达省市的国资委，如首开的实际控制人为北京市国资委，建发、联发、象屿、国贸的实际控制人为厦门市国资委，越秀地产的实际控制人也是实力很强的广州市国资委。②深耕股权所在地多年，并取得较好成绩。③近几年，进行了全国扩张，部分地方国企地产公司敢于逆势加杠杆。

在定价上，地方国企的信用低于央企；经济发达地区国企信用优于经济欠发达地区国企。在考虑股东背景的基础上，根据房企本身的扩张激进程度、经营能力、土储能级、偿债能力等情况再进行分析和排序，这是下一节要阐述的内容。

（四）认可度有差异——混合所有制和民企

除了以上三类，剩下的房企都归到"认可度有差异"的分类中。在销售金额排名较高且还没有宣布债券展期的房企中，滨江、美的置业、龙湖、金地的债券收益率较高。

房企的债券收益率是债券投资人用脚投票的结果，本书根据债券收益率进行分类，并从债券市场的角度解释收益率形成的原因。由于每个债券投资机构都有自己对于投资标的的独特视角和投资框架，每家机构的房企投资库都不一样。这并不意味着谁家更好，一切都是风险和收益的平衡。也正是由于市场对某家房企的信用资质意见存在分歧，投资人才可以获得更高的收益率。至少从投资结果来看，只要债券没有发生违约或者估值大幅度上调，这笔投资就是成功的。

滨江集团90%以上的货值在浙江，50%以上的货值在杭州，2022年90%以上的新增土地储备均在杭州。市场给滨江集团的标签是豪宅和质量保障，大部分房企进军杭州市场，或多或少都会选择与深耕杭州市场的滨江集团合作。滨江集团也随着杭州这个城市在中国地位的上升而冉冉升起，靠着出色的经营管理和优质的土地储备成为幸存的民企之一。

和滨江集团不同，美的集团实际控制人何享健成立了美的置业。背靠大树好乘凉，美的置业稍稍发力，销售金额就从2015年的115亿元快速增长到2020年的1208亿元，创造了五年十倍的增长奇迹。虽然债券市场嫌弃美的置业的土地储备过于下沉，但却无法忽视美的集团每年将近300亿元的利润，作为现金牛的美的集团为美的置业提供强大的流动性支持，这也是美的置业作为民企依然能在债券市场以合理的价格获得融资的最重要因素。

创始人吴亚军于 1995 年在重庆成立龙湖集团，龙湖行走江湖多年一直以品质和稳健著称。龙湖也一直是众多民营地产商努力对标的企业，低调、低杠杆的龙湖在债券市场的认可度一直比较高。在民企违约和房地产下行周期中，龙湖也受到波及。2022 年 10 月 28 日，吴亚军辞任龙湖集团董事会主席。这个时点正是民营地产不断违约，债券市场逐渐对民营地产企业失去耐心的时间点。创始人选择在这个时点卸任，确实很大程度上打击了债券投资人对龙湖集团的信心。如图 4-11 所示，此事件之后，龙湖的信用利差一夜攀到 10% 以上，并一直维持在较高的水平。

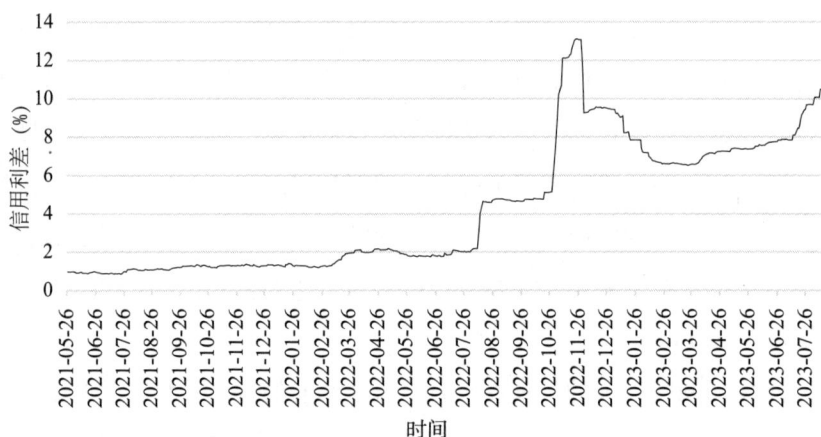

图4-11　龙湖债券信用利差走势

资料来源：Wind 资讯，本书作者整理。

2013 年之前，金地集团的大股东一直是深圳市福田投资发展公司——一家深圳国资全资控股的国企，2013 年以来生命人寿屡次举牌增持金地集团，最终在 2014 年 4 月累计持有股份占金地总股本的 24.82%，成为金地的大股东。至此，金地从国企变成了民企。不过，生命人寿成为第一大股东之后，至今金地董事会 16 个席位仅有 2 个席位属于险资。生命人寿对于金地没有实际上的控制权，市场普遍认为两家险资都是财务投资人，而金地的实际控制人为其管理层，因此，金地被债券市场定位为混合所有制企业。混合所有制企业的信用没有政府背书，是否能在债券市场上以合理的价格融资只取决于本身经营的好坏，因此，在整个行业处于低谷时，债券估值收益率和融资情况均会受到行业的负面影响。特别是股东背景相似的远洋债券出险后，金地受到比较大的波及，原因是债券市场认为两家房企的险资大股东均以财务投资为目的，并不会在企业遇到困难时奋不顾身地援助。事实上，债券市场也认为金地的经营管理能力强于远洋，却由于股东的原因遭到债券市场用脚投票，曾经的"招保万金"历经风雨，已经命运迥异。

在本章基本的信用特征介绍中，在比较房企优劣的过程中运用了大量的运营管理能力、财务情况、偿债能力等词语。这些比较基于完整的框架分析。如何通过完整的框架全面地分析一家房企的信用情况，这个问题将在下一节详细讲述。

第二节　构建地产债投资的世界观

在了解房企的成长史后，本节将运用如表 4-3 所示的框架来选择具体的投资标的。为了方便初学者更好地了解分析框架中的内容，在正式阐述框架之前，本节先介绍房企的业务是怎么进行的，即项目运作流程，这对于理解地产债信用分析框架至关重要，然后再从公司运营与规模、资产质量、偿债能力三个方面描述地产债信用分析框架。

表 4-3　地产债信用分析框架

	股东背景和公司风格
	管理能力
公司运营与规模	商业模式
	盈利能力
	规模

（续）

	土地储备的数量
资产质量	土地储备的分布
	项目安全边际
	去化较难的项目
	债务构成
	"三道红线"
偿债能力	资产覆盖倍数
	现金覆盖倍数
	实际杠杆率
	融资成本和途径

一、房企项目运作流程

房企就是建造房子卖给老百姓的，建造房子的项目运作流程如图4-12所示，由土地获取、项目开工、施工建设、房产预售和竣工交付五个环节构成。

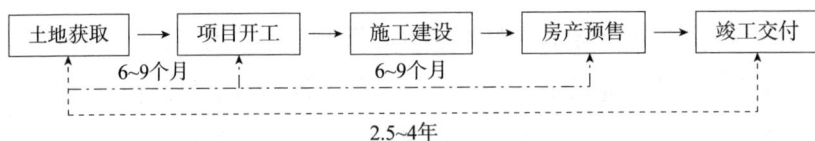

图4-12　地产项目运作流程图

资料来源：中山证券投行部。

（一）土地获取

房企建造房子得先买地，土地获取的方式一般有三种：招拍挂拿地、并购拿地、一二级联动拿地。

根据《中华人民共和国土地管理法》及自然资源部相关部门的规章规定，经营性用地必须通过招标、拍卖或挂牌等方式向社会公开出让。招拍挂拿地是最普遍和最公平的拿地方式，政府将要出让的土地规划、招标条件发布招标公告，符合条件的竞买人在指定地点对指定事件进行公开竞价，价高者得。房企主流的拿地方式都是招拍挂拿地。土地摘牌后需要签订土地合同，然后办理建设用地规划许可证、国有土地使用证，房企由此确认土地权属。

并购拿地是指通过并购其他企业或者其开发的项目获取土地。例如，房企 A 由于流动性紧张卖出项目获得资金，房企 B 买入控股项目从而获得土地，这种拿地方式就叫作并购拿地。房企中比较喜欢并购拿地的企业如融创，一半左右的新增土地都是通过并购获得的。

一二级联动拿地即通过旧城改造、土地开发等方式参与一级土地的开发，最终获得土地。一二级联动既可以获得一级土地开发的收益，也可以用相对较低的成本获得土地。华夏幸福的拿地方式就是典型的一二级联动拿地，通过主导整体园区的建设获得相对便宜的土地。绿地近年积极通过参与地方基础设施建设的方式，降低土地成本，这也是一二级联动拿地。富力和佳兆业参与广州、深圳等城市的旧城改造项目，也属于一二级联动拿地。

（二）项目开工和施工建设

一般情况下，房企拿到土地后就会进行项目的规划设计、方案设计，并出具施工图纸，在拿到建设工程规划许可证、建筑工程施工许可证后进行施工建设。图 4-12 中虽然标注从土地获取到项目开工需要 6～9 个月，从项目开工到施工建设需要 6～9 个月，但现在各家房企为了加快项目周转，对于项目开工建立了标准化的流程，房企拿到地之后基本可以在 1～2 个月内进行项目开工和施工建设，为的就是使项目尽快达到房产预售状态。

根据国家的政策，为了控制房企的杠杆，杜绝"空手套白狼"的行为，房企拿地时支付的资金不能是银行贷款，理论上应该是自有资金。对于一二线城市而言，由于土地价格较高，拿地成本占整个开发成本的比重很大。因此，土地拿在手上需要支付高额的利息成本，房企只有加快项目周转，将项目开工和施工建设的时间缩短，使得项目尽快达到房产预售状态，才可以尽快回笼资金，减少利息成本的支付。

（三）房产预售

项目达到房产预售状态后，房企可以拿到商品房预售许可证，然后开盘，开盘后卖掉房子就可以逐步实现资金回笼。每个城市对于项目达到房产预售状态的要求是不同的，一线城市一般比较严格，比如对于高层住宅上海要求房子封顶才给房企商品房预售许可证。一些三四线城市可能房子建到露出地面，房企就能拿到商品房预售许可证，对于这样的城市，很多高周转的房企从拿地到取得商品房预售许可证只需要不到半年。

这里有两个常用的术语用于描述商品房销售情况：去化率和回款率。

$$去化率 = 销售套数 / 开盘总套数$$
$$回款率 = 实际收到现金 / 销售金额$$

通过了解去化率可以了解房企的销售情况。对于房企而言，房子卖不出去就要沉淀大量资金，不仅需要支付大量利息成本，而且房子卖不出去也可能让项目变成血本无归的烂尾楼。房子卖不出去的原因有很多，例如购房需求不足、住房总价格太高、住房供给过多、产品定位失误、楼盘位置过于偏僻等。正常年份，市场上全国布局的大中型房企去化率均值一般不低于70%，主要布局一二线城市的房企去化率更高一点儿。

回款率用于描述销售房子的实际回款情况。房企为了比拼销售排名和实现业绩对赌，普遍存在夸大销售规模的做法。例如，买房客只需交少量购房定金，房企就可以确认房子卖出，整套房子的金额都可以算作销售规模，但其中有一部分人不会交齐所有金额并最终购买房子。当然，由于银行贷款申请和放款都需要时间，从房子销售出去到房企最终全额收到客户购房款有时间差，这个时间差也会造成回款率的差异。对于地产债投资而言，需要了解的并不是销售了多少，而是房企实实在在能收到多少现金回款。因此，了解回款率能帮助投资人了解房企的财务情况。

（四）竣工交付

房子预售之后，地产公司就能逐步回笼资金，用买房客的资金建造楼房。房子建造好并通过验收后，地产公司再将房子交付给买房客，买房客办理房屋权属登记及房产证，整个购房流程结束。

我们听说的烂尾楼一般有两种形成方式，方式一是房子没有卖出去形成烂尾楼，这种形式的烂尾楼的损失由房企承担；方式二是房子卖出去之后形成烂尾楼，这种形式的烂尾楼的损失由买房客承担。实际情况的烂尾楼大多是后者。很多地产商拿到买房客的买房款后没有用于盖房，而是通过各种形式将购房客的购房款挪作他用，从而导致出现了烂尾楼。也就是说，房子在预售之后、竣工交付之前的1~2年甚至更长的时间里，风险都是由买房客承担的。房子的预售款按照正常的流程是有银行监管、专款专用的，但实际情况是，确实由于各种原因，银行会监管不到位，导致烂尾楼的产生。

对于债券投资人而言，了解项目流程是为了分析房企的信用资质。一般而言，项目开工建设之后可以向银行申请抵押贷款，贷款的期限开始于项目开工建设，结束于房屋竣工，在这期间项目资产都处于抵押状态。也就是说，房子虽然是很好的资产，但项目一旦开工，项目资产首先抵押给了银行，抵押权属人具有债务的优先分配权；其次是买房客，由于买房客预付了购房款，项目资产的超额抵押部分以及项目资产解质押部分的权益，归买房客所有。因此，债券投资人必须清醒地认识到，债券投资人在对房企的债权中处于极其靠后的位置。房企报表里的存货、投资性房地产虽然都是房子和土地，比较值钱且流动性比较好，但其中有一部分资产已经抵押给银行和信托公司，然后要交付给买房客。如果房企真的走到需要变卖资产来偿还债务的那一步，能分配给债券投资人的部分比想象中要小。债券投资人需要做的是在相对不利的债务排序中，将房企的信用资质区分开来。

二、公司运营与规模

（一）股东背景和公司风格

1. 股东背景

股东背景在很大程度上决定了房企的融资成本，央企和地方国企的融资成本普遍要比民企低很多。图 4-13 是未出险房企在 2022 年的平均融资成本，民企的融资成本为 6.22%，显著高于央企（4.17%）和地方国企（4.5%）。由于 2020 年以来民营房企大规模爆雷，在优胜劣汰的机制下，现在未爆雷的民营房企都是相对优质的民营房企。即使这样，民企平均融资成本依然比地方国企高 38%，比央企高 49%。因此，对于属于资本密集型行业的房地产行业，民企由于融资成本较高，项目一开始利润率就要比国企低 2%，具有天然的劣势。

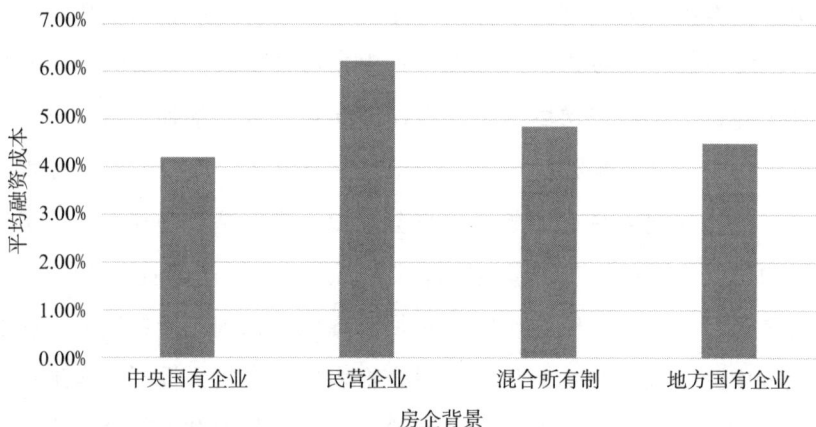

图4-13　2022年不同股东背景房企的平均融资成本

资料来源：Wind 资讯，本书作者整理。

2. 公司风格

前文介绍了很多优秀房企的成长史，一家房企的成长史决定了其基因。例如，恒大跨界做新能源汽车的选择，就不大会出现在龙湖或者滨江集团身上。民营房企创始人的行事风格在很大程度上决定了这家房企的未来和经营风险。债券投资人对行事风格比较鲜明和高调的创始人及其公司是比较谨慎的。创始人的选择也会对投资人产生巨大影响，例如，龙湖的创始人吴亚军在宣布卸任后，龙湖债券的信用利差立刻大幅走阔。

部分企业一直杠杆比较高，经营比较激进，企业选择激进的经营战略，背后可能是债务结构的恶化和经营风险的增加，这在股权投资人看来可能是好事，但债券投资人对这种风格的房企会更为谨慎。

公司风格是不容易改变的，如闽系房企近几年纷纷想撕掉高杠杆、拿地王的标签，但是在很多人眼里，闽系地产的风格就是激进、进取。2020 年后，闽系房企放慢脚步，希望用财务数据证明其经营在细化、杠杆在降低，但依然会被质疑进行了报表美化，这就是公司风格被市场固化的表现，这些固化印象无疑也会影响债券投资人对房企的信用评估。

除了大股东（创始人）的风格会影响公司风格，房企的管理层也会影响公司风格。例如万科和金地集团股东对公司的影响和干涉都不是太多，公司的发展方向和理念基本由管理层决定。又如新城控股的万达元老等管理团队，在老板的授权下具体进行战略操盘以及公司管理和经营。这些管理层的理念和方向也决定了公司的信用资质。

（二）管理能力

管理能力既包括宏观的拿地节奏、城市圈选择、城市档次选择，也包括微观的项目操盘能力，包括产品打造能力、周转速度、集中采购、项目适配度、成本控制、项目宣传等。如果说过去房企靠囤地、杠杆就能将规模做上去，将企业做大，那么从现在往后面看 10 年，房企想要在竞争中把企业做好，可能更需要靠管理能力。

1. 拿地节奏

过去 10 年，地产行业基本 3～4 年一个周期（见图 4-14），如果房企正好在房价比较高、地价也比较高的时点大量拿地，则拿地节奏较差，拿地成

房地产开发投资完成额同比增速（%）

第一轮放松周期
（2008.08~2009.05）

第二轮放松周期
（2011.10~2012.12）

第三轮放松周期
（2014.05~2016.02）

第四轮放松周期
（2018.06~2019.05）

住建局出台"三道红线"

坚持房住不炒、因城施策，分类调控

中央提出不将房地产作为短期刺激经济的手段

深圳715新政发布

上海"新沪七条""限售新政"

930政策，信贷全面宽松

930政策认贷不认房公积金放松

330政策宽松加码降低首付比

地方人才购房政策

杭州调控升级上海按揭新政出台

2016年9月各地密集出台"四限"

20余城取消限购20余城公积金放松

新国五条出台限购政策收紧

四大行松绑首套房利率

地方限购升级

多地公积金放松人才限购政策

持续调整限购政策

多地下调首付比、契税，公积金优惠

房地产开发投资完成额（亿元）

—— 房地产开发投资完成额

- - - 房地产开发投资完成额同比增速

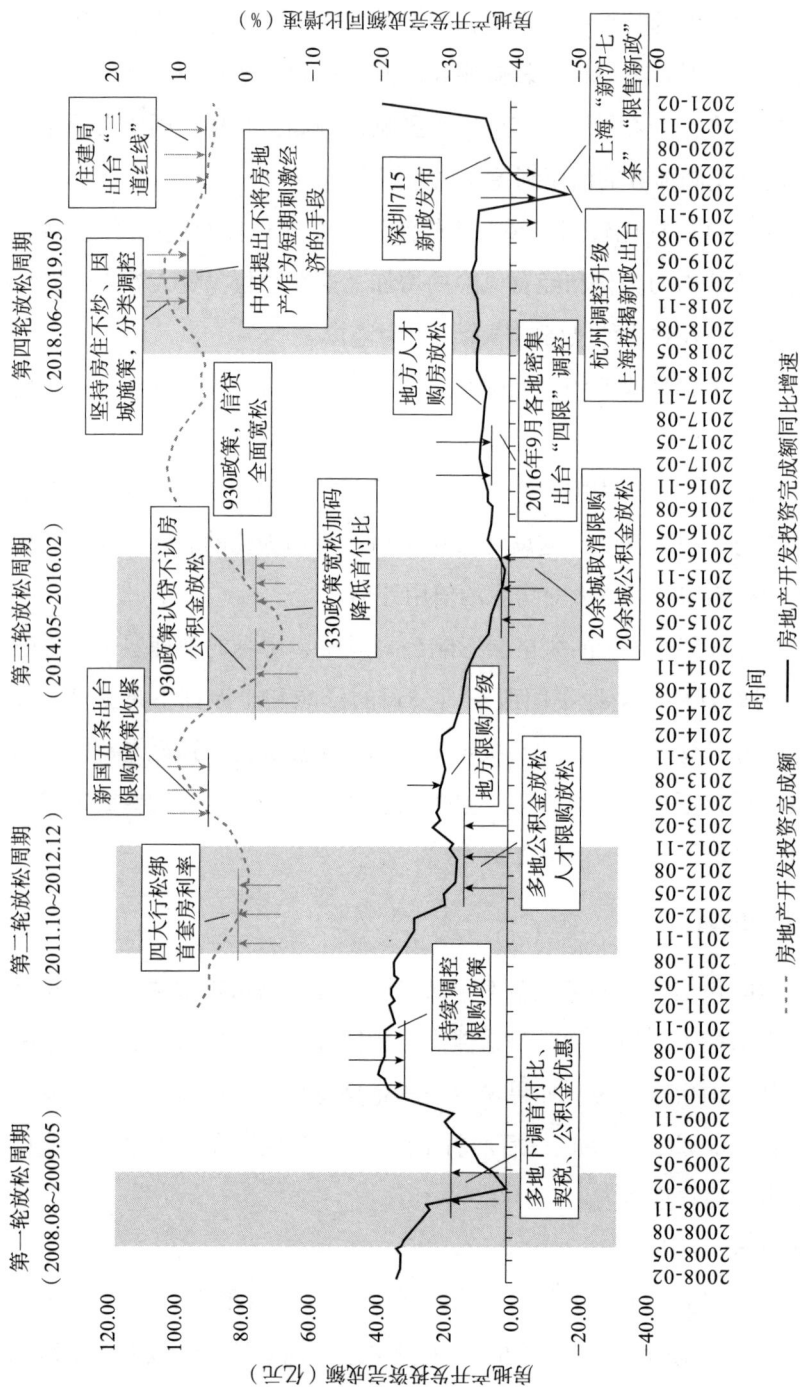

图4-14 近10年来的房地产周期

资料来源：中山证券投行部。

本较高。如果房企在房价和地价便宜的时候拿了比较多的低价地，则拿地节奏较好，拿地成本较低。拿地节奏听上去很简单，只要在房价低点多拿、在房价高点少拿就行，但其实不是那么回事。在事后去讨论这件事，多少有点儿"上帝视角"：由于拿地需要占用房企大量的资金，如果在地产行业低迷期囤积大量的土地，此时地产行业持续低迷、市场行情越来越差，房企大量囤地却没有熬到房价回暖，囤积的土地可能就会砸在手里，导致公司资金链断裂。最好的拿地节奏是在地产行业复苏初期，房企刚好在土地市场最低迷的时候买入土地，随后市场开始复苏。因此，拿地节奏很考验房企管理团队的眼光和市场判断能力。

2. 城市选择

有些房企选择全国布局，有些房企选择深耕某些区域，也有些房企选择主要在某个城市布局，这背后都是每个房企的战略选择。

全国布局一般是大型房企的选择，全国布局意味着雨露均沾，任何板块或者城市有机会都不会错过。有些房企则喜欢深耕某些区域，比如滨江集团就在杭州深耕，首开选择在北京以及周边深耕，龙光集团在大湾区深耕。碧桂园和新城控股借着棚改货币化的东风，在合适的时间里重仓三四线城市从而大获全胜，规模迅速扩大，此举助力碧桂园拿下2017~2022年六年的销售规模冠军宝座。新城控股也靠在适当时间重仓三四线城市实现排名大攀升。当然，也有房企在不恰当的时机下沉并重仓三四线城市，最终被套牢，从此一蹶不振，深陷债务困境。

区域和城市的选择，其实就是在预估区域和城市的发展，长期看经济发展，短期看政策调控周期，在"一城一策"的调控基调下，每个城市都有自己的周期，能否在合适的时间进入考验管理团队的能力。

3. 操盘能力

万科和碧桂园等大型房企对于项目管理都有一本厚厚的操作手册，操作手册流程之完备、内容之精细，让中小房企望尘莫及。有些房企的操作手册甚至精细到如何跟各方打交道，地还没拍到项目设计图就已经完成。特别是有"快周转之王"之称的碧桂园，对于三四线城市的项目，碧桂园要求必须拿地即开工，并坚持"456"原则，即 4 个月开盘、5 个月资金为正、6 个月回笼资金能投入新的项目。相对于拿地后一年才开盘的公司，这个速度拿地资金的利息成本立马减少了一半。提高项目周转速度以节约资金成本、压缩冗余时间，已成为房企操盘能力的重要体现之一。

操盘能力还体现对产品的设计和定位上，比如香港对房子朝向、通透程度等要求不高，但是长三角区域的房子如果设计成不通透、密密麻麻的"筒子楼"，则销售和价格都会大打折扣。也有些楼盘的定位不准确，楼盘的地点不错，但单户面积过大、总价过高，与所在区域的购买力不匹配，从而导致项目去化困难。

对上下游资源的调配也能体现房企的操盘能力，比如对上游的集中采购，之前很多房企对建筑物资、装修物资的购买都是由项目公司单点购买完成的，相对而言采购量较小而价格却更高。有些房企用总部采购和统一调配的模式替代项目公司单点购买的方式，节约了上游购买成本，提高了项目毛利润。又如小的房企把建筑施工外包给工程队，但某些大房企有自己的建筑施工队，一方面把建筑施工这块利润装到自己口袋，另一方面工程速度更快，问题沟通更顺畅，节约时间和沟通成本。房企操盘能力可以体现在很多细节上，这些细节最终都是房企管理能力的体现。

（三）商业模式

从毛利润率和净利润率这些盈利指标的高低确实能看出房企的盈利能力，但这些数值高低背后的原因更值得探究。除了上文说的管理能力、融资成本等原因，房企的商业模式也是盈利能力有差别的重要原因。

比如万达、新城控股、世茂、宝龙等房企持有较多的商业地产，商业地产仅从项目上看，利润率是低于纯商业住宅的。部分房企做商业地产还是希望通过增加商业配套提升住宅项目的价格，部分房企做商业地产是期望商业地产升值或者租金能给公司带来稳定的现金流。总之，如果房地产市场如房企期望的那样一直涨价（住宅价格提升的部分能够弥补商业配套的投资，商业地产确实升值了，租金能够维持），则这种商业模式是可行的，反之，商业模式行不通的结果就是亏损、债务危机或者破产。

比如粤系地产商富力和佳兆业的旧改模式，好处是能够拿一些便宜、优质的地，坏处是可能周转稍慢且拆迁需要沉淀不少资金在项目上。从沟通效率、融资成本的角度来看，旧改似乎更适合当地的城投公司去做。

比如华侨城、融创、恒大投资了大量的文旅项目，房企希望通过文旅项目带动周边住宅的销售，这个商业模式极其考验项目操盘能力，失败和成功的案例都不少。如复兴地产的文旅项目（三亚的亚特兰蒂斯项目）就是成功案例的代表：亚特兰蒂斯酒店带动了周边地产的销售，且酒店本身现金流比较充足，项目投资的收益率十分可观。失败的案例更多，作者在调研中走访过很多破败的文旅大盘，有些承诺的文旅项目没有建设，前期仅仅卖了一些楼盘，锈迹斑斑的规划图上还能隐约看到曾经宏大的规划，映入眼前的烂尾楼却旗帜鲜明地告诉来访者项目的失败。房企希望通过这种模式先卖房子，用卖房子的钱来打造文旅项目，从而吸引更多的人，让房地产市场更加红火，但这种商业模式只有在房地产市场上行的时候才可行，在房地产市场下行的时候受到的创伤也是更大的。

比文旅模式更失败的商业模式是园区模式，即通过开发新的园区、引进企业和人口，从而提升周边的地价和房价，债券已经违约的华夏幸福采用的就是这种模式。与住宅模式的快周转不同，园区模式需要比较长的时间才能消化前期大量的园区建设成本。对于民企背景的华夏幸福而言，融资成本没有优势，大量积压资金，机会成本高昂。这也是华夏幸福园区模式失败，陷入债务危机的主要原因。

对于债券投资人而言，快周转的住宅项目是房企最稳当的选择，其他商业模式是否能成功是不确定的。当然，如果有些商业模式本来就是行不通的，即使短期上看财务报表数字优异，债券投资人也需要慎重考虑。

（四）盈利能力

正常的财务分析模型用净利率和 ROE 来衡量一个公司的盈利能力，其中净利率用于衡量企业业务运营的盈利能力，ROE 用于站在股东角度衡量整个企业的盈利能力。从图 4-15 上看，2023 年净利率最好的三家是陆家嘴、华润和中海，净利率分别为 15.56%、14.65%、13.02%。ROE 最好的三家是华润、建发和滨江集团，ROE 分别是 12.33%、10.73%、10.36%。2020 年以后，行业景气度下滑，很多房企的净利率都由 2020 年之前的 20% 左右下滑到个位数甚至负数。进入青铜时代的房地产行业，房企净利率逐步回归个位数并逐渐向建筑业贴近，恐怕是未来的发展趋势。

值得注意的是，房企和其他企业不同，利息支出大部分都资本化了，跟着项目放在存货里，因此，房企三费中的财务费用是一个比较难评估的费用项目。因此评估房地产企业不能像评估其他企业一样，用财务费用去衡量这个公司的总体融资成本和利息支出规模。由于财务费用的高低会直接影响公司的盈利情况，因此，在分析中应该了解企业利息资本化和费用化的分类标准，尽量减少标准不同导致的财务费用差异。

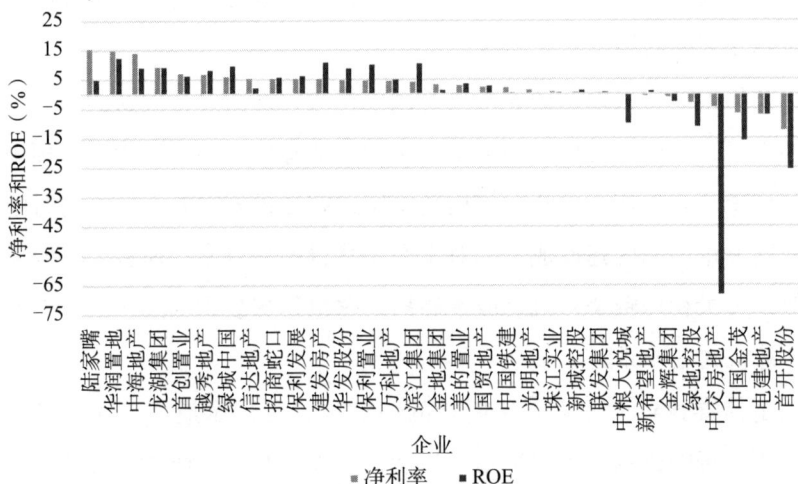

图4-15　主要房企净利率和ROE（2023年）

资料来源：Wind 资讯，本书作者整理。

（五）规模

房企的规模指标一般包括销售规模、营业收入和总资产等。规模指标不仅仅是房地产行业内重视，业外也看重这个数据。银行会根据规模排名决定放款，如果房企规模排名靠前，银行授信的额度就比较大；如果规模排名比较靠后，很多银行可能根本不授信或者授信的额度比较小。债券投资人也会认为规模大的房企能获得更多的资源、企业实力更强。这些因素无疑都会使得房企的融资渠道更多也更通畅，提升房企的信用资质。

1. 销售规模

本书前文列举了房企的销售排名，这个销售排名的全称叫全口径销售规模排名。由于销售排名是房企之间角力的重要部分，有房企为了排名虚报销售规模，销售排名的前 20 名相对公允，但 20 名之后特别是 50 名之后存在一定的销售规模虚增的现象。很多房企为了全口径销售规模看起来好看一点儿，大幅度增加了项目合作的占比。项目合作对于房企来说确实是个双赢的选择，因为合作双方都可以将销售金额算在自己的名下。如图 4-16 所示，无论对项目公司持股 60% 还是 40%，无论是否并表项目公司，房企都可以将项目公司全部的销售金额算入自己的全口径销售规模里。这 100 亿元销售规模可以同时全额体现在两家地产公司中，从而同时撑大两家房企的全口径销售规模。

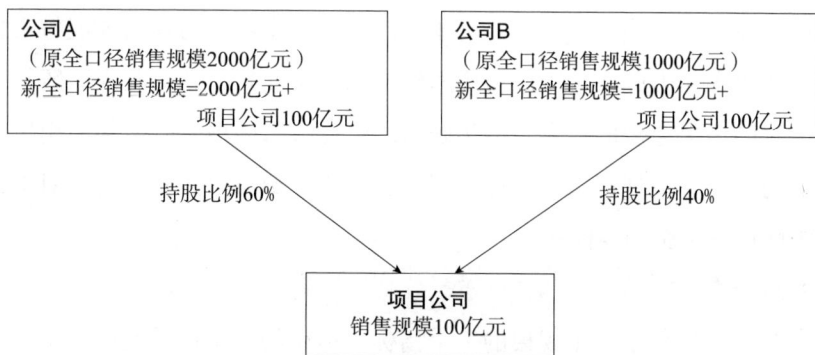

图4-16　公司A和公司B对项目公司销售的并表计算过程

为了避免全口径销售带来的误解，克而瑞等公司也公布房企的权益销售金额，所谓权益销售金额是用每个项目销售金额乘以对应的持股比例，然后再加总得到的销售金额。如图 4-16 所示，项目公司的 100 亿元销售金额中，加总到公司 A 的权益销售金额为 60 亿元，加总到公司 B 的权益销售金额为 40 亿元。权益销售金额避免了销售金额的重复相加，更能体现房企的实际销售规模。

债券投资者用销售权益占比（权益销售金额 / 全口径销售金额）来衡量房企销售和报表的水分。虽然有理由怀疑销售权益占比低的房企有做大报表的嫌疑，但有些房企销售权益占比低也有可能是出于以下考虑：①部分房企品牌效应较强，增加销售合作能最大化地输出品牌溢价。例如，万科的楼盘可以比普通房企每平方米多卖 1 万元，其他房企就会以优惠的条件邀请万科入股项目并贴万科的牌子出售，从而增加楼盘的销售溢价。于是接受品牌溢价和获得品牌溢价的双方都会选择更多进行合作开发，从而导致销售权益占比降低。②部分聚焦一二线城市，特别是一线城市的房企，由于土地比较抢手且土地金额较高，各大房企会选择合作的方式拿地。一方面减少相互厮杀，大家都可以分一杯羹，实现利益共享、风险共担；另一方面合作拿地也可以减轻单个房企的资金压力。除此之外，有些名气比较小的房企也可以通过与大房企合作，享受大房企的品牌溢价，向大房企学习管理经营等。

2. 营业收入

房企在房子售出后，需要等房子竣工验收，交给买房客后才能将销售确认为营业收入。因此，对于销售增速较快的房企而言，营业收入一般只有其对外公布的销售金额的一半，本年确认的营业收入一般是一两年前销售的项目贡献的。与其他规模指标一样，营业收入用于衡量房企收入的绝对量，从不同维度描述房企的规模。

3. 总资产

总资产也是衡量房企规模的一个指标。房企的总资产其实就是由众多单个项目公司报表合并而来的，由于房企存在大量的项目合作，房企对部分项目公司并不是 100% 控股，只要有实际控制权（一般股权超过 50%，也有股权低于 50% 但实际控制的情况，具体需要看董事会席位等实际控制情况）就能合并项目公司报表，将项目公司所有资产算到自己的报表上。因此，虽然用总资产作为衡量地产公司规模的指标，但是对于少数股东权益占比较高的房企，这个资产规模是要打折扣的。

三、资产质量

房企的核心资产是土地和房子，也就是我们说的土地储备情况。要评估房企资产质量，首先要了解土地储备、货值等专业名词的含义，然后再从不同维度去看房企的资产质量。

（一）土地储备的数量

房企的土地和房子分布在房地产会计科目的存货、投资性房地产、固定资产等科目里，其中存货科目是核心资产最大的装载科目，存货里的资产一般包括三类：竣工项目、在建项目、待开发项目。

表 4-4 展示了某房企的土地储备情况，结合本节介绍的房企项目流程，可以将房企资产流转总结为如图 4-17 所示的土地储备状态。通过图 4-17 可以清晰地看到繁杂专业术语下的土地储备到底是什么状态的土地。房企就像生产房子的流水线一样，按照图 4-17 的流程将土地一步步开发成房子。在资产负债表的存货项目中，一般将竣工验收之前的项目放在"存货—开发成本"里，将竣工之后的项目放在"存货—开发产品"里。

在说明如何评估房企公司资产质量之前必须了解地产项目的流转过程，否则很难搞清楚一些专有名词的定义。一般说的土地储备，是指房企拥有的未卖出项目的土地面积。之后，用土地面积乘以容积率获得可售建筑面积。投资者在向房企了解土地储备情况的时候，需要拿到土地面积、拿地均价、可售建筑面积、销售权益占比等所有的数据才能了解房企土地储备的全貌。

表 4-4　某地产公司土地储备情况

竣工 / 在建 / 待开发	开发阶段	建筑面积（万平方米）	占比（%）
竣工	已预售未交付	310.20	1.46
	待售	208.72	0.98
在建	已获预售证（已预售）	7765.19	36.44
	已获预售证（未预售）	1297.57	6.09
	未获预售证	4248.97	19.94
待开发	已摘牌未获施工证	7477.44	35.09
合计		21 308.09	100.00

注：表中数据为权益口径。

资料来源：公司提供，中诚信国际整理。

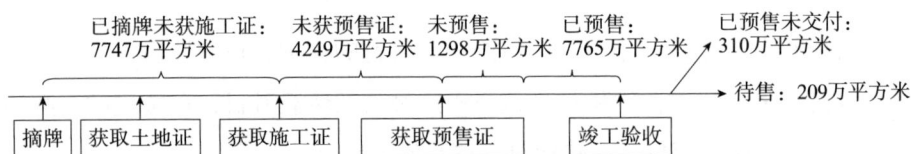

图4-17　某地产公司土地储备状态

如图 4-17 所示，地产公司的权益可售建筑面积是 12 503 万平方米（= 已摘牌未获施工证 7747 万平方米 + 未获预售证 4249 万平方米 + 未预售 1298 万平方米 + 待售 209 万平方米）。货值是指房企将存量土地盖成房子卖出去大概可以获得的销售金额，假设这个房企的房子销售均价为 1 万元 / 平方米，则这个房企的权益货值是 1.25 万亿元（1.25 万平方米 × 1 万元 / 平方米）。

假设这个房企权益销售面积是 6000 万平方米，则这个房企的土地储备倍数约为 2.08 倍（≈12 503 万平方米 /6000 万平方米），土地储备倍数能告诉投资人房企现有的土地足够让房企卖几年。土地储备太少，房企会被认为未来缺少可以推出的楼盘，从而产生现金流持续性问题；土地储备倍数太高，则项目有去化不掉的嫌疑。土地储备倍数太高也会大量占用房企资金，降低房企资金使用效率，增加利息支出。房企的土地储备倍数为 3～5

倍是比较正常的。

（二）土地储备的分布

土地储备分布的关注点包括土地所在城市圈、一二线城市占比，甚至包括对于单个城市的评估。

1. 土地所在城市圈

房地产行业城市圈包括长三角、珠三角（大湾区）、环渤海、成渝城市圈、中部城市圈等。如碧桂园、万科等大型房企在全国都有布局，但也有一些房企布局上会特别重仓某些城市圈，如金科、蓝光发展主要布局成渝城市圈；绿城、新城控股等主要布局长三角；龙光集团、美的置业等主要布局珠三角（大湾区）。

重仓某个城市圈的房企实际上就是看好某个城市圈未来的发展。如果房企比较看好的某个城市圈未来发展较好，那么重仓这个城市圈则使土地储备有更大的升值空间，从而增强房企的偿付能力。相反，如果房企重仓的城市圈房价比较萎靡，发展势头较差，则手上的土地储备未来有贬值的可能，项目去化率也可能随之降低。对于过分重仓这类城市圈的房企，投资人会考虑降低其信用评级。

2. 一二线城市占比

一二线城市、三四线城市土地储备分布情况是衡量房企资产质量的重要指标，重要到有很多房企被市场贴上了"专注一二线"或者"专注三四线"的标签。比如碧桂园就被贴上了主要开发三四线城市楼盘的标签，即使近几年其一二线城市的销售占比已经由不足10%提升到30%；融创的便签就是聚焦一二线城市，因为融创近年一二线城市的销售占比达到80%以上。

布局一二线城市和布局三四线城市的商业逻辑也不一样，区别之一是，由于很多一二线城市有房地产限购政策，一手房开盘就能在较短的时间内卖掉，去化率一般比较高，特别是北上广核心地段，基本是"日光盘"或者需要摇号购买。这类楼盘对于房企来说没有销售的负担，只有利润率的负担。

房企在一二线城市的楼盘无论是拿地价格还是销售价格都比较透明，拿地价格是招拍挂竞标，销售价格是统一限价，房企更多扮演的是建筑商的角色。房企对一二线城市项目利润率的要求要低很多，主流房企对于一二线城市的项目，只要利润率达到8%～10%就会参与，而对于三四线城市的项目，一般要求利润率高于15%。

债券投资人倾向于认为一二线城市比三四线城市的土地储备质量更好，因为一二线城市更有人口和产业的支撑。2016年，三四线城市开始了棚改的浪潮，碧桂园、新城控股等靠着棚改加速去化的利好，获得了布局三四线城市的红利。因此，房企布局什么类型的城市没有绝对的好坏之分，对于布局城市房价趋势的判断和风口的把握更为重要，毕竟对于企业而言，利润最大化才是最重要的。

3. 对于单个城市的评估

在国家"一城一策"的房地产调控政策下，可以说每个城市都有自己的房地产周期和政策周期，房企未来也需要更为精细化地对单个城市的周期进行判断。判断单个城市的因素包括房价走势、城市人口流入情况、城市产业导入情况、城市房地产调控政策等。

如果一个城市的支柱产业不断萎缩，人口也随之流出，则这个城市未来楼市的需求将比较弱，房价也得不到支撑，选择在这个城市拿地将有去化率较低的风险。如果一个城市房价已经不断创新高且政府打算出台调控政策，选择在这个房价高点拿地，最终可能因为土地成本太高而亏损。

（三）项目安全边际

衡量土地储备质量的有效方法是查看每个项目的安全边际。

衡量房企资产质量最好的方法是分别查看、计算每个项目的利润，将亏损或者明显不能盈利的项目找出。计算方法是查看每个项目公司的拿地成本、规划容积率，对比地块周边房价，大致算出每个项目的安全边际。每个项目安全边际的计算公式如下：

安全边际 =1-（楼面地价 + 建安成本）/ 周边新房房价

项目的安全边际越高，房企的资产质量越好。这种衡量方式最大的意义在于识别房企有多少可能亏损的项目，这些项目是否会拖累房企的现金流或者变成烂尾楼。也有些房企的项目出现亏损是因为在不适宜的时点拿了很多高价地。在房价下跌后，房企发现拿地成本加上建安成本已经远高于项目周边新房的房价。有些房企虽然号称布局一二线城市，却因为屡屡拿地王而牺牲了自身的利润空间。

如表 4-5 所示，计算房企的每个未出售项目之后，可以将土地储备分为亏损项目、微利项目、盈利项目三类。如果算上融资成本、营销成本、管理成本，安全边际为 10% 以下的微利项目基本不赚钱。一二线城市的安全边际在 10%～20%，三四线城市安全边际的行业平均值是 30% 以上。投资人需要重点关注亏损项目去化情况，如果亏损项目占比较高，可能拖累房企的整体现金流，投资人需要对此类房企持相对谨慎的态度。

表 4-5　某地产公司的项目安全边际

地址	楼面地价（元）	建安成本（元）	周边房价（元）	安全边际（%）	溢价率（%）	方式
惠州市惠城区鹿江沥南岸 LJL-47-19	7279.32	4000	14 000	19.43	25.16	招拍挂
惠州市惠城区鹿江沥南岸 LJL-47-21	7974.04	4000	14 000	14.47	36.73	招拍挂
惠州仲恺高新区惠环街道平南片区	2440.92	4000	11 000	41.45	—	招拍挂
稔山镇大埔屯居委革新、四民地段	2250.03	4000	9000	30.56	—	招拍挂
稔山镇大埔屯居委革新、四民地段	2112.38	4000	9000	32.08	—	招拍挂
惠州仲恺高新区惠环街道	2114.37	4000	11 000	44.41	—	招拍挂
惠州市惠城区马安中心区	6974.66	4000	13 000	15.58	2.08	招拍挂

（续）

地址	楼面地价（元）	建安成本（元）	周边房价（元）	安全边际（%）	溢价率（%）	方式
东江科技园东兴片区	3214.86	4000	8500	15.12	24.33	招拍挂
博罗县龙溪街道龙岗村	2799.09	4000	8000	15.01	22.6	招拍挂

资料来源：YY评级。

（四）去化较难的项目

在每个房企的报表中，或多或少都有一些较难去化的项目，它们像僵尸一样静静地躺在资产负债表里。较难去化的项目占用房企的资金、拖累现金流，虽然可以帮助房企降低债务率，但是无法在未来形成利润。项目去化较难的原因可以总结为以下几点。

（1）房企拿了高价地，导致项目没有利润，甚至房价和地价倒挂。拿高价地的原因可能是战略上要进入新的城市，只能先去抢地王，也可能是拿地节奏把握不好，在房价高点拿了地。拿地价格的相对高低可以大致用土地溢价率去衡量，如果土地溢价率高，相对而言土地市场比较火爆。在如图4-18所示的土地溢价率走势中，2016年的拿地价格是相对高的，2016年也是地王频出的年份。如果一家房企正好在2016年或者其他平均土地溢价率较高的时点拿地，那这家房企的拿地节奏就不大好。拿地节奏不好意味着拿地成本比竞争对手高，因此利润率自然也比竞争对手低。

（2）项目太偏僻，没有人愿意买。2015年之前，很多房企比较喜欢低价拿比较偏僻地段的大片土地慢慢开发，这种开发模式又被叫作"郊区大盘"。房企选择这种模式是因为拿地成本比较低，但这种开发模式成功的前提是预期房价和地价都会有比较大幅的上涨。在国家房住不炒、"三道红线"、贷款集中度控制等调控基调下，这种"郊区大盘"慢开发的模式回款比较慢，周期比较长，是明显不占优势的。如果房价长期萎靡，房价涨幅还低于房企的资金成本，那么采用这种模式的房企会被套牢。如果查看房企去化困难的楼盘，会发现其中很多是这种地段偏僻的、没有消费者愿意去购买的楼盘。这些楼盘往往离市中心比较远，周边生活配套不完善，更有的楼盘周边都是光秃秃的荒地，基本不具备生活条件。

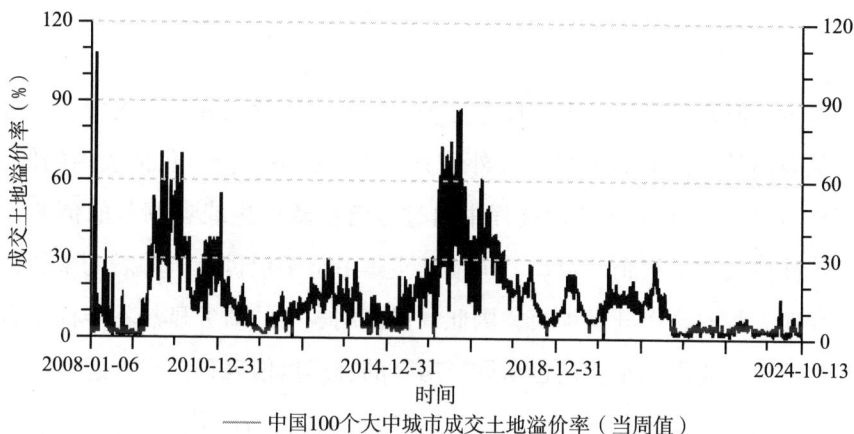

图4-18 中国100个大中城市成交土地溢价率

资料来源：Wind资讯。

（3）项目本身做得不好，比如户型、项目定位等。有些房企由于产品不符合当地老百姓的喜好，房型设计、小区配套等均与市场需求不符合等，导致楼盘滞销。例如，有些楼盘单户面积过大、总价过高，能出得起这个总价的客户往往有更好的选择，最终造成供给和需求不匹配，楼盘卖不出去。

（4）项目本身有纠纷，比如存在土地属性问题、产权问题等。有些房企以并购项目的方式拿地，由于原项目有纠纷，或者存在小股东等问题不能解决，并购过来的地迟迟不能开发，只能放在账上占用资金。有些房企去新的城市开发楼盘，不了解当地情况，买了航空规划地、水源保护地、生态保护地等，这些地都会有建设限制或者产权问题，从而导致不能开发。这些问题都会导致项目亏损。

投资人可以从存货中找出较难去化的项目，计算其金额及在存货中的占比，进而评估这些项目对房企资产质量的影响程度。

四、偿债能力

偿债能力是地产债信用分析框架中最重要的内容。下面首先介绍房企的债务构成（房企的债务构成形式多样），其次阐述监管层对房企的三个考核指标，即"三道红线"，最后列出几个有效衡量房企偿债能力的指标。

（一）债务构成

房企的债务主要分为表内债务、表外债务和经营债务。表内债务是指资产负债表内认定的有息债务；表外债务是指房企不在资产负债表内的债务；经营债务是指房企实际经营过程中通过经营占款产生或者调节的债务。房企的特殊性就在于房企的资产、负债其实是由很多项目公司并表而来的，且其中存在大量的合作开发项目，因此，仅仅用表内的债务显然不能描述房企的债务情况。业内人士普遍也认同"房企的资产负债表只是房企想让你看到的"。为了描述房企债务的全景，如表 4-6 所示，本书将房企债务分为表内债务、表外债务和经营债务三类，每类债务都有几种实现形式。

表 4-6　房企债务构成

表内债务	债券
	银行贷款
	非标融资
表外债务	明股实债
	对外担保
	非并表项目债务
	永续债
经营债务	供应链 ABS
	其他应付款
	应付账款

1. 表内债务

所谓表内债务就是房企资产负债表里的有息债务，房企对外公布的有息债务规模口径就是表内债务。与其他企业一样，房企的表内债务包括债券、银行贷款、非标融资，下面将分别介绍这三类表内债务的详细情况。

（1）债券。表内的债券融资包括境内信用债、境外美元债和尾款 ABS 等，没有任何抵押。债券融资用途比较广泛，可以用于补充流动性、偿还到期债券和银行贷款等。

（2）银行贷款。银行贷款分为流贷和项目贷、并购贷等。房企几乎没有流贷，大部分都是项目贷、并购贷等有确定用途和以实物做抵押的贷款。项目贷由于有土地和房子作为抵押，安全性较高，银行也比较喜欢这种项目。对于周转比较快、项目预售条件比较宽松的项目，由于项目贷审批时间比较长，银行贷款还没审批完毕，项目可能已经达到预售状态了，这样的项目可能就不需要银行项目贷款了。2023 年之后，监管部门为帮助房地产企业走出行业下行困境，新增了银行贷款的模式，放宽了流贷的贷款限制，为房地产企业注入了流动性。

（3）非标融资。房企的非标融资主要有保险债权计划、信托融资、内部理财、员工跟投等非标准化融资方式。非标融资的融资方式和使用更为灵活，部分非标融资也有资产抵押。非标融资是表内三种融资途径中融资成本最高的融资渠道，债券投资者一般也认为房企的非标融资占比越高，则房企的融资成本越高、融资途径越差。

内部理财是房企非标融资中比较常见的融资方式，恒大和碧桂园均有内部理财。内部理财由房企发行给内部员工购买，内部理财一般收益率较高。员工跟投是指房企员工跟投某个地产项目并获得相应收益的融资方式，碧桂园曾经使用过这种融资方式。

表内有息债务体现在资产负债表的短期借款、长期借款、一年内到期的有息债务、其他流动负债（应付短期债券）、应付债券等科目里。投资者可以在这些科目里寻找并加总房企的表内有息债务。

2. 表外债务

所谓表外债务是房企由于合作开发等原因产生的不在资产负债表里的债务。例如，前文说过合作开发是让房企双赢的做法，房企由于业务需要，免不了合作开发。合作开发是正常的业务需求，但也是一种调节报表、藏匿债务的途径。

表外债务的表现形式包括（少数股东权益里可能有的）明股实债、对外担保、非并表项目债务、永续债等。下面将分别介绍表外债务的主要表现形式和识别方法。

（1）明股实债。举个例子来说明什么是明股实债：如图 4-19 所示，公司 A 和公司 B 合作开发项目并成立项目公司 C。公司 A 是控股股东，并表项目公司 C；公司 B 是少数股东，不并表项目公司 C，因此，如果公司 B 对公司 C 的出资金额为 2 亿元，则这 2 亿元应当计入公司 A 的少数股东权益。然后，公司 A 与公司 B 约定，公司 B 对于项目公司 C 的投资收益为 10%，即无论项目公司 C 最终能获得多少收益，公司 B 能得到的收益都是固定的。以上案例中，公司 B 对项目公司 C 的投资称为明股实债。名义上公司 B 对项目公司 C 的投资是一笔股权投资，但实际上公司 B 的投资只能获得 10% 的固定收益，公司 B 其实就是获得固定收益的债权投资人，并没有与公司 A 同股同权。与此同时，公司 A 的报表将公司 B 的投资算成少数股东权益，而不是有息债务，如此就能降低公司 A 的有息债务，起到美化公司 A 报表的作用。

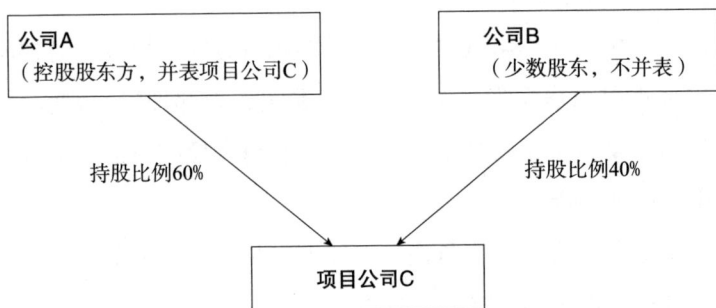

图4-19　项目公司股权结构

识别房企有没有明股实债一般有两个方法：

方法一：看是否同股同权。

这个方法的理念是：并表（控股）股东和少数股东一样享有对净利润的分配权，少数股东在所有者权益中的占比应当和少数股东净利润分配占比大致相当。这个方法的具体计算公式为：

$$少数股东损益 / 少数股东权益 \approx 归属于母公司所有者的净利润 / 归属于母公司所有者权益$$

以某房地产企业为例，查看其资产负债表，如表4-7所示，将所有者权益分为两个部分：归属于母公司所有者权益（2019年，约384亿元）、少数股东权益（2019年，约235亿元）。

表 4-7 某房地产企业的所有者权益 （单位：亿元）

		2019-12-31	2018-12-31	2017-12-31
所有者权益（或股东权益）：				
实收资本（或股本）	ⅰl	22.57	22.57	22.58
其他权益工具	ⅰl		10.00	
其中：优先股	ⅰl			
永续债	ⅰl		10.00	
资本公积金	ⅰl	26.78	26.39	26.20
减：库存股	ⅰl	3.00	2.12	1.53
其他综合收益	ⅰl	1.16	3.50	3.27
专项储备	ⅰl			
盈余公积金	ⅰl	10.48	5.09	0.68
一般风险准备	ⅰl			
未分配利润	ⅰl	326.28	239.50	155.04
外币报表折算差额	ⅰl			
未确认的投资损失	ⅰl			
股东权益差额（特殊报表科目）				
股权权益差额（合计平衡项目）				
归属于母公司所有者权益合计	ⅰl	384.27	304.93	206.24
少数股东权益	ⅰl	235.08	204.64	53.58
所有者权益合计	ⅰl	619.35	509.57	259.82

资料来源：Wind 资讯。

查看同一房企的利润表（见表 4-8），表中将净利润分为两个部分：归属于母公司所有者的净利润（2019 年，约 127 亿元），少数股东损益（2019 年，约 7 亿元）。

表 4-8 某房地产企业利润表　　　　（单位：亿元）

		2019-12-31	2018-12-31	2017-12-31
加：营业外收入	ⅰⅼ	<u>2.57</u>	<u>1.72</u>	<u>0.38</u>
减：营业外支出	ⅰⅼ	<u>0.92</u>	<u>0.48</u>	<u>0.27</u>
其中：非流动资产处置净损失	ⅰⅼ			
加：利润总额差额（特殊报表科目）				
利润总额差额（合计平衡项目）				
利润总额	ⅰⅼ	178.13	157.67	83.71
减：所得税	ⅰⅼ	<u>44.83</u>	<u>35.58</u>	<u>21.10</u>
加：未确认的投资损失	ⅰⅼ			
加：净利润差额（特殊报表科目）				
净利润差额（合计平衡项目）				
净利润	ⅰⅼ	133.30	122.09	62.60
持续经营净利润	ⅰⅼ	133.30	122.09	62.60
终止经营净利润	ⅰⅼ			
减：少数股东损益	ⅰⅼ	6.76	17.18	2.31
归属于母公司所有者的净利润	ⅰⅼ	126.54	104.91	60.29
加：其他综合收益	ⅰⅼ	<u>-2.34</u>	0.54	<u>3.37</u>
综合收益总额	ⅰⅼ	130.96	122.63	65.98
减：归属于少数股东的综合收益总额	ⅰⅼ	6.76	17.18	2.44
归属于母公司普通股东综合收益总额	ⅰⅼ	124.20	105.46	63.53

资料来源：Wind 资讯。

按照上面公式进行计算，少数股东损益 / 少数股东权益 =7 亿元 /235 亿元 ≈2.98%，归属于母公司所有者的净利润 / 归属于母公司所有者权益 =127 亿元 /384 亿元 ≈33.07%。按照项目同股同权的理念，少数股东应该和大股东在权益分配上享有相同权益。但在上面的例子里，少数股东的计算结果只有不到 3%，远远小于母公司的 33.07%。两者之间比例相差过大，投资者有理由质疑该企业存在明股实债问题。

这个方法有个比较明显的缺点，由于房企的利润表结转的是 1～2 年前项目的利润，所以当年的利润和所有者权益是不匹配的。改进的方法是用本年的利润对应之前年份的权益，有些人会选用 t−1 年和 t−2 年权益的加权平均值替换当年的权益。如果企业的少数股东权益占比每年变化都不大，则这个方法的准确性会更好。

方法二：查看少数股东的持股机构。

少数股东一般为信托公司或者金融类投资公司，参与的目的是获得较高的固定收益投资利率。投资人可以查询并表范围内的子公司的少数股东权益信息，如果项目公司的少数股东权益最终投资人为信托公司或者金融投资类公司，则说明这个项目公司的少数股东存在明股实债的可能性。

举个例子，首先从募集说明书或者审计报告等公开资料中找出房企并表范围内的项目公司名单，然后在 Wind 或者天眼查上输入并表项目公司名字。如图 4-20 所示，项目公司股东公司 A 和信托公司 B，持股比例分别为 51% 和 49%。公司 A 为控股股东，将项目公司合并到报表中；信托公司 B 为少数股东，持股 49%。经过少数股东溯源，可以发现这个少数股东是信托公司，此类股东存在明股实债嫌疑。

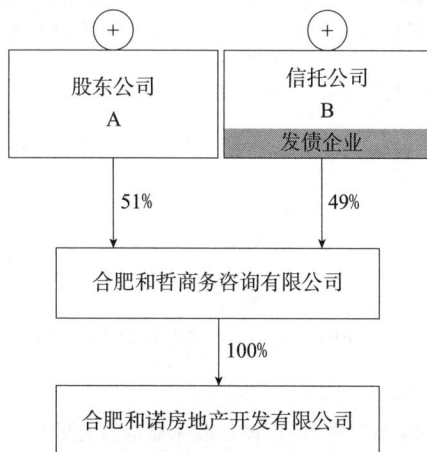

图4-20　某项目公司的股权结构

将所有有明股实债嫌疑的项目加总到一起，通过注册资本和持股比例等数据，可以算出房企明股实债的比例和金额，将少数股东权益中明股实债的金额还原成有息债务。

（2）对外担保。按照会计准则，对并表范围内的公司进行担保属于对内担保。因此，房企的对外担保均为对非并表项目公司的担保。下面将举例来说明如何通过研究房企的对外担保情况，理清房企的表外负债。

按照房地产行业规矩，基本上对外担保都是同股权比例对外担保。如图 4-21 所示，同股权比例对外担保是指公司 A 对项目公司 C 的持股比例是60%，如果项目公司 C 跟银行借款 2 亿元，银行需要项目公司 C 的股东进行担保，则持有项目公司 C 60% 股权的公司 A 需要担保的金额是 1.2 亿元（=2亿元 ×60%）；持有项目公司 C 40% 股权的公司 B 需要担保的金额是 0.8 亿元（=2 亿元 ×40%）。公司 A 和公司 B 都对项目公司 C 进行了担保，公司 A 由于将项目公司 C 并表，对项目公司 C 的担保属于内部担保，公司 B 对项目公司 C 的担保为对外担保。

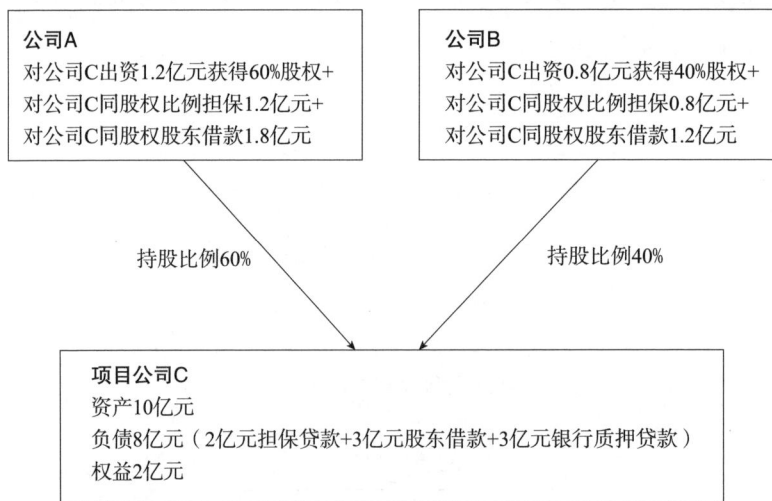

图4-21　项目公司C从股东获取资金的渠道

沿着上面这个逻辑，我们继续往下推导：如果研究的是公司 B 的债务情况，则在公司 B 的报表上只能看到并表项目公司的债务情况，看不到非并表项目公司 C 的债务情况。但从上面的例子我们至少能判断，对外担保金额越大，则公司 B 非并表项目公司债务规模越大。公司 B 仅权益对外担保金额就有 0.8 亿元，说明公司 B 非并表项目公司的权益负债肯定大于 0.8 亿元。虽然看不到全貌，但这至少是公司 B 表外债务的冰山一角。

根据以上推导，我们至少可以得出一个有意思的结论：如果有家房企的对外担保金额（假设都是对项目公司的担保）是 300 亿元，说明这家房企非并表项目公司的权益负债肯定大于 300 亿元。如果这家房企的工作人员告诉投资人其表外负债金额小于 300 亿元，那这大概率是个错误的信息。

（3）非并表项目债务。房企实际上是由很多个项目公司组成的，这些项目公司的所有销售金额就是全口径销售金额。对于这些项目公司，实现控制（一般是股权大于 50%）的就并表，没有实现控制的就不并表，最终形成了房企的财务报表。

不并表的项目公司也要盖房子、也要融资，因此也会形成权益和债务。这些项目由于不并表，债券投资人很难分析，有点儿像一个黑匣子。投资人也只能从报表的细枝末节去推敲非并表项目公司的大致情况。

从图 4-22 可以看到，对于公司 B 而言项目公司 C 是非并表公司，非并表项目公司的负债一般来自三块——股东担保贷款、股东借款、自身的银行开发贷款。

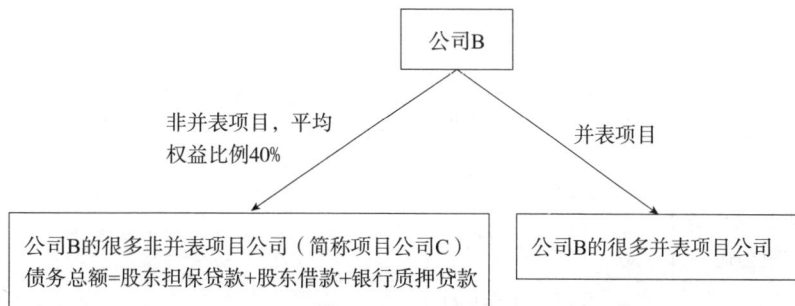

图4-22　地产公司非并表子公司债务结构图

1）项目公司 C 的股东担保贷款可以通过公司 B 的对外担保金额计算。在对外担保中，项目公司 C 的股东担保贷款金额可以从公司 B 的对外担保金额中获得。公司 B 的对外担保金额基本上是非并表项目公司的权益股东担保借款。也就是说如果公司 B 的对外担保金额是 50 亿元，对非并表项目公司的平均权益比例是 40%，那么可以大致估测公司 B 所有非并表项目公司的权益股东担保借款至少有 125 亿元（=50 亿元 /40%）。

2）项目公司 C 的股东借款可以在公司 B 资产负债表的其他应收款的明细里找到。如表 4-9 所示，款项性质为关联方往来款的，基本上都是公司 B 对非并表项目公司的股东借款。假设公司 B 的其他应收款里关联方往来款总计 120 亿元，且对非并表项目公司的平均权益比例是 40%，那么可以大致估测公司 B 所有非并表项目公司的股东借款大概是 300 亿元（=120 亿元 /40%）。

表 4-9 某地产公司的余额前五名的其他应收款情况

单位名称	是否关联方	余额（万元）	年限	款项性质	占比（%）
上海新湖房地产开发有限公司	是	305 000.00	1 年以内	关联方往来款	5.99
融创华北发展集团有限公司	是	288 640.02	1 年以内 11 166.77；1～2 年 176 282.53；2～3 年 101 190.72	关联方往来款	5.67
南京绿城置业有限公司	是	237 256.53	1 年以内	关联方往来款	4.66
沈阳全运村建设有限公司	是	199 163.94	1 年以内 163 062.13；1～2 年 21 818.14；3 年以上 14 283.67	关联方往来款	3.91
余姚绿城浙善置业有限公司	是	165 100.94	1 年以内	关联方往来款	3.24
合计	—	1 195 161.43	—		23.48

资料来源：Wind 资讯。

3）项目公司 C 的银行开发贷款，没办法从公司 B 的报表里获得，这块是个黑匣子。即使开发贷数据无法获得，非并表项目公司的（权益）债务也应至少不低于公司 B 的对外担保金额和其他应收款里的股东借款之和。根据以上计算，则 B 公司表外全口径债务不低于 425 亿元（＝股东担保金额 125 亿元＋股东借款 300 亿元）。

（4）永续债。永续债，是发行人在债券市场注册发行的无固定期限，只有发行人有赎回权，债券持有人无赎回权的债券。现在市场上的永续债一般是 3+N 年或者 5+N 年。对于 3+N 的永续债，3 年后如果发行人不赎回，则该债券票息在原票息的基础上调升（一般是 300 个基点）。发行人出于对融资成本的考虑，除非资金链比较紧张，否则一般会选择赎回。因此，永续债被企业当作调整债务结构的工具之一，而作为债券投资人，在分析发行人有息债务时，都应将永续债从所有者权益项目中调减，然后加总到有息债务中。

如表 4-10 所示，永续债数据可以直接在 Wind 的资产负债表里查询，将永续债还原成有息债务，并同时扣减所有者权益。

3. 经营债务

所谓经营债务是指房企由于经营产生的债务，这些债务包括供应链 ABS、与合作方形成的其他应付款、对上游占款形成的应付账款等。经营债务是由于经营产生的，因此房企有经营债务是合理的。但问题在于，很多房企为了调节财务指标，让各种偿债指标都更好看，采取增加经营债务同时减少有息债务的方式，这些方式包括：

（1）供应链 ABS。通过发行供应链 ABS 向市场融资，把融来的资金先给到供货商，同时房企增加应付账款金额并减少有息债务。

（2）其他应付款。多占用的股东或者合作方的资金，在财务报表显示为其他应付款的增加。但与此同时可以减少融资，从而达到减少有息债务的目的。

表 4-10　房地产企业的永续债　　　　（单位：亿元）

		2019-12-31	2018-12-31	2017-12-31
所有者权益（或股东权益）：				
实收资本（或股本）	ıl	20.00	20.00	20.00
其他权益工具	ıl	10.00	10.00	10.00
其中：优先股	ıl			
永续债	ıl	10.00	10.00	
资本公积金	ıl	0.42	0.27	0.14
减：库存股	ıl			
其他综合收益	ıl	−0.47	−0.15	0.43
专项储备	ıl			
盈余公积金	ıl	10.00	10.00	9.37
一般风险准备	ıl			
未分配利润	ıl	150.23	122.17	88.98
外币报表折算差额	ıl			
未确认的投资损失	ıl			
股东权益差额（特殊报表科目）				
股权权益差额（合计平衡项目）				
归属于母公司所有者权益合计	ıl	190.18	162.30	128.91
少数股东权益	ıl	179.54	115.97	83.98
所有者权益合计	ıl	369.72	278.26	212.90

资料来源：Wind 资讯。

　　（3）应付账款。房企利用自己在供应链中的强大谈判能力，通过延长对供货商的付款周期，占用供货商的资金来达到降低有息债务的目的。还有一些房企，其供应链上的公司是自身的非上市关联公司，可以通过调节、占用关联公司的款项，来美化自己的报表。

　　业内之所以认为房企的报表被美化得比较严重，是因为除了形式多样的合作开发和表外负债模式，房企还可以通过"体外代持"的方式持有项目。所谓"体外代持"是指在项目开发初期，由于需要大量投入且不确定项目是否能盈利，为了不影响自身报表的美观，先由房企的高管或者实际控制人的亲戚等人持有项目，待项目成熟或开始获利时再并入房企报表。这种"体外代持"的债务就更难以看清了，所以债券投资人如果仅仅分析数据，显然不能看清房企，还是需要多和房企及业内人士交流。毕竟天下没有不透风的墙，企业做过的事总会在业内留下痕迹。作为债券投资人，了解透彻以后再进行投资才能更好地控制信用风险。

基于上文讲解的房企的债务模式，可以将各项分别列示出来做房企之间的横向对比，并对有息债务做一定的还原。由于明股实债和非并表项目公司的负债两个部分有很多主观猜测的成分，所以不宜公开披露分析结果，以免造成误会。但很多债券投资机构对房企，特别是有持仓的房企，都会大致按照上述方法仔细拆解房企的债务结构，形成内部资料，供投资决策参考。

（二）"三道红线"

2020 年 8 月 20 日，住房城乡建设部、中国人民银行在北京召开重点房企座谈会，银保监会、证监会、外汇局、交易商协会及部分房企负责人参加会议，会议提出了重点房企资金监测和融资管理规则。同年 10 月 14 日，央行金融市场司副司长在新闻发布会上确认了房地产融资新规，核心内容就是"三道红线"。"三道红线"对地产行业有着深远的影响。根据"三道红线"的规定，即使是绿档的房企，有息债务增速也不能超过 15%，这无疑是让部分走在债务快速扩张道路上的房企快速刹车。不管怎样，在"三道红线"的监管之下，过去地产行业靠杠杆拉动规模，销售规模几年翻倍的野蛮生长时代结束了，随后伴随的是房地产市场的下行。因而，2023 年下半年之后，随着对于房地产行业的监管不断由紧到松，对于房企已经不需要执行"三道红线"。房企曾经的"紧箍咒"虽然已经摘下，但其使用的指标依然可以成为衡量房企优劣的工具。

"三道红线"实质是在监管和衡量房企的偿债能力，三个指标如图 4-23 所示：其中现金短债比用于衡量房企对于短期债务的偿还能力；剔除预收账款后的资产负债率用于衡量房企的整体债务情况，可以规避房企通过增加经营负债的方式来减少有息债务规模；净负债率用于衡量房企的杠杆情况，净负债率越高，说明房企债务杠杆率越高。

现金短债比<1   现金短债比=现金余额/短期负债

资产负债率（剔除预收账款）>70%   资产负债率（剔除预收账款）=（总负债–预收账款）/总资产

净负债率>100%   净负债率=（有息负债–现金及等价物）/（股东权益–优先股及永续债）

图4-23   "三道红线"计算规则

资料来源：Wind 资讯，本书作者整理。

（三）资产覆盖倍数

资产覆盖倍数类似于城投公司分析中"有效资产/有息债务"的分析方法。对于房企而言，有效资产是现金、土地使用权、未售出的房子、持有的物业。这个指标可以衡量房企核心资产对于债务的覆盖程度，实际上这个指标评估的是房企的家底是否足够偿还债务。

信用债投资人由于没有抵押权，在债务清偿顺序中处于较为靠后的位置。资产覆盖倍数如果小于1，意味着房企的核心资产不足以覆盖所有债务，如果房企出现经营风险，进行破产清算，那么处于靠后位置的信用债投资人有理由怀疑自己的债权是否能得到足额偿付。由于资产的变卖会产生资产流动性不足的问题，因此即使资产覆盖倍数大于1，也不能断定房企一定有足够的偿付能力。由于资产流动性问题，房企中有很多根本不能处理或者处理起来价值要打很多折扣的资产，因此房企资产的实际价值远远小于账面价值。因此，资产覆盖倍数作为风险排除指标或者相对排序指标，对于信用评估的意义更大一些。所谓风险排除指标，是指投资人应该对资产覆盖倍数小于1的房企保持一定的警惕。所谓相对排序指标，是指从发行人优劣排序上看，房企资产覆盖倍数越大，说明其长期偿债能力越好。

资产覆盖倍数具体的计算公式如下：

（现金类资产 + 存货 + 投资性房地产 − 预收款项）/ 有息债务

为了计算简便，有息债务只包括表内债务。计算结果如图 4-24 所示，资产覆盖倍数指标表现最好的是招商蛇口、中海发展、龙湖集团，最差的三家是佳兆业、中南建设、融创中国。在地产不景气的背景下，实际上存货中有很多减值计提不足的项目。因此，在运用此项指标时，我们还会根据存货所在区域和城市的不同，对存货金额进行打折，以求更为客观地衡量企业的资产覆盖倍数情况。

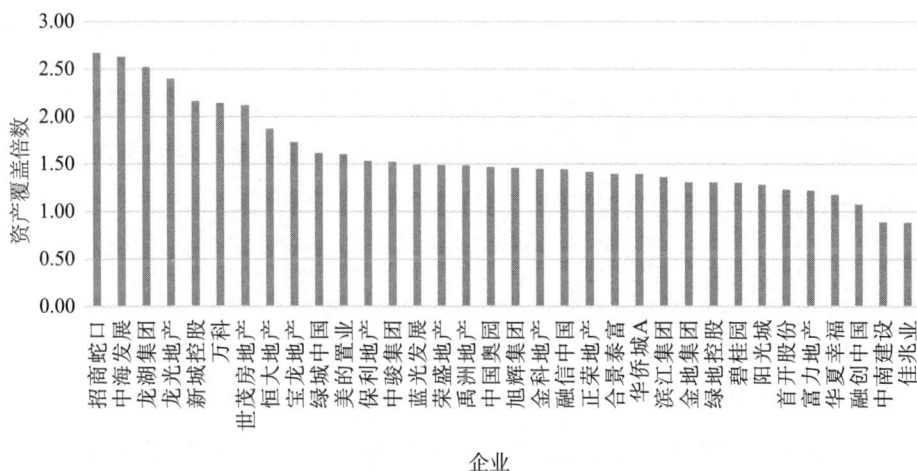

图4-24 "资产覆盖倍数"指标计算结果

资料来源：Wind资讯，本书作者整理。

（四）现金覆盖倍数

由于营业收入是1~2年之前的销售确认的收入，不能反映当年的销售情况，而经营现金流入则可以用来衡量当年的销售情况，因此，我们用经营现金流入／有息债务来描述当年的现金流入对于有息债务的覆盖情况。

这个指标有点类似于从现金流的角度衡量房企的偿债能力。这个指标表示的是假设房企在不买地也没有外部融资的情况下，一年的现金流对于债务的覆盖情况。也有投资人用"经营现金流入／一年内需要偿还的有息债务"来衡量房企的短期偿债能力。如果这个指标大于1，意味着在极端情况下，房企没有钱买地，也不能获得外部现金流，只靠一年的经营回款即可覆盖一年内到期的债务，这样的房企的短期偿债能力是比较强的。

债券投资人对一些发行主体进行短期评级和长期评级，在无法看清一个发行主体长期的业务走势时，发行主体的长期评级可能比较低，发行主体的长期债券不能进入投资库。但如果现金流足够充沛，发行主体的短期债券是可以进入投资库的。

"权益销售金额 / 有息债务"指标和"经营现金流入 / 有息债务"指标功能类似，用来描述现金流对有息债务的覆盖。"经营现金流入 / 有息债务"指标虽然能更好地反映房企的销售回款情况，但容易受到财务报表调节的影响。因此，将"权益销售金额 / 有息债务"指标作为补充，能更为直观地了解房企现金流对债务的覆盖情况。

（五）实际杠杆率

由于房企的花式融资方式，投资者似乎很难了解房企真实的杠杆率。在实践中，一般还会用"权益货值 / 归母所有者权益"指标测算房企的实际杠杆率。

"权益货值 / 归母所有者权益"指标主要用于解房企的实际杠杆率。权益货值代表房企手里所有土地和房子的规模，归母所有者权益是房企本身的出资额，因此这个指标就是在描述企业用自己的资金撬动了多少货值。这个指标既不受应收、应付等经营债务的干扰，也不受合作项目调节报表的干扰。这个指标越高代表企业的财务杠杆越高。

（六）融资成本和途径

1. 房企融资成本

房企的风险越大，则市场会对其索取越高的风险溢价，因此，融资成本在很大程度上体现了市场对房企信用风险的判断。部分房企公告了其 2022 年的平均融资成本，我们将其汇总如图 4-25，平均融资成本最低的三家是中海地产、陆家嘴、华润置地；平均融资成本最高的三家是中骏集团、新城控股、金辉集团。

对于债券市场机构投资者而言，需要了解市场给房企低风险溢价或高风险溢价的原因，在此基础上进行分析。机构投资者认为市场给某房企高风险溢价的原因是可以接受的，才会去投资，"没有无缘无故的爱和恨"。如果没有找到市场给出高风险溢价的原因就去投资，那这很有可能是笔风险很大的投资。

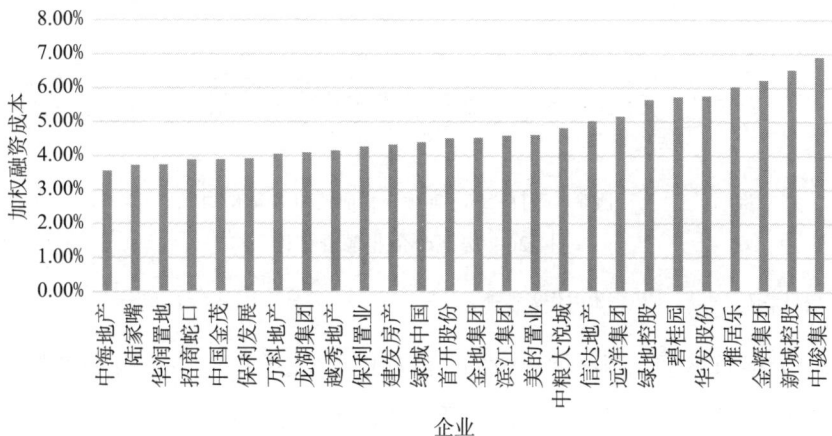

图4-25 房企加权融资成本

资料来源：Wind资讯，本书作者整理。

2.房企外部融资途径

房企的外部融资途径包括股权融资、银行融资、债券融资、非标融资。债券市场对于融资方式的差异以及融资比例的大小均有独特的理解。图4-26列出了部分房企的总体有息债务规模以及融资结构情况。

（1）股权融资。由于房企在内地上市比较困难，急需资金的房企纷纷选择在港股上市，获取资金后投入内地的地产事业。无论是IPO、定增还是引入战投，都是房企用股权获取资金的方式。近年最吸引人注意的股权融资是恒大为了借壳上市引入1300亿元战投的故事；最令人唏嘘的股权争夺是万科和宝能的"万宝大战"。围绕房企股权可以做的事情很多，但对于很多地产商而言，配合做高股价并从股市拿到更多的融资是进行资本运作的主要目的，毕竟这对房企而言是一笔不需要支付利息的资金。

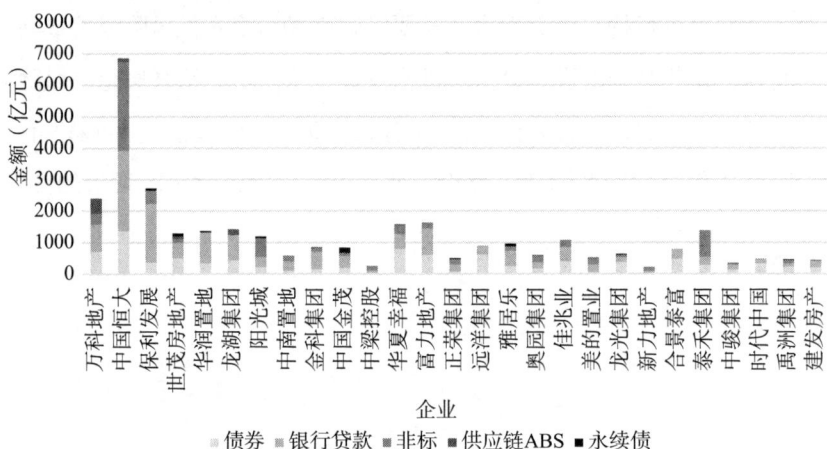

图4-26 房地产企业融资结构

资料来源：Wind 资讯，本书作者整理。

（2）银行融资。银行对房企的融资仅能以开发贷、并购贷等形式存在，银行对房企没有流贷。理论上开发贷需要房企以项目作为抵押，且银行应该按照项目工程进度给房企发放贷款。这种融资模式由于有抵押，对于银行而言是比较安全的信贷资产，对于房企而言也是融资成本比较低的融资方式。

（3）债券融资。债券融资包括境内信用债、境外信用债和 ABS 等。境外信用债的发行环境比境内好，特别是对于一些中低评级的房企，境内信用债市场由于风险偏好过分一致导致没有投资者愿意投资中低评级的房企，但在境外，房企可以通过付出更多的融资成本获得资金。

债券投资人偏好对债权市场依赖度更低的房企，因为债市的群体效应比较明显，企业一旦有任何负面消息，可能遭遇债市投资者一致的用脚投票的行为，房企可能会瞬间失去在债券市场的再融资能力，从而给自己的资金链带来巨大的压力。

（4）非标融资。由于非标融资成本比较高，因此市场普遍认为非标融资占比高的房企融资通畅度较差。

第三节 探秘地产公司报表的独特之处

本章前两节有部分关于会计科目的内容，为了方便读者理解，本节将梳理房地产企业会计科目的内涵，重点突出房地产企业会计报表科目的特色。

一、利润表

我国新房预售制度导致房企确认的收入和成本很多都是以往年度的销售形成的，一般房企需要将房子交给买房客才能确认销售收入，但实际上建造房子的钱早就收到了。债市投资人往往对预测未来比较感兴趣，因为债市投资人要判断的是房企未来的偿付能力，因此，由过去的销售所形成的利润表给出的信息是滞后的，房企的销售规模是更面向未来的指标。

（一）标准利润表

表 4-11 是某房企的标准利润表，选择这家房企一方面是因为，这家房企的业务比较纯粹，大部分收入来自住宅类业务，没有夹杂其他类型的业务的样本，方便读者更清晰地了解房地产业务的利润表特点；另一方面是因为，这家房企没有在港股上市，不存在港股上市公司和内地发债主体由于合并项目子公司不一样，规模、口径都不一样的问题。

表 4-11 某房地产企业利润表 （单位：元）

项 目	注释号	本期数	上年同期数
一、营业总收入		70 442 587 508.90	41 502 316 428.18
其中：营业收入	1	70 442 587 508.90	41 502 316 428.18
利息收入			
已赚保费			
手续费及佣金收入			
二、营业总成本		62 317 335 964.69	37 549 433 917.84
其中：营业成本	1	58 637 814 744.39	34 249 261 687.82
利息支出			

（续）

项　目	注释号	本期数	上年同期数
手续费及佣金支出			
退保金			
赔付支出净额			
提取保险责任准备金净额			
保单红利支出			
分保费用			
税金及附加	2	1 508 338 229.23	844 036 154.42
销售费用	3	856 553 302.41	810 563 224.79
管理费用	4	774 388 012.33	626 375 131.82
研发费用			
财务费用	5	540 241 676.33	1 019 197 718.99
其中：利息费用		748 917 428.26	1 083 658 429.66
利息收入		245 581 985.50	106 091 333.80
加：其他收益	6	8 715 858.00	7 545 455.06
投资收益（损失以"-"号填列）	7	1 230 587 542.71	2 224 084 553.88
其中：对联营企业和合营企业的投资收益		1 053 323 470.37	2 185 605 857.99
以摊余成本计量的金融资产终止确认收益			
汇兑收益（损失以"-"号填列）			
净敞口套期收益（损失以"-"号填列）			
公允价值变动收益（损失以"-"号填列）	8	-3 030 060.21	-6 235 003.33
信用减值损失（损失以"-"号填列）	9	-527 100 595.31	-156 070 418.28
资产减值损失（损失以"-"号填列）	10	-3 779 626 710.12	-702 131 914.05
资产处置收益（损失以"-"号填列）	11	-283 516.33	355 513.13

（续）

项　　目	注释号	本期数	上年同期数
三、营业利润（亏损以"–"号填列）		5 054 514 062.95	5 320 430 696.75
加：营业外收入	12	10 942 077.54	9 958 955.87
减：营业外支出	13	29 789 774.24	19 876 403.20
四、利润总额（亏损总额以"–"号填列）		5 035 666 366.25	5 310 513 249.42
减：所得税费用	14	2 183 937 593.55	1 406 186 602.34
五、净利润（净亏损以"–"号填列）		2 851 728 772.70	3 904 326 647.08

资料来源：Wind 资讯。

这张利润表能提供的信息主要有以下几点。

（1）毛利率和净利率。2023 年该房企毛利率为 16.76%，净利率为 4.05%，对比前文中主要房企的毛利率和净利率，可以得出，这家房企盈利能力属于中等偏上的水平。

（2）由于房企大部分的利息支出都资本化在存货里，因此，房企财务费用里的利息支出仅仅代表非资本化项目及维持日常经营借款的利息支出，并不能用于衡量房企的融资成本。

（3）从投资收益中能看到该房企对联营企业和合营企业的投资收益，这个投资收益是由长期股权投资中对联合营企业的投资形成的，即房企的非并表项目公司的股权投资的投资收益。通过计算"对联营企业和合营企业的投资收益／长期股权投资"，可以得到房企的少数股东权益的投资收益率。

（4）减值损失情况。对于房企来说，信用减值损失是对其他应收款计提的损失，资产减值损失主要是对存货计提的损失。在房价下行周期应特别关注对存货计提的减值损失是否足额，部分房企可能有较大的未计提损失金额，下文"存货"小节中会详细分析。

（5）净利润分为归属于母公司所有者的净利益和少数股东损益两部分，可以结合权益的金额计算房企是否存在明股实债。具体的方法上文已经介绍，这里不再赘述。

（二）营业收入明细表

1. 以住宅业务为主的房企

表 4-12 的营业收入明细表中的主营业务收入基本都是住宅销售收入，这说明这家房企的地产业务比较纯正，其他业务收入占比很小。从表 4-12 中还可以算得主营业务收入的毛利率为 16.76%，住宅销售板块的毛利率高于其他业务的 −3.36% 的毛利。实际上，对于大多数房地产企业而言，纯住宅业务板块往往是所有业务板块中毛利率最高的。

表 4-12　房地产企业的营业收入明细表　　　（单位：元）

项　目	本期数		上年同期数	
	收入	成本	收入	成本
主营业务收入	70 425 402 463.77	58 620 051 604.68	41 490 936 586.86	34 239 270 208.54
其他业务收入	17 185 045.13	17 763 139.71	11 379 841.32	9 991 479.28
合　计	70 442 587 508.90	58 637 814 744.39	41 502 316 428.18	34 249 261 687.82

资料来源：Wind 资讯。

从表 4-13 的房地产销售项目情况表中可以看到该房企具体确认收入的楼盘项目。通过具体项目，可以进一步确认这家房企的业务都是纯住宅项目，没有商业地产。从表 4-13 的"本期数"和"上年同期数"的对比中，可以了解项目的进度：例如，2023 年度收入金额最大的两个项目来自今年交付的"杭州江河鸣翠项目""杭州湘湖里项目"。"杭州空港壹号项目"上年确认了一部分收入，今年也确认了一部分收入，说明这期项目是分两年交付给业主的。

表 4-13　房地产销售项目情况　　　（单位：元）

项　目	本期数	上年同期数
杭州江河鸣翠项目	6 198 389 841.28	
杭州湘湖里项目	5 880 099 745.71	
杭州空港壹号项目	970 197 089.81	471 754 761.47
杭州定安府项目	496 432 601.83	737 056 267.89

资料来源：Wind 资讯。

2. 住宅和商业地产业务齐头并进的房企

对于既有住宅又有商业地产的房企，可以在如表4-14的营业收入明细表里计算某房企不同业务的毛利率。经过计算可以得到这家房企2019年的住宅销售毛利率为34%，商业地产销售毛利率为27%，住宅销售毛利率远高于商业地产。

表 4-14　兼顾住宅和商业地产房企的营业收入明细表　（单位：元）

产品名称	本期发生额		上期发生额	
	营业收入	营业成本	营业收入	营业成本
住宅销售	13 617 190 544.38	9 041 740 360.99	12 698 786 087.03	7 380 236 552.65
商业地产销售	6 376 928 806.03	4 631 104 427.80	6 582 591 760.04	3 723 177 565.11
房地产租赁	733 273 050.26	145 153 023.06	694 511 370.99	151 644 202.15
电影院业务	—	—	84 697.88	66 379.68
酒店服务业务	263 055 590.88	100 672 853.92	260 844 760.47	141 873 910.59
物业管理	432 971 431.52	2 915 764.54	342 033 852.03	6 634 805.64
其他	25 706 190.37	19 064 721.95	95 380 421.14	58 074 044.02
合计	21 449 125 613.4	13 940 651 152.2	20 674 232 949.5	11 461 707 459.8

注：数据来自2019年年报，没有更新数据是因为该企业在2020年之后就不再分别公布住宅销售和商业地产销售的数据。该企业2023年的住宅销售和商业地产销售合并计算毛利率已经下降到13.91%。

资料来源：Wind资讯。

房地产租赁、酒店服务业务等业务毛利率较高，但经营房地产租赁和酒店服务业务首先需要持有商场、酒店等物业，持有物业就需要沉淀资金。沉淀资金就意味着有机会成本，这个机会成本即房企负债端的融资成本。国内的物业管理租金回报率区间大概在3%~8%，而民企地产公司的平均融资成本在6%~10%，租金回报率覆盖融资成本已经很困难。这意味着如果不考虑房地产的升值，只做物业租赁，这项生意基本上是亏本的，做得越多损失越大。再做更深入的推算，住宅地产的投资回报率大概在10%左右，物业管理只有每年达到5%~10%的平均增速，才能与住宅地产的回报率齐平。虽然融资成本呈现不断降低的趋势，但在房地产市场下行的周期，回报率和增速也会更低，只有少数项目回报和成本之间的差值能为正，即能在物业管理上赚钱的项目不多。

（三）多元经营的房企

多元经营的房企业务更多，需要对营业收入明细表做更为仔细的分析。至少从综合毛利率、资本回报率等盈利指标来看，对于很多开展综合业务的房企而言，房地产板块是最赚钱的业务。如表 4-15 所示，某家多元经营房企的营业收入明细表中，房地产板块毛利率为 28%，建筑板块毛利率为 4%，商品销售业务板块毛利率仅为 3%。酒店板块看上去毛利率比较高，但如果计算资本回报率，也很难说是一项赚钱的业务。

表 4-15　多元经营的房企的营业收入明细表

项目	本期发生额（元）		毛利率
	收入	成本	
房地产及相关产业	194 325 725 485.02	140 728 561 790.86	28%
建筑及相关产业	188 486 110 659.10	180 355 622 896.82	4%
商品销售及相关产业	47 275 455 111.37	45 632 145 962.17	3%
能源及相关产业	13 195 239 391.15	12 916 998 137.78	2%
汽车及相关产业	7 590 033 850.79	7 340 495 502.87	3%
绿化及相关产业	1 045 784 597.18	835 992 363.14	20%
物业及相关产业	790 412 854.08	626 133 735.76	21%
酒店及相关产业	2 348 650 526.04	533 346 784.24	77%
金融及相关产业	398 652 297.09	457 317 560.95	−15%
租赁收入	1 324 561 977.44	1 932 602 489.86	−46%
其他收入	3 245 943 563.77	2 410 521 650.34	26%
小计	460 026 570 313.03	393 312 421 313.84	15%
减：内部抵销数	36 473 420 453.19	34 125 545 060.98	6%
合计	423 553 149 859.84	359 186 876 252.86	15%

注：数据为 2019 年，数据没有更新的原因是 2020 年后该企业只公布三个行业的毛利率。该企业 2023 年房地产毛利率下降到 15.87%。

资料来源：Wind 资讯。

对于多元经营的地产业务，需要重点分析其非房业务对资金的占用情况以及在整个行业的竞争力。如果非房多元业务利润并不是很丰厚，且板块之间各自为政，业务之间没有形成联动，则需要考虑多元业务的必要性。多元经营房企最让人担心的是陷入"什么都做但什么都做不好"的困境，即我们应当考量每个业务在对应行业内的竞争优势。如果什么业务都做，但每个业务在行业内的竞争优势都不明显，那么我们也需要怀疑这家房企的战略布局和管理能力。

二、资产项目

债券投资者关注的主要是企业的偿债能力，因此对资产负债表的关注度远大于利润表。债券投资者可以通过研究房企的资产项目情况，搞清楚房企哪些项目是赚钱的、哪些项目是有大窟窿的，从而评估房企的资产质量。对于房地产企业来说，最优质、最核心的资产是土地和房子。下面将按照如表4-16所示的某家房企的资产负债表科目介绍房企的核心资产都藏在哪些科目里。

表4-16 某地产公司的资产负债表 （单位：亿元）

报告期	2023-12-31	2022-12-31		2023-12-31	2022-12-31
报告期	年报	年报		年报	年报
报表类型	合并报表	合并报表		合并报表	合并报表
流动资产：			流动负债：		
货币资金	327.04	243.28	短期借款		
交易性金融资产	1.16	0.84	应付票据及应付账款	55.58	36.99
应收票据及应收账款	4.74	4.41	应付账款	55.58	36.99
应收账款	4.74	4.41	预收款项	0.68	0.42
预付款项	0.02	0.06	合同负债	1430.71	1303.62
其他应收款（合计）	381.13	303.62	应付职工薪酬	1.43	1.34
应收股利			应交税费	16.74	11.31
其他应收款	381.13	303.62	其他应付款（合计）	258.78	219.75

（续）

	2023-12-31	2022-12-31		2023-12-31	2022-12-31
存货	1726.98	1844.09	其他应付款	258.78	219.75
其他流动资产	140.95	107.17	一年内到期的非流动负债	110.40	128.79
流动资产合计	2582.01	2503.47	其他流动负债	152.70	135.00
非流动资产：			流动负债合计	2027.01	1837.21
其他权益工具投资	9.08	10.23	非流动负债：		
其他非流动金融资产	8.62	8.78	长期借款	258.24	349.50
长期股权投资	178.64	142.98	应付债券	21.86	39.95
投资性房地产	85.77	69.46	租赁负债	0.95	0.99
固定资产（合计）	11.71	5.82	长期应付款（合计）	6.06	5.75
固定资产	11.71	5.82	长期应付款	6.06	5.75
使用权资产	1.18	1.31	专项应付款	0.00	0.00
无形资产	1.34	1.37	递延所得税负债	1.64	1.20
商誉	0.01	0.01	非流动负债合计	288.76	397.38
长期待摊费用	0.45	0.51	负债合计	2315.77	2234.59
递延所得税资产	21.51	17.83	所有者权益（股东权益）：		
非流动资产合计	318.31	258.29	实收资本（股本）	31.11	31.11
资产总计	2900.32	2761.76	资本公积金	21.70	21.00
			其他综合收益	−2.17	−2.19
			盈余公积金	15.56	15.16
			未分配利润	186.82	170.26
			归属于母公司所有者权益合计	253.02	235.35
			少数股东权益	331.53	291.82
			所有者权益合计	584.55	527.17

资料来源：Wind 资讯。

（一）货币资金

货币资金和公司能动用的现金是两回事，债券投资人对这句话的理解尤为深刻：2021年初，某债券已经违约的房企在与机构投资者沟通时表示"公司资产负债表上虽然有300多亿元货币资金，但资金全部受限，可动用资金不足10亿元"。如表4-17所示，这家房企的2019年年报公开披露的信息显示，货币资金有430亿元，其中受限资金仅有18亿元。也就是说，根据经过审计的年报，2019年底货币资金中的可动用资金超过400亿元。但到2020年底实际需要动用货币资金还债时，公司却说账上的可动用资金只有10亿元，因此无力偿还债券，只能展期或者违约。这不得不让我们怀疑审计报告的真实性——该房企披露的受限货币资金占比仅为5%，而实际可动用的货币资金金额可能远小于年报的披露金额。

表4-17 某地产公司的受限资产明细情况表

项 目	期末账面价值	受限原因
货币资金	1 818 530 328.72	农民工工资预储金、履约保证金等
存货	26 896 464 654.07	用于长短期借款及一年内到期的非流动负债抵押

资料来源：Wind资讯。

在常规的理解下，资产负债表上的货币资金除了报表披露的受限部分，剩下的都是可以动用的部分。但债券投资者在经历康美、康得新等事件后，终于意识到，企业报表显示的货币资金金额可信度极低。债券投资者就是在这一桩桩、一件件违约事件中逐渐学会以更谨慎的态度去看待企业的会计报表的。会计报表毕竟只是一个过去时点的数据，货币资金等流动性极强的资产价值的变动幅度可能比想象中更大。

（二）应收账款、预付款项

房企的应收账款一般为应收的商品房售房款，房地产开发项目通常采用预售模式，因此应收账款金额相对较小。

预付账款科目金额比应收账款更大，且实际意义更强，从表 4-18 的某房企的预付账款明细情况表可以看到，房企的预付款项一般为对国土资源部门预付的购地款。

表 4-18　预付账款明细情况表

单位名称	与本公司关系	账面金额（万元）	计提坏账准备	账龄	占比（%）
烟台市国土资源局	外部单位	327 835.10	—	1 年以内	27.96
重庆市国土资源和房屋管理局	外部单位	187 197.12	—	1 年以内	15.97
重庆市财政局	外部单位	73 373.22	—	1 年以内	6.26
重庆市璧山区国土资源和房屋管理局	外部单位	30 500.00	—	1 年以内	2.60
胶州市华润城片区征迁改造建设指挥部	外部单位	30 000.00	—	1 年以内	2.56
合计		648 905.44			55.35

资料来源：Wind 资讯。

（三）其他应收款

其他应收款是房企财务报表中比较复杂且需要重点关注的会计科目。房企其他应收款一般有如下几个来源。

（1）房企给非并表项目公司的股东借款，是房企其他应收款的重要来源。表 4-19 中投入合营联营及参股公司的股东借款即为该房企对非并表项目公司的借款，这类借款在 2019 年 12 月 31 日的余额为 108.85 亿元，投资人可以用这个金额推测房企的表外负债金额。

（2）房企给少数股东的预分红款是其他应收款金额最大的来源。如表 4-19 所示，非关联方经营性项目即为房企给少数股东的预分红款，这类借款在 2019 年 12 月 31 日的余额为 569.61 亿元。部分房企的"销售金额权益比例"远大于其资产负债表中的"归属于母公司股东权益 / 股东权益"，是因为销售节奏和竣工结算节奏的差异，这种差异可以部分通过用少数股东权益减去预分红款进行解释。预分红款金额就是表 4-19 中非关联方经营性项目的金额。

（3）招拍挂买入土地的过程中，房企由于参加招拍挂向市县国土部门缴纳的履约保证金。

表 4-19　其他应收款明细情况表

项目			2019 年 12 月 31 日		2018 年 12 月 31 日		2017 年 12 月 31 日	
			余额（万元）	占比（%）	余额（万元）	占比（%）	余额（万元）	占比（%）
非关联方	经营性		5 696 132.53	83.96	3 844 641.79	77.82	3 265 848.01	83.46
关联方	经营性	投入合营联营及参股公司的股东借款	1 088 500.55	16.04	1 095 723.65	22.18	647 273.20	16.54
	非经营性	与其他关联方的往来款	—	—	—	—	—	—
合计			6 784 633.08	100.00	4 940 365.44	100.00	3 913 121.21	100.00

资料来源：Wind 资讯。

对非并表项目公司形成的股东借款可以用于评估房企表外债务。回顾本章第二节介绍的房企表外债务评估，公司 B 对非并表项目公司 C 的股东借款 1.2 亿元，就记录在其他应收款（投入合营联营及参股公司的股东借款）里（见图 4-27）。

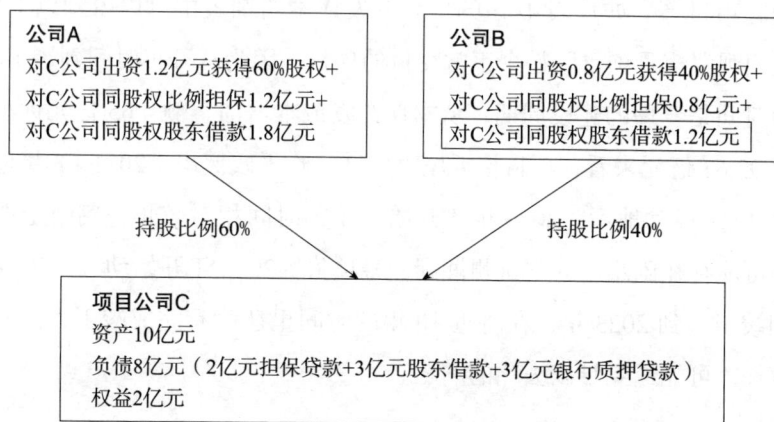

图 4-27　项目公司 C 从股东获取资金的渠道

（四）存货

存货是房企资产负债表中最重要的资产项目，房企大部分的家底都在这里。如表 4-20 所示，存货中的主要项目是开发成本和开发产品，开发成本可以理解为未竣工结算的项目（包括土地和楼盘），开发产品一般是已经竣工结算的项目。

竣工之前的项目都放在开发成本里，开发成本包括：①已购买未开发的土地；②在建但未售出的项目；③已售出未交付的项目。

房企会根据会计准则计提存货减值，但房企计提存货减值的评估范围一般是已经开发的项目，对于"已购买未开发的土地"是不计提减值的，因此，房企实际上计提的存货减值是偏少的。在房价下行周期，由于前期购买的土地价格偏高，存货中土地的减值量也不容小觑。2022 年后监管发文要求披露存货减值，如表 4-20 所示，年报中"存货跌价准备或合同履约成本减值准备"栏目中披露了减值。即使如此，投研人员也需要关注减值是否计提，以及是否完全计提，计算方法为减值准备除以账面余额，用其存货所覆盖区域的房价跌幅来验证房企是否足额计提减值准备。

通过观察产品开发的项目明细，大概可以看出房企土储结构、开发节奏、问题项目等。如从表 4-21 的房企开发成本明细表中可以得到以下信息：①"杭州观翠揽月项目"是个正常交付的项目。因为从开工时间到竣工时间，两年的时间是合理的建设周期；从本期开发成本增加金额 4.65 亿元远小于期末余额 92.63 亿元来看，项目接近尾声。②"临平政储出［2021］3 号地块项目"自 2021 年拿地后，2023 年才开始动工，时间相对较长，判断土地交付和开发可能存在困难。③"杭州湘湖壹号项目"2012 年开始动工，2014 年开始分期竣工，到 2023 年，在将近 10 年的时间里还没有完成竣工，判断项目时间过长，可能遇到难以去化的问题。

表 4-20　存货明细情况表

（单位：元）

项目	期末余额			期初余额		
	账面余额	存货跌价准备或合同履约成本减值准备	账面价值	账面余额	存货跌价准备或合同履约成本减值准备	账面价值
开发成本	164 897 750 713.77	3 619 829 748.52	161 277 920 965.25	177 599 566 668.19	549 085 388.79	177 050 481 279.40
开发产品	11 619 390 542.52	214 326 919.38	11 405 063 623.14	7 508 044 560.73	153 046 525.26	7 354 998 035.47
原材料	3 363 748.34		3 363 748.34	3 378 886.06		3 378 886.06
库存商品	358 814.83		358 814.83	366 541.25		366 541.25
低值易耗品	10 812 236.59		10 812 236.59			
合计	176 531 676 056.05	3 834 156 667.90	172 697 519 388.15	185 111 356 656.23	702 131 914.05	184 409 224 742.18

资料来源：Wind 资讯，房企 2023 年年报。

表 4-21　房企开发成本明细表

项目名称	开工时间	预计竣工时间	预计总投资（亿元）	期初余额（元）	本期转入开发产品（元）	本期其他减少金额（元）	本期（开发成本）增加（元）	期末余额（元）
杭州观翠揽月项目	2022-02	2024-10	98.55	8 797 962 880.37			465 362 697.31	9 263 325 577.68
临平政储出[2021]3号地块项目	未开工	2026-10	42.21				2 794 762 229.26	2 794 762 229.26
杭州湘湖壹号项目	2012-06	2014年6月开始分期竣工	61.74	338 930 465.12	131 424 451.27		66 770 343.35	274 276 357.20

存货中的开发产品是个信息量比较大的科目，里面主要是已竣工未售出的项目。虽然我国房地产还实行预售制，但随着房地产企业爆雷和烂尾楼增加，2023年开始，很多三四线城市大多数楼盘都实行准现房销售，因此，房企开发产品金额和占比增加是大势所趋。开发产品中存在已竣工未售出产品可能的原因有：①卖不出去，去化比较困难；②由于违规或手续不全等原因，未达到所在城市规定的竣工条件；③市场不好，开发商不肯降价出售。但不管是什么原因，竣工的产品没有售出总是占用房企资金的，开发产品在存货中占比高不是好的征兆。

除此之外，开发产品中可能会有一些有问题的楼盘，如表4-22所示：①"杭州佑康紫金府项目"，2016年5月竣工，2023年末还有存量，很有可能是卖不出去的尾盘。类似的竣工时间和报表时间相差较远的项目，以及竣工时间较早但还有存量的项目，都可能是去化困难、实际价值较低的项目。②"温州万家花城项目"也存在同样的问题，2021年竣工，到2023年底已经两年半的时间，依然有11.47亿元的房产没有卖掉，按照2023年去化2.09亿元看，项目最终去化可能需要3~5年甚至更长的时间。总之，房企去化困难的项目越多，其资产质量越差。

表 4-22　开发产品明细情况表

项目名称	竣工时间	期初余额（元）	本期增加（元）	本期减少（元）	期末余额（元）
杭州江河鸣翠项目	2023-02		7 168 741 221.04	5 825 461 441.14	1 343 279 779.90
温州万家花城项目	2021-04	1 348 395 705.73	7 452 757.65	208 502 297.29	1 147 346 166.09
杭州佑康紫金府项目	2016-05	140 811 362.74		29 855 973.69	110 955 389.05

资料来源：Wind资讯。

（五）长期股权投资

长期股权投资主要为对合营企业、联营企业投资，即房企对非并表项目公司的股权投资金额。如图 4-28 所示，公司 B 对非并表项目公司 C 的 0.8 亿元的股权投资就计入长期股权投资。

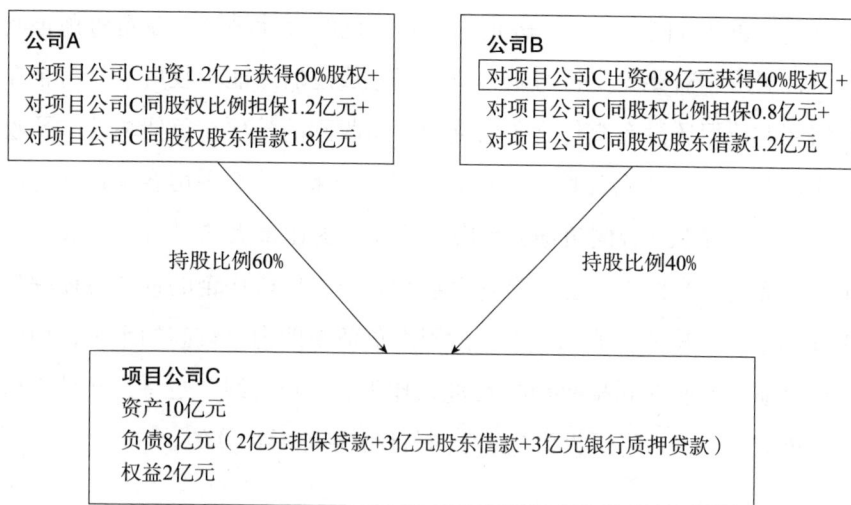

公司A
对项目公司C出资1.2亿元获得60%股权+
对项目公司C同股权比例担保1.2亿元+
对项目公司C同股权股东借款1.8亿元

公司B
对项目公司C出资0.8亿元获得40%股权 +
对项目公司C同股权比例担保0.8亿元+
对项目公司C同股权股东借款1.2亿元

持股比例60%

持股比例40%

项目公司C
资产10亿元
负债8亿元（2亿元担保贷款+3亿元股东借款+3亿元银行质押贷款）
权益2亿元

图4-28　项目公司C从股东获取资金的渠道

（六）投资性房地产

投资性房地产主要是为用于出租而持有的商业物业。如果房企的投资性房地产占总资产比例较高（10% 以上），说明这是一家以商业地产为主要发展战略的房企。如果需要计算房企商业地产的租金回报率，可以用利润表里的租金净收入除以投资性房地产里的商业物业投资金额。

三、负债与权益项目

查看房企的负债项目除了要了解房企的有息债务，还要了解预收款项（合同负债）等房企特有的会计科目。

（一）应付账款

应付账款是房企应付给上游的材料款和工程款等。房企可以通过延长对上游的付款期限，在关键时点减少对上下游付款等方式减少有息债务的绝对金额，对资产负债表进行调节。

（二）预收账款（合同负债）

预收账款（合同负债）是房企比较有特色的会计科目，在新房预售制的政策下，买房客需要先支付房款，待房子建成之后才能验收房子。房企在收了买房客的钱但还没有交付房子的期间，将收到的款项在负债端计入预收账款（合同负债），这个会计科目也代表了房企未来需要对买房客承担交付房产的义务。预收账款（合同负债）是房企负债中占比最大的科目，一般占到房企负债金额的一半以上。也正是这个会计科目，使得房企的资产负债率普遍高于其他企业，其他企业 70% 以上的资产负债率即为比较高的水平，但房企的资产负债率普遍在 80%～90%。因此，作为"三道红线"之一，在计算房企的资产负债率时，是将预收账款（合同负债）剔除后计算的。

（三）其他应付款

上文说到资产端"其他应收款"中的拆借款是房企对非并表项目公司的股东借款，相对应地，其他应付款中的拆借款则是房企的少数股东给房企并表范围内的项目公司提供的借款，即房企应付的少数股东借款。如表 4-23 所示，2023 年其他应付款中的拆借款金额约为 247.64 亿元，绝大部分其他应付款都源于房企应付的少数股东借款。

表 4-23　其他应付款明细情况表　　　　　　（单位：元）

项目	期末余额	期初余额
拆借款	24 763 911 608.73	21 240 671 039.64
应付暂收款	156 928 882.38	162 202 231.87
押金保证金	178 026 636.46	174 450 426.74
其他	779 283 619.92	397 956 614.76
合计	25 878 150 747.49	21 975 280 313.01

资料来源：Wind 资讯，房企 2023 年年报。

（四）房企的有息债务科目

房企的有息债务科目包括短期借款、一年内到期的流动负债（短期应付债券）、长期借款、应付债券，把这些科目相加就可以得到房企的表内有息债务规模。

（五）所有者权益

所有者权益中投资人主要关心两个项目，一是永续债的金额，二是少数股东权益。在如表 4-24 所示的所有者权益表中，永续债可以在其他权益工具中查看。出于谨慎原则，在进行房企财务分析时，将永续债金额计入有息债务金额，将永续债金额剔除所有者权益。

由于房企存在大量合作开发项目，房企的财务报表是由很多项目公司并表而来的。因此，在分析房企的财务报表时，应该重点分析房企的少数股东权益。

表 4-24 所有者权益表 （单位：亿元）

所有者权益（股东权益）：	2023-12-31	2022-12-31	2021-12-31
实收资本（或股本）	119.70	119.70	119.70
其他权益工具	51.01	90.01	186.80
永续债	51.01	90.01	186.80
资本公积金	174.88	176.26	178.17
减：库存股	2.52		
其他综合收益	2.42	0.49	−0.33
盈余公积金	60.74	60.74	60.74
未分配利润	1579.19	1515.44	1410.52
归属于母公司所有者权益合计	1985.43	1962.64	1955.61
少数股东权益	1384.84	1259.27	1073.54
所有者权益合计	3370.27	3221.92	3029.14

资料来源：Wind 资讯。

一方面，如果少数股东权益占所有者权益的比例逐年提高，说明房企与其他房企合作开发的意愿增加，这可能是因为房企想做大全口径销售规模，让资产规模看起来更庞大。如果房企有增加合作开发比例、做大资产规模的规划，债券投资人可以认为房企扩张的冲动较为强烈，可以结合房企的债务情况、未来发展计划等判定房企是否处于激进扩张状态。

另一方面，少数股东权益可以提供明股实债的少数股东信息。投资人可以在审计报告附注中找到房企的并表子公司并查询其少数股东，如果其少数股东是信托、券商等投资类公司，则可怀疑其少数股东是明股实债主体。判定方法在本章第二节有比较详细的叙述，这里不再赘述。

四、现金流量表

现金流量表分为三个部分，经营活动现金流、投资活动现金流和筹资活动现金流。这三个现金流遵循一个公式，即三个现金流净额相加等于现金的增加额，这个关系也可以表示为以下公式：

经营活动现金流净额 + 投资活动现金流净额 + 筹资活动现金流净额
= 现金及其等价物增加额

其中"现金及其等价物增加额"等于资产科目中的期末现金减去期初现金。

以上是现金流量表的基本数量关系，有会计基础的朋友应该都了解。在这里简单回顾这个关系是为了说明房企的经营逃不开这个现金流公式的限制，房企的资金也存在此消彼长的关系：①如果想加大拿地力度，要么增加楼盘回款，增加经营现金流入；要么发挥自身强大的外部筹资能力，增加筹资现金净流入；要么用账上的现金去拿地。②如果外部筹资环境较差、房企融资困难，要么用现金偿还、减少存量现金；要么增加楼盘回款、减少拿地、增加经营现金净流入；要么变卖一些投资的房地产项目，增加投资现金净流入。总之，作为资金密集型的房地产行业，现金流的管控显得尤为重要。

（一）经营活动产生的现金流

如表 4-25 所示，经营活动现金流量表里金额较大的项目是"销售商品、提供劳务收到的现金""购买商品、接受劳务支付的现金"，下面将分别介绍主要科目的形成来源。

表 4-25　经营活动现金流量表 　　　　　（单位：亿元）

经营活动产生的现金流量：	2023-12-31	2022-12-31	2021-12-31
销售商品、提供劳务收到的现金	905.91	824.92	640.01
收到的税费返还			0.00
收到其他与经营活动有关的现金	2.68	10.71	7.38
经营活动现金流入小计	908.59	835.63	647.39
购买商品、接受劳务支付的现金	477.03	696.04	552.49
支付给职工以及为职工支付的现金	6.88	6.14	5.71
支付的各项税费	79.40	66.13	70.13
支付其他与经营活动有关的现金	18.78	15.17	10.67
经营活动现金流出小计	582.09	783.48	639.00
经营活动产生的现金流量净额	326.50	52.15	8.39

资料来源：Wind 资讯。

1. 销售商品、提供劳务收到的现金

"销售商品、提供劳务收到的现金"科目来自房企当期销售房产的回款金额。这句话里有两个关键字：第一，"当期"，房企营业收入反映的是一两年前的销售金额，不能反映当期的销售金额，而"销售商品、提供劳务收到的现金"科目更贴近当期的销售金额。第二，"回款"，房企公布的销售规模由于没有经过审计，可信性是存疑的，而审计报告里提供的"销售商品、提供劳务收到的现金"的金额是经过审计的，公信性相对更好，且"回款"金额是实打实的现金，比销售更能说明房企实现销售的情况。

通常这个科目的金额较大，说明房企当年推盘金额较大、回款较好。

2. 购买商品、接受劳务支付的现金

"购买商品、接受劳务支付的现金"科目来自房企买地支付的现金、各项建安成本的现金流出。由于房企要交付楼盘，建安支出比较刚性。相对来说，买地支出更为灵活，房企可以根据当年的财务情况确定，有钱就可以多拿点儿地，没钱就少拿点儿。如果"购买商品、接受劳务支付的现金"科目金额一下子变得很大，一般是由于房企在本年度买了很多地，或者之前年度销售金额比较大，导致今年的建安成本现金流出增多。

3. 经营活动产生的现金流量净额

房企的"经营活动产生的现金流量净额"相较于普通工商业经营企业波动更大，主要原因是推盘和拿地节奏有一定的错位。如果某一年推盘比较多，则经营活动现金流入增加，这一年的经营活动现金流净额增加；如果某一年拿地比较多，则经营活动现金流出增加，这一年的经营活动现金流净额减少。

（二）投资活动产生的现金流

投资活动现金流一般源于：①对于非并表项目公司的投资（并购）和收回（即长期股权投资）；②由于合作开发，房企对非并表子公司及其关联方形成的借款往来；③与其他企业一样，固定资产、金融资产的投资和收回。

值得注意的是，对于对非并表子公司及其关联方形成的借款，有些房企放在经营活动现金流里（具体是收到或支付的其他与经营活动相关的现金），有些房企放在投资活动现金流里（具体是收到或支付的其他与投资活动相关的现金）。投资人在做现金流分析时，应当对其他会计科目的现金流进行还原，统一口径后再进行计算和对比。

如表 4-26 所示，该房企将对非并表子公司及其关联方形成的借款放在投资活动现金流里。2023 年"收到其他与投资活动有关的现金"金额为 96.25亿元，是房企对"非并表子公司及其关联方"当期回收的借款金额。"支付其他与投资活动有关的现金"金额为180.42亿元，是房企对"非并表子公司及其关联方"当期投放的借款金额。

表 4-26 投资活动现金流量表 （单位：亿元）

投资活动产生的现金流量:	2023-12-31	2022-12-31	2021-12-31
收回投资收到的现金	2.85	10.67	2.20
取得投资收益收到的现金	3.99	1.25	0.31
处置固定资产、无形资产和其他长期资产收回的现金净额	0.01	0.01	0.02
收到其他与投资活动有关的现金	96.25	31.82	80.34
投资活动现金流入小计	103.11	43.76	82.88
购建固定资产、无形资产和其他长期资产支付的现金	1.89	1.37	0.42
投资支付的现金	40.80	29.83	55.51
取得子公司及其他营业单位支付的现金净额	3.14	26.76	3.29
支付其他与投资活动有关的现金	180.42	227.94	111.26
投资活动现金流出小计	226.25	285.90	170.48
投资活动产生的现金流量净额	−123.14	−242.14	−87.60

资料来源：Wind 资讯。

（三）筹资活动产生的现金流

筹资活动现金流的主要来源为：①借款或者还款产生的现金流；②通过合作开发，取得的少数股东的借款。少数股东一般按照持股比例对非并表子公司进行股东借款，房企可以通过其他应付款占用少数股东的资金，从而减少有息债务的规模。

如表 4-27 所示，该房企 2023 年"收到其他与筹资活动有关的现金"为30.40 亿元，是当期取得的少数股东的借款金额；"支付其他与筹资活动有关的现金"为 91.92 亿元，是当期偿还少数股东的借款金额。

表 4-27　筹资活动现金流量表　　　　　　（单位：亿元）

筹资活动产生的现金流量：	2023-12-31	2022-12-31	2021-12-31
吸收投资收到的现金	86.16	171.15	63.82
其中：子公司吸收少数股东投资收到的现金	86.16	171.15	63.82
取得借款收到的现金	311.94	463.48	307.33
收到其他与筹资活动有关的现金	30.40	81.38	130.22
筹资活动现金流入小计	428.50	716.01	501.37
偿还债务支付的现金	428.12	386.33	268.86
分配股利、利润或偿付利息支付的现金	28.13	35.59	34.33
其中：子公司支付给少数股东的股利、利润	0.50	1.70	1.37
支付其他与筹资活动有关的现金	91.92	72.59	92.87
筹资活动现金流出小计	548.17	494.51	396.06
筹资活动产生的现金流量净额	−119.67	221.50	105.31

资料来源：Wind 资讯。

第四节　用量化工具一眼看懂地产债

量化工具可以用于形成量化指标，辅助投资人做出更为客观的评估，但投资人最终做出决策还需要考虑企业风格、管理能力等很多非量化的因素，仅靠量化得分对房企进行评级是不可取的。

按照本章第二节所提到的地产债信用分析框架，将相关指标放入表 4-28 的量化工具并赋予分值。首先，将量化指标大类分为公司运营与规模、资产质量、偿债能力，并赋予大类分值，大类分值合计为 100 分。在这个量化工具中，偿债能力被赋予更高的分值，说明在债券投资中应更为看中偿债能力指标。其次，列出每个指标大类下的打分指标并赋予分值，这些打分指标的内涵和数值在本章第二节中均有详细说明，打分指标的分值合计为 100 分。

再次，根据数据样本所在分位数情况，划定得分比率。最后，用总分值乘以得分比率得到每个指标的分值，将分值加总，得到最终的量化得分。

表 4-28 地产企业量化模型

指标大类	大类分值	打分指标	总分值	得分比率	得分（＝总分值 × 得分比率）
公司运营与规模	40	股东背景	20		
		管理能力	5		
		销售金额	5		
		权益占比	2		
		总资产	2		
		营业收入	2		
		毛利率	2		
		净利率	2		
资产质量	20	一二线城市占比	5		
		土地储备倍数	3		
		去化较难的存货占比	5		
		去化率	4		
		回款率	3		
偿债能力	40	净负债率	4		
		现金短债比	4		
		去除预收账款后的资产负债率	4		
		权益货值／归母权益	5		
		（现金类资产＋存货＋投资性房地产－预收账款）／全部有息负债	5		
		经营流入现金流／有息负债	4		
		权益销售／有息负债	4		
		综合融资成本	10		

不同行业景气度下，每年的数据样本不一样。例如，在房地产下行周期，所有房企的销售规模、利润率等财务数据均有一定程度的恶化。样本数据的变化会导致每年的得分比率有所调整。量化打分模型主要用于行业内企业的排序和对比，因此，每年根据样本情况调整得分比率能更为即时地描述房企的排序情况。

一、"公司运营与规模"指标打分原则

"公司运营与规模"指标大类包括股东背景与管理能力、规模指标和盈利能力指标。

（一）股东背景与管理能力

股东背景是债券市场投资房企时最看重的因素，这是实践中被证实的。因此，股东背景情况不同，得分比率不同。如果是纯正的央企，则得分比率为100%；如果是央企背景，但不是核心央企（非核心央企或央企非核心子公司）或者不是纯正的央企（对外收购而来，不是央企内部成长起来的房企），则得分比率为75%；股东为地方政府则得分比率为50%；混合所有制企业和民企得分比率均为0%。

管理能力这个指标的得分比率比较主观，但如果你是经常和房企接触的投研人员，你能清楚地感受到房企的管理人员是否专业，管理能力强不强。

（二）规模指标

销售金额、权益占比、总资产、营业收入是从不同维度描述房企规模的指标。销售规模"权益占比"用于说明销售金额中按照股权占比归属于房企的比例，这个比例越大说明销售金额含金量越高，如表4-29所示。

（三）盈利能力指标

盈利能力指标主要包括毛利率、净利率，得分比率可以按照表4-30进行取值。

表 4-29 "规模"指标得分比率

销售金额（亿元）	权益占比	总资产（亿元）	营业收入（亿元）	得分比率
>2000	>80%	>5000	>2000	100%
（1000，2000]	（70%，80%]	（3000，5000]	（1000，2000]	75%
［500，1000]	［60%，70%]	［2000，3000]	［500，1000]	25%
<500	<60%	<2000	<500	0%

表 4-30 "盈利能力"指标得分比率

毛利率	净利率	得分比率
>20%	>8%	100%
［15%，20%]	［5%，8%]	50%
<15%	<5%	0%

二、"资产质量"指标打分原则

（一）一二线城市占比

长期来看，由于人口和产业的集聚，核心城市房价长期而言更为稳定。计算上，使用"一二线城市占比"作为得分比率。

（二）土地储备倍数

土地储备倍数 3~5 倍属于比较正常的范围。超过 5 倍则可能是因为拿了不少周转比较慢的土地，过分占用企业资金。土地储备越少，则资金可腾挪的空间越大，在地产下行的时期，现金多、土储少反而是优势。土地储备倍数指标得分比率如表 4-31 所示。

表 4-31 "土地储备倍数"指标得分比率

土地储备倍数	得分比率
>6	0%
［3，6]	50%
（0，3）	100%

（三）去化较难的存货占比

按照本章第二节的"去化较难的项目"中难去化项目的形成理由，通过第三节中的查看存货的方法，分别评估存货中"开发成本"和"开发产品"中的项目，从而完成对房企存货中项目的分析，得到较难去化的存货占比，按照表4-32取值。

表 4-32　"去化较难的存货占比"指标得分比率

去化较难的存货占比	得分比率
>20%	0%
（10%，20%］	25%
［5%，10%］	50%
（0%，5%）	100%

（四）去化率、回款率

1. 去化率

"去化较难的存货占比"是一个存量指标，"去化率"则是一个流量指标，例如，如果某个并购项目有法律纠纷，房企不能入场建设，那么这样的项目会留在存货里，但不能开盘，因为还没有取得开盘的资格。一个项目要首先推盘、开盘，之后才有所谓去化的概念。"去化率"同时也是个动态的指标，一般来说一个项目开盘内的一个月是去化率攀升最快的阶段，一个月之后去化率攀升速度就会比较慢，所以这里的"去化率"是指过了认购高峰期的平均去化率。去化率的数值可以直接作为得分比率。例如，2023年保利发展的去化率为70%，则保利发展该指标的得分为3.5（=5×70%）分。

2. 回款率

房子卖掉了，接下来考核的是回款。很多房企在为了冲业绩和规模，销售金额存在部分虚报。收到很小部分的定金就算房子卖掉了，但实际房企并不能收到全款。我们将收到的款项除以销售金额得到回款率。回款率的数值同样可以直接作为得分比率。例如，建发股份 2023 年的回款率为 80%，则建发股份该指标的得分为 3.2（=4×80%）分。

三、"偿债能力"指标打分原则

偿债能力指标大类主要包括"三道红线"的三个监管指标、债务覆盖率指标、实际杠杆率指标以及三个融资类指标。

（一）"三道红线"监管指标

"三道红线"的三个监管指标为"净负债率""现金短债比"和"去除预收账款后的资产负债率"，这三个指标的监管临界点分别为 100%、1 和 70%。根据监管临界点进行打分，对于触及监管临界点的房企应当区别对待，分值也应当拉大。计算出指标值后，可以根据表 4-33 查询得分比率，计算最终分值。

表 4-33 "三道红线"指标得分比率

净负债率	现金短债比	去除预收账款后的资产负债率	得分比率
<50%	>2	<60%	100%
［50%，100%)	（1，2］	［60%，70%)	75%
［100%，150%］	［0.5，1］	［70%，80%］	25%
>150%	（0，0.5)	>80%	0%

（二）实际杠杆率指标

"权益货值／归母权益"是用来衡量房企实际杠杆率的比较好的指标，其中权益货值用土储面积、销售均价和权益占比计算得来。用这个方法计算出的实际杠杆率如图 4-29 所示，其中实际杠杆率最低的是滨江集团、中海发展和万科。

根据图 4-29 的计算结果进行取数，如果实际杠杆率小于 10 倍，则得分比率为 100%；如果实际杠杆率在 10 倍和 15 倍之间，则得分比率为 50%；如果实际杠杆率大于 15 倍，则得分比率为 0%。

例如，万科的实际杠杆率为 8.3 倍，则得分比率为 100%。各家房企的实际杠杆率指标绝对值均比较高，个人认为对绝对值不必太过在意，房企之间在同一口径下的相对比较更有意义。

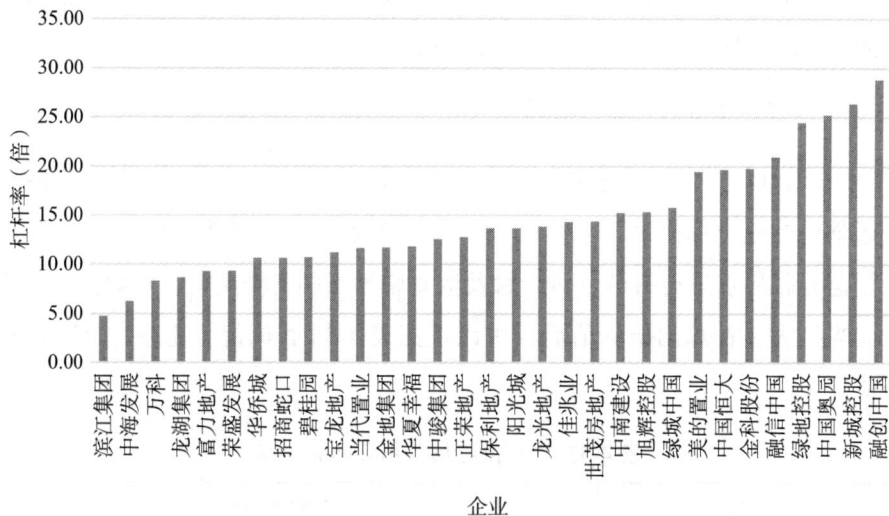

图4-29　实际杠杆率计算结果

资料来源：Wind 资讯，本书作者整理。

（三）债务覆盖率指标

债务覆盖率指标包括 "（现金类资产＋存货＋投资性房地产－预收账款）/全部有息负债""经营流入现金流/有息负债" 和 "权益销售/有息负债"。

指标 "（现金类资产＋存货＋投资性房地产－预收账款）/全部有息负债" 根据公开披露的会计报表就能计算出来。如果该比率大于 3，则得分比率为 100%；如果小于 3，则得分比率为 "计算结果除以 3"。从计算结果来看，中海地产、滨江集团和建发地产最好，展现了房企对债务较好的覆盖率。

在计算 "经营流入现金流/有息负债" 指标时，应当区分地产业务和其他业务，将地产业务的现金流单独拆解出来计算。有些地产公司因为做了比较多的建筑类业务，现金流入会显著增加，但现金流入的同时也会流出，和地产业务的逻辑不同，因此，在计算"经营流入现金流／有息负债"指标时应当将非地产业务剔除。"权益销售／有息负债"是"经营流入现金流／有息负债"指标的有效补充，这两个指标是相似的指标，都是计算房企实际债务覆盖率的指标，指标的得分比率如表4-34所示。

表 4-34 "经营流入现金流／有息负债"指标得分比率

经营流入现金流／有息负债	权益销售／有息负债	得分比率
>1.5	>1	100%
［1，1.5］	［0.8，1］	75%
［0.8，1）	［0.6，0.8）	25%
（0，0.8）	（0，0.6）	0%

（四）融资类指标

由于数据的可得性，融资类指标采用综合融资成本来衡量。大部分房地产企业会公布其综合融资成本。对于没有公布综合融资成本的房企，可以按照债券融资成本、非标融资成本、银行融资成本大致进行计算，其中债券融资成本是可以查询的公开数据，非标融资成本可以咨询信托行业的从业人员，银行融资成本可以根据其规模大致估算其相对基准上浮的幅度。不肯公布其综合融资成本或者公布的融资成本与市场估算相差较大的公司，可能存在一定的道德风险，这个项目的得分比率可以直接降为0%。房企的得分比率可以用以下公式计算：

$$得分比率 =（10\%- 房企融资成本）/10\%$$

部分房企综合融资成本如图4-30所示。

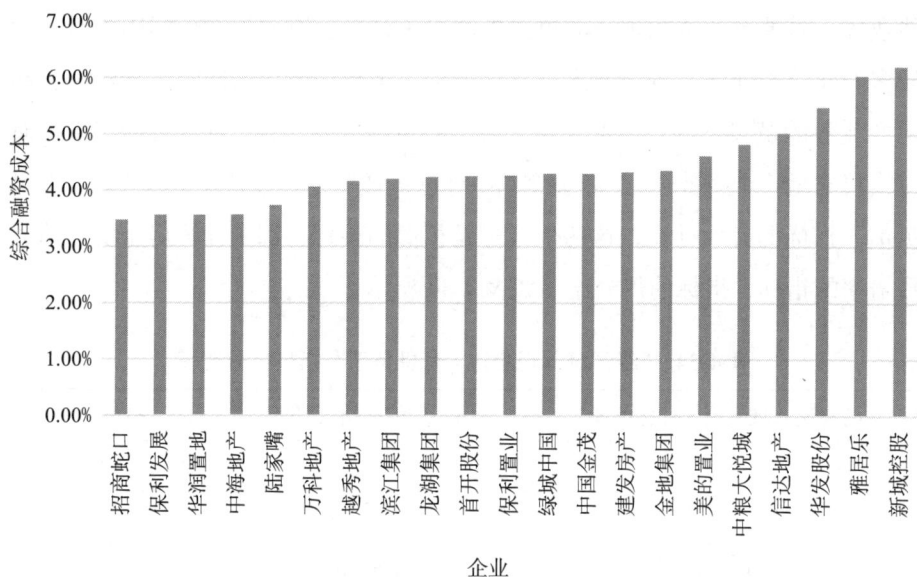

图4-30　部分房企综合融资成本

资料来源：广发证券研究所，本书作者整理。

四、打分结果及评价

在实践中，我们确实看到有些企业倾向于通过表外业务调节财务报表，让财务报表的指标更好看。因此，本模式采用大量非财务报表数据，试图从各个方面量化出房企真实的偿付能力。

按照上述打分原则，可以得出如表4-35所示的计算结果。拿到最高分的是中海地产，其次是保利发展和华润置地。打分结果和债券市场融资成本相关性较高，说明打分结果有效性较高。如果有些打分结果排序和融资成本排序不一致，可以查看产生差异的原因。差异的产生有可能是因为模型检测到了一些企业指标的好转，或者有些人们印象中不错的企业，实际上各方面正在恶化。研究这些差异和产生差异的原因，可以帮助我们更深入地了解企业。

表 4-35 地产企业打分结果 [⊖]

房企简称	总分	公司运营与规模	资产质量	偿债能力
保利发展	73.97	36.50	9.68	27.78
万科地产	56.85	20.50	10.84	25.51
华润置地	73.53	38.50	12.59	22.44
中海地产	80.64	38.50	10.07	32.07
招商蛇口	72.22	35.00	10.22	27.00
金地集团	54.39	17.25	9.35	27.79
绿城中国	66.96	28.75	11.51	26.70
龙湖集团	53.17	15.75	10.80	26.62
建发房产	68.12	22.25	13.75	32.12
中国金茂	54.98	29.25	9.17	16.56
滨江集团	51.96	10.75	11.36	29.85
中国铁建	56.87	26.25	10.50	20.12
越秀地产	49.90	20.75	11.00	18.15
华发股份	48.25	20.25	10.54	17.46
新城控股	40.01	10.75	9.32	19.94
首开股份	33.11	13.75	9.48	9.88
美的置业	42.88	6.75	8.13	28.00
电建地产	54.12	20.50	12.00	21.62
中交房地产	40.37	21.75	9.00	9.62
华侨城	49.21	26.25	11.00	11.96
雅居乐	28.81	7.00	8.00	13.81
中粮大悦城	45.77	21.25	9.00	15.52
新希望地产	26.53	5.00	11.00	10.53

⊖ 由于四舍五入，各项加总可能与总分不完全相等。

（续）

房企简称	总分	公司运营与规模	资产质量	偿债能力
保利置业	59.85	26.75	11.17	21.93
联发集团	50.04	13.25	13.93	22.86
国贸地产	53.26	13.25	12.00	28.01
信达地产	43.32	20.00	10.50	12.82
金融街	37.59	14.00	9.00	14.59
首创置业	37.25	12.50	9.00	15.75
陆家嘴	42.48	18.50	10.50	13.48
光明地产	36.89	14.50	9.00	13.39

| 第五章 |

煤炭行业债券投资：夕阳无限好

第一节　煤企江湖

一、煤炭行业十年起伏

我国"富煤、缺油、少气"的资源特色决定了煤炭在我国能源体系中的重要地位。近十年煤炭行业经历了三个阶段的起伏（见图5-1）。

第一阶段（2009～2015年）："四万亿"经济刺激下的煤炭起伏。在2008年次贷危机的背景下，我国开启"四万亿"计划刺激经济，提高需求，从而带动包括煤炭在内的大宗商品价格的提升。经济刺激过后，2012年开始，煤炭价格再次陷入低迷，煤炭行业在内外需均不断走弱的经济条件下陷入低谷。2015年底到2016年初，煤炭价格甚至跌破了很多企业的盈亏线。陕西、山西等地大批竞争力不强的中小煤企破产，大型煤企资产负债表亦严重恶化。

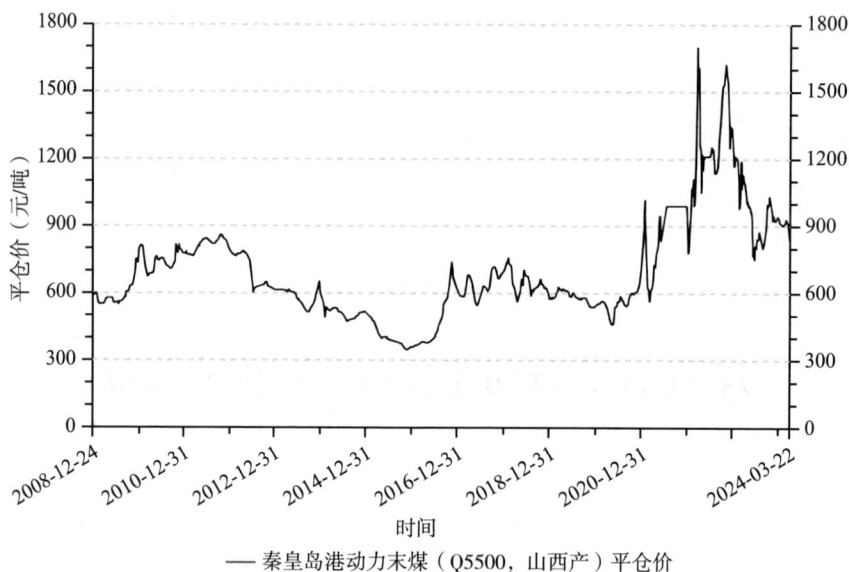

——秦皇岛港动力末煤（Q5500，山西产）平仓价

图5-1　近年煤炭行业的起伏

资料来源：Wind资讯。

第二阶段（2016～2019年）：供给侧结构性改革。面对煤炭行业的困境，2016年，国家开始陆续出台一些推动煤炭行业供给侧结构性改革的政策，2016～2019年累计减少煤炭产能9亿吨/年以上，安置员工100万人，超额完成国发7号提出的化解过剩产能的奋斗目标。供给侧结构性改革支持企业通过兼并重组引导落后产能退出，发展先进产能，鼓励头部企业整合重组。根据供给侧结构性改革政策指引，多个省市对省内煤企进行整合，民营中小煤企逐步退出市场，逐渐形成了现在"强者更强"的煤企竞争格局。

第三阶段（2020～2023年）：新冠疫情带来的煤炭价格起伏。2020年全球遭遇新冠疫情袭击，新冠疫情管控、环保、反腐等多重因素导致煤炭供给受限，叠加美国等国在新冠疫情期间大放水推动能源价格上涨，煤炭价格出现惊人涨幅。2022年俄乌冲突导致全球供应链重塑，进一步推升能源价格。后续随着煤炭供给的增加、新冠疫情等事件的影响减退，煤炭价格逐渐下跌并趋于平稳。

二、煤炭的品种和资源分布

要进行煤炭信用研究，首先需要了解煤炭的品种和资源分布。

（一）煤炭的品种

国家对于煤炭品种大概有 6 个用于分类的指标，但只要搞清楚 2 个指标就行，一是挥发分，二是黏结指数。对于挥发分，人的直观感受是挥发分越低，则煤炭焚烧起来冒出来的烟越小。挥发分低于 10% 的煤炭焚烧起来几乎不冒烟，因此叫作无烟煤。黏结指数越高的焦煤炼化的焦炭质量越高，焦炭能作为炼钢过程的还原剂和燃烧剂，是炼钢中不可少的物质。因为能炼钢，焦煤的身价比只能烧的动力煤高出很多，且黏结指数越高的焦煤越值钱。

根据上面两个指标，信用研究把国家发布的 14 个煤炭品种按照用途大致分为三大类，无烟煤、动力煤和焦煤（见图 5-2）。

	褐煤	烟煤											无烟煤
按煤化程度	褐煤	贫煤	贫瘦煤	瘦煤	主焦煤	肥煤	1/3焦煤	气肥煤	气煤	1/2中粘煤	弱粘煤	不粘煤	长焰煤	无烟煤
按用途	动力煤	焦煤								动力煤			无烟煤

图5-2　煤炭种类划分

资料来源：YY 评级。

（1）动力煤主要用来烧了发电，既不需要低挥发分，也不需要高黏结指数，只要能发热就行，因此动力煤是三类煤炭中最便宜的品种，下游主要是电力行业。

（2）焦煤主要用于炼钢，需要比较高的黏结指数，是三类煤炭中最贵的品种。焦煤炼制成焦炭后，供下游钢铁行业炼钢。

（3）无烟煤就是烧起来不冒烟的煤，由于其挥发分低、杂质少、碳含量高，大部分用作化工行业的（碳元素）原材料，主要用于尿素生产。由于无烟煤挥发分低、冒烟少，20 世纪 80 年代家里常用来取暖和做饭的蜂窝煤就是无烟煤。无烟煤的优势显而易见，不仅电力、化工行业可以用，钢铁行业也可以用。

　　我国动力煤储量较大，焦煤储量较小，使得焦煤成为比较稀缺且高价的品种。我国在 20 世纪五六十年代，采用阳泉煤业集团洗精无烟煤作为工业性试验对象，用洗精无烟煤替代部分焦炭作为炼钢的原材料并获得成功。之后，我国陆续将洗精无烟煤作为炼钢的原材料（可以少量替代焦炭从而降低炼钢成本），并将洗精无烟煤命名为"喷吹煤"。

　　从价格上看，如图 5-3 所示，三种煤炭的价格排序是：焦煤 > 喷吹煤 > 动力煤。

图5-3　煤炭价格走势

资料来源：Wind 资讯。

　　了解煤炭的分类主要是为了了解哪个品种比较值钱。对于煤企而言，同样是挖煤，挖出来的焦煤每吨能卖 1300 元，但挖出来的动力煤每吨却只能卖 800 元。也正是这个价格差，才促使国内将优质无烟煤变成能辅助炼钢的喷吹煤，从而将煤炭价格提升到每吨 1000 元以上。从经济效益来看，煤企肯定希望可采的煤炭都是高价值的煤种。站在投资人的角度，也希望煤企采用的是经济效益更高的焦煤。

（二）煤炭资源分布

　　我国煤炭资源分布极不平衡，北多南少，西多东少。在昆仑山—秦岭—

大别山一线以北地区，煤炭储量占全国的 90.3%，其中太行山—贺兰山之间地区的煤炭储量占北方地区的 65%。从省份来看，内蒙古、山西、陕西、新疆的煤炭储量占全国的 80% 以上。

1. 无烟煤

我国无烟煤主要分布在山西和贵州两省，占比分别约为 39.6%、28.9%，其次是河南、四川省，占比分别约为 6.2%、4.8%，如图 5-4 所示。在所有无烟煤中，山西省的无烟煤由于灰分和硫分一般较低因而品质较好，贵州省和四川省的无烟煤属于高硫煤因而品质较差。

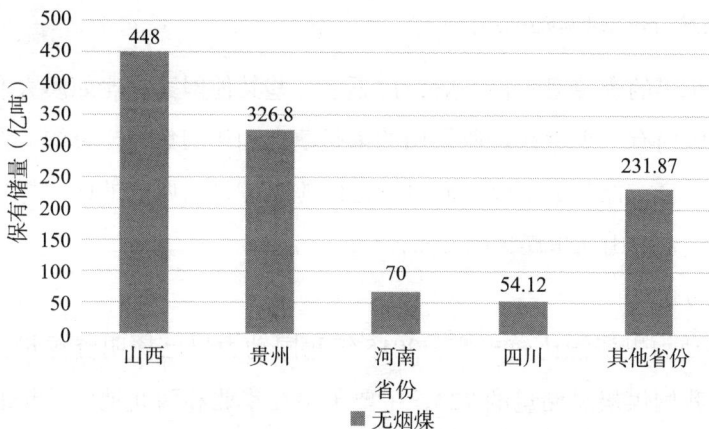

图5-4 我国无烟煤保有储量

资料来源：博思数据研究中心。

山西省的无烟煤不仅占比较高，而且品质比较好，因此成为我国出产无烟煤的主要矿区。山西省的无烟煤分布在沁水煤田上，主要由阳泉、晋城、潞安几个煤炭企业开采。

2. 焦煤

2015 年我国焦煤已探明储量 2803.6 亿吨，占我国煤炭总储量的 26.6%，主要分布在山西（见图 5-5）。我国山西焦煤资源丰富，约占全国总储量的 55.40%，其次是安徽、山东，分别约占 7.10%、6.70%。

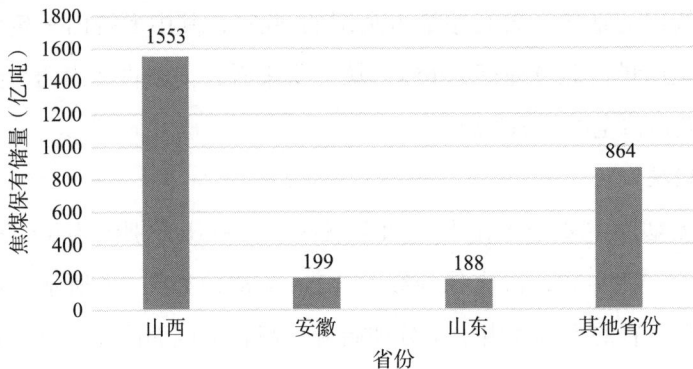

图5-5　我国焦煤保有储量

资料来源：博思数据研究中心。

国内焦煤的资源禀赋很一般，比不上一些其他国家，比如澳大利亚的资源禀赋。国内有不少钢铁企业使用的都是澳大利亚的焦煤矿资源。国内焦煤的资源不丰富，储量最丰厚、质量最好的焦煤矿是山西省的西山煤田，这个煤田资源主要由山西焦煤集团开采。

3. 动力煤

我国动力煤资源比较丰富，2015年我国动力煤已探明资源量为11 277亿吨，占我国煤炭总储量的72%，主要集中在华北和西北地区。华北地区的动力煤资源储量约占全国动力煤探明资源储量的46.09%，西北地区也高达约39.98%，即"两北"地区的动力煤资源储量占全国的80%以上，而工业发达的华东地区的动力煤资源储量仅约占全国的1.77%（见图5-6）。

内蒙古动力煤储量最多，约占全国动力煤储量的32.52%，其次是陕西、新疆、山西，分别约占18.42%、17.23%和12.61%。内蒙古的动力煤是露天煤，开采难度较小，吨煤成本较低，内蒙古的动力煤主要是发债企业国家能源投资集团（简称国家能源集团）和内蒙古伊泰集团在开采，由于内蒙古的煤炭资源比较丰富，近年来很多煤炭企业也纷纷在内蒙古开设矿山。陕西的动力煤主要分布在陕北榆林一带，和内蒙古的煤矿属于同一条矿脉，由发债企业国家能源投资集团和陕西煤业化工集团（简称"陕煤化"）开采。

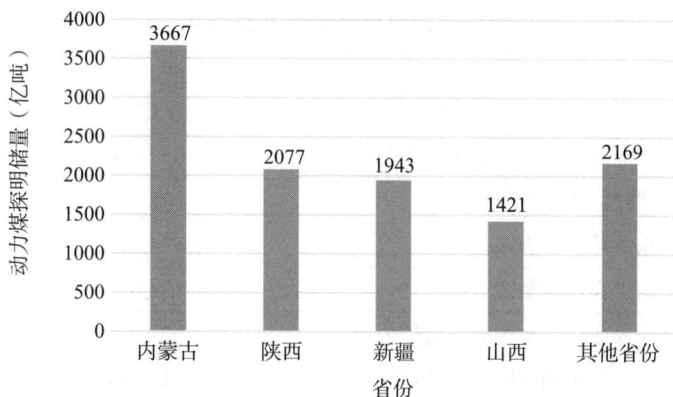

图5-6 我国动力煤探明储量

资料来源：博思数据研究中心。

三、各家煤企的江湖地位

前文主要介绍我国煤炭的品种及资源分布等基础知识。了解煤炭行业基础知识的目的是做信用债研究，因此后文将主要聚焦对发债煤企的分析。

（一）产能决定江湖地位

在 2016 年开始的煤企供给侧结构性改革中，为了稳定煤炭价格，国家严格控制煤炭的新增产能。在严格控制新增产能的背景下，煤炭行业的基本格局已经确定。随后在 2020 年底"永煤事件"发生后，部分煤炭企业进行了整合，典型的例子是山西省的煤炭企业以"大同煤炭"为基础整合出了巨无霸"晋能控股集团"。在这次整合后，煤炭企业的产量排名也基本确定。

如果按照产能划分梯队，根据中国煤炭工业协会给出的数据，2022 年中国煤炭行业的第一梯队是有 1 亿吨以上产能的煤企，如表 5-1 所示，它们是国家能源投资集团、晋能控股集团、山东能源集团、中国中煤能源集团、陕西煤业化工集团和山西焦煤集团六家大型煤企。第二梯队是产能超过 5000万吨但不足 1 亿吨的煤炭企业。第三梯队为产能在 1000 万吨到 5000 万吨的煤炭企业，企业家数较多，不一一列举。

表 5-1 2022 年煤炭产量排名

排名	企 业 名 称	煤炭产量（万吨）	备注
1	国家能源投资集团有限责任公司	57 066	1 亿吨以上企业（共 6 家）
2	晋能控股集团有限公司	38 396	
3	山东能源集团有限公司	25 519	
4	中国中煤能源集团有限公司	24 679	
5	陕西煤业化工集团有限责任公司	21 012	
6	山西焦煤集团有限责任公司	15 564	
7	潞安化工集团有限公司	9812	5000 万吨～1 亿吨企业（共 9 家）
8	中国华能集团有限公司（煤炭板块）	8664	
9	国家电投集团内蒙古能源有限公司	7428	
10	淮河能源控股集团有限责任公司	7426	
11	河南能源集团有限公司	6823	
12	冀中能源集团有限责任公司	5881	
13	辽宁省能源产业控股集团有限责任公司	5609	
14	华电煤业集团有限公司	5358	
15	华阳新材料科技集团有限公司	5282	
16	内蒙古伊泰集团有限公司	4933	1000 万吨～5000 万吨企业（共 22 家）
17	黑龙江龙煤矿业控股集团有限责任公司	3779	
18	中国平煤神马控股集团有限公司	3313	
19	内蒙古汇能煤电集团有限公司	3075	
20	贵州盘江煤电集团有限责任公司	2788	
21	开滦（集团）有限责任公司	2682	
22	淮北矿业（集团）有限责任公司	2594	
23	安徽省皖北煤电集团有限责任公司	2317	
24	陕西榆林能源集团有限公司	2168	
25	内蒙古伊东资源集团股份有限公司	1985	
26	徐州矿务集团有限公司	1860	
…			

资料来源：中国煤炭工业协会。

（二）每家煤炭企业的故事

下面我们将讲述每家煤炭企业的经历和特色。由于出身不同，有必要将它们分为三类进行讲述。第一类是央企煤炭企业，如国家能源投资集团、中国中煤能源集团、中国华能集团等。第二类是煤炭强省的省级煤炭企业，如山西的晋能控股集团、陕西的陕西煤业化工集团、山东的山东能源集团等，这些煤炭企业是现在市场上探讨得最多的一类企业，也是近年来整合动作做得最多的企业，下文将重点讲述它们的故事。第三类是一些属于市级政府的煤炭企业，如陕西榆林能源集团、徐州矿务集团等。唯一上榜的民企煤炭企业是内蒙古伊泰集团，由于得不到债券市场和股权市场的重视，它使用"钞能力"提前偿还债券和退市，选择了和资本市场体面"分手"。结合煤矿的资源分布图，下文将分别讲述这三类中各家煤炭企业的故事。

1. "拥有先天优势"的央企煤企

央企煤企包括国家能源投资集团、中国中煤能源集团、中国华能集团等，这类企业含着金钥匙出生，在资源挑选和融资成本上都具有先天优势。这些央企煤企信用利差都很低，信用利差低说明市场认为大型央企煤企信用风险很低。下面仅简单介绍这些企业的基本情况。

（1）国家能源投资集团。

我国大煤企神华集团，在 2017 年 8 月，与中国国电合并重组为国家能源投资集团，合并后的国家能源投资集团是一家集煤、电、铁路运输、煤化工为一体的大型能源企业。国家能源投资集团的煤炭事业起步于神东煤田，神东煤田位于我国山西、陕西和内蒙古的交界处，煤田的总面积达到3.12 万平方千米，比我国台湾地区还要大，并且煤炭储量达 2236 亿吨。随后，国家能源投资集团逐步参与了宁东煤田、陕北煤田和蒙东煤田的建设。国家能源投资集团的前身神华集团成立于 1995 年，由于成立时间早，神华集团几乎拥有我国最好的动力煤资源，神东煤田几乎都是露天矿，开采十分便利。

（2）中国中煤能源集团。

中国中煤能源集团（简称"中煤集团"）的前身是 1982 年 7 月成立的中国煤炭进出口总公司，主要从事煤炭生产贸易、煤化工等业务。中煤集团拥有我国最大的露天煤矿——山西平朔安太堡煤矿和安家岭煤矿。这片矿区原来由美国的公司经营，开采设备较为先进，收回后由中煤集团经营。中煤集团在平朔矿区资源逐渐走向枯竭后，近年来也逐渐将目光转向储量丰富的有可采煤炭资源的内蒙古。

2. 山西煤炭企业："七个葫芦娃"变身"四大天王"

从上文对煤炭资源分布的介绍中，可以了解到山西煤炭在全国煤炭生产中具有重要地位，山西煤炭的优势主要表现在：①煤质较好，焦煤和无烟煤的储量均为全国第一，是焦煤和无烟煤的主要产区。②地理位置优于内蒙古和新疆，更靠近最终消费煤炭的沿海经济圈，具有运输成本优势。③煤炭为山西最重要的经济来源，是山西的支柱产业。正由于煤炭是山西的经济命脉，山西各级政府对于煤企的生产和债务安全都比较重视，基本是举全省之力保证煤企的正常运营。山西煤企和山西经济的劣势在于：①历史负担较重，大部分煤企债务负担较重。②整个省的经济过分依赖煤炭开采，经济结构没有弹性。③煤化工等其他非煤业务拖累煤炭主业，再次整合之后的山西煤企还需要面临非煤业务的挑战。

2020 年 10 月，山西煤企进行重大重组，市场熟悉的"七个葫芦娃"变身"四大天王"。

首先，"七个葫芦娃"是指焦煤集团、晋能集团、山西煤炭进出口集团（简称"山煤"）、大同煤矿集团（简称"同煤"）、阳泉煤业集团（以下简称"阳煤"）、潞安矿业集团（简称"潞安"）、晋城无烟煤矿业集团（简称"晋煤"）。

先来简单描述下"七个葫芦娃"的特点，方便读者区分。①焦煤集团：手握我国最优质的焦炭资源，是"七个葫芦娃"中最优质的企业，融资成本最低，金融市场认可度也最高。②晋能集团：兄弟中最年轻的煤企，主要煤炭资源来自 2016 年供给侧结构性改革后民企破产留下来的煤矿，矿井散落在各地，规模都不大。③山煤：做煤炭贸易起家，兄弟中煤炭资源最少的小弟，2016 年也收了一些小煤矿，之前做贸易留下了一部分坏账。以上这三家煤企，总部都在山西省会太原，而以下这四家煤企，"割据"一方，名字也包含了其所在的城市。④同煤：在大同市，兄弟中产量最高的大哥，但主要做动力煤，债务负担较重。⑤阳煤、潞安、晋煤：特色都是无烟煤，是开采沁水煤田的三家企业。

整合之后，山西七家煤企将变成四家：①第一家，负责动力煤业务的晋能控股集团。晋能控股集团的组建意图是将山西所有动力煤资源合并进一个主体，从而最大限度地实现资源互补，避免山西省内煤企之间的无效竞争。晋能控股集团合并同煤、晋能集团、晋煤三家企业，同时同煤改名为晋能控股煤业集团，主营煤炭业务；晋能集团改名为晋能控股电力集团，主营电力业务；晋煤改名为晋能控股装备制造集团，主攻装备制造业务。晋能控股集团成立之后，原煤产量将超过 3 亿吨，稳坐我国煤炭企业原煤开采量第二把交椅。②第二家，负责焦煤业务的山西焦煤集团。原来的焦煤集团合并山煤，成为新的山西焦煤集团，整合后，山西省的焦煤资源大部分掌握在山西焦煤集团手里。③第三家，负责化工业务的潞安化工集团。原七大煤企的部分化工业务划给潞安。潞安原本就有上市公司潞安环能，煤化工基础较好，因此这次整合后成了山西煤化工产业名义上的牵头人。④第四家，负责新材料业务的华阳新材料。由原来的阳煤牵头，原本七大煤企的部分新材料业务划入华阳新材料。山西省国有资本运营有限公司股权结构图如图 5-7 所示。

整合之后的现状是：①"巨无霸"晋能控股集团：晋能控股集团的煤炭业务（在现在的煤炭价格下）是比较赚钱的业务，但合并后晋能控股集团也只是将原同煤、晋能集团、晋煤三家子公司的煤炭销售业务整合到集团，算是达到了"煤炭价格不竞争"这项整合目标，但三家子公司实际的开采和运营还是相对独立，整合协同之路还比较漫长。②山西焦煤集团：焦煤集团受此次整合的影响最小，相当于只将原山煤合并进来，焦煤集团由于品种优质，盈利能力一直比较强，加之财务一直比较稳健，市场认可度较高。③潞安化工集团：潞安化工集团确实接收了其他煤企的部分化工业务，但从接收的化工企业的财务报表来看，确实不算特别好的资产，接收的大部分化工企业还处在不赚钱的状态。这意味着潞安化工集团依然需要靠原有的煤炭开采业务维持生计，唯有如此才能发展和贴补化工板块。④晋能装备：晋能装备的情况和潞安化工集团类似，晋能装备也接收了其他煤企的部分"装备"类的业务，接收的装备类业务也不赚钱，而且对于晋能装备而言，主要的营收还是来自煤炭开采业务，装备业务的营收还比较小。

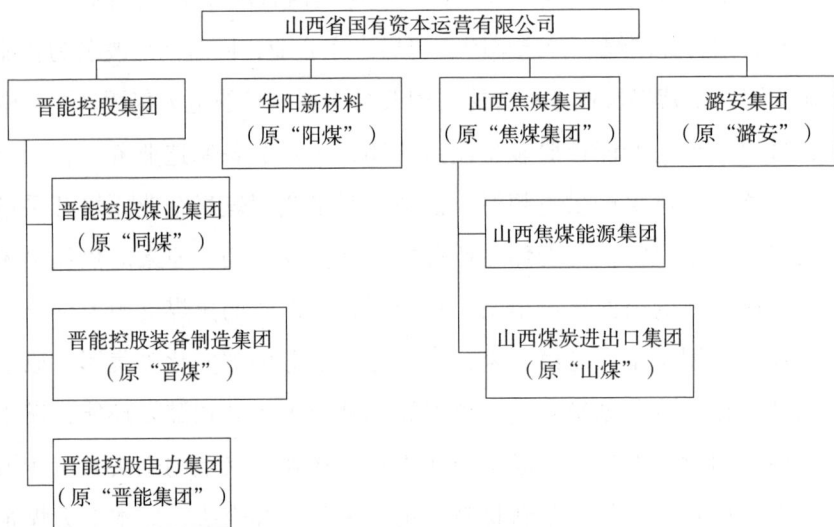

图5-7　山西省国有资本运营有限公司股权结构图

资料来源：发行人募集说明书，本书作者整理。

3. 永煤违约后步履维艰的河南煤炭企业

（1）地方管理部门偿债意愿前后反差较大，低于市场预期。永煤违约前的几个月，省国资委发文支持豫能化的改革并计划为其提供资源，发行人也向北上广的机构投资者传递河南煤炭改革的利好信息。但随后投资者等来的不是利好政策的落地，而是永煤债券的违约。债券市场对地方管理部门处理问题的能力及前后反差较大的偿债意愿产生了怀疑，因而引发了全市场的信用收缩。全市场的信用收缩进而使债券市场对于省政府、省级大型企业的债务处理能力产生怀疑。

（2）永煤违约打乱了信用债市场的信用排序。国内发债的煤企债务压力普遍比较重。但永煤从资源禀赋、经营情况到财务压力都不是情况最差的，且其违约前一个月还在债券市场成功发行债券，在债券市场并未失去再融资能力。债券市场认为其他已经在债市失去再融资能力且经营情况更差的煤企，在信用排序上应比永煤更差，应该先于永煤违约。永煤的母公司豫能化本身没有任何核心业务和资产，常年大量占用永煤的资金，债券市场认为即使河南的煤企违约，也应该是资质更差的企业先出问题。永煤违约打乱了信用债市场的信用排序。

豫能化已经违约，河南的另外一家上市公司平煤遭受牵连，在永煤违约之后债券也遭到抛售。虽然平煤的领导在和债券投资人的沟通中，极力澄清平煤和豫能化没有业务和资金关系，但如图 5-8 所示，平煤债券收益率还在不断攀升，平煤不到一年期的债券的信用利差已经由永煤违约之前的 6% 攀升到接近 18%。

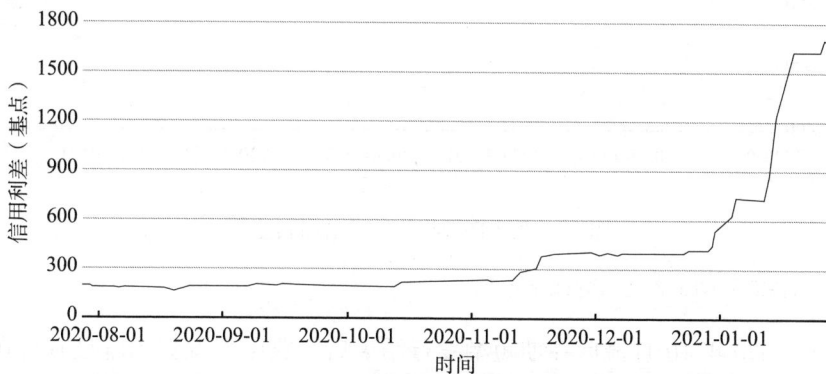

图5-8 平煤集团债券信用利差图

资料来源：Wind 资讯，本书作者整理。

4.“债市硬汉”——河北煤炭企业

河北大型发债煤企主要有两家：冀中能源集团及开滦集团。河北煤企是有一定优势的：①冀中能源集团和开滦集团的本地矿区以市场价格较高的焦煤（气煤）和无烟煤为主；②河北在地理上靠近华东、华中等煤炭消费区，地理位置好、运输成本较低。劣势在于：①开采条件劣于内蒙古、陕北等地区，开采成本相对高；②资源呈现一定的枯竭特征，可采储量较小；③债务压力较大，经营能力一般，盈利能力较差。

由于冀中能源集团除了煤炭的各大板块的盈利能力一般，在债券市场的受关注度一直比较高。2020 年下半年，冀中能源集团仅在债券市场上发行了几期短期融资券，且一级发行价格和二级交易价格有比较大的偏差，一级市场发行收益率低于二级市场买盘收益率。如图 5-9 所示，“永煤事件”后冀中能源集团的债券收益率不断走高，同样是省级煤企的冀中能源集团在“永煤事件”后，债券信用利差由 5% 左右上行至 12%。

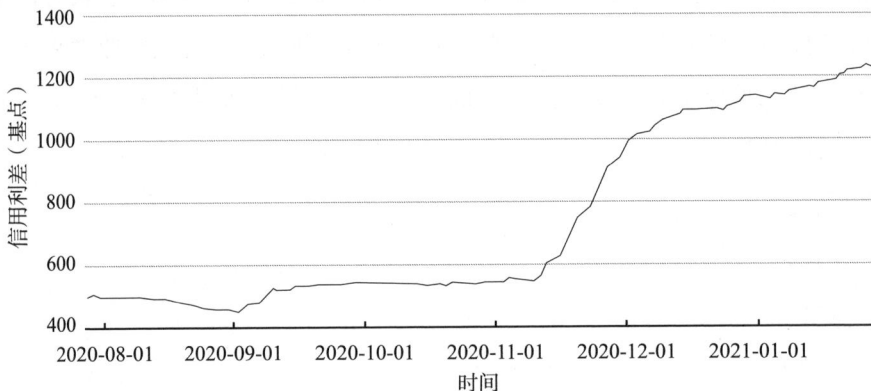

图5-9　冀中能源集团债券信用利差图

资料来源：Wind 资讯，本书作者整理。

在 2020 年 10 月最后一期短融发行结束后，冀中能源集团就没有再在债券市场发行债券，之后冀中能源集团偿还了 100 多亿元到期的债券。省政府领导也为冀中能源集团债务的正常偿还努力奔走，不仅积极和银行沟通信贷资金，还要求省内其他大型国有企业给冀中能源集团担保以让银行给其提供偿债资金。省政府在冀中能源事件上表现出的担当和问题处理能力，赢得了债券市场的赞许。

5. 其他煤炭企业

2020 年 7 月，山东省政府公布了兖矿集团与山东省能源集团的重组方案，两家企业合并后的新山东省能源集团原煤产量将超过 2 亿吨，成为继国家能源集团、晋能控股集团后的第三大能源集团。

陕西煤业化工集团为陕西省国资委下唯一的煤炭企业，陕西省政府能掌握的煤炭资源都放在陕煤化下经营。陕煤化主要矿区是陕北的神府矿区，资源丰富、可采储量较大，煤种以动力煤为主。

安徽省国资委下属煤炭企业有两家，淮南矿业和淮北矿业，淮南矿业以生产动力煤为主且战略上向煤电一体化靠拢，淮北矿业以生产焦炭为主。总体而言，淮南矿业实力强于淮北矿业。安徽煤炭企业的劣势在于受地质条件限制，开采难度较大，开采成本较高（吨煤成本超过 400 元）。安徽煤炭企业的优势在于安徽经济已经融入华东经济圈，淮南矿业、淮北矿业两家煤炭企业生产的煤炭主要供安徽本省使用，省内消耗煤炭产能达到 80% 以上，其中动力煤主要供本地电厂发电，焦煤主要供马鞍山钢铁股份等本省钢铁企业使用。

四、债市对煤炭企业的认可度

在"永煤事件"之后，很多债券投资机构对省级煤炭企业采取了一刀切出库的做法，省级煤炭企业面临着债券市场的用脚投票和信用收缩。2021 年开始，随着煤炭价格走高，各个煤炭企业的现金流得到修复。经过几年的高煤价，煤炭企业的偿付能力得到很大改善，煤炭企业的信用利差也逐渐回归。2023 年底，从各家煤炭企业的债券融资成本可以看出其市场认可程度（见图 5-10）。

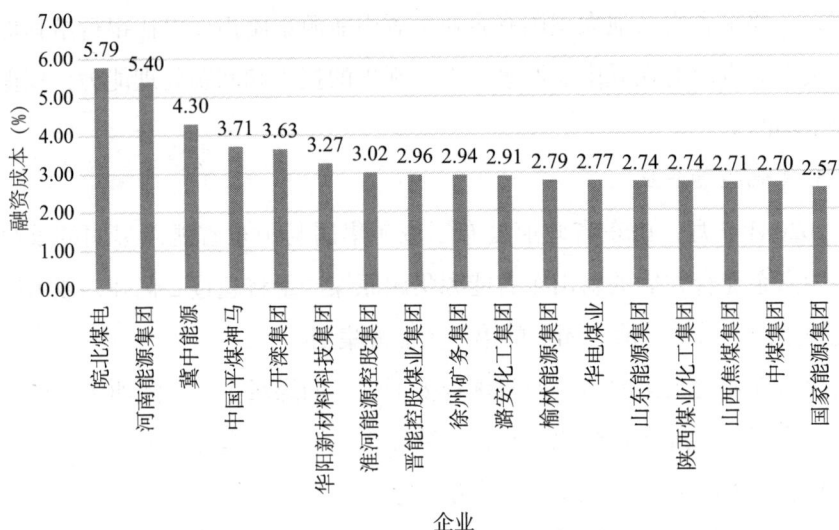

图5-10　主要煤企债券融资成本

注：融资成本口径为 2023 年 12 月 31 日各家煤炭（一年期左右）企业债券的估值收益率。
资料来源：Wind，本书作者整理。

（一）最受认可

最受认可的煤炭企业为国家能源集团、中国中煤能源集团两家央企，这两家央企融资渠道十分通畅，资源禀赋得天独厚。虽然站在现在的时点上看，和其他煤炭企业融资成本差异不大，但在"永煤事件"发生后，市场对煤炭企业认可度较低的那段时间里，这两家企业依然保持很低的融资水平，一级发行和二级成交价格均没有发生大幅偏离，凸显了市场对央企煤炭企业的认可。

（二）认可度较高

认可度较高的煤企为山西焦煤集团、山东能源集团、陕煤化、华电煤业集团等。

"永煤事件"后，山西煤企中债务压力比较大的晋能控股集团债券发行压力较大。由于山西省政府领导比较有大局观，债券市场对山西煤企的判断是"一荣俱荣，一损俱损"，山西的潞安化工、华阳新材料等煤企的债券也遭到一定程度的抛售。但在这样的情况下，运作山西焦煤板块的山西焦煤集团的认可度依然较高，二级市场成交价格基本在估值附近，山西焦煤集团凭借多年来稳健的财务状况、较强的盈利能力在危机中获得了市场的力挺。

兖矿集团的获利能力和管理水平一直深受市场认可，作为首个出海购买海外矿山的大型煤企，其澳大利亚矿区的经营可圈可点。以兖矿集团为基底整合的山东能源集团继承了兖矿集团的良好基础，发行的债券市场认可度较高。

陕西北部矿区资源禀赋较好，吨煤成本很低。央企煤企已经拥有陕北一部分煤炭资源，陕西省国资委将剩下的资源都整合在陕煤化里。陕煤化盈利能力较强，是除国家能源投资集团外净利润最高的煤企，2019年在化工行业不景气的情况下，化工板块依然实现15亿元的净利润。虽然"永煤事件"波及所有省级煤企，但陕煤化以其优异的盈利能力获得了市场的认可。

（三）认可度存在认知差异的主体

随着煤炭价格在2021年上涨，煤炭企业经历了从2021年至今三年多的资产负债表修复过程。除了"永煤事件"的违约主体豫能化、与豫能化同在一个省的平煤，苦苦还债的冀中能源（以及同省的开滦），大部分煤炭企业的融资成本基本已经回到很低的水平。这种变化也显示出信用研究是个动态过程，随着产业周期的变化和偿付能力的增强，债券市场对煤炭企业的定价是动态的。正因为这种定价是动态的，才需要投研人员不断去跟踪和研究发债主体，而不是凭借固有印象永远把某个主体钉死在"禁投库"里。

虽然大部分煤炭企业的融资成本已经得到大幅改善，投研人员没有必要太担心大部分煤企的偿付能力了，但我依然认为在进行煤企分析时还是有必要回顾"永煤事件"，因为"永煤事件"是对所有发债煤炭企业的"压力测试"。如果下一次再遇到黑天鹅事件，我们持有的煤炭企业债券会有怎样的表现？哪些才是最稳的？哪些会出现更大的估值波动？我想这是在现在这个时点研究煤炭行业发行人的主要意义，也是这章需要解决的问题。

第二节　构建煤企债券投资世界观

本节将用如表 5-2 所示的框架帮助读者构建煤企债券投资的世界观，全面评估煤炭企业的信用资质。下面我从基本情况、经营情况、偿债能力三个方面描述煤企债券的信用分析框架。

表 5-2　煤企债券信用分析框架

基本情况	股东背景	
	企业规模及核定产能	
	资源禀赋	煤矿储量
		煤种及品质
经营情况	吨煤成本	开采条件
		矿井规模
		历史负担
		人均工效
	煤炭售价	品种
		运输条件
		运输成本
		下游客户情况
	非煤业务	
	盈利能力	毛利率和利润总额
偿债能力	债务结构	
	资产质量	
	有息债务结构	债券占比
		短债占比
	或有债务	对外担保、债务纠纷
	偿债能力指标	

一、煤企基本情况

（一）股东背景

煤企股东既决定了煤企的出身，也在很大程度上决定了其融资成本。煤企股东分为三类。第一类是央企煤企，如国家能源集团、中国中煤集团、华电煤业集团等。第二类是省国资委下属的煤企，煤炭资源比较丰富的省份都有股东为省级国资委的煤炭集团。第三类煤企的股东实力更弱一点儿，如市级政府或民企。除了央企股东市场认可度依然较高外，债券市场对于省级煤企股东的意见分歧较大。表 5-3 是主要发债煤企的股东及股东性质。

表 5-3　主要发债煤企的股东及股东性质

企业简称	债券余额（亿元）	股东背景（实际控制人）	股东性质
陕西煤业化工集团	1295	陕西省国资委	省级国企
晋能控股煤业集团	808	山西省国资委	省级国企
国家能源集团	560	国务院国资委	央企
山东能源集团	522	山东省国资委	省级国企
山西焦煤集团	490	山西省国资委	省级国企
华阳新材料科技集团	346	山西省国资委	省级国企
冀中能源	262	河北省国资委	省级国企
潞安化工集团	252	山西省国资委	省级国企
中国平煤神马	121	河南省国资委	省级国企
中煤集团	80	国务院国资委	央企
开滦集团	65	河北省国资委	省级国企
淮河能源集团	55	安徽省国资委	省级国企
榆林能源集团	40	榆林市国资委	市级国企
河南能源集团	20	河南省国资委	省级国企
徐州矿务集团	20	江苏省人民政府	省级国企
华电煤业	15	国务院国资委	央企
皖北煤电	13	安徽省国资委	省级国企
淮北矿业	0	安徽省国资委	省级国企

注：债券余额数据为 2024 年 4 月底。
资料来源：Wind 资讯，本书作者整理。

"永煤事件"后，市场上关于股东偿债意愿的讨论很多，债券市场投资者不得不在被违约中学习如何不踩雷，不断更新研究方法和视角。现在债券市场对实际控制人偿债意愿的关注度正在提高。

在偿债能力上，应考虑煤企所在省份的整体经济情况，如江苏和安徽整体经济实力更强，如果煤企遭遇流动性问题，省内金融资源更丰富，省内可以施以援手的大型国企也更多，这些都有利于问题的解决。在偿债意愿上，应主要参考历史上该省份处理省级企业违约时展现的态度和能力，如果某省份处理省级国企违约时展现的态度和能力都比较一般，那么债券投资人对该省偿债意愿的评估结果就会打折扣。为了衡量省政府的协调意愿，债券市场研究员甚至需要通过了解该省省长、分管金融的副省长等领导的生平经历、过去发表的文章，来判断该省份对于债务处理的态度。这种一只债券违约就开始考虑整个省所有债券信誉问题的做法，成了"永煤事件"给债券市场留下的印记，也成了债券市场投研主流的共识，即省级层面的偿债能力和偿债意愿是国企债券的研究重点。任何有国企债券违约历史的省份，投资者对其债券定价都会更为谨慎。

（二）企业规模及核定产能

原煤产量、资产规模可以用来衡量煤企的规模。为了防止煤炭产能过剩，国家给各家煤企分配了核定产能。各家煤企只能在核定产能范围内进行原煤生产，煤企想要新增产能有三个途径：第一，向国家发展改革委申请新产能。这个途径的审批在国家发展改革委层面，国家发展改革委要根据国家政策大方向决定是否审批。通过这个途径新增产能历时长且难度大。第二，向别的企业购买产能。如贵州、四川等地的煤炭开采难度较大、经济效益较低，这些落后企业关停后可以把产能释放出来给其他煤企，经济效益较好的煤企可以通过购买产能指标的方式获得煤炭产能指标，实现煤炭产能指标的优化。第三，煤企自身的产能置换。很多煤企淘汰了年代久远、吨煤成本较高的落后产能，将产能指标转换给有现代机械开采的大型矿井。2019年，国家要求关停 30 万吨以下的小煤矿，关停这些小煤矿也可以腾出指标，让效率更高的大型煤矿增加产能。

经过行业出清和竞争，截至 2024 年，我国发债煤企的原煤产量如表 5-4 所示，如果没有大型煤企之间的兼并重组，则行业竞争格局基本已经锁定。一般来说，企业规模越大则行业地位越高，获得的政策支持越多，融资渠道也越通畅。

表 5-4　整合后我国煤炭企业的原煤产量

名称	原煤产量 2023 年
国家能源集团	61 665
晋能控股煤业集团	43 747
山东能源集团	27 366
中煤集团	26 948
陕西煤业化工集团	24 714
山西焦煤集团	18 486
潞安化工集团	10 495
淮河能源集团	7575
河南能源集团	6823
冀中能源	5652
华电煤业	5358
华阳新材料科技集团	4591
中国平煤神马	3071
开滦集团	2682
淮北矿业	2594
皖北煤电	3052
榆林能源集团	2362
徐州矿务集团	1690

资料来源：Wind 资讯，本书作者整理。

（三）资源禀赋

不同的煤企由于矿区自身的特点，拥有的资源禀赋差异较大。下面简单介绍煤企拥有的煤炭资源禀赋。

（1）华北区，特别是内蒙古、陕西、山西交界的地方动力煤资源比较丰富，且开采条件较好，这一区域煤层较浅，很多是露天矿，开采这片区域的煤企主要是国家能源投资集团、陕煤化、伊泰、中国中煤集团。

（2）华南区的贵州有一定的煤炭储量，但由于地势陡峭，煤炭多藏在崇山峻岭之中，煤炭开采难度较大，煤炭品质一般（含硫等杂质较多），因此不是市场上的主流煤炭供应地。

（3）华南区和华北区靠近沿海一带的安徽、河南、河北几个省，煤炭运输便利，主要以价格较高的焦炭为主，但由于开采时间普遍比较长，随着矿井深度的加深，开采难度已经比较大，大部分矿井规模较小，因而吨煤成本高。

（4）西北地区，如新疆，煤炭资源比较丰富，以动力煤为主，开采条件较好，现在很多东部沿海地区的煤炭企业去西北地区购买矿井，西北地区煤炭的缺点是交通运输比较不方便，煤炭从西北地区运输到最终的使用地东南沿海经济发达地区会产生比较高的运输成本。

主要煤企的资源禀赋情况汇总如表5-5所示，一般储量越大的煤企会被认为未来的发展空间越大，业务持续性越好；煤种越好，品质越高，则煤炭售价越高，企业盈利能力越好。至少从各家煤企公布的可采储量来看，按照现在每年的原煤产量计算，储量足够煤企开采20年以上。虽然如此，现在各家煤企每年或多或少都有购买新矿井的资本支出，一方面是为了长久发展，另一方面，各家煤企煤矿储量、可采煤炭、最终实现的产量之间确实存在比较大的差距，特别对于非露天矿而言，随着矿井的加深，开采难度和环保问题凸显。从经济效益的角度看，最终实现的产量可能只有可采储量的不到70%。

表 5-5 主要煤炭企业的资源禀赋

企业名称	资源储量（亿吨）	可采储量（亿吨）	主要煤种
国家能源投资集团有限责任公司	234	150	动力煤
晋能控股煤业集团有限公司	307	165	动力煤
中国中煤能源股份有限公司	—	—	动力煤
陕西煤业化工集团有限责任公司	164	102	动力煤
兖矿集团有限公司（本部）	407	61.5	焦煤
山西焦煤集团有限责任公司	209	112	焦煤
阳泉煤业（集团）股份有限公司	85	41	无烟煤
冀中能源集团有限责任公司	112	42	焦煤
晋能集团有限公司	118	67	无烟煤
山西晋城无烟煤矿业集团有限责任公司	110	40	无烟煤
河南能源化工集团有限公司	318	44	无烟煤
淮南矿业（集团）有限责任公司（本部）	—	50	焦煤
内蒙古伊泰股份有限公司	27	15	动力煤
淮北矿业（集团）有限责任公司（本部）	—	37	焦煤

资料来源：Wind 资讯，本书作者整理。

二、经营情况

（一）吨煤成本

上文分析的资源禀赋等很多因素最终都会体现在煤企的吨煤成本上，吨煤成本是衡量煤企竞争力的重要指标。如表 5-6 所示，打开煤企的成本构成表，可以看到吨煤成本由材料成本、人工成本、电力成本、折旧费和计提费用等构成。这些费用一般取决于开采条件、矿井规模、历史负担、人均工效等因素。

表 5-6 某煤炭企业近年吨煤成本情况 （单位：元/吨）

项目	2020 年	2021 年	2022 年	2023 年 1~9 月
材料成本	32.48	50.92	53.06	31.99
人工成本	71.73	94.99	115.03	116.82
电力成本	9.75	13.85	15.60	14.73
折旧费	22.67	29.59	33.01	22.83
计提费用	41.57	40.58	65.55	52.24
其他	58.62	92.79	95.19	76.36
合计	236.82	322.71	377.44	314.97

注：上述吨煤开采成本为原煤开采成本，不含洗煤、加工成本。
资料来源：Wind 资讯，本书作者整理。

开采条件方面，煤矿区分为露天矿和井工矿。例如，内蒙古和山西平朔的矿区为露天矿，开采成本很低，不需要挖矿井、处理瓦斯、处理地面沉降等，地面装车直接就能运走。河北、安徽、山东的矿区基本都是井工矿，需要先挖矿井到地下，再进行采掘。这个过程就可能出现矿井塌陷、瓦斯泄漏等很多安全问题，从而需要较多的安全支出，因此对于井工矿需要计提更多的安全生产费用。

矿井规模方面，由于发债的煤企都是大型煤企，所以市场一般认为产能低于 100 万吨/年的矿井为小矿井。小矿井机械化程度一般比较低，需要的工人也比较多，因此需要更高的人工成本和材料成本。大矿井是指产能高于 1000 万吨/年的矿井，这样的矿井能使用综采设备，机械化程度较高，需要的工人较少，因此人工成本和材料成本的支出也相对较低。

很多矿区由于成立时间比较早，年代比较久远，承担了大量的社会职责，包括发放工人退休金，提供医疗和教育服务等，这些支出统称为"三供一业"支出。这类支出虽然明面上已经划归地方政府，但煤企作为当地政府财税收入的主要来源，实际负担很难减轻，这部分支出压力较大的煤企每年的吨煤成本也将增加。

由于大多数煤企都是国企，不能完全从企业效益出发优化员工数量。保证当地员工的就业是煤企的重要责任，因此，人均工效被用于衡量煤企的人员负担，人均产煤越多说明煤企的人员负担越轻。

（二）煤炭售价

煤炭售价的主要决定因素是品种、运输条件、运输成本和下游客户情况。

煤企的主要品种如果是焦煤和无烟煤，则平均售价较高；如果是动力煤，则平均售价较低。

运输条件方面，煤企本身离最终消费区比较近或者有便利的运输条件，都可以大大节约运输成本，提高煤炭利润。安徽、山东等地煤企离消费区比较近，运输成本比较低；内蒙古、山西、陕西等则充分利用铁路资源，用煤炭铁路专线将煤炭运往港口，然后再通过海运将煤炭送往最终消费区。内蒙古、山西的煤炭通过大秦线和朔黄线运到港口，再从港口通过更为便宜的海运运往国内各地。

运输成本方面，水运成本最低，然后是铁路运输，汽运成本最高。为降低运输成本，我国建设多条专门用于运煤的铁路专线。铁路专线要么将煤炭直接运往最终消费区，要么运往附近的港口，然后通过更为便宜的水运将煤炭运往全国各地。

下游客户方面，大型煤炭集团基本都与大型电力企业有长期协议价格方面的合作。煤企通过长期协议价格可以锁定利润，保证较高的产销率，很多煤企有长期协议价格的产能占所有产能的 50% 以上。因此，煤企煤炭售价并不总是由市场价格决定的，长期协议价格决定了部分煤炭售价。长期协议价格的存在可以降低煤炭价格波动导致的煤企收入波动。长期协议价格也会随着煤炭价格的市场变化定期做出调整，但有一定的时间差，会受到电厂总体成本综合考量的影响。因此，在煤炭涨价时期，长期协议价格占比高的煤企收入提升更慢，收入增长幅度低于煤炭的涨幅；在煤炭跌价时期，长期协议价格占比高的煤企收入更为稳定，收入下降也更慢。

每个大型煤企几乎都同时经营煤炭的下游产业，这些下游产业包括煤化工、电力等，这意味着很多煤企内部会消化掉一部分煤炭产能。虽然煤炭企业都宣称给下游兄弟公司的煤炭价格都是市场化的价格，但实际上煤炭企业内部转移价格并不是完全市场化的价格，且在款项结算上往往有一定的优惠。

（三）非煤业务

煤炭行业属于资源型行业，资源型行业基本是旱涝保收的，躺着就能把钱赚到手。按照现在超过700元/吨的港口价格，煤挖出来卖掉就有30%~50%的毛利率，估计世界上很难找到比这更省心和简单的行业了。可是为什么会有煤企违约？

违约原因主要有两个。第一，煤炭价格太低，击穿生产成本。如四川省煤炭集团（简称"川煤"）违约是因为供给侧结构性改革之前煤炭价格长期比较低，而川煤由于自身所在的地理位置和矿井条件，生产成本比较高，入不敷出，无法偿还债务。第二，非煤业务拖累。永煤违约正是由于其煤化工业务亏损拖累了煤炭业务，煤炭业务每年赚的几十亿元利润都不够填补煤化工业务带来的亏损，导致债务压力不断增大，最终资金链断裂。从某种程度上说，煤炭业务本身是十分简单的，根本不值得花费很大篇幅去分析，无非是煤炭价格和开采成本的差值。只要煤炭价格维持在一定水平，煤炭业务肯定是赚钱的，拖垮煤企的往往是非煤业务。

对于非煤业务的分析，主要有两点：一是盈利，二是新增投资。

盈利方面，只要非煤业务能自负盈亏，没有大幅亏损就不算拖累，或者说不构成比较大的信用瑕疵。如果非煤业务每年有比较大的亏损，且亏损额相对于煤炭业务的盈利额较大，则应对这家煤企持谨慎态度。与此同时，密切关注非煤业务生产产品的大宗商品的价格，如果大宗商品的价格还有大幅下挫的空间，则应警惕该业务加重企业亏损的可能。

新增投资方面，仔细了解非煤业务的投资金额、投资节奏、资金来源及回款计划。如果非煤业务有巨额投资的计划且回款周期较长，盈利不确定性较强，或者投资金额与融资期限严重错配，则应该谨慎考虑煤企的新增投资是否可能遭受巨大亏损。如果确定煤企无法承担新增投资的全额亏损，则投资者应当以更为谨慎的态度对待这样的企业。

（四）盈利能力

将煤企的各项业务都单独拆分出来进行考核，非煤业务只要毛利率低于10%，基本上是亏钱或者微利的业务。由图 5-11 可以看出，煤炭业务的毛利率均处在比较高的水平（30%～60%），部分煤企的整体毛利率水平比较低，主要是由于非煤业务的拖累。图 5-11 中，煤炭业务毛利率和企业整体毛利率相差越大，说明非煤业务对煤企整体利润的拖累越大。

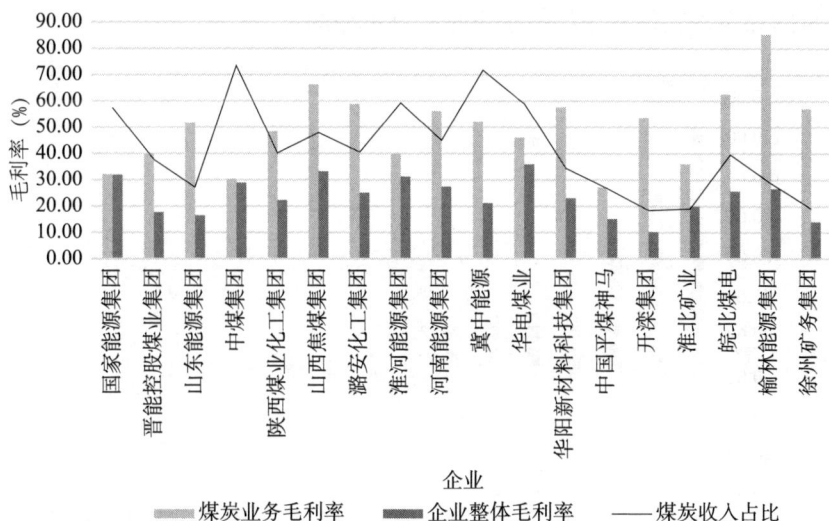

图5-11　主要煤炭企业毛利率情况

资料来源：Wind 资讯，本书作者整理。

煤企的非煤业务大多围绕着煤炭下游延伸，如电力、煤化工和煤炭贸易等。煤企的非煤业务主要包括：①电力业务。电力是煤炭业务的下游，适用于主要生产动力煤或者煤炭产地离使用地较远的煤企。一方面，动力煤大多用于发电，煤企直接延伸至产业下游，可赚取发电业务的利润。另一方面，对于煤炭产地离使用地较远的煤企，运输成本比较高。如果直接在开采地将动力煤转换成电能，可以节省动力煤运输成本。②煤化工业务。对于很多用于化工的煤炭（焦煤、兰炭、喷吹煤等），一吨煤炭的价值远低于一吨煤化工产品。因此，通过将煤炭加工成煤化工产品可以提升产品产值，增加产品的附加值。③煤炭贸易业务，煤企本来就对煤炭行业比较了解，以此为基础做煤炭贸易水到渠成。有些煤企通过煤炭贸易起家，逐渐深入其他大宗商品贸易。央国企背景的煤企，凭借融资优势做煤炭贸易既能增加收入，也能增加利润。

总而言之，不管什么业务，能赚钱才是核心。煤企能不能通过下游延伸实现更高的利润是评估其多元业务是否成功的关键，因此，归母净利润成了评估盈利能力的关键指标。如图 5-12 所示，河南能源集团是归母净利润亏损最严重的煤企，它最先违约似乎也是有迹可循的。

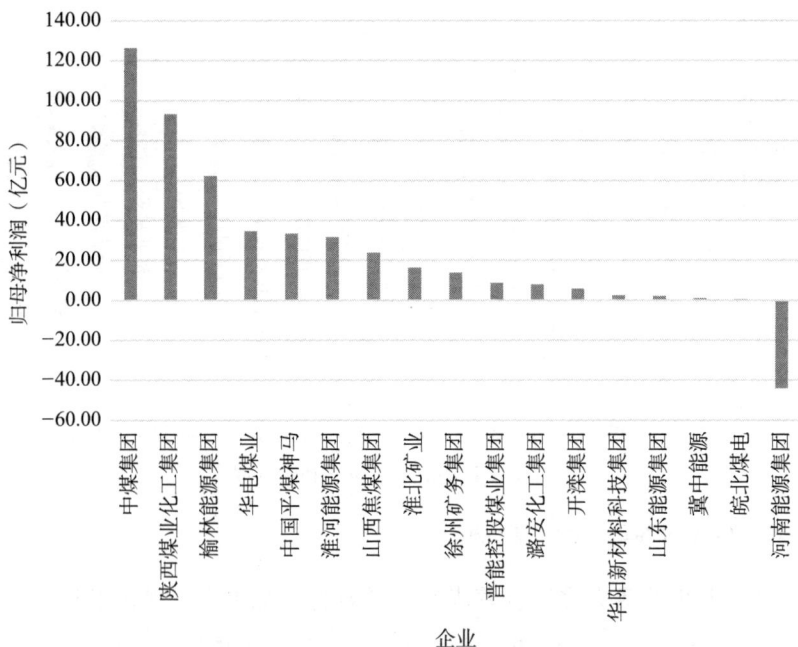

图5-12　主要煤炭企业归母净利润

注：国家能源集团归母净利润将近 400 亿元，和其他煤企不在一个等级上，不方便比较，因此去除国家能源集团数据。

资料来源：Wind 资讯，本书作者整理。

三、偿债能力

（一）债务结构

债务结构包括债券期限和融资来源。债券期限方面，短期融资占比越低则企业短期的偿债压力越小，企业的融资结构越好。融资来源方面，非标融资占比越小说明企业融资途径越多，融资结构越好；债券融资占比越小则企业遇到债市信用整体收缩时腾挪空间越大，融资结构越好。与其他类型的企业一样，"短期债务占比""非标占比"和"债券融资占比"三个指标常用于评估煤企债务结构的好坏。

（二）资产质量

评估企业的资产质量本质上还是为了了解企业的偿债能力。对于煤企而言，主要的资产是采矿权、未卖出的煤炭、矿区的厂房和机械设备、在建的项目等。债券投资人会根据这些资产是否方便变卖用于偿债，以及变卖价值来评估其资产质量。例如采矿权，由于国家有核定产能的限制，即使企业账面上有100亿吨的采矿权，没有国家的审批也不能开采；即使可以开采，每年只有1000万吨的核定产能，变现速度也比较慢，对于金融机构而言有一定的处置难度。

矿区的厂房和机械设备在煤企资产中占比也比较高，机械设备很多都是专用配套设备，搬迁成本很高，拆出来卖只能卖个废铜烂铁的价格。如果不是被煤炭类企业收购并用于持续经营，对于金融机构而言，此类专用机械设备变现价值很低；矿区的厂房一般在山沟里，山高路远且生活配套差，对于金融机构来说变卖价值也比较低。相对而言，存货里的煤炭及其他产成品算是价值比较高且相对好变现的资产。

除此之外，资产质量比较好的企业应有占总资产比例比较大的货币资金、同业存单、理财等可以即时变现用于偿还债务的优质资产。资产质量较差的企业则会被其他企业大量占用资金，有比较大额的其他应收款。

在评估煤企资产的时候，需要关注资产的受限比例。信用债投资人在企业破产清算偿付债务时清偿顺序比较靠后：有抵押权的债权人清偿顺序比较靠前，然后才轮到无抵押权的信用债投资人。资产受限比例较高将大大降低信用债投资人的偿付比例。

（三）或有债务

债券投资人对于或有债务需要关注对外担保和债务纠纷两方面。可以用"对外担保金额占净资产的比例"这个指标来衡量煤企的对外担保，比例越高，则企业潜在的代偿责任越大，债务压力越大。债务纠纷方面，可以查看企业最近的法律纠纷案件，如果企业有大额的未决诉讼，则需要向企业询问诉讼形成的原因，以判断企业的大额未决诉讼是否会为企业带来重大损失。

（四）偿债能力指标

偿债能力指标分为长期偿债能力指标和短期偿债能力指标。

对于长期偿债能力，可以用资产负债率、净负债率、EBITDA/带息债务等指标评估。从图5-13可以看出，按照净负债率排序，净负债率最高的三家煤企分别为河南能源集团、冀中能源、晋能控股煤业集团。

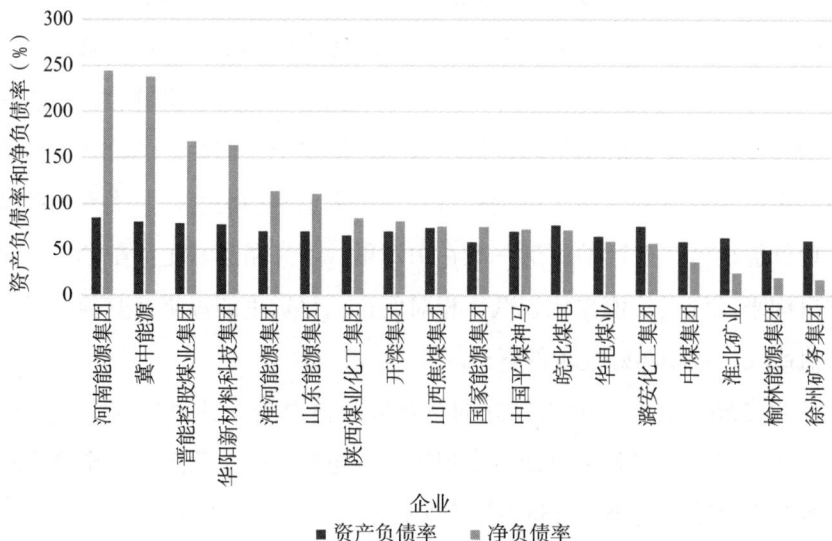

图5-13　主要煤炭企业债务情况

资料来源：企业 2022 年审计报告，本书作者整理。

对于短期偿债能力，可以用货币资产／短期债务、经营现金流净额／短期债务等指标评估。图 5-14 按照经营现金流净额／短期债务指标排序，可以看出，晋能控股煤业集团、冀中能源、河南能源集团短期偿债能力指标表现较差，市场认可度较低，债券市场融资成本较高。

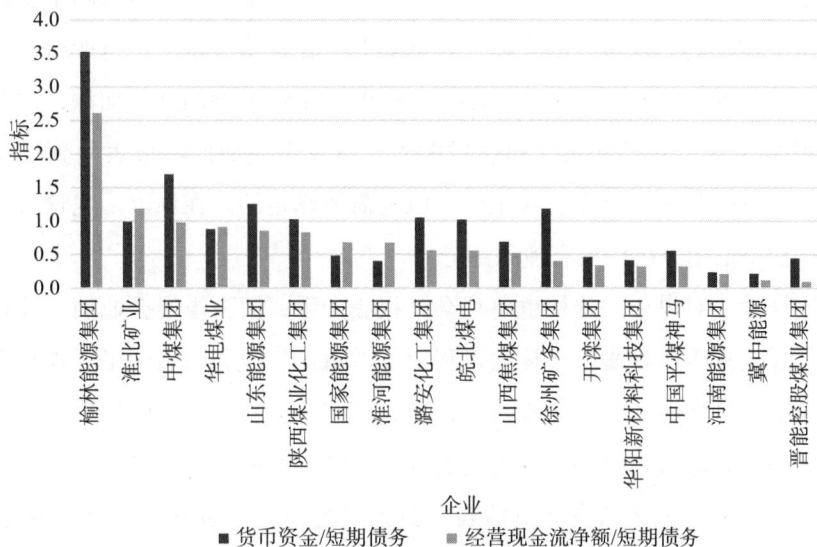

图5-14　主要煤炭企业短期偿债能力

资料来源：企业 2022 年审计报告，本书作者整理。

用指标去量化对比方便对煤企进行排序，但在实际投资中，对于单个煤企，还是应该仔细查看其每一项资产和负债项目，找出其短期、长期比较容易变现的核心资产，将这些数据分别和短期、长期有息债务进行对比。企业的核心资产都藏在什么地方，下一节将为大家讲述。

第三节　探秘煤炭企业报表的独特之处

信用债研究和投资过程遇到的最大问题是，需要依靠会计报表，但又不能依赖会计报表，对于产业类信用债的分析，这个准则格外重要。如果你对信用债的偿付能力的排序仅仅依赖会计报表，依据这几年的市场实践，那极有可能已经因为踩雷而离开了这个市场。因为在那些爆雷的企业中，很多企业存在财务报表造假的情况或者钻了会计准则的空子，报表所呈现的和企业的实际经营情况大相径庭。甚至有人调侃：资产负债表的第一个项目——货币资金都是假的，你让研究者如何使用这个报表？随着经验越来越丰富，笔者也越来越感到会计报表的无用。即使如此，在入手分析一个行业时，也往往需要从会计报表开始。在此基础上，随着对企业了解的逐渐加深，你会逐渐了解企业真实的经营状况和偿付能力，以及企业如何将报表做到这个程度，其中有哪些地方是需要修正的，以及需要修正的内在原因。我觉得这个过程往往是信用分析中最有趣的部分。

同样地，对煤企的分析也要从会计报表入手，因为煤炭企业的会计科目记录了煤炭从生产到卖出结算的过程留下的轨迹。从利润表中了解煤炭企业各板块的盈利情况，哪些是赚钱的板块，哪些是会长期亏损的板块。从资产负债表中了解煤炭企业的资产主要有什么共性，好的、差的煤炭企业的资产质量有何不同，怎么从资产负债表中找到煤企的有息债务。带着这些疑问，来探究煤炭企业的会计科目吧。

一、利润表

大多数煤炭企业都有多个业务板块，每个板块的盈利能力迥异，因此，标准利润表提供的信息量比较小。这里只提示注意一点，债券发行主体一般都是母公司，因此，最终也是母公司还款。在看利润表时，如果发现净利润和归母净利润相差过大，则说明母公司对并表子公司的持股比例较低，可能存在母公司对并表子公司的控制能力弱、资金归集能力弱等弊端。

对于利润表，需要更多关注营业收入明细表。如表 5-7 所示，从收入和成本的对比可以看出，这家煤企虽然板块很多，但能赚钱的只有煤炭板块，其他板块都处于亏损或微利状态。

表 5-7 某煤炭企业营业收入明细表 （单位：亿元）

项目	2023 年发生额		2022 年发生额	
	收入	成本	收入	成本
1. 主营业务小计	2365.72	1686.61	2792.69	1857.40
炼焦煤生产、加工及销售	1849.15	1190.49	2178.76	1257.11
焦化生产及销售	208.14	215.56	276.04	276.49
电力生产	71.78	74.68	75.95	76.62
民爆化工	6.26	3.50	6.83	4.18
非煤贸易	145.33	141.14	145.92	142.60
运输服务等	27.65	23.02	22.31	19.25
建筑、机修、后勤等	57.41	38.21	86.89	81.15
2. 其他业务小计	8.18	3.91	14.10	16.25
材料让售、固定资产出租等	8.18	3.91	14.10	16.25
合计	2373.89	1690.51	2806.79	1873.66

资料来源：企业 2023 年审计报告。

进一步将营业收入明细表制作成毛利情况表，如表 5-8 所示，可以更清楚地看到，2023 年煤炭板块毛利润为 658.66 亿元，毛利率约为 36%；电力、焦化板块均亏损；与煤炭相关的运输、机修和后勤等板块毛利尚可。通过看利润表可以得出结论，这是一家用煤炭板块赚的钱去贴补非煤板块的企业，其中焦化板块、电力板块和贸易板块盈利能力较弱，需要评估这些板块的业务是否将长期亏损，煤炭板块盈利是否足够弥补非煤业务的亏损。

表 5-8 某煤炭企业毛利润和毛利率情况

项目	2023 年发生额			2022 年发生额		
	毛利润（亿元）	毛利占比（%）	毛利率（%）	毛利润（亿元）	毛利占比（%）	毛利率（%）
炼焦煤生产、加工及销售	658.66	96.38	36	921.65	98.77	42
焦化生产及销售	-7.42	-1.09	-4	-0.45	-0.05	0
电力生产	-2.91	-0.43	-4	-0.67	-0.07	-1
民爆化工	2.76	0.40	44	2.65	0.28	39

（续）

项目	2023 年发生额			2022 年发生额		
	毛利润 （亿元）	毛利占比 （%）	毛利率 （%）	毛利润 （亿元）	毛利占比 （%）	毛利率 （%）
非煤贸易	4.19	0.61	3	3.32	0.36	2
运输服务等	4.63	0.68	17	3.05	0.33	14
建筑、机修、后勤等	19.20	2.81	33	5.75	0.62	7
其他业务小计	4.27	0.62	52	−2.15	−0.23	−15
合计	683.38	100.00	29	933.13	100.00	33

资料来源：企业 2023 年审计报告。

二、资产负债表中的资产科目

与城投公司、房企拥有很多可以变卖的土地和房子不同，煤企的资产主要是采矿权、未卖出的煤炭、厂房和机械设备等，有些煤企有专用的煤炭运输铁路。这些资产中，煤炭和采矿权流动性较好，厂房和机械设备变现难度较大，专属煤炭的铁路作为煤炭配套的运输资产，流动性也较好。我们看看这些资产一般在资产负债表的哪些会计科目。

（一）货币资金

货币资金是煤企最重要的流动资产，我国几家主要煤企在关键时点留存的货币资金都比较多，货币资金占资产总额的平均比例超过 10%。虽然关键时点的货币资金占比比较高，但我们仍然需要评估煤企实际能动用的货币资金金额及日均货币资金余额。

（二）应收账款

应收账款是经营产生的应收款，煤企应收款源于卖出煤炭后未收到下游款项，对手方一般为煤炭贸易企业、电力企业或钢企。在分析中应该尽可能查看应收账款的对手方，判断对手方的偿付能力，以及煤企提取的坏账准备是否可能低于预期。"永煤事件"后，应当重点关注陷入债务风险的煤企及其上下游。如果煤企同时也进行煤炭贸易业务，应了解清楚煤企对贸易对手的风险管理体系和敞口情况等，避免出现应收账款坏账。

（三）其他应收款

其他应收款一般源于：①其他关联公司与煤企的往来款，实际造成的对煤企资金的占用；②煤企履行了某些社会职责（三供一业）并垫付款项，应收地方政府的款项；③收购公司、购买探矿权提前预支的款项。如果其他应收款金额较大，我们需要评估煤企对关联公司借款的回收合同、回收计划及回收款项中存在的不确定性。

（四）存货

存货是煤企资产负债表中金额比较大的项目。如表 5-9 所示，煤企存货包括煤炭生产过程中需要的原材料及生产出的半成品和在产品。存货属于煤企资产中比较好变现的优质资产。

表 5-9 煤炭企业存货明细情况表 （单位：元）

项目	期末余额		
	账面余额	存货跌价准备/合同履约成本减值准备	账面价值
原材料	3 567 279 503.34	114 699 179.25	3 452 580 324.09
自制半成品及在产品	7 730 227 654.61	12 100 393.56	7 718 127 261.05
其中：开发成本	7 111 094 648.42		7 111 094 648.42
库存商品（产成品）	7 888 153 033.59	487 366 294.48	7 400 786 739.11
其中：开发产品	1 751 076 896.28		1 751 076 896.28
周转材料	14 349 486.47	852 822.27	13 496 664.20
合同履约成本	975 498 342.18		975 498 342.18
消耗性生物资产	543 989.35		543 989.35
其他	147 057 103.49	81 063 068.36	65 994 035.13
其中：尚未开发的土地储备	—	—	—
合计	20 323 109 113 .03	696 081 757.92	19 627 027 355.11

资料来源：企业 2023 年审计报告。

（五）固定资产和在建工程

如表 5-10 所示，煤企的固定资产主要包括：①房屋及建筑物，这些房屋及建筑物大部分位于矿区，位置比较偏远，实际可变现价值较低。②机械设备，煤企很多机械设备都是配套专用的，如大型综采设备、传输皮带、监控装置等，这些设备拆卸后卖出价值较低，因此实际可变现价值较低。

表 5-10　煤炭企业固定资产明细情况表

项目	账面原值 （万元）	累计折旧 （万元）	账面净值 （万元）	减值准备 （万元）	账面价值 （万元）	占比 （%）
土地资产	31 718.90	—	31 718.90	—	31 718.90	0.35
房屋及建筑物	8 819 393.72	3 090 064.06	5 729 329.67	35 218.71	5 694 110.96	62.20
机械设备	8 076 402.51	5 022 671.38	3 053 731.13	11 918.31	3 041 812.82	33.23
运输工具	297 438.24	220 043.06	77 395.18	744.14	76 651.04	0.84
电子设备	206 002.50	128 414.80	77 587.70	3 353.63	74 234.07	0.81
办公设备	53 375.85	39 114.64	14 261.21	—	14 261.21	0.16
酒店业家具	525.58	—	525.58	—	525.58	0.01
其他	445 443.76	224 012.15	221 431.61	212.99	221 218.62	2.42
合计	17 930 301.06	8 724 320.09	9 205 980.98	51 447.78	9 154 533.20	100.00

资料来源：企业 2023 年审计报告。

在建工程主要是一些正在建设的项目，包括旧矿区的升级改造、新矿区的建设、周边基础设施的完善等。国内很多煤企还有在建的煤化工项目、煤炭运输专用铁路项目等。评估在建工程项目应当重点了解每个工程的未来投资计划、盈利情况等，然后综合汇总煤企未来的投资支出、资金平衡情况，估算新增投资是否会影响煤企的偿付能力。

（六）无形资产

煤企的无形资产主要是采矿权，也有部分煤企的无形资产是土地使用权。值得注意的是，如果煤企的无形资产增幅较大，除了购买新的采矿权，还很有可能是重新评估了采矿权的价值。这几年有不少煤企重新评估采矿权，这样可以增加资产规模，降低煤企债务率，达到美化报表的目的。但是债券投资人应当清醒地认识到，采矿权是一项比较难变现的资产，是否能开采和核定产能均有比较大的不确定性。

有些煤企的采矿权虽然计入无形资产，但实际开采需要等国家的规划和审批。煤炭开采的规划和审批难度均较大，规划和建设周期需要3~5年，因此诸如此类的无形资产实际价值比较低。

（七）其他流动资产及其他非流动资产

这两个科目会包括一些比较值得探究的事项，类似对其他公司的借款、理财等金融投资，如果金额较大，还应当探究清楚形成的原因并做一定的科目还原。

三、资产负债表中的负债与权益科目

（一）应付账款

应付账款是煤企应付上游的材料款和工程款等。与其他企业一样，煤企可以通过延长对上游的付款期限，在关键时点延期支付上游款项等方式减少有息债务的绝对金额，对资产负债表进行调节。

（二）其他应付款和长期应付款

煤企的其他应付款和长期应付款一般包括：①应当支付的购买采矿权的款项；②应当支付的收购公司的款项；③通过融资租赁等非标途径获得的融资款。

（三）有息债务

煤企的有息债务包括短期借款、一年内到期的流动负债（短期应付债券）、长期借款、应付债券，把这些科目相加就可以得到煤企的表内有息债务规模。有些煤企也会将一年内到期的债券记为其他流动资产，将非标途径获得的融资款记为长期应付款，计算煤企的有息债务应当仔细查看每一个负债科目。

（四）所有者权益

不少煤企为降低债务率发行了永续债，可以在所有者权益表中看到永续债的金额。在实际研究中，应当在将永续债还原为有息债务中的债券融资后，再进行偿债能力指标的计算。

四、现金流量表

现金流量表是通过资产负债表和利润表计算出来的。经营活动现金流、投资活动现金流和筹资活动现金流遵循着"三个现金流净额相加等于现金的增加额"的现金流等式。因此，这三个现金流是正数还是负数所描述的企业故事是不同的。

如表 5-11 所示，从某煤企的现金流量表中可以得出以下信息。

表 5-11　某煤炭企业现金流量表　　　　（单位：亿元）

项目	2023-12-31	2022-12-31	2021-12-31	2020-12-31	2019-12-31
经营活动现金流入小计	2732.37	2963.43	2195.83	2061.78	1691.09
经营活动现金流出小计	2409.75	2470.30	1829.12	1892.07	1519.64
经营活动产生的现金流量净额	322.62	493.12	366.71	169.71	171.45
投资活动现金流入小计	58.27	96.14	56.44	102.76	112.58
投资活动现金流出小计	198.55	142.80	276.53	191.88	235.69
投资活动产生的现金流量净额	−140.28	−46.66	−220.09	−89.12	−123.11
筹资活动现金流入小计	1297.68	1128.81	1292.91	1388.11	759.95
筹资活动现金流出小计	1574.32	1499.01	1340.34	1438.40	934.84
筹资活动产生的现金流量净额	−276.64	−370.21	−47.43	−50.29	−174.90
汇率变动对现金的影响	−0.07	0.21	−0.09	−0.15	0.04
现金及现金等价物净增加额	−94.37	76.47	99.10	30.15	−126.52

资料来源：企业 2023 年审计报告。

（1）从经营活动产生的现金流量净额可以看到：企业经营活动产生的

现金流量净额为正数且金额总体呈现逐年增加的趋势。数字变动背后的原因是，随着供给侧结构性改革的进行，煤炭价格逐渐企稳，企业产能也不断增加，量价提升使企业经营现金流量净额逐年增加，说明企业的现金流处于不断修复的状态。

（2）从投资活动产生的现金流量净额可以看到：企业投资活动产生的现金流量净额为负数且金额较大。数字变动背后的原因是，企业每年都在进行大规模的投资，主要是购买了大量的房屋、建筑物及采矿权。

（3）从筹资活动产生的现金流量净额可以看到：企业筹资活动产生的现金流量净额为负数，说明企业近几年每年都在减少外部融资，在用其他现金流偿还欠款。

（4）从三个现金流的关系我们可以看到：2023 年和 2019 年企业使用当年经营赚取的现金以及账上现金，购买了固定资产、无形资产，还偿还了大量对外欠款。2020 年到 2022 年，企业使用当年经营赚取的现金以及从外部借的钱，买了固定资产和无形资产，还增加了企业账上的现金。每年现金流等式的变化实际是企业在向市场讲着不一样的故事。

第四节　用量化工具一眼看懂煤炭类债券

定性的分析需要更多经验，而定量工具让人一眼就能看出区别，这就是为什么在会计报表的可靠度比较低的情况下我们依然需要定量工具。定性分析的缺点在于会带有很多主观的意见、投资人的个人喜好甚至是偏见，而定量工具更多的是数据的排序，客观的数据给出的结果往往让人无可辩驳。即便如此，笔者依然建议量化工具只作为决策参考，数据背后企业真实的运营情况更值得关注，因此需要定量和定性分析相结合。

如表 5-12 所示，量化工具分为三个部分：第一部分"基本情况"指标，打分指标包括煤炭企业的股东背景、股东偿债意愿、总资产、原煤产量、煤种。第二部分"经营情况"指标，包括煤炭企业的吨煤成本、人均产煤、非煤业务毛利率、毛利率、归母净利润总额。第三部分"偿债能力"，主要包括优质资产占比、衡量融资结构和长短期偿债能力的指标。

表 5-12　煤炭企业量化模型

指标大类	大类分值	打分指标	总分值	得分比率	得分（＝总分值 × 得分比率）
基本情况	30	股东背景	10		
		股东偿债意愿	6		
		总资产	3		
		原煤产量	5		
		煤种	6		
经营情况	30	吨煤成本	10		
		人均产煤	4		
		非煤业务毛利率	7		
		毛利率	4		
		归母净利润总额	5		
偿债能力	40	优质资产占比	5		
		债券占比	5		
		短期债务占比	7		
		资产负债率	4		
		净负债率	5		
		EBITDA/ 带息债务	5		
		货币资产 / 短期债务	4		
		经营现金流净额 / 短期债务	5		

　　值得说明的是，本书不会直接呈现得分比率、得分分值以及最终的排序结果。原因主要是：①本书的写作目的在于阐述方法论，而不是直接给某个企业下定论；②企业的财务数据、经营状况会随着时间变化，信用排序的结果是动态的，并不是一成不变的。学习方法论往往比记住结果更重要。

一、"基本情况"指标打分原则

　　"基本情况"指标主要包括煤炭企业的股东情况（股东背景、股东偿债意愿）、规模（总资产、原煤产量）和资源禀赋（煤种）。

（一）股东情况

（1）股东背景：实际控制人为央企则得分比率为 100%，为省级国资委则得分比率为 50%。实际控制人为省级以下国企则得分比率为 25%，为民企则得分比率为 0%。

（2）股东偿债意愿：参考省级国资委控股的企业是否有债券违约历史。如果有违约历史且债务处理结果较差，则得分比率为 0%；如果有违约历史但得到了较好的处理，没有造成债券实质性违约，则得分比率为 50%；如果没有违约历史且对债务管理比较重视，则得分比率为 100%。

（二）规模

规模主要包括总资产和原煤产量，可以通过表 5-13 进行取值：

表 5-13 煤炭企业"规模"指标得分比率

总资产（亿元）	原煤产量（亿吨）	得分比率
>5000	>1.5	100%
［2000，5000］	［0.5，1.5］	50%
<2000	<0.5	0%

比如陕煤化 2023 年总资产 7159 亿元、原煤产量 2.09 亿吨，则陕煤化总资产、原煤产量的得分比率均为 100%。

（三）资源禀赋

每家煤炭企业披露的可采储量都比较大，都够煤炭企业开采 10 年以上。对于债券投资者而言，债券期限最长也就 3～5 年，因此不需要考虑 10 年后煤炭企业的可采煤炭资源枯竭的问题。

开采条件、煤炭品质等资源禀赋也比较难量化。由于"煤种"已经在很大程度上决定了煤炭的身价，因此，在这里仅用"煤种"这个指标来衡量煤企的资源禀赋。如果超过 80% 的煤炭业务收入来自焦炭或者喷吹煤，则得分比率为 100%；如果焦炭或喷吹煤的收入贡献超过 30% 但小于 80%，则得分比率为 50%；如果焦炭或喷吹煤的收入贡献小于 30%，则得分比率为 0%。

二、"经营情况"指标打分原则

经营情况主要包括吨煤成本、人均产煤以及非煤业务毛利率、毛利率、归母净利润总额等指标。

（一）吨煤成本

煤企在募集说明书或者评级报告中公布吨煤成本的金额，但各家煤企公布的吨煤成本口径有一定差异，并不一定具有对比性。市场对于吨煤成本的评估更多依赖的是定性因素，比如是露天矿还是井工矿，矿井深度，开采地与消费地的距离，运输方式，是否有专门的运煤铁路等。除此之外，对于井工矿而言，如果煤矿瓦斯较多，则安全成本支出也会更多。

为了方便量化，本书还是采用各家煤企披露的吨煤成本金额进行打分。如图 5-15 所示，如果吨煤成本低于 300 元，则得分比率为 100%；如果吨煤成本处于 300～350 元区间，则得分比率为 50%；高于 350 元，则得分比率为 0%。

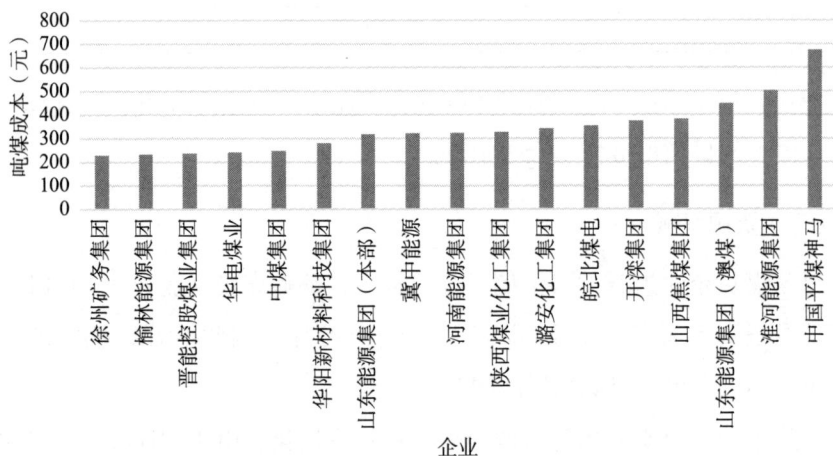

图5-15　主要煤企吨煤成本

资料来源：发行人公开材料，本书作者整理。

（二）人均产煤

人均产煤用于衡量煤炭企业的人员负担，企业的人员负担不仅仅是当期的成本，还反映了在未来比较长的时间内企业的持续支出。如图 5-16 所示，如果煤企的人均产煤在 1500 吨以上，则得分比率为 100%；如果人均产煤在 1000～1500 吨，则得分比率为 50%；如果人均产煤低于 1000 吨，则得分比率为 0%。

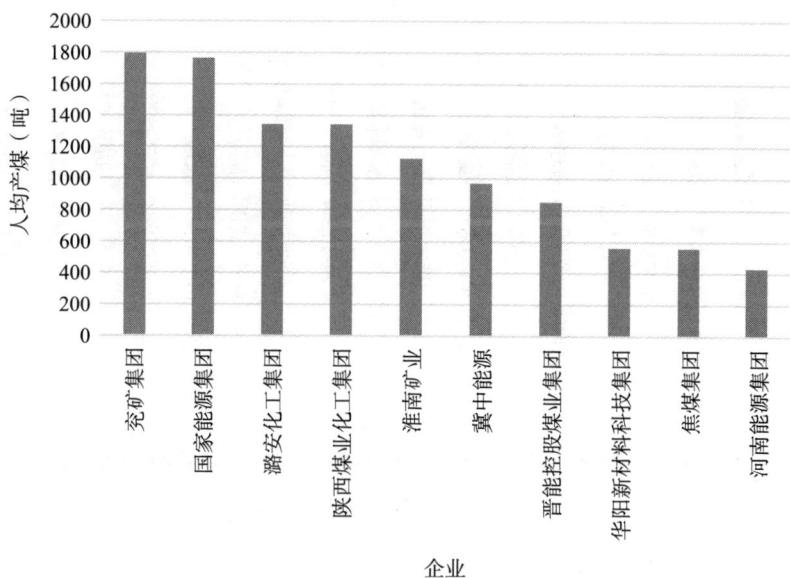

图5-16 主要煤企人均产煤

资料来源：发行人公开材料，本书作者整理。

（三）非煤业务毛利率

本章第二节中详细分析了非煤业务拖累煤炭企业这一弊端，本节将使用"煤炭业务毛利率和整体企业毛利率的差值"来衡量非煤业务对煤企的拖累程度。如图 5-17 所示，如果这个差值大于 20%，则得分比率为 0%；如果差值在 10%～20%，则得分比率为 50%；如果差值小于 10%，则得分比率为 100%。

（四）毛利率

本节将使用毛利率作为衡量企业盈利能力的指标之一，毛利率指标的得分比率可以按照表 5-14 取数。如陕西煤业化工集团 2022 年的毛利率为 22.27%，则毛利率指标得分比率为 50%。

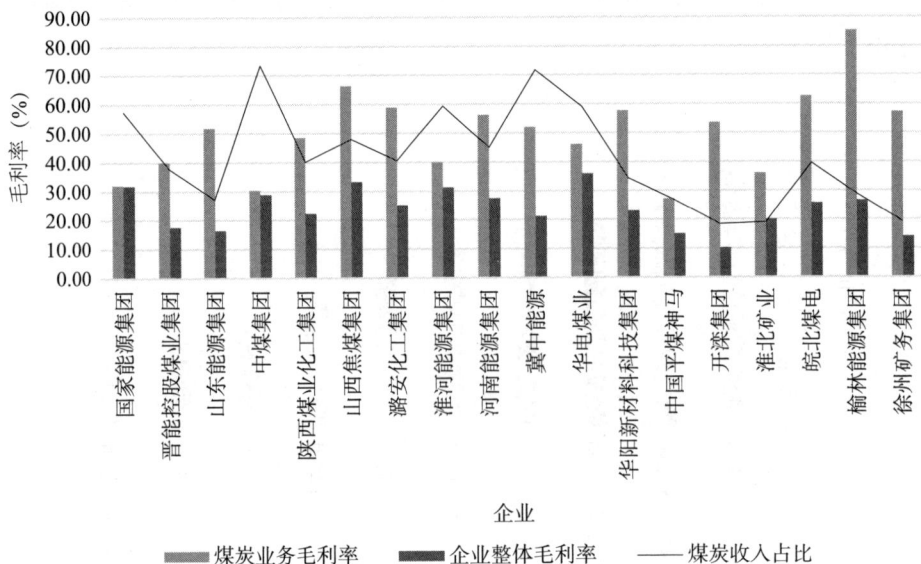

图5-17　主要煤炭企业毛利率情况

资料来源：Wind 资讯（2022 年审计报告），本书作者整理。

表 5-14　煤炭企业"毛利率"指标得分比率

毛利率	得分比率
>30%	100%
［20%，30%］	50%
（0%，20%）	0%

（五）归母净利润总额

归母净利润是实际归属债券发行人的利润，是衡量债券发行人盈利能力的最优指标。如图 5-18 的数值，如果煤炭企业的归母净利润为负值，则得分比率为 0%；归母净利润为正值的煤炭企业的得分比率为"归母净利润 /50"（此处归母净利润单位为亿元）。例如，兖矿集团的归母净利润为 19 亿元，则得分比率为 38%（=19/50）。

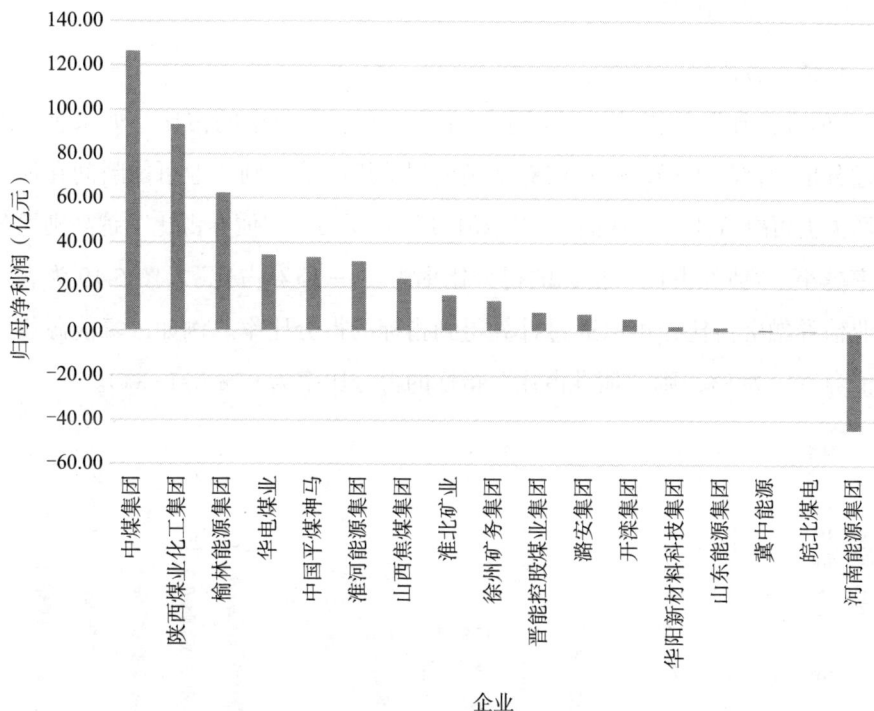

图5-18 主要煤炭企业归母净利润

注：2023 年国家能源集团归母净利润将近 400 亿元，和其他煤企不在一个等级上，不方便比较，因此去除国家能源集团数据。至截稿，河南能源集团没有公布 2023 年的财务数据，作者认为在 2022 年煤炭价格还不错的情况下，河南能源集团的归母净利润数据依然为负值，能说明自身经营的一些问题，所以选取了 2022 年的归母净利润数据。

资料来源：企业 2023 年审计报告。

三、"偿债能力"指标打分原则

（一）优质资产占比

按照本章第三节的方法评估企业优质资产占比，优质资产是指煤企报表中流动性较好、变现价值较高的资产，如货币资金、银行理财、非受限的上市股权等。得分比率为"优质资产／总资产"，例如，某家煤炭企业优质资产为 200 亿元，总资产规模为 500 亿元，则得分比率为 40%（＝200/500）。

（二）融资结构比例

1. 债券占比

"债券占比"是指债券融资余额在所有有息债务中的占比。如果企业融资过分依赖债券市场，一旦债券市场出现信用收缩，则企业可能瞬间在债券市场失去再融资能力，从而导致流动性风险。因此，"债券占比"越高则得分比率越小。"债券占比"指标的得分比率为"1－债券占比"。图 5-19 为煤炭企业债券融资占比，可以通过计算得到指标的得分比率。例如国家能源集团的债券占比为 8%，则"债券占比"指标的得分比率为 92%（＝1－8%）。

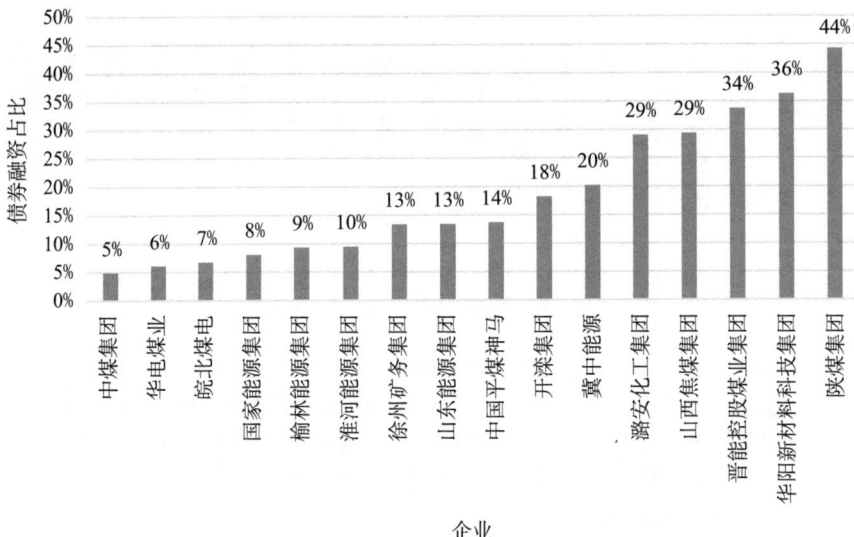

图5-19 煤炭企业债券融资占比图

资料来源：Wind 资讯（2022 年审计报告），本书作者整理。

2. 短期债务占比

"短期债务占比"是指企业的短期债务在所有有息债务中的占比，这个指标越高则企业的债务结构越不稳定。短期债务到期量大，企业如果不能及时进行债务续期，则可能发生流动性风险。短期债务占比指标的得分比率为"1－短期债务占比"。图5-20为煤炭企业的短期债务占比，可以通过计算得到指标的得分比率。例如中煤集团的短期债务占比为29%，则"短期债务占比"指标的得分比率为71%（=1－29%）。

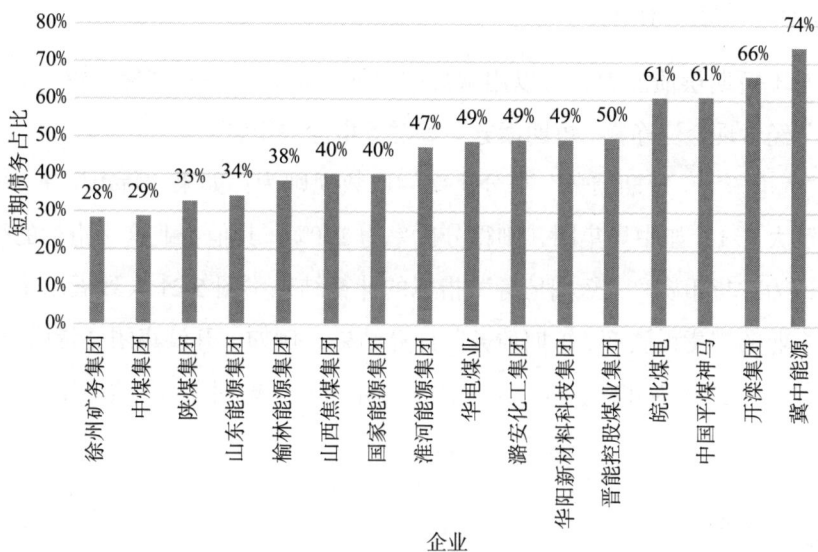

图5-20　煤企短期债务占比图

资料来源：Wind 资讯（2023 年年报），本书作者整理。

（三）长期债务指标

对于长期偿债能力，可以用常规的长期债务指标——资产负债率、净负债率、EBITDA/带息债务等财务指标去衡量。计算出财务指标之后，可以按照表 5-15 进行取值。例如，山西焦煤集团资产负债率、净负债率、EBITDA/带息债务分别为 74%、85%、18%，则这三个指标的得分比率分别为 30%、60%、30%。

表 5-15 煤炭企业"长期债务"指标得分比率

资产负债率	净负债率	EBITDA/ 带息债务	得分比率
<60%	<80%	>25%	100%
［60%，70%)	［80%，100%)	(20%，25%］	60%
［70%，80%］	［100%，200%］	［10%，20%］	30%
>80%	>200%	<10%	0%

（四）短期偿债指标

对于短期偿债能力，可以用常规的短期偿债指标——"货币资产 / 短期债务""经营现金流净额 / 短期债务"等财务指标去衡量。

"货币资产 / 短期债务"得分比率的取数规则为：如果"货币资产 / 短期债务"大于 1，如中煤集团，则得分比率为 100%；其他企业这一指标的得分比率即为"货币资产 / 短期债务"指标的计算结果。图 5-21 大致展示了主要煤炭企业的"货币资产 / 短期债务"计算结果。例如，开滦集团"货币资产 / 短期债务"指标为 42%，则开滦集团"货币资产 / 短期债务"指标的得分比率为 42%。

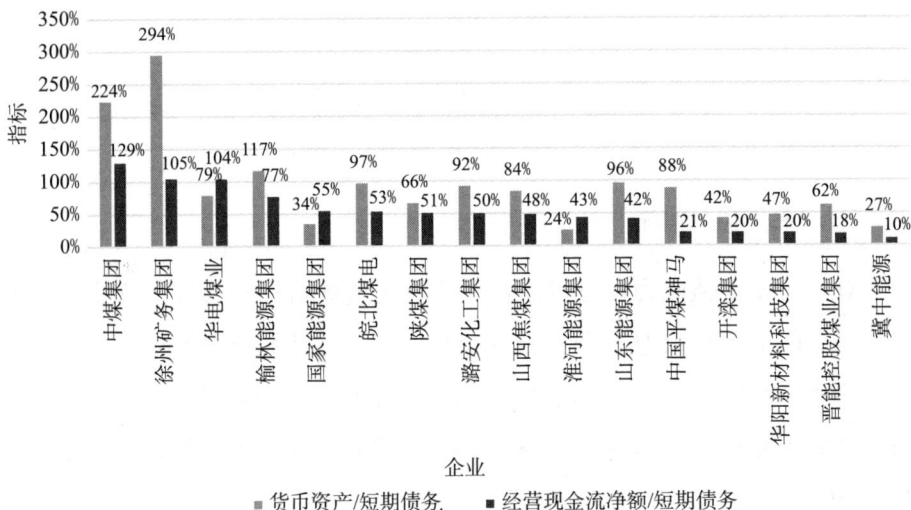

图5-21 煤炭企业短期偿债能力

资料来源：Wind 资讯（2023 年年报），本书作者整理。

"经营现金流净额 / 短期债务"得分比率的取数规则也是一样的，计算结果大于 100% 则得分比率为 100%，小于 100% 则直接取计算结果。图 5-21 中大致展示了主要煤炭企业的"经营现金流净额 / 短期债务"的计算结果。例如开滦集团"经营现金流净额 / 短期债务"指标的计算结果为 20%，则开滦集团"经营现金流净额 / 短期债务"指标的得分比率为 20%。

四、打分结果及其评价

根据以上打分原则进行打分，可以得到表 5-16 的打分结果。得分最高的三家为中煤集团、国家能源集团以及华电煤业，基本和债券市场定价结果一致。部分得分较低的企业，在"永煤事件"期间确实遭受了更为严峻的考验，一度沦为"网红"债券，债券收益率估值一度走高。这说明这个打分结果和市场排序大致相当。

用这个打分模型对"永煤事件"之前的企业进行打分，也可以清晰地看到那些得分较低的企业，既是出险的企业，也是经历风波时被砸盘最严重的企业。这说明这个打分模型有一定的预见性，可以用这一模型较为客观地评价企业的情况。

表 5-16 煤炭企业打分结果

企业简称	总分	基本情况	经营情况	偿债能力
国家能源集团	84.08	24.00	30.00	30.08
晋能控股煤业集团	57.30	19.00	20.98	17.33
山东能源集团	48.04	19.00	7.00	22.04
中煤集团	89.74	24.00	28.00	37.74
陕煤集团	65.04	25.00	14.00	26.04
山西焦煤集团	61.83	25.00	7.00	29.83
潞安化工集团	57.85	18.00	12.00	27.85
淮河能源集团	53.44	13.50	18.00	21.94
河南能源化工集团	31.00	18.00	2.59	10.41
冀中能源	32.10	15.00	5.06	12.03
华电煤业	79.79	18.50	26.17	35.12

（续）

企业简称	总分	基本情况	经营情况	偿债能力
华阳新材料科技集团	39.49	11.00	11.75	16.73
中国平煤神马	42.54	12.50	6.25	23.79
开滦集团	30.27	11.00	1.67	17.59
皖北煤电	38.61	11.00	2.43	25.18
榆林能源集团	64.70	11.00	19.00	34.70
徐州矿务集团	56.90	11.00	11.90	34.01

小专题：钢铁行业债券信用分析框架

钢铁行业是煤炭行业的下游，钢铁行业作为传统制造业，赚取的是将铁矿石、煤炭等原材料加工成钢铁的钱，利润主要来自原材料价格和制造成本与钢铁价格之间的价差。因此，制造钢铁过程中对（原材料）资源的把控、对加工成本的管理成为钢铁行业主要的竞争力来源。钢铁行业债券信用分析主要围绕基本情况、经营情况、偿债能力三个方面展开（见表5-17）。

表 5-17　钢企债券信用分析框架

基本情况	股东背景	
	企业规模	粗钢产能、净资产规模
	腹地经济与管理效率	
	区域供需平衡	
经营情况	产品品质	产品溢价、市场认可度
	原材料供给	铁矿石自给率、国外矿企所有权
	历史负担	人均钢产量
	运输条件	
	环保压力	厂区搬迁、环保开支、吨钢耗能
	非钢业务	
	盈利能力	毛利率、净资产收益率
偿债能力	债务结构	债务期限
		债券市场融资依赖度
	资产质量	
	或有负债	对外担保、债务纠纷
	偿债能力指标	

一、基本情况

（一）股东背景

由于债券市场对民企的认可度较低，所以在债券市场上发债的民企比较少且融资成本相对较高。市场普遍认为国企背景的企业能够获得政府的各项支持，国企能获得的外部支持是民企所没有的。如表5-18所示，债券存量比较大的发债企业都是国企，相对于民企，国企的利好之处不仅仅是融资成本，还有融资规模。

表 5-18　主要发债钢铁企业股东背景及债券余额

企业名称	企业性质	债券余额（亿元）
中国宝武钢铁集团	央企	116
鞍钢集团	央企	250
河钢集团	省级国企	895
江苏沙钢集团	民企	100
首钢集团	省级国企	730
山钢集团	省级国企	443
湖南钢铁集团	省级国企	50
方大集团	民企	70
柳钢集团	省级国企	58
包钢集团	省级国企	25
中信泰富特钢	央企	50
酒钢集团	省级国企	15
新兴际华集团	央企	187
杭钢集团	市级企业	60
永钢集团	民企	16

在经历"永煤事件"后，市场对省级国企所在省级政府的债务处理能力和意愿极其看重，这一点在讲述煤炭股东背景的重要性时已经阐述，这里不再赘述。这里就钢企违约的案例说明股东在钢企违约后的作用：① 2016年东北特殊钢集团（东北特钢）违约后，东北特钢及所在省处理问题的态度

给市场造成了较为负面的影响，导致整个辽宁省国企的债券信用利差走高。②由于2012~2015年钢铁行业整体不景气，央企中国中钢集团（中钢）在2015年10月发生了债券违约，之后使用国家调配的"国有企业结构调整基金"全额偿还了违约的债券。③2018年，央企新兴际华控股的金特钢铁发生债券违约，新兴际华持有金特钢铁的股权比例为48%，它虽然是大股东，但并不是全资持有金特钢铁。从2016年新兴际华拟出售金特钢铁的全部股权来看，金特钢铁并不是新兴际华的核心子公司。因此，金特钢铁违约后，新兴际华并没有对其施以援手，最终金特钢铁的债券打六折进行了偿付。

从钢铁行业的违约案例可以看出，国企股东在钢企出现困难的时候是否会调动资源帮忙解决问题，一方面要看钢企对于股东的重要性，另一方面要看救助能力，央企股东能协调资源救助中钢，但经济发展一般的地方政府可能没有足够的资源去救助省级国企。

（二）企业规模

粗钢产能、净资产规模等指标可以用于衡量钢企的规模。

为避免产能过剩，我国严控钢铁产能的新增，新增钢铁产能需要经过国家层面的审批。在国家严格控制新建高炉的情况下，钢企除了通过淘汰落后产能置换新产能，还可以购买其他钢企的产能指标。

我们通常认为规模大的企业行业地位更高，能获得更多的金融资源。钢企的主要规模指标如表5-19所示，从表中的对比数据可以看出：鞍钢、首钢等老牌钢企，虽然总资产、净资产规模比较大，但最终的净利润却远低于沙钢等钢企。说明老牌钢企虽然规模大但盈利能力却不强，一方面可能受区域位置影响，另一方面可能有很多资产运用效率不高。现在，债券市场上信用评级机构对规模给予太高的权重，导致很多大而不强的钢企获得过高的评级，这样的信用分析框架是存在一定问题的。债券投资人应该把更多精力放在分析钢企的偿债能力上，降低规模的评级权重。

表 5-19　发债钢铁企业规模指标（2023 年）

企业名称	粗钢产量 （万吨）	总资产 （亿元）	净资产 （亿元）	主营业务收入 （亿元）	净利润 （亿元）
中国宝武钢铁集团	13 695	13 625	5782	11 130	238
鞍钢集团	5589	4827	1523	2880	−18
河钢集团	4461	5456	1368	4016	32
江苏沙钢集团	4053	2574	1094	1571	21
首钢集团	3397	5270	1695	2380	33
山钢集团	2942	1782	294	1408	−24
湖南钢铁集团	2480	1737	804	2361	104
方大集团	1955	4128	1260	2252	21
柳钢集团	1862	1187	311	1065	−50
包钢集团	1520	2149	793	1129	39
中信泰富特钢	1417	1165	416	1140	59
酒钢集团	901	1219	382	1205	18
新兴际华集团	528	1312	500	821	15
杭钢集团	392	1055	412	2603	18
永钢集团	885	711	310	783	16

资料来源：Wind 资讯，本书作者整理。

（三）腹地经济与管理效率

从过去几年钢企的发展过程来看，东南沿海城市及一些效率更高的民营钢企发展得更好，东北和西部的老牌钢企有老且弱的特征，其中，腹地经济繁荣度是一个重要的因素。所谓腹地经济繁荣度，是指钢企工厂所在地附近的经济发展情况。经济发展好的地方对钢铁的需求更高，运输半径更小的本地钢企获益更多。

东南沿海城市竞争氛围更为激烈，管理人员市场化程度更高，这些都是腹地经济蕴含的管理效率的问题。民企天生有"生死一线"的紧迫感和拼搏精神。前有沙钢收购东北特钢并使其快速盈利，后有德隆系收购破产的渤海钢铁并使其经营状况大幅好转。

（四）区域供需平衡

钢材的供需平衡具有一定的区域性，区域一般以省份为单位。需求大于供给的省份叫作钢材净流入省份，供给大于需求的省份叫作钢材净流出省份。一般而言，钢材净流入省份钢材价格相对高，钢材净流出省份钢材价格相对低。比如东南沿海城市是传统的钢材净流入城市，东北三省是传统的钢材净流出省份。如果钢企所在的省份是对钢材需求较高的钢材净流入省份，则钢企下游的销售比较有保证，钢企的利润空间也大于钢材净流出省份。

二、经营情况

（一）产品品质

一般而言，钢铁产品的同质性比较高，但依然有钢企的产品可以获得产品溢价。比如质量较高的螺纹钢，大部分螺纹钢只能用于基建和房地产项目，但有些钢企生产的螺纹钢可以卖出更高的价格，因为产品品质更好，可以供建设要求更高的桥梁使用。

板材的品质差异更大，各种各样用途的板材使得板材市场的需求比较多样，如果能制造满足一定特殊用途的板材，可以大大提升产品的溢价，比如市场上普遍比较认可宝钢生产的汽车板材，太钢制造的不锈钢板材市场占有率也很高。

（二）原材料供给

钢企的原材料主要包括铁矿石、煤炭。我国煤炭资源比较丰富，钢企原材料来源丰富且稳定，大多数钢企都和煤企签订长期供给协议，此举让钢企既能以相对稳定的价格获得原材料，也能获得较为稳定的供给量。由于我国煤炭资源比较丰富，煤炭供给比较充足，所以这并不是钢铁企业原材料供给的痛点。

我国铁矿石资源匮乏且品位不高，是钢铁企业原材料供给的痛点。我国钢铁企业铁矿石大量依赖外购（澳大利亚等国进口的铁矿石品位普遍较高），所以国内拥有相对较高品位的铁矿石资源的钢企是有先天优势的。如图5-22所示，大部分老牌钢企如鞍钢、酒钢等都有矿产资源，我国最早的钢企都"依山而建"。所谓"依山而建"，即先在某个地方发现了丰富的铁矿石资源，继而在这个地方建设了钢铁冶炼厂。

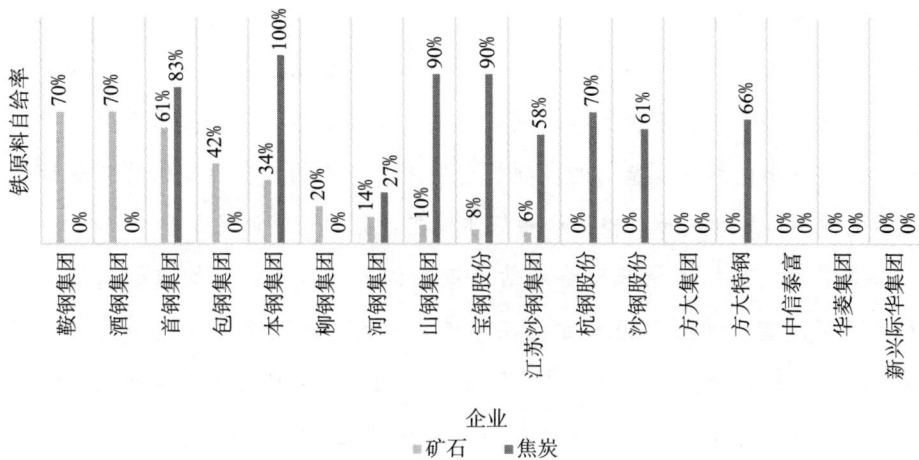

图5-22 钢铁企业铁原料自给率

资料来源：Wind 资讯，本书作者整理。

国内钢企意识到对上游铁矿石资源的控制力弱将增加业务的不稳定性，纷纷出海购买铁矿石资源或开展和大型矿企的长期合作。比如华菱钢铁花费100 多亿元投资全球第四大矿石供应商 FMG，以 17% 的持股比例成为该公司的第二大股东。河钢 2012 年获得加拿大阿尔德隆矿业 19.9% 的股权和佳美铁矿 25% 的股权，2013 年收购南非矿企 PMC 公司部分股权，2014 年 4 月 15 日完成了对南非 PMC 公司 100% 股权的全面要约收购。沙钢 2004 年与其他钢企在澳大利亚设立威拉拉合营企业，投资西澳大利亚皮尔巴拉地区津布巴铁矿，每年可获得矿石资源和相应利润回报，合营年限为 25 年；2008 年，并购澳大利亚格兰奇资源有限公司。作为全球最大的钢铁消费国，相信未来随着钢铁行业的发展壮大，我国钢企还将继续寻求获取优质铁矿石资源的渠道。

（三）历史负担

很多钢企由于成立时间比较早，承担了大量当地的社会职责，如当地的基础设施建设、员工子女的教育、员工医疗等。例如，先有鞍钢这个企业，才有鞍山这个城市，通过这种模式发展起来的企业肯定是当地的产业支柱，也承担了当地城投公司的职责，这就是"一钢一城"的经济模式。"一钢一城"模式下钢企人员流动性较小，当地几乎不可能有相似的工作岗位，有的家庭甚至几代人都在一家钢企工作，拥有强烈的企业黏性，钢企基本需要负担这些员工"从出生到进坟墓"的各项社会费用。庞大的社会性支出给企业带来沉重的债务负担和人员负担，这些都体现在企业的资产负债表里。

通常用人均钢产量来粗略地估计钢企的人员负担，人均吨钢越低，则人员负担越重。如图 5-23 所示，江苏沙钢集团、永刚集团等民企人员负担较轻。很多钢铁企业业务多元化，除了钢铁板块外，还有很多其他板块的业务，这些业务也需要大量人员，使得人均吨钢这一指标偏低。2021 年之后，钢铁业务利润率不断降低，钢铁业务不再那么赚钱了。因此，在人员负担的衡量上，可以用"人均净利润"作为辅助指标。

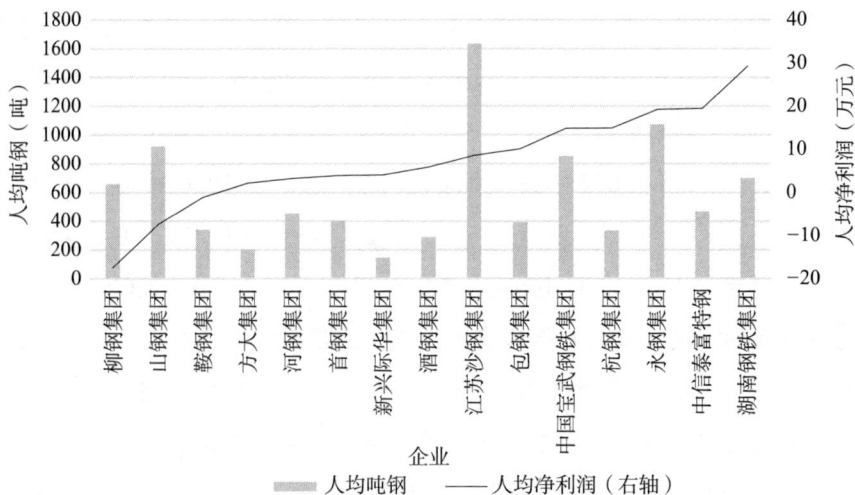

图5-23　钢铁企业人均钢产量

资料来源：Wind 资讯。

（四）运输条件

所有运输方式中最便宜的运输方式是水运，临海或者临江而建的钢企拥有更好的运输条件：上游将铁矿石运进来，下游将钢铁产品运出去。钢企产品同质化比较严重，良好的运输条件能降低成本，延长销售半径，对于钢企在行业竞争中取得优势至关重要。近年来，各大钢企为获得更好的运输条件，纷纷将钢厂搬迁至靠海的港口：身处鞍山的鞍钢将部分产能搬迁到渤海湾的鲅鱼圈，身处柳州的柳钢将部分产能搬到北部湾的防城港，为的都是获得更好的运输条件。

在发债企业中，宝钢、沙钢等钢企拥有较好的运输条件，它们不仅临海或者临江而建，厂区位置也靠近最终消费地。华菱钢铁虽然身处内陆，但离消费地很近，湖南是钢铁净流入省份，钢铁不需要大规模地向外运输。包钢、酒钢等身处西北的钢企运输条件就比较差且离消费地较远。

（五）环保压力

近年来，国家对钢企的环保要求愈加严格。重点钢厂都配备必要的环保设施及监测仪表，实时监控钢厂的排放指标。监管部门可以实时监测钢企的排放量。

在环保压力下，很多环保不达标的产能面临整改；有些钢厂离城市居民生活区太近容易造成污染，因此面临搬迁。无论是环保整改还是钢厂搬迁，都需要钢企大量的资金投入。比如，原山钢旗下的济南钢铁因为距离山东省会济南太近，需要搬迁到沿海城市日照；原宝钢梅山钢铁位于上海市宝山区，毗邻上海市中心，需要搬迁到沿海城市盐城。

评估钢企的环保压力时，可以用环保设备投入和钢厂搬迁两个维度衡量钢企未来的投资金额，这些投资无疑都将增加钢企的债务压力。一般来说，老牌钢企由于历史悠久、设备老旧，需要更多的环保维护和改造支出。

根据2016年工信部印发的《钢铁工业调整升级规划（2016—2020年）》，在能耗指标规划方面，截至2020年，吨钢综合能耗≤560千克标煤，吨钢耗新水量≤3.2 立方米，吨钢二氧化硫排放量≤0.68 千克。以上三个指标中，吨钢综合能耗是最重要的指标，因为吨钢综合能耗不仅仅是环保指标，也是与钢企成本强相关的成本指标。吨钢综合能耗指标低代表钢企能耗成本低，吨钢综合能耗低的企业不仅原材料成本支出较少，且生产效率和设备使用效率都更高，更有市场竞争力。在环保要求日益重要的今天，绝大部分大型钢企已经完成了环保设备的改造和替换，在环保方面不敢越雷池半步（见表 5-20）。

表 5-20　钢铁企业环保指标情况（2023 年）

企业名称	吨钢综合能耗（千克标煤）	吨钢耗新水量（立方米）	吨钢二氧化硫排放量（千克）
中国宝武钢铁集团	560.00	2.35	—
鞍钢集团	564.00	1.80	0.32
河钢集团	—	2.35	0.17
江苏沙钢集团	545.30	2.17	0.08
首钢集团	544.12	2.59	0.25
山钢集团	546.72	2.28	0.08
湖南钢铁集团	567.00	3.68	1.05
方大集团	487.27	2.18	0.18
柳钢集团	533.48	1.38	0.38
包钢集团	629.22	4.59	0.47
中信泰富特钢	—	—	—
酒钢集团	529.69	2.53	0.27
新兴际华集团	—	—	—
杭钢集团	558.76	0.99	0.16
永钢集团	539.19	1.93	0.10

资料来源：Wind 资讯，本书作者整理。

（六）非钢业务

钢企的非钢业务因地制宜、各有千秋，贸易、金融、建筑、其他种类金属制造是钢企的主要非钢业务。钢铁行业属于重资产行业，在非钢业务的选择上，钢企大多选择了轻资产业务，可以适度对冲主业的重资产形态。2021年之后，钢铁主业毛利润逐年下降，各大钢铁企业的非钢业务占比也有所提升。钢铁企业钢铁板块毛利润占比如图 5-24 所示。

作为制造业，钢企的毛利率取决于下游钢铁价格和上游原材料成本的剪刀差，行业毛利率波动较大。如贸易、金融等钢企的非钢业务每年盈利较为稳定，可以作为钢企平缓利润的有效工具。贸易、金融业务专业性较强，钢企会面临较大的业务风险，债券投资人在对此类业务进行评估时应重点关注资金占用情况和潜在的风险敞口。

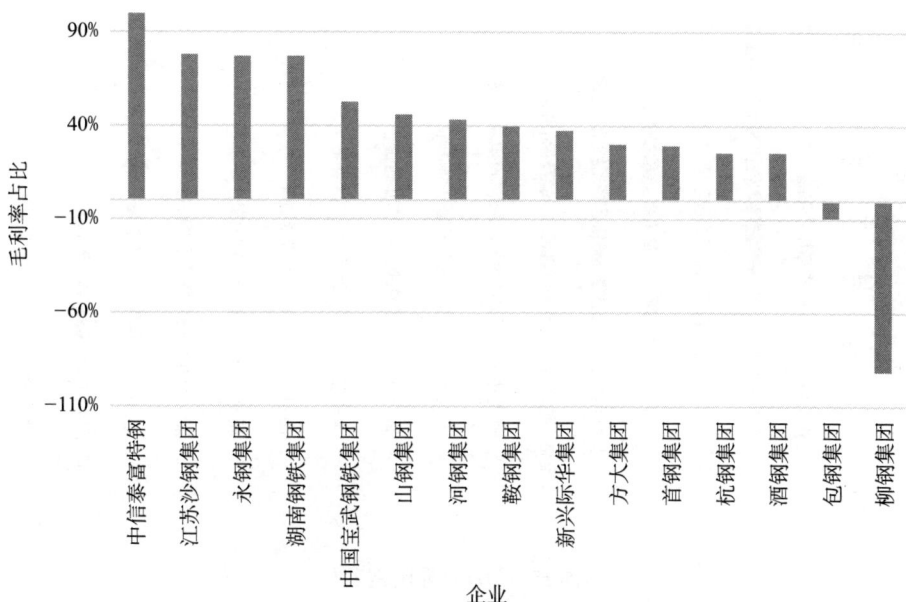

图5-24 钢铁企业钢铁板块毛利润占比

资料来源：Wind 资讯，本书作者整理。

（七）盈利能力

对于钢铁企业而言，衡量盈利能力要从生产每吨钢铁能赚多少钱，即吨钢毛利开始，然后用吨钢毛利乘以销量就可以大致得出钢铁业务的利润。但随着钢铁企业业务的多元化，除了吨钢毛利，还需要用更为综合的盈利能力指标，如毛利率和归母净利润来衡量钢企的盈利能力。

吨钢毛利随着国际大宗商品价格的波动而波动，基本取决于钢材价格与铁矿石、煤炭价格的剪刀差。吨钢毛利数据能综合、直观地反映钢铁企业的原材料优势和生产效率优势。如图 5-25 所示，柳钢的吨钢毛利显著低于市场平均水平，说明其盈利能力存在较大问题。

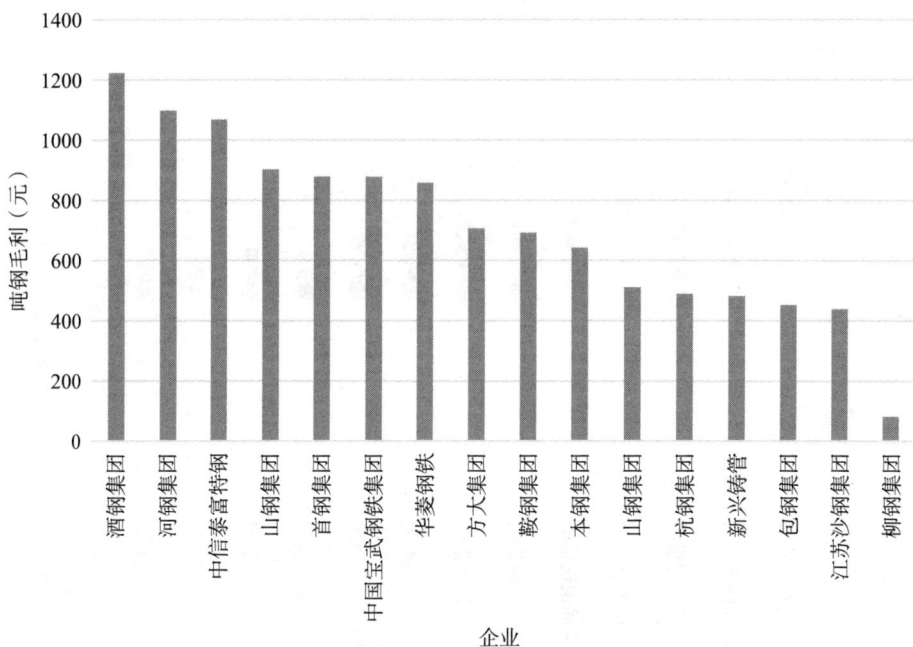

图5-25　钢铁企业吨钢毛利

资料来源：长江证券研究所，数据时间为 2022 年上半年。

图 5-26 是国内主要发债钢企 2023 年的毛利率。从钢铁企业的整体毛利率和钢铁业务毛利率的差值中可以看出钢铁企业多元化业务的盈利情况。如

果整体毛利率高于钢铁业务毛利率，则说明多元化业务的盈利能力强于钢铁业务，反之则说明多元化业务的盈利能力不及钢铁业务。在图中可以看到包钢集团的数据异常，对这个异常数据进一步分析，可以发现包钢集团虽然钢铁主业竞争力一般，常年亏损，但由于拥有稀土资源，其稀土板块每年贡献了大量的利润。分析异常数据后，投研人员可以得到异常值出现的原因，并借此进一步了解企业，这就是以数据了解企业的分析方法。

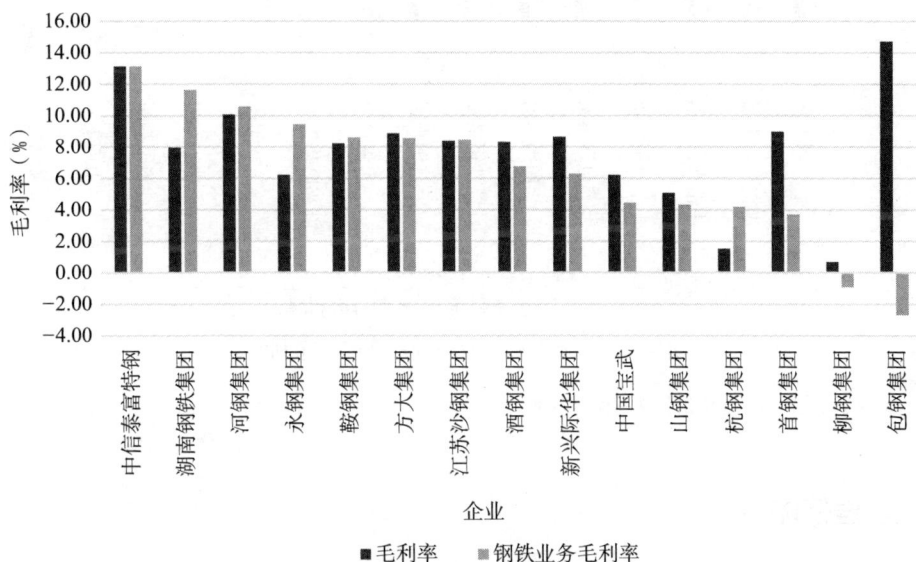

图5-26 钢铁企业毛利率情况

资料来源：Wind 资讯，本书作者整理。

由于债券大多是由母公司发行和偿还的，很多发行人的子公司虽然盈利较为丰厚，但由于是上市公司，运营相对独立，因此不能对母公司的财务有较好的支撑。因此，归母净利润比净利润更能衡量钢企的偿债能力。如图 5-27 所示，柳钢、山钢、鞍钢的归母净利润均为负值，说明其整体盈利能力较弱。部分钢铁企业整体净利润高于归母净利润，这两个指标之间差异越大，说明其对具有盈利能力的核心子公司的持股比例越低。

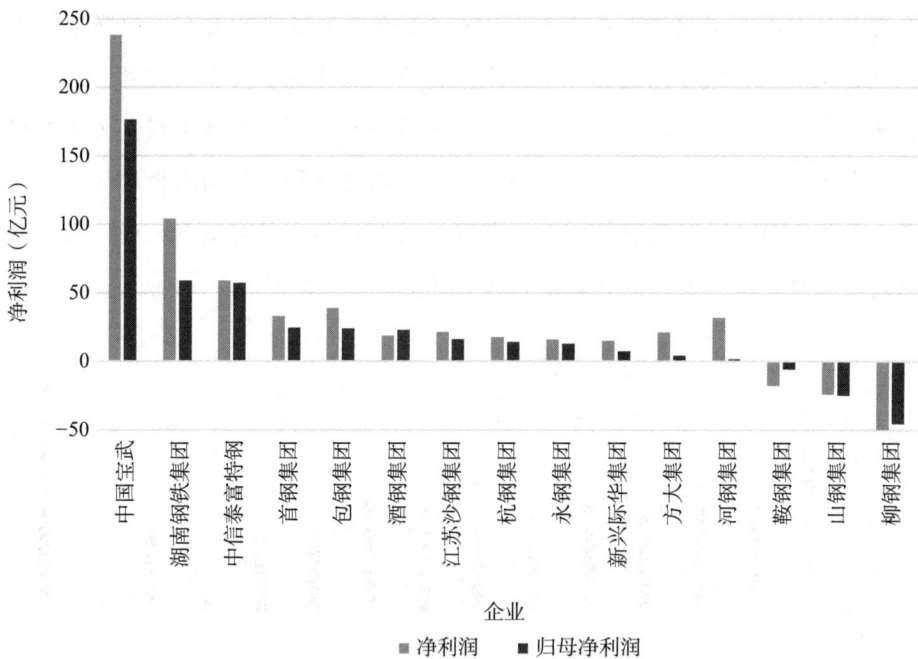

图5-27　主要钢铁企业净利润和归母净利润

资料来源：Wind 资讯，本书作者整理。

三、偿债能力

（一）债务结构

要衡量债务结构，主要观察债务期限和债券市场融资依赖度。

债务期限方面，一年以上的长期债务占比越高越好，用长期债务占比来衡量债务期限。

如果企业债券发行量太大，当遇上债券市场对某个行业或者企业的信用收缩时，则企业可能瞬间在债券市场失去再融资能力。当然，不可否认的是，能在债券市场上大量融资也是企业受到市场认可的表现，但一旦市场偏好变化，对企业的市场认可度降低，则债券市场上大量的融资存在到期不能续借的风险。此时，对债券市场融资依赖度比较低的企业受到的冲击更小。

因此，从信用风险的角度考虑，债券融资比例越低，则风险越小。用债券融资占所有有息债务的比例来衡量债券市场融资依赖度。债券融资比例是企业和债券市场双向选择的结果：钢企如果能在债券市场获得比较便宜的资金，则倾向于选择提升债券融资比例；钢企如果在债券市场认可度比较低，则即使想在债券市场融资也融不了太大规模。

图 5-28 是主要钢企的债务结构情况，就债务期限而言，短期债务占比最高的是杭钢，占比最低的是央企新兴际华。债券市场融资依赖度最高的是山钢，最低的是酒钢。

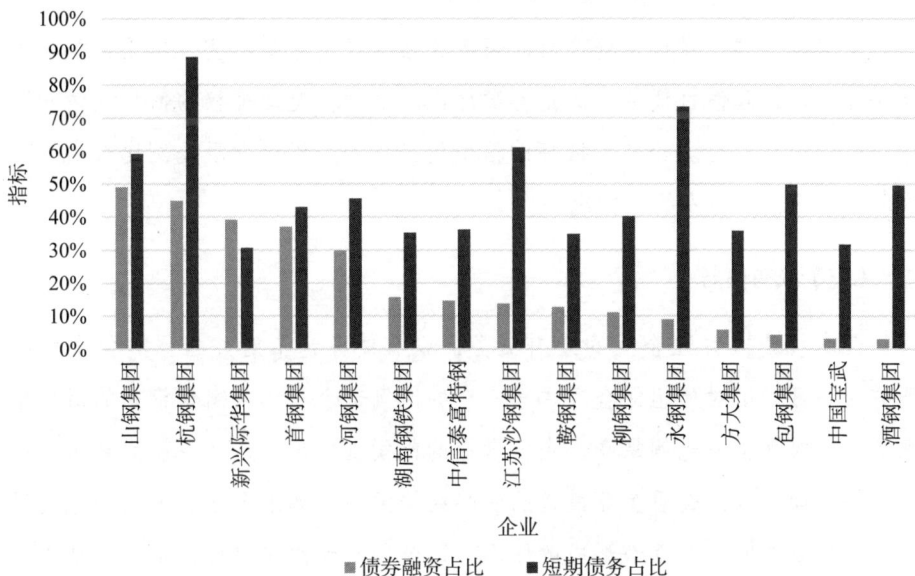

图5-28　主要钢铁企业的债务结构

资料来源：Wind 资讯，本书作者整理。

（二）资产质量

与煤企一样，评估企业的资产质量本质上还是为了了解企业的偿债能力。钢企的主要资产一般是生产钢铁需要的厂房和机器设备、生产出来的成品或者半成品、相关原材料、对下游企业的应收账款等。如果该钢企有铁矿石资源，则无形资产中还会有采矿权。研究资产质量的目的是寻找这些资产中变现价值较高、流动性较高的资产。

对于钢企来说，高炉和传输管道在资产科目里占有不少价值，但对于包括债券投资人在内的金融机构，这些高炉和传输管道如果不能用于生产，则只是变现价值很低的砖头和废铁。钢厂的房屋和土地一般位置也比较偏僻，远离居住区，变现价值也比较低。

对于金融机构而言，变现价值较高、流动性较高的资产包括货币资金、理财产品、上市公司股权、采矿权、位于市区的土地和房屋等。投资人可以通过查看资产负债表附注找到这些优质资产。

与煤企一样，在评估资产时，需要关注资产的受限比例。信用债投资人在企业破产清算偿付债务时的清偿顺序比较靠后：有抵押权的债权人清偿顺序比较靠前，然后才轮到无抵押的信用债投资人。资产受限比例比较高将大大降低信用债投资人的偿付比例。

（三）或有债务

债券投资人关注企业的或有债务，或有债务包括对外担保和债务纠纷两方面。可以用对外担保金额占净资产的比例这个指标来衡量钢企的对外担保负担。对外担保比例越高，企业潜在的代偿责任越重，债务压力越重。债务纠纷方面，可以查看企业最近的法律纠纷案件。如果企业有大额的未决诉讼，则需要询问企业诉讼形成的原因，以此判断大额未决诉讼是否会造成企业的大额实际亏损。

（四）偿债能力指标

偿债能力指标分为长期偿债能力指标和短期偿债能力指标。

钢企的长期偿债能力可以用资产负债率、净负债率、EBITDA/带息债务、利息覆盖倍数等指标去评估。从图 5-29 可以看出，无论是从资产负债率的角度，还是从净负债率的角度看，山钢集团、河钢集团、柳钢集团均为长期偿债压力最大的三家钢企。

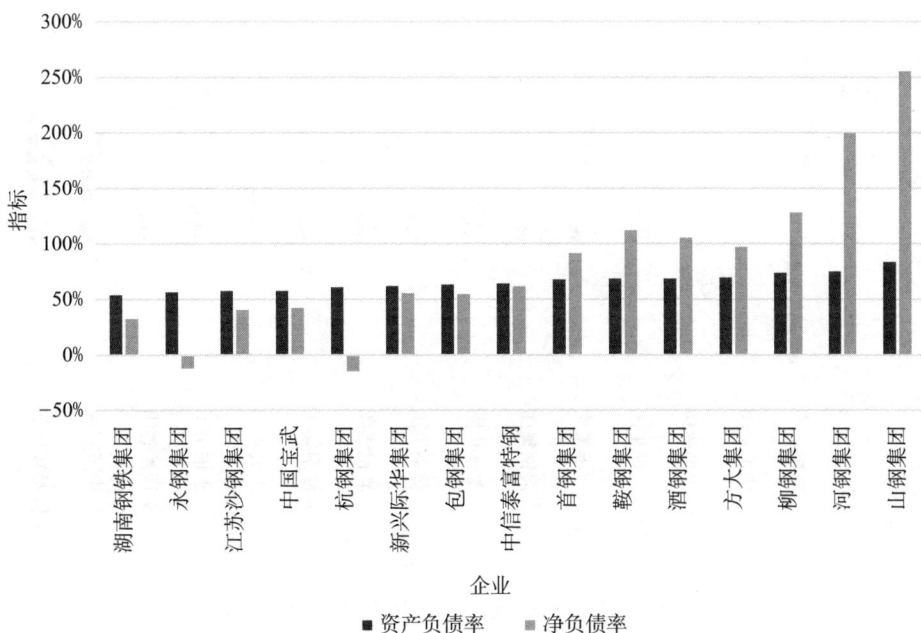

图5-29 主要钢企长期偿债能力

资料来源：Wind 资讯，本书作者整理。

　　钢企的短期偿债能力可以用货币资产/短期债务、经营现金流净额/短期债务等指标去评估。图 5-30 按照经营现金流净额/短期债务指标排序，可以看到，柳钢集团的短期偿债能力较弱，杭钢集团的两个指标指向相反，可能是杭钢集团的贸易业务款项导致的，中信泰富特钢和中国宝武短期偿债能力较强。

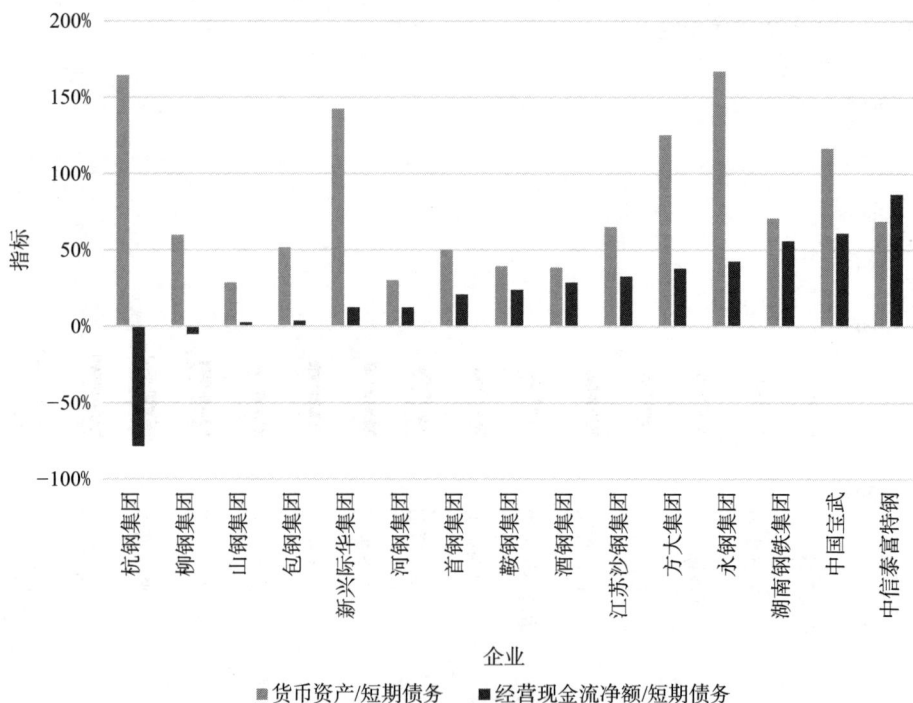

图5-30　主要钢企短期偿债能力

资料来源：Wind 资讯，本书作者整理。

第六章

信用债投资实践

第一节 信用板块切换策略实战

过去的很多年里，债券市场的收益主要来自票息收益，但随着票息逐渐降低，仅仅靠票息收益可能很难满足客户的需求。于是，对债券投资精细化管理的要求越来越高。在债券投资过程中，信用板块的切换是获得超额收益的重要手段，也是投资经理投资决策的重要内容。笔者在职业生涯中经历了很多轮信用板块切换，也从对账户的管理和操作中获得了很多经验和教训。下面将以年为单位，回顾近五年来信用板块切换操作的策略变迁。

一、2019年，"包商银行"事件带来的信用板块切换机会

2019年5月24日，中国人民银行、中国银行保险监督管理委员会联合发布《关于接管包商银行股份有限公司的公告》，鉴于包商银行股份有限公司出现严重信用风险，中国银行保险监督管理委员会决定对包商银行实行接管。自接管开始之日起，接管组全面行使包商银行的经营管理权，并委托中

国建设银行股份有限公司托管包商银行业务。

包商银行在被正式接管之前已经传出不少负面新闻，但央行接管银行这件事，是超出债券市场预期的。一方面，包商银行是近几十年来唯一被央行接管的商业银行，商业银行之间业务往来密切，往往"牵一发而动全身"。由于包商银行和其他银行有大量的业务往来，这些业务往来包括同业存款、拆借、回购、债券等，包商银行如果不能偿还与其他银行的到期业务，将会对整个金融系统带来重大打击。另一方面，市场担心包商银行出清只是民营银行出清的开始，后续会有更多的民营银行爆雷，甚至可能会引发一些中小银行的问题。

受此影响，中小银行的信用利差快速走阔（见图6-1），信用利差从原来的35bp 走阔40bp 达到75bp，走阔将近一倍。面对市场的恐慌，2019 年 6 月16 日，央行有关负责人表示，包商银行被接管，完全是个案。市场上有人担心，接管包商银行后，是否会有其他机构也被接管，央行有关负责人强调，请大家放心，目前还没有这个打算。央行表态之后，市场信心得到稳定，低等级银行债券信用利差停止走阔，下半年信用利差有所修复，但信用利差再也没有回到包商事件发生前的水平（低于50bp）。

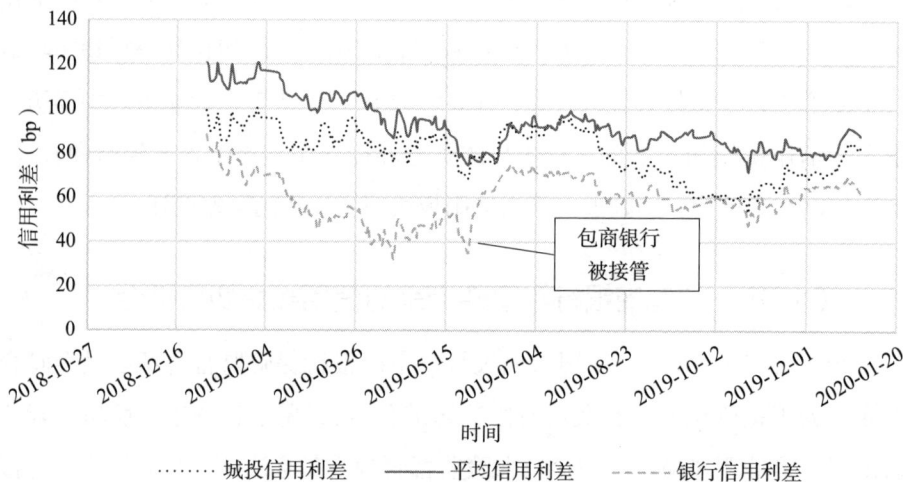

图6-1　2019年信用利差变化图

虽然当时央行表态近期不会有银行再破产被接管，但包商银行的负债还没有处理结果，因此很多持有包商银行债券的投资人都很焦虑。处在当时的市场环境下，市场会自发地规避中小银行的金融债券，这一偏好甚至延续到券商、保险等中小非银机构。市场在规避低等级的金融债券这部分高息资产后，需求依然存在，于是这部分资金选择了购买城投债。如图 6-1 所示，2019 年下半年，城投债信用利差压缩幅度较大，信用利差从包商事件之后的 90bp 压缩到下半年最低的 60bp 左右。随着 2019 年 11 月央行降息（降低 MLF 和 OMO 利率），利率债和高等级信用债利率先快速下行，使得低等级的城投债信用利差相对走阔。这种利差走阔简单说是利率债利率下行太快了，低等级信用债还来不及跟上，从而导致的信用利差走阔。在市场出现降息这样收益率水平系统下行的时候，往往会出现这种现象。当有降息预期时候，投资经理应该买入利率债或者长久期高等级信用债，直接跟住下行最快的品种，而不是动底仓信用债。因为，降息后如果利率确定保持在更低的水平上，则没有明显信用瑕疵的低等级信用利差必定会跟着下台阶，一切只是时间问题。

作为市场的亲历者，2019 年包商事件后，我也做出了将中低等级金融债切换为城投债的投资决策。第一，笔者认为 2016 年开始的民企违约潮之后，留在民营及中小金融机构的坏账可能比水面上看到的更多。部分中小银行受到包商银行事件的风险传导，可能发生更为严重的黑天鹅事件，出于避险的考虑应该降低中小银行仓位。第二，包商银行的资产规模将近 6000 亿元，处理要花费的资金预计不会少，因此，最终可能打破银行债券刚兑预期，引起债券市场的二次恐慌。第三，中小金融机构的票息较高，如果想维持账户现有的静态，城投债是比较好的选择。

从这次板块切换得出的经验教训是，突发的市场预期之外的事件，发酵往往需要一段时间，发酵起来也会对周边的相似品种造成影响。事件发酵后快速做出市场判断并进行板块切换，往往能规避信用利差走阔的风险。如果与此同时，能将避险卖出的板块，快速切换至市场下一个涌入的板块，还能获得涌入板块的信用利差压缩收益。当然，市场每天都有很多消息，投资经理需要判断哪些消息只是"一阵风"，哪些消息能给市场带来深远的影响。"一阵风"的消息反而是加仓的信号。

二、2020年，"永煤事件"带来的信用板块切换机会

2020 年开始，信用利差就出现了一轮走阔（见图 6-2），但这轮走阔与信用风险关系不大，主要原因是基准利率下行过快，信用债利率下行有一定时滞，因此信用利差快速走阔。这种利差的快速走阔随着利率的快速上行被抹平。这体现了信用债策略和利率债策略的不同，由于利率债流动性更高，点位和仓位都可以快速调整，因此，2020 年初那样极端低的融资成本加上降息的利好，使得利率债波段交易行情得到了极致的演绎。但信用债不同，信用债流动性更差，这意味着信用债投资者难以用整个仓位的信用债做波段的快速交易。所以，每当有利率债波段交易的极致行情时，就会呈现如 2020 年上半年那样的信用利差走势。这种信用利差的变化是基于利率债的快速调整的，这种利差的变化一般都会被快速抹平，历史上很多信用利差的变化都是基于利率的快速变化。因此，这种信用利差的变化虽然不是基于信用基本面的变化而产生的，但投资经理会经常经历。

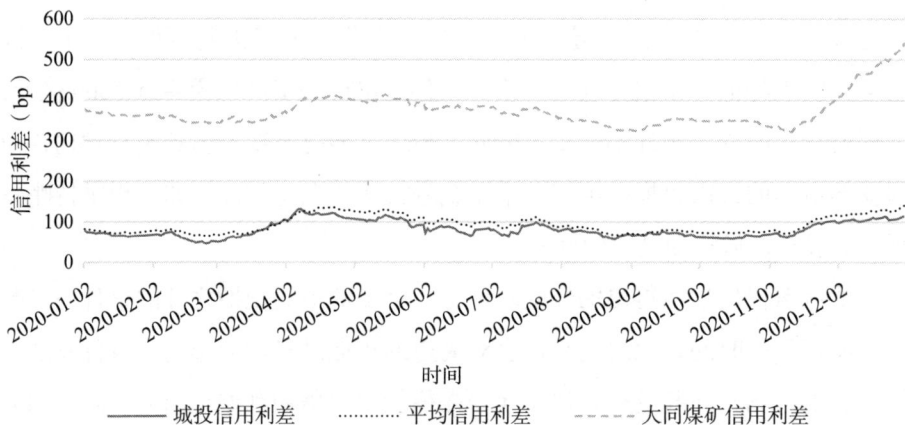

图6-2　2020年信用利差变化图

2020 年 11 月 10 日，永城煤电控股集团有限公司（简称"永煤"），因未能按期兑付"20 永煤 SCP003"（超短期融资券）到期应付本息，构成实质违约，涉及本息金额共 10.32 亿元。继 2020 年 10 月华晨集团债券违约后，国企 AAA 评级债券再度出现违约，引发市场波动。永煤违约随即引发市场对煤炭行业债券和河南省国企债券的抛售。对比不同煤企信用利差走阔的程度，可以看到市场对于极端事件的思考和传染逻辑，这也可以帮助我们进行信用板块切换与防御。永煤违约后，市场上迅速出现了十几元的净价成交价格，可以这么理解，永煤的债券净价从 100 元左右的债券正常兑付净价，快速掉到了十几元；其次，受影响最大的是永煤的母公司——河南能源化工集团有限公司（简称"豫能化"），豫能化债券的估值净值从 100 元左右快速掉到了 50 元以下。净价 50 元以下的债券已经属于垃圾债的范畴，收益率曲线和非垃圾债主体有显著差异，因而不能显示在收益率曲线图上。除了这两只债券，如图 6-3 所示，收益受影响最大的是和永煤同在河南省的平顶山天安煤业股份有限公司（简称"平煤"）。

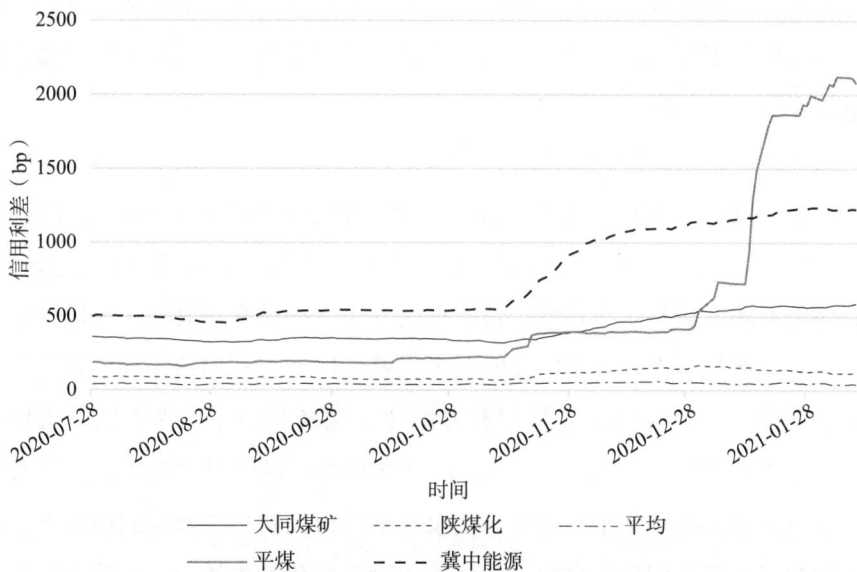

图6-3 "永煤事件"对其他煤炭企业的影响

继续往下梳理，如图 6-3 所示，除了河南省的煤炭企业，永煤违约后河北省的煤炭企业冀中能源集团的收益率也开始飙升，一跃成为河南省外受到永煤违约影响最大的企业。这一方面是因为河南、河北的煤炭企业都不在煤炭资源丰富的地区，另一方面则是因为冀中能源集团本身业务比较庞杂、盈利能力比较弱。随后受影响比较大的是山西的大同煤炭（现在改名为晋能控股煤业集团有限公司，简称"晋能煤业"）以及阳煤（现在改名为华阳新材料科技集团有限公司，简称"阳煤"）。山西的煤炭资源比较丰富，永煤违约时山西煤炭行业一共有七个发行主体。晋能煤业之所以受影响比较大，主要原因是晋能煤业本身债务压力比较大，且有息债务中短期债券占比较高。这意味着晋能煤业的财务安全强烈依赖债券市场再融资，一旦债券市场不能提供再融资，则其兑付债券的压力将十分巨大。阳煤也同样存在短期债券占比过高的问题。同样是山西省的煤炭企业，山西焦煤受到的冲击远远小于其他煤炭企业。所谓"苍蝇不叮无缝的蛋"，在煤炭行业遭遇信用危机时，信用排序靠后的煤炭企业遭受了市场的抛售。这个道理同样适用于每个信用行业，当行业出现黑天鹅事件时，被抛售的往往是行业内排序靠后的主体。这就是我一直坚持的投资理念，想要给投资留下足够的安全边际，就不要投资各个行业里排序靠后的主体。

与此同时，永煤违约后很多机构对于河南国企债券和煤炭债券盲目一刀切的做法，确实也给市场带来了投资机会。如图 6-3 所示，陕煤化（陕西煤业化工集团有限责任公司)在信用利差走阔 1~2 个月后，信用利差快速恢复。永煤违约对陕煤化只是事件性、情绪性的冲击，并没有对其实际的偿付能力产生影响，在受到事件冲击时及时买入，就可以获得利用信用利差修复获利的机会。当然，要判断后续信用利差继续走阔还是收窄，需要结合市场情绪、冲击事件走向。2022 年 12 月，永煤违约事件最终得到解决，虽然有延期，但债券本金得到了全额兑付。在永煤事件得到超预期解决的情况下，将持仓切换到本身信用排序靠前且偿付能力没有恶化的主体上，是符合逻辑的切换方法。此时的切换对象应该是前期受到影响比较大且有一定安全边际的河南投资集团、河南交通投资集团、山西焦煤集团、陕煤化等。

永煤违约事件还给市场带来了城投债的板块切换机会。原因是在永煤违约后，很多机构为了避险加大了对城投债的购买力度，特别是对东南沿海地区城投债的购买力度。所以从图6-2中我们看到城投债信用利差在永煤违约后有比较大幅度的收窄。黑天鹅事件后的信用板块避险切换，也是屡试不爽的策略。

三、2021年，房地产违约潮来势汹汹

2021年3月25日，华夏幸福基业股份有限公司（简称"华夏幸福"）因不能兑付"19华夏01"，构成实质违约。早在违约之前，华夏幸福其他债务不能兑付的消息已经人尽皆知，当时债券市场的主流观点是，华夏幸福本身的商业模式有问题，其违约只代表了个体现象，很少人意识到这是民营房地产企业违约潮的开始。

2021年7月和8月，随着蓝光发展和泛海宣布到期债券不能兑付，笔者隐隐约约感受到了债券市场在抛弃信用资质一般的房地产债券发行人。2021年9月，在深圳市公安局南山分局的案情通报中，债券市场确认恒大财富爆雷。恒大财富爆雷事件表明恒大等高杠杆房企现金流接近枯竭，如图6-4所示，华发实业等杠杆比较高的房地产企业的信用利差随即大幅走阔。可以看到，这时候债券市场投资人对房地产债券发行人的评估还只停留在杠杆率、财务数据等传统量化分析的逻辑上。这个逻辑很快被证明是错误的。

综合来看，2021年最重要的信用策略是避开信用资质较差、信用排序靠后的地产企业。2021年下半年，随着尾部房地产企业的爆雷，房地产销售价格的不断下降，通过对房地产行业的微观调研可以很清楚地了解到新房销售的萎靡，新房销售的大幅下跌是对所有房地产企业的无差别打击，销售回款是房地产企业最重要也是最后的偿债来源。在确认这些信息后，笔者也在恒大财富爆雷后卖出所有持仓民企债券。事后来看也可以得出相同的结论，2021年信用债切换策略的核心就是卖掉所有民企和混合类地产债券。因为，

在 2021 年地产集中爆雷之前规避地产板块的信用风险，将帮助投资经理规避未来几年地产板块反复出现的信用利差走阔和违约。如果不是高收益策略账户，笔者认为，进行信用板块的切换和信用利差的博弈，必须建立在本金兑付安全的前提下。在信用板块的切换中，如果已经看到大的方向，就不必纠结于走向终点过程的小修复和小波段，因为小波段很容易把握不好，出现"抄底抄在半山腰"，债券本金最终不能兑付的风险。

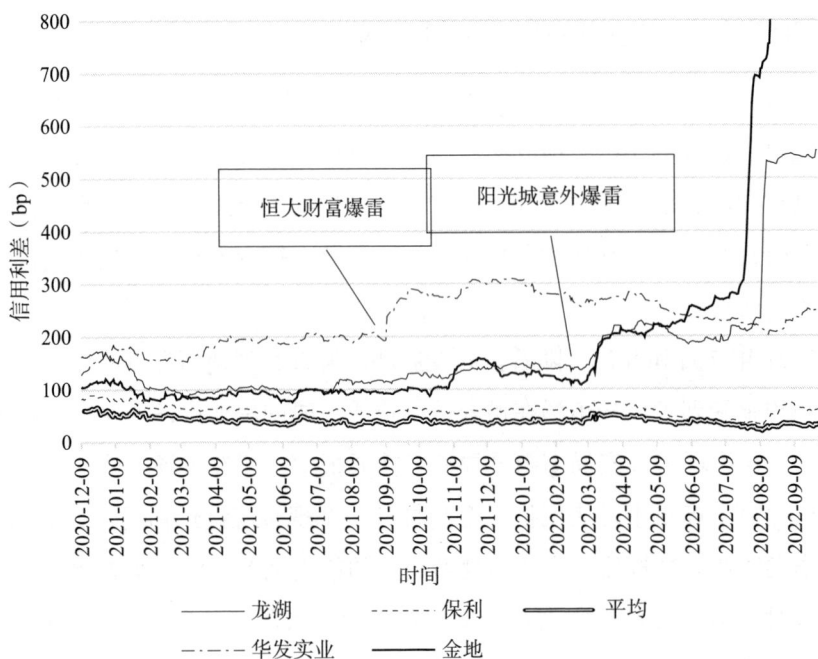

图6-4 房地产企业信用利差走势图

四、2022年，债市波动的机会和教训

2022 年前三季度，信用债市场的目光主要还聚集于基本面不断恶化的房地产企业。2021 年下半年开始的地产爆雷、房地产价格下跌的负面效应逐渐反映到房地产销售中，从而加剧了房地产现金流的恶化。一些从报表上看还能撑下去的非国企房地产公司选择了快速躺平，业内普遍认为这些公司如此

选择的原因是它们认为多撑个一年半载也改变不了最终的结局，所以选择了加快债券违约和债务重组的步伐。这无疑加速了风险的传导，市场的分析逻辑终于从看财务报表的健康程度彻底转移到了看企业的股东性质上。民企和混合所有制背景的房地产企业信用利差首先在 2022 年第一季度阳光城爆雷后出现了一轮走阔，与此同时，部分国企房地产的股东开始发力，通过增加资本的方式给企业赋能，从而增强市场信心，稳定了债券的信用利差。

记忆中的 2022 年，每隔几天就传来关于房地产企业的负面消息，这些消息包括贷款逾期、非标逾期、股东救助、内部筹资爆雷等，纷至沓来的负面新闻逐渐击垮了房地产债券持有人的信心，最终将风险传导到了之前债券市场认为比较健康的主体上。2022 年 8 月，在一份 UBS 对龙湖稍显负面的分析报告发布后，龙湖债券信用利差大幅走阔。当然，混合所有制背景的金地也没逃过这一逻辑的影响，金地的债券信用利差在 2022 年 7 月左右出现大幅上行。至此，非国企的地产债券陆续步入了垃圾债的收益率序列。虽然 2022 年 8 月政府各部门陆续出台了支持房地产的政策，但房地产行业整体的大趋势难以改变。

当我还在庆幸早早将非国企地产债持仓清空，规避了这一波地产的违约潮时，殊不知让整个债券市场印象深刻的债市波动即将到来。2022 年 8 月以来，政府陆续出台了"一揽子"稳增长政策，债券市场对于经济复苏和新冠疫情防控放松有了一定预期。2022 年 11 月 11 日，国家发布优化疫情防控的二十条措施，拉开了防疫政策优化的调整序幕。债券市场随即大幅调整，债券收益率快速上行，债券类产品净值快速下跌，从而引发了投资者对于固定收益产品和理财的密集赎回。如果投资者赎回，固定收益类产品就得卖出债券以应对投资者的赎回，从而再次引起债券市场价格下跌，债券收益率上行，理财产品净值下跌。如此循环，形成了"债市调整—理财净值下跌—赎回—抛售债基和债券—债市继续调整"的负反馈循环，当时看来，似乎没有力量可以结束这一负反馈循环。上一次债券市场出现让整个市场恐慌的波动还是在 2016 年第四季度。当时，银行系统（无论是自营还是理财部门）可以作为债市波动的缓冲器，帮助吸纳债券市场的波动。2016年第四季度笔者在银行的理财部门亲历了这场波动，同时也买入了大量非银抛出的收益较高的债券，客观上为平息2016年第四季度的波动贡献了微薄之力。而同样是一次深不见底的调整，在2022年第四季度这次调整中，银行理财不再是波动的缓冲器，净值化改革后的银行理财和非银一样加入了负反馈行列。2024年11月底到12月的债券市场上充斥着急于抛售债券换取流动性的市场机构。因为市场机构都看不到理财和债券基金持有人到底什么时候停止赎回，所以只能把所有持仓都拿出来挂卖，最大限度地准备流动性以应对赎回。即使是封闭运作、资金暂时稳定的资金，也因为净值回撤过大，需要卖出债券以降低久期来控制回撤。与庞大的卖盘相反的是为数不多的买盘，买盘主要来自银行自营部门、保险和券商自营。面对恐慌性卖盘，买盘也面临着"今天买，明天就被埋"的尴尬境地，所以更多的买盘也选择了"让子弹飞一飞"的旁观态度，于是债市陷入缩量下跌的恶行循环。

如图6-5所示，债市调整之初，大家纷纷卖出流动性好的利率债，利率债的快速调整在几天内就完成了。需要流动性的非银和银行理财手上只剩下信用债，于是信用债的流动性溢价开始走阔，整个过程持续了将近一个月。这次危机的结束主要有两方面的原因：一方面是监管出面协调，鼓励银行自营资金和保险资金买入债券，另一方面是债券调整导致同一融资人发行的债券收益率远高于其贷款利率，债券收益率已经调整到具有吸引力的位置。确认调整结束后，围观的资金快速入场，信用债收益率随即快速下行。

从这场危机中，投资经理可以得到一些账户操作的经验和教训。第一，从图6-5可以看到，高评级信用债由于信用资质较好，能购买的机构比较多，先于低评级信用债调整完毕，中低评级信用债修复的时间落后于利率债和高评级信用债。从投资策略上看，如果中低评级信用债收益率明显高于企业平均融资成本，确认危机结束后（利率债和高评级债券收益率快速下行），中低评级信用债收益率跟随利率债和高评级债券收益率下行只是时间问题，这时候应该大量买入未能及时调整的中低评级信用债。

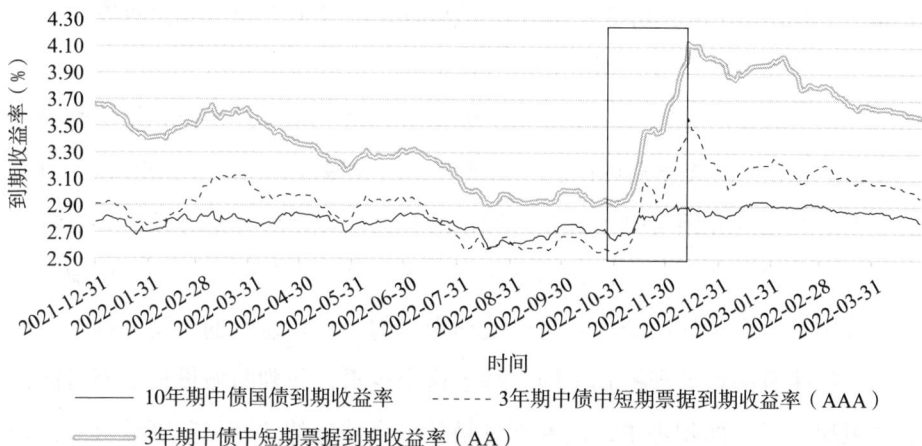

图6-5 2022年的波动中债券到期收益率的走势

第二，债券投资作为一个组合，应该兼顾收益性和流动性，任何类型的债券都应有一定占比，不能为了追求收益只持有中低评级信用债。特别是当市场有反转预期时（2022年第四季度债券市场对于新冠疫情政策调整有一定预期），一定要调整账户结构以便应对调整。这条看似很简单，但从实际操作上看，投资经理在面对业绩排名和竞争压力的时候，长时间保持防守状态需要很大的定力。

第三，每一次面对调整，我们需要判断这是多大幅度的调整，如果调整幅度带来的损失小于买卖折腾一轮的成本，当然不要动；但2022年11月将近三年的新冠疫情结束，这个调整幅度显然值得大力卖出去做防守。如果确定市场将迎来巨大调整，应当快速地卖出应对，不要犹豫，更不要坐以待毙。这次危机开始的前几天以高5～10bp的估值还是可以卖出不少信用债的，但是大多数人都不舍得这5～10bp，最终在调整100bp后因为赎回压力不得不剁手卖出债券以换取流动性。合适的时机需要"快准狠"的操作，下定决心就不要拖泥带水。

五、2023年，"一揽子化债方案"带来的信用债板块切换机会

在2023年初，信用债市场上充斥着一句话，"地产和城投是一枚硬币的

两面"。通俗点儿说，房地产不好，开发商就没钱买土地，地方政府土地卖不出去，就没钱给城投公司回款。所以，房地产陆续爆雷后，城投也会出现信用风险，城投和地产是一根绳子上的蚂蚱。这个观点从推论到结论都没有错误，但忽视了一个本质的问题：房地产公司和城投公司的社会定位不一样。从本书对城投的介绍可以了解到，城投的社会定位是服务地方政府公益性建设，承担了很多社会责任，并不是做每件事都必须以盈利为目的。房地产公司，特别是民企房地产公司，是以盈利为目的、自负盈亏的公司。社会定位不同，意味着困难处理模式不同。基于这个逻辑，我判断城投板块不可能像地产板块一样大面积爆雷，最差不过是某些高债务的"网红"区域可能出现展期。因此，在这样的背景下，对于城投债投资，只要管理好尾部风险即可，如果出现被错杀的好区域和好标的，反而是抄底的机会。如图 6-6 所示，城投利差走阔后的 2023 年 6 月是比较好的抄底机会。

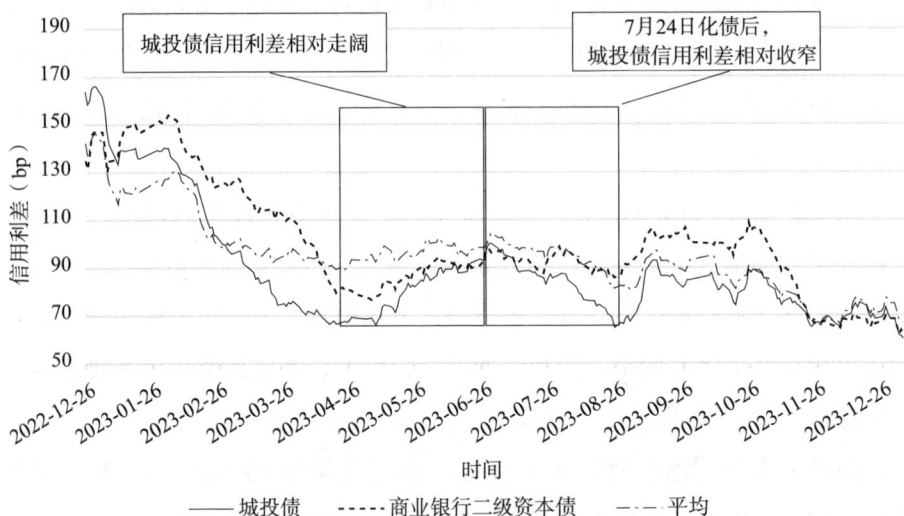

图6-6 2023年信用利差走势

回顾城投公司的化债历史，我们可以看到，每次化债都出现在城投债公司比较困难的时候。"不能出现系统性风险"是监管部门的底线，从这个准则出发，这种极限拉扯的结果不难预料。2023 年上半年，面对地方政府土地出让数据的萎靡，天津、昆明等地的地方城投债信用利差快速走阔。市场陆续传出城投公司因现金流紧张向地方政府求助的传言，按照当时的情况测算，仅靠地方政府"拆东墙补西墙"，部分债务较高的地方政府城投连债务利息都很难解决，这显然不是长久之计。这段时间，地方政府债务问题、城投公司债券高成本融资问题持续受到社会大众以及媒体关注。为了系统性解决地方政府面临的债务问题，2023年7月24日，中共中央政治局会议提出"一揽子化债方案"。"一揽子化债方案"切实有效地缓解了地方政府的债务压力，如图6-7所示，在政策的利好下，城投债信用利差快速收窄，收窄幅度远大于商业银行二级资本债和中短期票据信用利差。

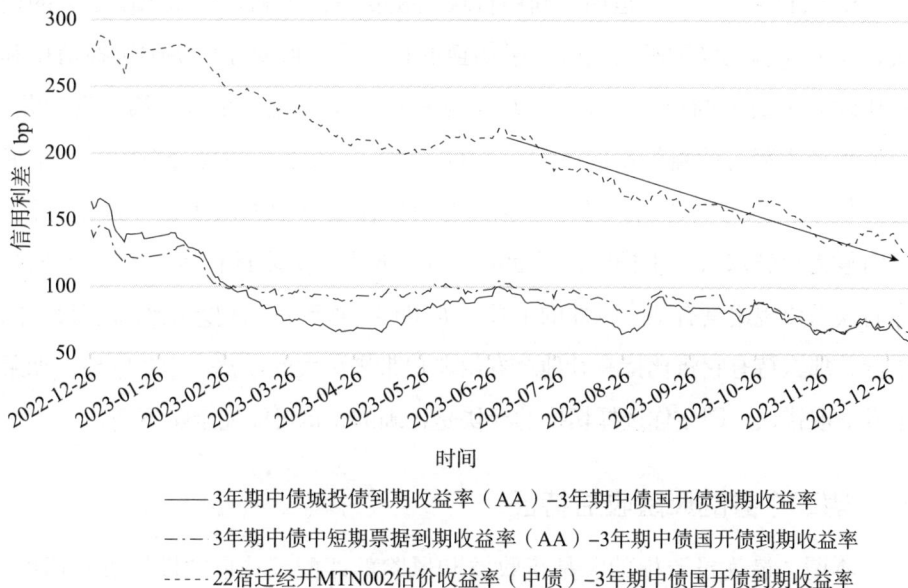

图6-7 2023年信用利差走势

——3年期中债城投债到期收益率（AA）-3年期中债国开债到期收益率

– · –3年期中债中短期票据到期收益率（AA）-3年期中债国开债到期收益率

-----22宿迁经开MTN002估价收益率（中债）-3年期中债国开债到期收益率

2023年9月之后，房地产政策的放松和利率债的大量供给导致债券收益率水平有所抬升，信用利差水平也有所抬升。在2023年9月到10月利率债收益率回调的情况下，很多原来相对收益比较高的城投债收益率并没有上行，信用利差持续压缩（如图6-7中宿迁经开的信用利差区间），给账户带来了超额收益。在实际操作中，个券由于各种原因涨幅超过曲线的情况比比皆

是。这意味着在做信用债投资时，除了自上而下地进行信用板块切换，还需要在板块内进行自下而上的个券选择。也就是说信用板块切换正确，可以获得板块的超额收益，但在切换的板块内部，个券差异极大，我们要能在板块内部找到净值增长最快，信用利差压缩幅度最大的个券。例如图 6-7 宿迁经开的信用利差压缩幅度就远大于城投债信用利差曲线，这就引出了下一个策略组合：自下而上的信用债个券投资策略。

第二节　信用债个券投资实战

第一节主要解决的是如何利用板块切换获得信用利差压缩幅度更大的板块，这节内容主要聊聊，在选定了切换的板块后，如何在板块中选择信用利差压缩幅度更大的个券。说到选取最优标的这个话题，很多人第一反应是：选取板块里静态收益最高的个券不就行了吗？还有必要再做分析吗？从下面的分析中，你可以看到，对于个券，有时候需要选取板块里排序最前面的，有时候需要选取板块里排序最后面的；有时候需要选取具有某个特性的个券，有时候需要规避具有某个特性的个券。如果你选取到信用利差压缩幅度最大的个券，那么持有它将比持有其他个券给账户带来更大的收益。相对应地，如果个券选取错误，即使你选择切换的板块是正确的，也可能完全赚不到钱。

一、明确个券的风险收益特征

所谓"最优投资标的"是指收益和风险的匹配。选取"最优投资标的"的实际操作步骤是：先对个券进行风险排序，然后发现风险排序中的定价错误。这句话看起来简单，实际却很难做到，获得正确的风险排序是其中最难的部分。可能有很多人要反驳我：那么多信用评级机构、那么多人，怎么做不了正确的信用风险排序呢？那么用结果来说话。

图 6-8 是近六年来，外部评级债券违约的金额。从结果来看，最近六年的趋势是 AAA 级债券违约的规模越来越大，占比也越来越高。AA 级债券的

违约规模越来越小，占比也越来越低。按照外部评级规则，AAA 级债券的信用资质应当远好于 AA 级债券，但从实际的违约情况来看并非如此。根本原因在于，信用机构的信用评级并不那么准确，不能准确描述正确的信用风险排序。评级机构的信用排序不准确有很多原因，其中比较明显的是评级机构由评级方付费，本着"谁付钱、服务谁"的简单商业逻辑，评级机构很难客观地调整评级。当然这里并不是责怪谁不好，只是为了说明获得正确的信用评级确实是不容易的。投资人会根据债券的实际风险进行买卖，通过"用脚投票"的方式形成债券的收益率。个券债券收益率的高低并不是完全由外部评级高低决定的。如图 6-9 所示，AA 级个券的收益也有可能低于 AAA 级个券，这说明债券市场投资者会按照个券的实际偿付能力对个券进行定价，而不仅仅看评级。

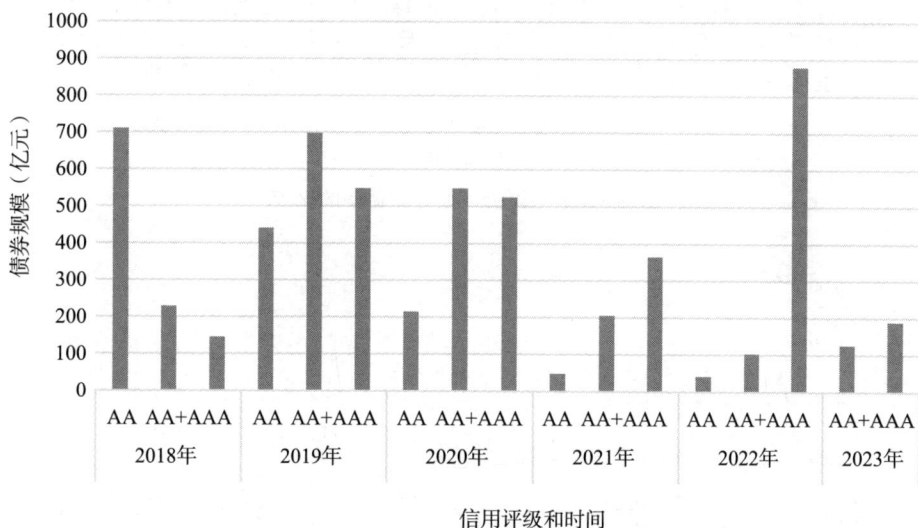

图6-8　近年违约债券规模与评级情况

在实际操作中，由于各个投资机构对于信用风险的排序不同，有能力获得更为准确的信用风险排序的机构，就更能利用信用风险排序的差异，获得超额收益。如图 6-10 所示，假设图中是按照正确信用风险排序进行排列的个券，你会发现排序中总有一些凸点，虽然实际偿付能力更强，但市场对它的定价收益率更高。发现这样的机会后，需要考虑产生凸点的原因是什么，如果这个原因并不会损害个券的偿付能力，则可以买入这只个券。后续市场逐渐意识到个券偿付能力没有问题，我们就能获得信用利差超额收缩的收益。

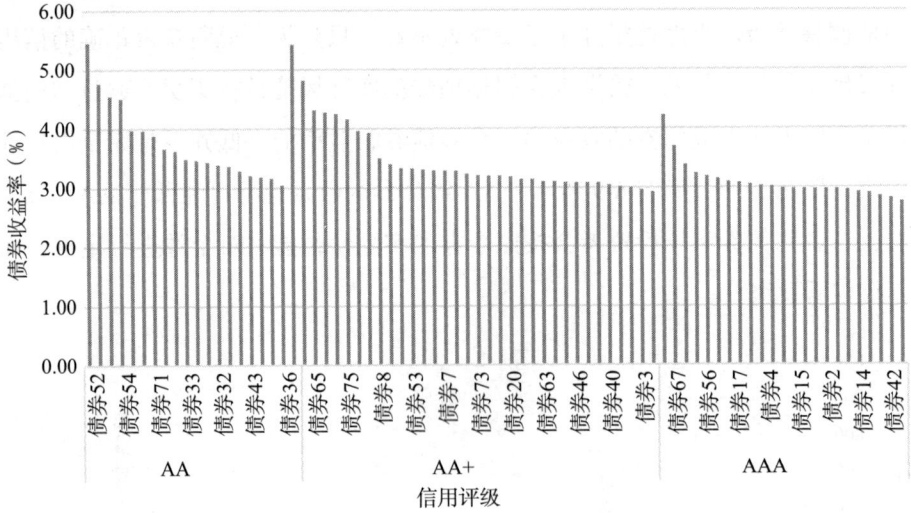

图6-9　不同评级下债券收益率的比较

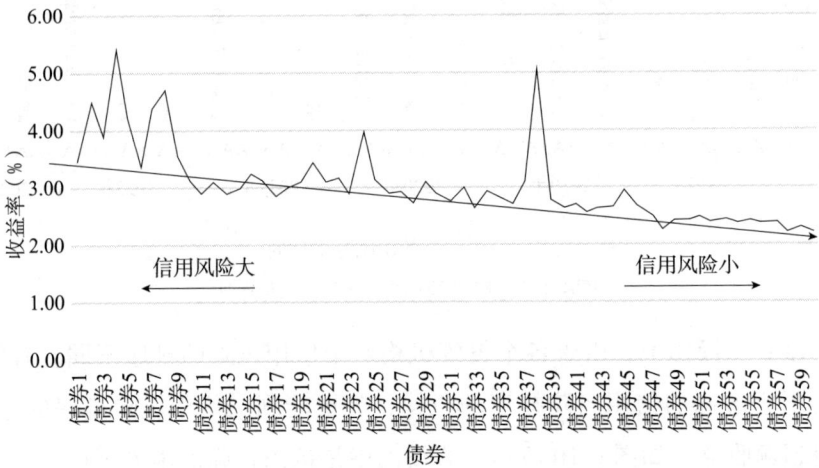

图6-10　正确信用风险排序下的债券收益率分布图

二、选择板块里债券资质最好的主体

债券市场的普遍共识是，买方机构的内部评级会比评级机构的外部评级更为精确和客观。衡量买方机构投研的核心能力的方式之一，就是看谁的内部评级更贴近实际信用风险排序。说得更实际点儿，要评价哪家买方机构的信评体系更有效，评价方法是看有债券违约或者爆雷的时候，哪些买方机构基本能规避，哪些买方机构"逢雷必踩"。投资经理如果对个券的信用风险排序一无所知，也就无法判断个券的定价是否合理，也就无法选取合适的投资标的。举个例子，假设你认为钢铁板块有机会，你买的是钢铁板块里的宝钢，宝钢确实凭借稳健的经营不断兼并其他钢铁企业成为行业老大哥，信用利差也不断降低。但如果你买的是钢铁板块中到期收益率最高的个券，例如东北特钢，然后不久这这只债券就爆雷违约了（东北特钢债券在 2016 年 4 月宣告违约），那么你的投资策略也就失败了。因此，在做投资决策的时候，投资经理需要先弄清楚信用排序，再判断未来哪些个券会有更好的表现。

这个例子还可以给到一些启示：对于受宏观经济影响，基本面不断恶化的行业，如果想博取板块"利空出尽"的收益，应该选取板块中资质最好的个券。金融市场总是走在实体经济前面，如果预期行业还将继续向下，那么金融市场会先把价格体现出来，在这个过程中会出现部分机构对该板块投资主体一刀切和错杀的情况。例如上述的宝钢，在上一轮钢铁行业的不景气周期中，受到板块的影响收益率有所上行。如果这时候能判断出，宝钢能在钢铁行业整体 β 不佳的情况下走出独立的 α 行情，那么这种错杀就是买入的机会。在这种情况下，就应当买入板块中资质最好的主体。

同样的操作在其他行业中也有运用。例如在本次地产行业的违约潮中，如果投资经理在适当的时间抄底中海、保利、招商蛇口等头部央企地产企业，是可以获得超额收益的。但如果抄底的是民企，则大概率已经违约。行业内有机构在 2021 年第四季度抄底世茂，在 2022 年第二季度抄底旭辉，也有很多业内机构购买了海外地产的高收益债券基金，最终都因主体违约而以失败告终。也有机构成功抄底保利、中海和招商蛇口等标的，取得了策略上的成功。这些抄底机构、抄底的研究分析逻辑、抄底价格、抄底数量等都是当时业内茶余饭后热议的话题。至少从结果来看，抄底成功还是失败在根本上取决于有没有选对板块里正确的标的。

如何在当时的情况下选择正确的标的？前文在房地产的分析中，已经分析过当时行业的情况。简单概括是，凡是没有强大再融资能力的房企是一定会违约的。显然在当时的行业现金流和政策环境下，没有强大股东背景的民企靠自己很难渡过危机，同样地，混合所有制企业取决于股东是否足够强大以及股东是否有坚定的决心去做捆绑和支持。曾经房地产行业的金字招牌"招保万金"，如今的收益率水平由于差距太大，甚至都不能放在一张图上。从图 6-11 可以看到，保利的收益率稳稳地趴在地板上，万科和金地的债券成了名副其实的高收益债。万科和金地的收益率跟随政策取向和小道消息已经可以做出很多波段，但最初购抄底和购买的主流机构一定会承受巨大的亏损，更别说抄底民企的机构，大多数民企地产的债券已经违约，收益率水平也和图 6-11 的几家企业不在一个水平。

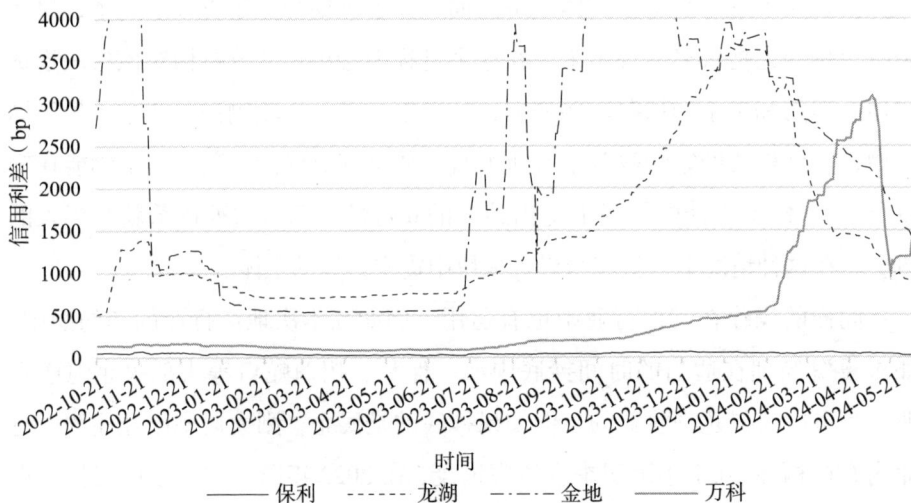

图6-11 部分房地产企业信用利差走势

如果单独看地产行业债券成功的抄底策略，如图 6-12 所示，可以看到，如果从 2022 年底债市波动开始到 2024 年 7 月底，最优质的房地产企业的信用利差压缩幅度不如曲线均值，原因在于房地产行业依然处于下行趋势，与此同时，城投化债措施的成功大幅拉低了城投债券的信用利差，使得信用利差均值有更好的表现。2023 年整个年度，特别是下半年，随着房地产行业进一步探底，行业内万科、金地等曾经的王者相继传出偿付能力下降的消息，房地产板块的信用利差进一步走阔，板块中最好的央企也受到牵连。从 2024 年开始，随着国家对房地产主体政策的进一步明确，市场逐渐意识到，虽然房地产行业依然在磨底，但在行业大规模出清的基础上，部分主流央企的市场份额肯定会提升，加之大型央企在房地产政策扭转后融资渠道更为通畅，大型央企也坚守着不发生系统性风险的底线。综合以上原因，央企头部地产企业本身的信用资质是有一定 α 效应的。

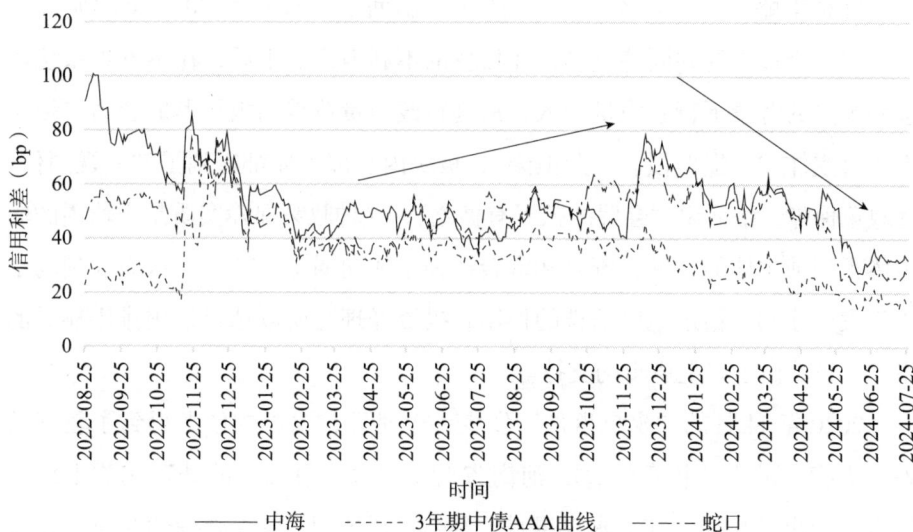

图6-12　部分央企房地产企业信用利差对比

除此之外，2024 年以来债券市场演绎了一轮又一轮的资产稀缺，随着基础利率的不断下行，收益率较高且安全性较高的债券资产受到市场青睐。在债券市场把城投的收益率买到很低的情况下，很多投资经理在业绩的压力下把目光转向收益率较高的国央企地产债，从而压低了头部国央企地产债的信用利差。2024 年头部国央企债券信用利差比曲线平均利差压缩得更多，实际上是资产稀缺格局下的倒逼选择。但从笔者的角度，看到环比仍在下行的房价，房企不断减值的库存，实在说服不了自己做出买入地产债的决定。2024 年初买入央企地产债的投资经理确实跑赢了市场，但房地产板块债券的博弈依然在继续，最终结果依然很难预料。

三、选择板块里债券资质最差的主体

在板块基本面变差且出现违约时候，为了规避风险，投资经理会选择板块里信用资质排名靠前的主体。但在其他情况下，投资经理可能会选择板块内信用资质排名靠后的主体。下文将讨论这种投资策略实施的条件，以及为什么这种策略会成功。

这种策略最成功的案例是 2021 年的山西煤炭板块和 2023 年的城投板块。这两个板块的共同特点是，在板块的不利因素发生后，在不发生系统性金融风险的背景下行政力量介入，最终行政力量覆盖的板块形成合力，板块内所有主体"一损俱损、一荣俱荣"，板块内全部主体都得到了"一视同仁"的政策保障。俗话说"会哭的孩子有糖吃"，这种政策保障实质是板块内的弱主体得到强主体的救助，资源和资金从强主体向弱主体转移，从而起到弱主体不发生违约，稳定地区信誉的作用。投资经理之所以选择信用排序靠后的主体，正是由于以上逻辑的支撑。

2020 年 11 月的"永煤事件"发生一个月后，永煤的债券得到了较好的处置方案（详见本书第五章），河南省对于"永煤事件"的处理实质上给其他省份做出了榜样。在"永煤事件"得到（超预期）妥善处理的时点，投资经理应当开始考虑其他由于"永煤事件"受到牵连的省份是否存在较好的投资机会。可是 2021 年初，债券市场依然处在对大型煤炭企业的恐慌情绪中，这种恐慌情绪主要来自大型煤炭企业对于债券市场融资的过度依赖，特别是债券市场融资期限过短。这会导致一旦债券市场对大型煤炭企业关闭融资渠道，哪怕是几个月的时间，煤炭企业也将面临巨大的短期债券到期偿还压力。在这种情绪的影响下，2021 年初，包括山西煤炭企业在内的全国大型煤炭企业的信用利差继续走高（见图 6-13）。煤炭企业的再融资问题没有得到解决，煤炭企业是否会违约难有定论，这时候并不适合贸然进场。真正的机会是在 2021 年 4 月来临的，山西省牵头为山西省煤炭企业再融资和维护投资者信心做了多方面的工作，其中"像爱护自己的眼睛一样维护国企信誉"的表态被债券市场奉为榜样。山西省随后建立了整个省的债券资金偿还监测调度机制，以确保没有任何一家国企发生债券违约。如图 6-13 所示，可以看到，在 2021 年 5 月，山西省煤炭企业中信用利差最大的同煤的信用利差首先开始大幅度压缩。背后的逻辑就在于对债券市场融资依赖度最大、债券短期偿还压力最大的企业，得到全省的资金调度支持后获益最大。同煤当时的债券收益率在全省煤炭企业中最高，在全省一盘棋的情况下，同煤的风险收益比提升十分明显。因此，从投资策略上看，在山西省政府协同管理和债券不违约的情况下，此时的同煤是最好的投资标的。

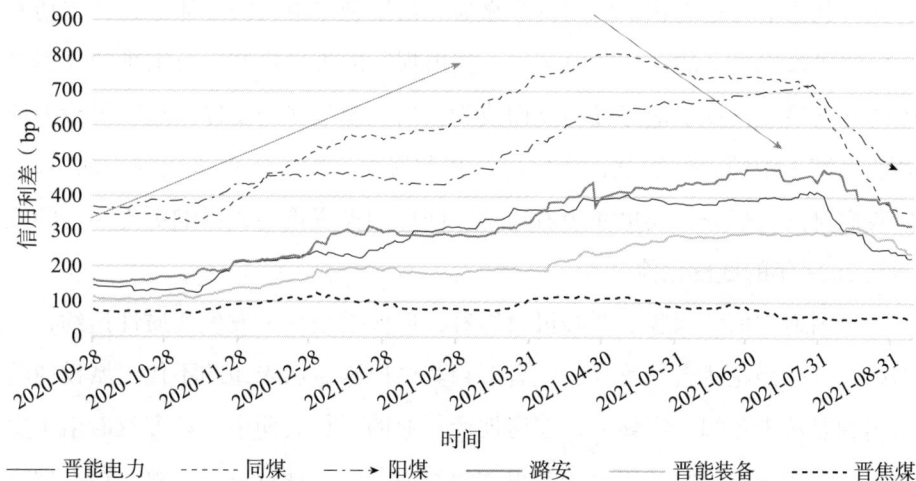

图6-13 山西省煤炭企业信用利差走势

2021 年 5 月，虽然山西省政府强力表态，但债券市场对煤炭板块的看法依然有分歧。债券市场在纠结中观察了两三个月后，在看到不断走高的煤炭价格和如期落地的金融资源后，终于在 2021 年 8 月全面反扑山西煤炭企业，使得山西煤炭企业信用利差大幅收窄。其间，留给投资经理思考和选择的最佳介入时间就是 2021 年 5 月到 7 月这三个月的时间。当时投资经理除了考虑山西省的煤炭企业，还在担心其他省份压力较大的煤炭企业是否会带来黑天鹅事件，投资经理最终的决策也是在其他省份煤炭企业的债券偿还风险也得到缓释的情况下做出的。债券市场一旦确认趋势，走势就会十分坚决。如果你是个比较保守的投资经理，也可以在市场趋势比较明朗的时候再介入，当然，前提是投资经理要紧跟市场。就笔者的实践经验来看，在趋势比较明朗的时候进入，依然有获得超额利差的空间。债券市场会留个市场一点儿时间，但不得不承认的是，过去 3～5 年债券市场留给紧跟市场的债券投资经理的策略操作时间越来越少，从最开始的小半年到几个月，然后到最近（2024 年 8 月）的不到一个星期。这需要投资经理更为灵敏，并且在看到确定性机会后更为果断地出手。

山西煤炭的抄底战是很多债券投资经理颇为自豪的战例，从这个案例中看到，获益最大是板块中信用排序靠后、信用利差最大的主体。这种成功源于底线风险思维下的"一荣俱荣、一损俱损"的维稳机制，最困难的反而得到的帮助最大，日子最好过的反而成为输出资源最多的主体。这种风险处理办法充满了中国人的智慧，我们也经常调侃穆迪等外国评级机构不懂中国，但我们自己大部分时候也在边看边学。同样的投资策略，影响更为深远的案例是 2023 年的城投化债。

中国地方债务问题的严峻毋庸置疑，但城投债从未发生实质性违约，本书第三章已经花费大量篇幅向读者解释其中原因。从未违约不代表城投债的信用利差从未走阔，实际上，在房地产行业的下行周期中，地方政府由于卖地收入大量减少，偿债资金来源也大幅减少。经过计算可以了解，很多地方政府每年的财政收入甚至不够偿还地方政府债务的利息。随着这样的地方政府的增多，这些地方政府城投公司发行债券的信用利差也大幅走阔（见图 6-14），少部分地方政府的城投债券甚至发生了"技术性违约"，进一步增加了债券市场对其偿还能力的担忧。

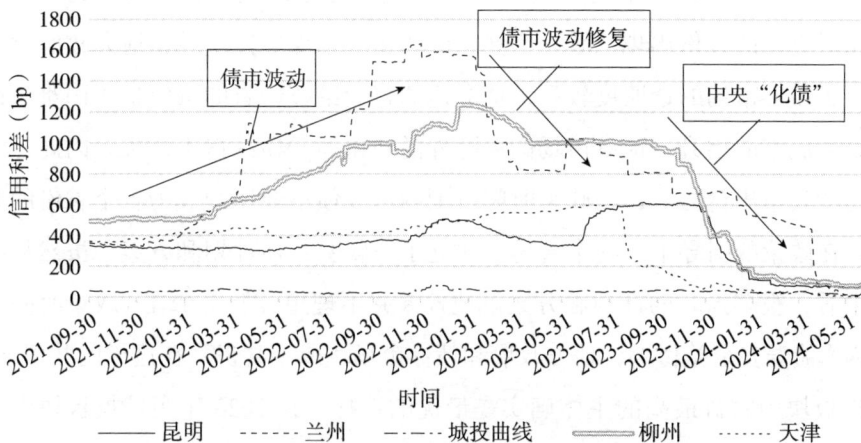

图6-14 地方政府城投债信用利差变化情况

站在城投债技术性违约这个市场最恐慌的点，投资经理仅仅通过信用分析是没有能力得出城投债能按时兑付的结论的，因为这超出了投资研究的范畴。投资经理应当做的是在自己力所能及的范围内做确定性的投资。因此，等待并观察是最好的策略。那投资经理应该观察什么、看什么呢？答案是等中央的定调和政策。投资经理等的政策定调终于在 2023 年 8 月国务院常务会议通稿中发出。或许有更为灵敏的投资经理提前做了布局，但笔者认为 2023 年 8 月国务院常务会议通稿已经是一个十分明确的介入信号了。从图 6-14 可以看出，会议后天津和兰州的城投债信用利差首先快速修复，形式更为严峻的柳州和昆明随后修复。这几个地区是当时市场公认的城投高收益地区，在中央"化债"政策出台之后，也是收益最大的地区。从 2023 年化债开始到 2024 年 7 月底，化债使得 AA 级城投曲线信用利差比同期限的所有债券平均信用利差多下行了大概 30bp。考虑到债券中城投债占比超过 50%，实际上化债给整个债券市场的信用利差带来的压缩幅度是很大的。

化债实际上给信用债市场带来的是系统性风险的暂时性了结。化债政策要求 12 个重点省份保证债券的兑付，以免发生系统性风险，极端情况下可以向央行申请支持。所谓 12 个重点省份实际上是偿付能力相对弱、债务压力相对重的省份，如果这 12 个省份的政府债务不出现问题，轮不到其他情况相对更好的省份出现问题。当然，经历了"永煤事件"后，地方政府意识到由于债券市场的透明度较高，债券违约将会给整个省的融资带来困难、造成融资成本的抬升，债券市场的风险外溢使得债券违约得不偿失。因此，中央化债政策出台之后，在政策时间范围内城投债不能违约成为各个省份的共识。在政策的引导下，各个省份都建立了一整套化债计划和方案，虽然从结果上看，很多当时的计划和方案落地效果并不理想，但至少在（政策时间范围内）债券安全兑付上，地方政府和债券市场达成了共识。在这样的共识下，城投板块中收益最高的主体确实是最优的选择。在 2023 年买城投板块中资质最差、收益率最高的个券的投资经理，都赚得盆满钵满。市场上有些专门做高收益城投的账户，2023 年年化收益率超过了 30%。

债券市场是存在市场分层的，主流市场机构由于风控体系的存在，不大可能参与购买板块中资质最差的主体。因此，购买板块中资质最差的主体这个策略只能由少部分灵活性较强的主体执行。对于大部分主流机构而言，更好的策略选择是在城投板块的细分领域进行信用下沉。就实际操作而言，在城投化债政策出台后，大部分机构增加了城投公司的入库数，例如，增加了江浙等发达省份的区县平台，或者中西部中尾部的市级平台。这些城投平台在化债之前处于可入库和不可入库的中间，在化债政策的利好下，进入了主流债券购买机构的购买库，迎来了收益率的大幅下行。也有部分机构选择入库在 2024 年底（政策规定的期限）到期的所有优质省份的城投，采用这种入库方式的主要原因是优质省份具有较强的偿付能力和债务管控能力。在地方政府债务的最终责任人为省级政府的政策要求下，整个省份的管理体系和资金调配能力是统一的，城投公司的偿付能力相对更有保障。在中央化债的大背景下，以上两个策略比直接选择城投板块中资质最差的城投公司更为安全，也成为大部分主流机构的选择。

四、综合类主体的选择

实际投资中，有部分投资标的既不是板块中信用排序靠前的主体，也不是信用排序靠后的主体，但是信用利差相比均值曲线有了更大幅度的压缩。这种个别主体的信用利差超额压缩，能帮助账户获得超额收益，因此，个券的超额信用利差压缩是投资经理需要识别和抓取的投资机会。投资经理每天都在市场上寻找获得超额信用利差的机会，投资机会一直存在，且引发这些投资机会的事项千差万别，这需要投资经理对信用债投资市场有着深刻的理解和敏感度。下面将选取一些比较有代表性且常见的例子给大家做说明。

（一）外部评级提升

上文笔者曾经阐述过"外部评级失效"的观点，所以为什么外部评级提升也会导致超额信用利差压缩呢？原因主要有三个：第一，机构的投资限制。市场上很多债券投资机构将外部评级作为入库的硬性条件，当债券的外部评级只有 AA 时，很多要求只能投资评级 AA+（含）及以上债券的机构的资金就不能投资该债券。也就是说，AA 评级的发行主体的实际偿付能力再强，也和别人根本不在同一个赛道上，因此没有机会获得资金的青睐。第二，监管的限制。不仅债券投资机构如此，监管机构对部分资金也有投资限制和监管指标。例如，要求新设立的债券型公募基金只能投资外部评级为 AA+ 级以上的债券，再例如，要求某些类型的资金投资外部评级为 AA 级或 AA+ 级的债券不能超过一定比例。这些监管要求也使得只有发行主体的外部评级提升到 AA+ 级或 AAA 级，部分资金才会关注到这个发行主体。第三，更好的杠杆功能。账户管理都需要维持一定的杠杆，银行间市场进行加杠杆的回购交易时，相比 AA 级的债券，交易对手更接受 AA+ 级和 AAA 级的债券作为质押品。在交易所市场，如果发行主体的评级提升到 AAA 级，则会获得交易所分配的标准质押券资格，从而提升账户的杠杆效率。基于以上三个原因，发行主体往往孜孜不倦地提升债券评级，以便达到降低融资成本的目的。

在投资策略的运用中，利用发行主体外部信用评级的提升获得超额收益的例子很多。例如，2019 年湖北某城投债券评级首次由 AA+ 级提升为 AAA 级（见表 6-1）。此次评级并未导致所有公司评级的集体调升，说明此次评级的调升并非由于十分显著的基本面变化，但该主体评级由 AA+ 级到 AAA 级之后，信用利差在半年内的确实现了比较大幅的超额压缩。如图 6-15 所示，在获得 AAA 评级之前，该主体的信用利差为 140bp，AA+ 级城投曲线的信用利差为 70bp 左右。该主体在 2019 年 6 月公告获得 AAA 评级后，在半年后的 2019 年底，信用利差为 70bp 左右，相比 AA+ 级时的信用利差，压缩了 70bp 左右。与此同时，AA+ 级城投曲线的信用利差变化不大，依然保持在 70bp 左右。该城投因为评级提升，在半年内信用利差超额压缩了 70bp。如果投资经理通过信用提升策略选中了该投资标的，则相对于持有其他城投，半年内能获得超过 70bp 的超额利差。如果你持有的该债券的久期是 3 年，则该债券能给你带来约 2.1% 的超额收益。

在实践中，外部评级提升策略确实有很多成功的投资案例，但并不是所有外部信用评级提升均会导致个券的超额利差压缩。有些发行主体虽然说服评级机构提升了评级，但与此同时该区域或该发行主体发生了降低其偿付能力的事件，也会导致这种评级提升无效。还有些主体虽然评级提升了，但原本市场认可度和入库率就很高，例如北上广等发达地区的国企，则这种评级的提升对融资成本的降低作用不大。对以上投资标的使用外部评级提升策略，可能策略的有效性会大幅降低。

表 6-1　湖北某城投公司主体评级情况

发布日期	信用评级	评级展望	变动方向	评级机构	评级方式
2024-06-26	AAA	稳定	维持	中诚信国际	发行人委托
2024-06-18	AAA	稳定	维持	东方金诚	发行人委托
2023-06-28	AAA	稳定	调高	中诚信国际	发行人委托
2019-06-27	AAA	稳定	调高	东方金诚	发行人委托
2018-02-07	AA+	稳定	首次	中诚信国际	发行人委托
2016-06-30	AA+	稳定	首次	东方金诚	发行人委托

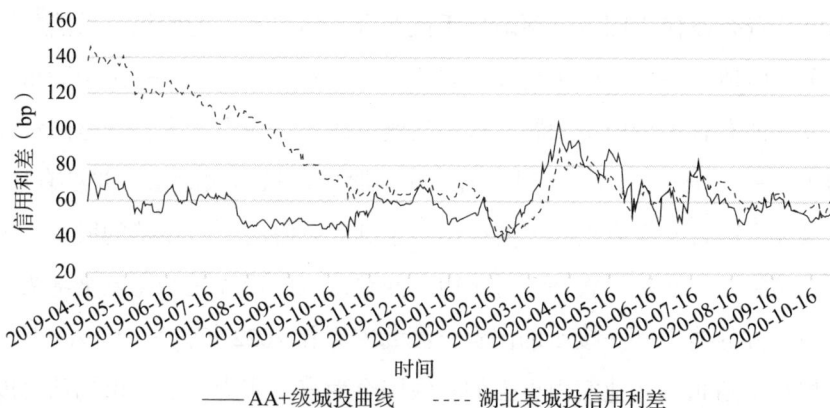

图6-15 外部评级提升导致信用利差压缩

（二）股东变更与支持

股东的变更具体包括股东由民企股东变为国企股东，股东由底层级国企股东变为高层级国企股东等。国企股东相对于民企股东经营更加稳健，更高层级的国企股东拥有更强大的资源协调能力，因此，以上两种形式股东的变化都有利于降低企业的信用风险。近年来，很多民企股东因为自身战略调整和监管要求，将金融类企业股份卖给国企股东。也有部分企业由于自身经营不善，通过战略重组的方式引入实力更强大的股东。更多的情况是，国有企业为了降低融资成本，对企业进行"提级管理"，例如股东由区县级政府变更为市级政府。股东支持则是指股东通过注资和资产注入等方式，增强企业的综合实力，从而增强企业的偿付能力。近年来，国企资产重组的案例比较多，大部分国企资产重组是为了进行资源整合、明确国企分工，让每个国企都专注于自己的主业并做大做强。在寻找投资机会、选择投资标的时候，应当识别股东方的操作是否真的能给企业带来长远的利好，以及股东方对于企业支持力度是否足够强大。有些国企股东入股仅仅以财务投资为目的，这种性质的股东提供的支持注定不会太多。

天风证券的股东变更是一个很好的例子。如图 6-16 所示，天风证券原股东"当代系"在出现债务问题后谋求卖出天风证券股权。2022 年初，湖北国资全资企业代表国资方逐渐接手民企方"当代系"的股权。虽然国资系出手了，但债券市场依然担忧以下问题：一是问题有多大——民企股东经营下，天风证券有多少历史问题？这些问题造成的窟窿有多大？二是国资方接手的决心——国资系刚出手时只有10%的股份，只是大股东，并没有控股，且天风证券高管并没有更换，所以国资系到底是临时搭桥承接的股东，还是会谋求实际，全面接手管理？对于历史问题造成的窟窿是否愿意全部买单？三是国资方的能力——接手的国资方湖北宏泰在2022年只是个AA+级的主体，相对于湖北省其他实力更强的省级国企而言，实力一般，市场认可度不够高。

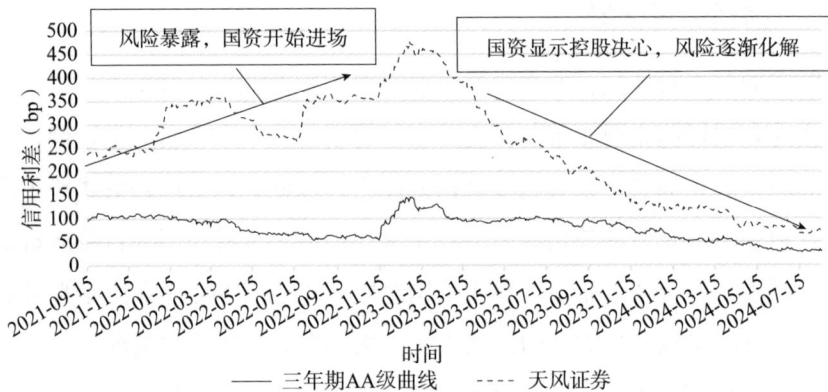

图6-16　天风证券信用利差变化

　　2022年，国资方接手的第一年，由于以上三个问题并没有得到很好的解决，信用利差并没有出现大幅下行。但随着事件的推移，这三个问题的答案也在2023年二季度逐渐清晰：第一，天风证券2022年年报出炉，预期之中的净利润巨亏让市场认为历史问题造成的风险已经得以暴露和计提。第二，国资方股东在确认天风证券巨亏的情况下，通过定向增发继续增资天风证券，显示控股决心。第三，国资方湖北宏泰在2022年后开始资产重组，股东方从湖北省国资委变更为离"资金"更近的湖北省财政厅，湖北宏泰定位为承接湖北省金融资源的国企。随后湖北宏泰资产质量得到提升，湖北宏泰将作为湖北省铁路发展基金的省级出资方，获得省财政 250 亿元拨付资金。随着股东变更、职能定位的变化以及资产实力的增强，国资方湖北宏泰的实力也逐渐增强，其化解天风证券风险的能力获得了债券市场的认可。因此，在 2023 年第二季度之后，随着三个问题逐步清晰，天风证券债券的信用利差有了明显的超额压缩。从策略上看，2023 年第二季度所有问题都水落石出时，选择该投资标的信用风险小、胜率高，且依然有获得超额信用利差的机会。这时候进行投资是风险收益比最高的。

（三）业务优化，盈利能力提升

业务优化主要来自几个方面：一是从事的行业周期向上，行业不断改善；二是亏损的业务得以剥离；三是企业本身运营改善。

很多发债主体均遵循行业周期，国内债券市场发债主体最多的周期性行业有钢铁行业、煤炭行业、房地产行业、水泥行业、建筑行业、石油化工行业等。钢铁、水泥、建筑、房地产行业与经济周期密切相关，如果国内经济周期向下，则这些行业很难独善其身。煤炭、石油化工行业也受国内经济周期的影响，但煤炭、石油化工等产品同时也受到国际大宗商品价格的影响，如果国际大宗商品价格上升，则这些行业可以独立于国内经济走势走出向上的行业周期。某些行业，例如 2022 年的光伏，2023 年的新能源汽车，均走出向上的行业周期。周期向上使得发债主体盈利能力改善，则主体的偿付能力也会不断提高。但购买这类周期不断变化的行业的债券，一定要分析清楚行业的拐点。最糟糕的情况是，你购买债券时行业不错，3～5 年后债券到期的时候，行业早已经走过景气拐点，变得很糟糕，企业由于行业不景气，偿付能力已经大幅度恶化。之前我就碰到过一家类似的企业，在猪价较高的时候大幅扩张养猪的产能，等产能扩张好的时候，猪价已经跌到养殖成本以下了。这家养殖企业也因不恰当时期的扩张而偿付能力大幅度恶化，当然，其债券信用利差也大幅度走阔。

很多发债主体都是综合性的企业，同时从事多项业务。某些业务由于历史问题长期经营不善，严重拖累企业的盈利和偿付能力。近年来，不少国企股东帮助发债企业剥离经营不善的业务板块，剥离出去的企业采取破产重整的措施，注销经营不善的业务板块或者子公司。这些经营不善的业务板块被处理掉后，企业可以轻装上阵，债券投资者也不会担心经营不善的业务板块未来造成难以估量的资金窟窿。剥离掉经营不善板块的企业偿付能力得以提高，信用利差有确定性的压缩机会。

企业本身运营改善的方面，如果企业仅仅是本身节省了点儿费用或者生产流程做了些许优化，可能这些变化带来的运营改善并不明显。投资者需要将眼光更多地投注在上下游的变化上，只有上游资源或下游销售渠道由于资源整合出现质的变化，这种变化带给企业的改善才足以让企业业务得到大幅改善，偿付能力得到提高。很多地方的国企都在做资源的整合和优化，例如很多省级国企对省属企业的业务做出了归类整合，将金融类的业务整合到一家公司，将交通类的整合到另外一家公司，将投资类的业务也整合到一起。有些企业本来运营实力一般，例如某些企业本来只是煤炭贸易企业，后来由于资源整合被划入很多煤炭矿井，企业对上下游资源的把握能力快速提高，盈利能力也得到提升，偿付能力随之改善，企业的信用利差也大幅压缩。

（四）债务结构优化，债务偿付能力提升

很多发债企业信用利差压缩是由于本身债务结构优化，因此偿付能力得到提升。关于化解地方政府债务的文件中，均有存量债务由银行进行展期降息的表述。城投公司将这一文件精神执行得越好，展期降息的有息债务越多，即期的偿还压力就越小，这都是有利于提升城投公司的偿付能力的。

除此之外，2018 年之后，高速公路收费企业的债务结构优化比较明显，是一次明显的投资机会。本次债务展期的背景是很多高速公路进入了本金偿还较多的还款期，但由于新高速的建设和老高速收费不达预期，使得很多高速公路收费企业的债务负担较重，于是政策上允许银行对高速公路收费企业统一进行展期降息。在政策的利好下，政策性银行牵头组成银团，对大部分

省级高速公路收费企业进行了债务展期降息。很多省份的高速公路公司将其所有的高速公路收费债务全部打包，将债务的偿债期限拉长并降低利率。银团的贷款期限一般为20～30年，利率一般为 LPR 减点。展期降息后，减轻了原本进入还款高峰期的高速公路收费企业的债务负担，每年高速公路收费企业的还款压力大幅度减轻，在此政策利好下，很多偏远地区的省级高速公路发债主体信用利差都有了超额压缩。

第三节　不同类型产品投资实战

投资经理讨论信用债投资策略，更多的是从投资的角度阐述信用债投资方法。在实际投资运作中，不同类型的产品将在很大程度上影响投资决策的执行效果，因此，负债端的管理也是投资经理日常管理中非常重要的一部分。由于负债端的投资限制和流动性限制将极大影响投资端的决策，因此本节将根据负债端的不同，详细描述不同类型产品的信用投资策略的异同。

一、公募基金产品和私募基金产品

根据定义，公募基金产品和私募基金产品的核心区别在于是否公开募集。对于公开募集的公募基金，监管部门相应配套了比私募基金更为严格和完备的监管规定。想要发行公募产品，发行机构必须获得监管部门颁发的公募基金牌照。市场上拥有公募基金发行牌照的主要是基金公司和大型券商资管。从公募基金牌照的稀缺性可以看出，一旦公开向老百姓募集资金，就要承担社会责任和声誉风险。

对于基金经理而言，最大的挑战是对流动风险的管理。根据合同规定，公募基金产品需要无条件地接受基金持有人的赎回。虽然合同同时规定了公募基金产品触发大额赎回后，可以延期支付，但一旦基金公司公告延期支付，则会对基金公司造成不可挽回的声誉危机。所以，除非迫不得已，基金公司不会发布延期支付的公告。公开资料显示，在 2022 年 11 月的债市大波动里，某些公募基金产品由于没有做好流动性管理，在巨额赎回面前，选择了延期支付（见图 6-17）。一般情况下债券基金支付赎回款的时间在三个工作日内（T+3），公告中的 T+7 日已经明显超出常规支付时间，这样的操作符合合同规定，触发的原因正是巨额赎回。与此同时，该公募基金净值大幅下跌，2022 年 11 月 17 日当天净值跌幅为 1.9%，对于年化收益率只有 2%～5% 的中短债基金而言，一天跌幅达到 1.9% 实属罕见，而这仅仅是暴跌的开始。

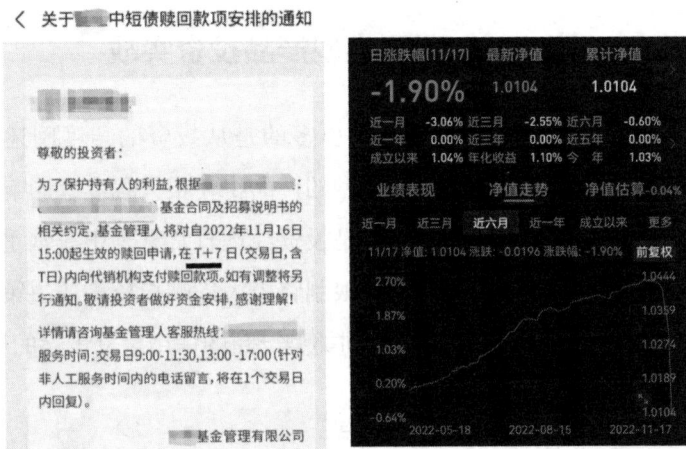

图6-17 大额赎回导致基金产品延期支付以及净值变动

基金净值大幅下跌又会进一步加剧赎回，从而形成净值下跌和赎回加剧的恶性循环。从图 6-18 可以看出，在 2022 年 11 月的债市波动中，该公募基金产品净值直接从 1.0444 下跌到 0.8805，累计跌幅达 15.69%。公开资料显示，该公募基金在 2022 年第三季度末的产品规模在 40 亿元左右，2022 年第四季度末产品规模已经不足 1 亿元。

经历过 2022 年 11 月的这次事件，监管部门加强了对公募债券产品底层资产的监管，提高了底层资产的评级要求。对于所有经历过 2022 年 11 月债市波动的投资经理而言，这都是一次对于流动性风险的压力测试和警示性教育。笔者花大篇幅写出这次事件，也是为了告诉后来人，在每个投资经理的职业生涯中，几乎都会碰到几次债市波动。每次债市波动都会有基金公司遭受重创，有投资经理因为操作不当，付出了整个职业生涯的代价。正因为如此，笔者才警示每个经历过或者没经历过债市波动的投资经理，都需要未雨绸缪地做好流动性管理。

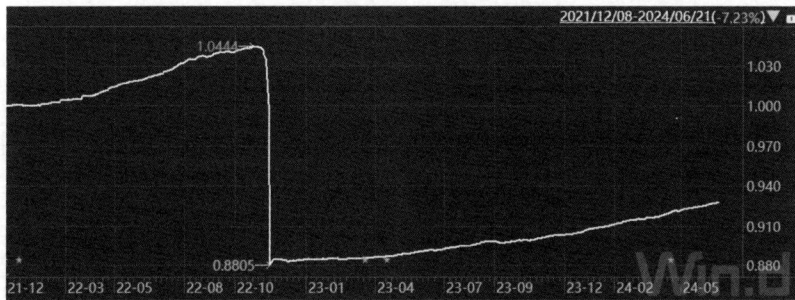

图6-18 大额赎回导致基金产品净值连续下跌

公募产品需要公布业绩和公告，而私募基金产品是针对特定投资者的。因此，只需要对特定投资者公布业绩和说明情况，对发行机构的声誉影响相对有限。在市场下跌时，由于公募基金产品申购人众多，持有人的利益是不一致的，会出现赎回抢跑的情况。和公募产品不同，业内的私募基金产品客户大多和持有人利益一致，在债券市场下跌时出现赎回抢跑的风险较小。监管规定私募产品持有人必须是合格投资者且最低起买点为40万元，每个私募产品持有人不得超过200人（户）。这些规定意味着私募产品投资门槛更高，私募产品持有人是风险承受能力更强的群体。

在投资范围上，公募基金只能购买公募债券，私募基金除了能购买公募债券，还可以购买私募债券，因此，私募基金的投资范围比公募基金更广。同一发行人发行同一期限的债券，私募债券往往比公募债券收益率更高。因此，私募基金投资账户的静态收益一般高于公募基金。

二、零售客户和机构客户

无论是公募产品还是私募产品，持有人均有机构和个人。由于私募产品的人数限制，公募产品相对私募产品拥有更多的个人持有人，于是投资经理在管理账户时既会碰到个人客户，又会碰到机构客户。从发行机构的内部分工来看，个人客户一般归属于零售渠道，机构客户归属于机构渠道，由于这两个渠道的资金性质不同，投资经理在做投资决策时应当关注不同渠道的资金特性。

个人客户和机构客户最大的不同在于专业性。从统计结果来看，个人客户整体表现出"羊群效应"，普遍存在"追涨杀跌"的行为模式。《乌合之众》这本书详细阐述了群体表现出"羊群效应"的原因和结果，个人客户这种"追涨杀跌"的行为更像群体心理的必然结果，这种结果不会因为小部分持有人的理性行为而改变。相对于个人客户，机构客户是专业人士，投资上更加理性。机构客户也会对市场走势做出判断，更客观地看到风险和收益，即理解某些风险是系统风险，某些收益是市场红利。在债券市场出现较大波动时，机构客户会更理性地看待市场，基于长期价值的角度做出判断，从而有利于维护市场稳定。

基于个人客户和机构客户行为模式的不同，投资经理在进行账户管理时候应当考虑两个不同渠道的资金的管理模式。机构客户的资金更具有可预测性，大多数机构客户都清楚地知道自己在投资经理这边赚的是什么钱；而个人客户由于分散且资金小额，资金稳定性往往更差。特别是在市场不好的时候，投资经理需要在临近开放期时做好充分的流动性管理，做好大额赎回的准备。个人客户的特点还包括只看收益而忽视风险，与此相对应的是零售渠道产品比拼中基本只按照收益率高低给基金排名，却忽视获得收益的同时产品需要承担的信用风险和流动性风险。对于个人客户，投资经理需要特别关注收益与风险的平衡。

在2022年底债市波动期间，一个做专户投资经理的朋友每天都很焦虑，因为他的账户以零售客户为主，随着净值的下跌和产品赎回开放期的临近，他接到的预约赎回需求越来越大，已经渐渐超过了他能给出的流动性比例，但零售渠道赎回必须支付，没有商量的余地。为了换取流动性，他只能每天以比较差的价格卖出债券，这样进一步伤害了账户的净值。虽然最后不知道他是否凑够了赎回的资金，但由于这份惨痛的教训，不久后他离开了这个岗位。对于每个投资经理而言，流动性永远是投资策略中最先考虑的事项。

三、银行自营和银行理财

银行自营资金是银行的表内资金，自营资金的来源是银行的资本金、银行存贷后的剩余资金，还有银行向同业借的资金。从国内各个银行的机构设置来看，大部分管理银行自营资金的部门都叫金融市场部。从投资范围上看，银行自营资金不能参与含权益的投资。有些规定严格的银行，自营资金甚至不能参加永续债和可转债的投资。而银行理财的资金主要来自发行理财产品，银行理财资金可以按照发行的理财产品中约定的投资范围进行投资，部分银行理财产品投资范围中包括权益资产。因此，银行理财的投资范围比银行自营更为宽泛。在实际操作中，银行自营以买入利率债和高评级信用债为主，利率债占比较高。银行理财的信用债占比更高，相对于银行自营购买的信用债，银行理财购买的信用债往往外部评级更低。这也是为什么投资经理在选择投资策略时，必须明确市场参与主体的投资行为。简单说来，投资经理要搞清楚你在跟谁做对手方，要根据对手方的行为模式做投资决策。

如果你立志做一名利率债投资经理，那么银行自营会是更好的选择。很多银行自营部门设置很多以利率债波段交易为策略目标的岗位，因为银行自营部门相对于其他机构资金量更大，交易机制更为灵活（当天可以反向交易），在博弈利率债波段上有天然的优势。市场上很多优秀的利率债投资经理都来自银行自营部门。如果你立志做一名信用债投资经理，去银行自营不是一个特别好的选择，因为大部分银行自营投资的信用债评级都比较高，并不需要特别高超的信用分析技能。银行理财则是更好的选择，因为银行理财以投资信用债为主。银行自营和银行理财的资金量都比较大，因此，投资经理在买卖债券的过程中，看到自己的对手方是资金量比较大的机构时，会结合市场整体买卖变化对投资决策做出调整。

从资金稳定性上看，银行理财的资金不如银行自营的资金稳定。银行理财产品有着规定的产品期限，我国主流的银行理财产品的期限一般不超过一年。随着老百姓对银行理财产品流动性要求的提升，银行理财产品开放申购赎回的平均期限在缩短，对应的是资金稳定性更差。而银行自营资金则更加稳定，从银行自营的资金来源可以看出，银行自营资金的来源更为传统。银行自营相对于银行理财业务有着更为严格的监管和更为多样的估值方式，因此，银行自营资金相对稳定，前文已经详细说明过资金稳定对于投资策略的影响，在此不再赘述。在 2022 年的债市波动中，面对市场的波动，监管部门也是通过协调相对稳定的银行自营资金来平息市场的波动的。这就涉及银行自营资金和银行理财资金不同的估值方式。按照会计准则，银行自营资金购买的金融资产可以分为三类：以摊余成本计量的金融资产、以公允价值计量且其变动计入其他综合收益的金融资产、以公允价值计量且其变动计入当期损益的金融资产。其中，"以摊余成本计量的金融资产"正如它的名字所描述的那样，可以用摊余成本计价从而不受市场价格变化的影响。银行自营资金购买的债券放入这个科目，可以按照摊余成本计量，从而可以不像大部分银行理财产品那样，因为采用市价法估值产品净价而必须受到债券估值波动的影响。

根据财政部和税务总局的相关规定，企业购买公募基金可以免税。银行作为企业，其使用自有资金购买公募基金可以免税。因此，在投资策略上银行自营资金更偏向于购买公募基金产品。由于银行理财产品不属于企业自有资金，购买公募基金不能免税，而私募基金由于投资范围更广而具有更高的投资收益，因此，在投资策略上银行理财资金更偏向于购买私募基金产品。

四、券商自营和券商资管

所谓券商自营，就是指证券公司的自有资金。券商资管是指证券公司资产管理业务代客管理的资金。券商自营和券商资管的区别，与上文银行自营和银行资管的区别差不多，但券商没有银行的规模体量大，对市场的影响和对社会责任没有银行大。这就决定了券商自营和券商资管的投资策略与银行大为不同。券商自营资金一般杠杆比较高，正常来说公募基金的杠杆不得超过140%，私募基金的杠杆不得超过200%，而券商自营资金的杠杆往往超过500%。券商自营的投资一般在利率债和信用债都有布局。和银行自营一样，券商自营的利率波段操作也比较频繁，但券商自营的资金体量没有银行自营的大，因此，券商自营的利率债投资经理对利率市场的影响力没有银行自营的利率债投资经理的大。在信用债投资上，很多券商自营设置有高收益投资板块。券商自营利用自己做市商的优势，可以更好地了解市场买卖信息，这有利于券商自营对信用债的投资和交易。总体而言，券商自营在信用债投资的偏好上，比银行自营更多持有低评级的信用债。券商自营由于资金量相对小，只能通过更为灵活的利率债交易和信用债投资，提高资金运用效率。

券商资管的资金来自代客管理的资金，市场上主流的券商资管，资金主要来自银行渠道销售以及银行保险机构的委外资金。部分券商资管也拿到了公募牌照，这些拿到公募牌照的券商资管和基金公司的业务范围相似度很高。从市场竞争结果来看，券商资管债券类产品的占比更高。券商资管在权益市场的投研实力上，整体还是弱于基金公司。由于券商资管很多产品是通过银行渠道销售的，对于上文提到银行渠道销售的产品，散户会更加看重收益排名，因此，券商资管比起公募基金，更倾向于投资信用评级更低的信用债，以应对更为激烈的渠道竞争。相比于公募基金，券商资管的投资经理在投资策略上也倾向于投资收益率更高、信用评级更低的信用债。在投资策略的选择上，投资经理看似是自由的，但由于市场竞争矩阵已经形成，各个机构不同类型的账户优劣势也十分明显，合格的投资经理应当懂得利用自己账户的优势把握投资机会。或者说，在已经定型的账户优势和劣势下，上面描述的投资经理的投资偏好已经是其权衡优劣势后做出的最优的投资决策，投资经理本身很难去改变市场的竞争格局，因此，有时候投资账户的资金来源和管理机构的性质，很大程度上决定了投资经理的投资策略。

五、保险机构和社保基金

保险机构和社保基金的资金都是投保人存放在机构，等待未来支付的资金，因此，管理这部分资金最大的目标是保值增值。就像你不能接受自己的养老金亏损本金那样，保险机构和社保基金在投资中会特别关注不能亏损本金这个基本要素。与此同时，和银行自营资金一样，保险机构和社保基金的资金最大的特点是稳定。资金之所以稳定，主要是因为投保人从开始投保到最后支付，时间周期比较长。一个人从 20 岁出头大学毕业开始工作，到最后退休领取保险金，时间超过 30 年。正因为负债端期限较长，保险机构和社保基金的资产期限也比较长。相对于市场其他机构，保险机构和社保基金喜欢投资长久期的利率债和信用债。很多十年的信用债和三十年的利率债，主力投资机构都是保险机构。而其他债券市场机构投资信用债的主力期限普遍在三年以内。

正因为资金稳定，相对于其他投资机构，保险机构和社保基金追求资金的长期增值，是市场上真正的长期价值投资者。所以保险资金会给投资经理更长的时间去证明自己的价值，这点很重要。因为，投资经理的风格是不一样的，例如有些投资经理短期的波动很大，业绩大起大落，而长期的绝对收益率很高，这种类型的投资经理就比较适合保险资金。但这种类型的投资经理不适合短期资金，因为短期资金的期许是每个季度甚至每个月都要看到投资经理的表现高于平均水平。可能短期资金进入的时点正好是这个投资经理"大落"的阶段，还没等到"大起"，短期资金就撤出了。

与"大起大落"型投资经理相对应，有些投资经理的风格则比较平稳，每个阶段都好于平均水平，但每个阶段都不是特别出挑，长期业绩不如"大起大落"型投资经理。这种风格的投资经理就比较适合短期资金，任何资金在每时每刻进入都能拿到高于市场平均水平的收益。

虽然大部分时间是资金选择经理，但投资经理应该清楚自己的风格和擅长的账户类型。否则你即使拿到资金、进入赛道也会很痛苦，委托人总对你不满意，业绩排名总是靠后。投资经理做的时间越长，就会越明白不同账户类型和资金来源对投资经理投资策略的影响有多大。我把这些行业实操和经验写出来，一方面，应该可以帮助想要进入这个行业的朋友，根据自己的特长选好赛道；另一方面，对于首次管理某个类型账户的投资经理而言，这些也算是一点儿经验。从业十五年，笔者管理过各个渠道和各种账户类型，以上经验适用于行业内的普遍情况，但笔者也不可能清楚地了解每一家的情况，如果以上叙述和某个机构的特征不相符，也请海涵。

社会上也出现了投资经理"无用论"，这也确实没有必要。亚当·斯密在《国富论》里提到，专业分工可以提高生产效率。至少在我的认知里，对某个领域的深度研究和经验预判是可以帮助专业人士战胜市场的。一个做FOF研究的资深人士跟我分享过她的研究，经过多年的跟踪和投资经验，她认为股票基金经理很难一直超越市场，但有少数债券投资经理可以一直超越市场。我想其中的原因也许是，债券市场大多是机构投资者，行为相对理性、好预测，而股票基金经理需要面对众多行为相对难预测的散户。

《道德经》有句名言："知人者智，自知者明。"投资经理在做投资策略的过程中，要清楚地明白账户的优势和劣势、自己的优势和劣势。只有充分了解账户、了解自己，才能清楚怎样为账户赚钱。

第四节　组合管理投资实战

无论策略说得如何天花乱坠，每个投资经理都需要将策略落实到投资组合的管理中。最终的收益率及排名将决定投资经理的投资是否成功。

你也许在很多地方听到过："债券投资就是三板斧：久期、杠杆、信用下沉。"如果你已经看到这里，应该知道信用债投资不仅仅是信用下沉，本章的大部分篇幅都在讨论获得信用债超额利差压缩的策略。作为实际操作账户的投资经理，你要面对的市场比想象中更为复杂，仅仅知道这"三板斧"是不够的。在实际账户管理中，我们会考虑得更多。

一、基于判断的投资操作

判断市场未来走势是投资中含金量最高的部分，投资经理需要做的是提高判断正确的概率，并在此基础上用仓位和组合的配置来实现判断。每次做趋势的判断，除了多和空，还需要判断多和空的胜率，胜率不同，组合的久期和构成也不同。如果多的胜率特别高，组合会配备很长的久期。与此同时，需要判断做多的时间，如果时间特别短，投资经理侧重于使用利率债等流动性比较高的品种进行进攻。如果判断做多的窗口时间较长，则投资经理侧重于选择票息更高和久期更长的信用债。

对未来的判断包括长期判断和短期判断。投资经理的长期判断一般基于以下几点：①基数。基数会把宏观走势的基本形态描述出来，基数之所以如此，可能和天气导致的经济活动节奏有关，也可能和政策周期有关。②未来可预期的事件。例如开会时间，也就是政策出台的时间；国外重要事件发生的时间，例如美国大选、美联储利率调整、战争等。③长期规律和国际关系。例如潜在经济增速的方向、国际关系的趋势等。从实践来看，长期判断（一般在一年左右）的准确率偏低。业内经常嘲讽中金公司（关于下一年的）十大判断能错 9.5 个，但业内都很清楚长期判断不好做，预期外的事件和黑天鹅事件层出不穷。所以长期判断是一个基础，账户操作更多参考的是短期判断。

短期判断一般是指 1～3 个月时间内的判断。投资经理更多的是在这个时间区间内进行判断和操作。由于时间不长，短期判断准确性往往比长期判断更高。着眼于眼前，做好每个短期的操作，长期来看才能让账户获得更好的收益。短期判断一般关注的是：①短期资金的供给情况。其中既包括央行的资金供给，也包括财政税收、发债等给资金面造成的扰动，理财规模的变化、股市债市的资金切换也会造成短期资金的流动，给市场带来机遇或者风险。②市场情绪的考量。每个市场的利空和利多因素都有一定的扩散性，如果短期做多的情绪过于一致，筹码过于集中、仓位过高，则此时收益率点位往往过低，需要警惕筹码和仓位重新均衡的风险。相反情况也是，做空情绪到了均衡点位后，止损盘的操作或赎回盘的砸盘，会将利率推向均衡水平之上。极端情况下，如果发生负反馈，会将利率推到比较极致的水平，此时往往是进攻的好机会。当然，前提是你还有足够稳定的负债端可以使用。理想的情况是，当做多情绪较为一致时，能急流勇退及时止盈，流出仓位等待市场调整。③债券的供给冲击。每年国债、地方债的发行节奏不同，也会给债市带来短期的变化。例如某几个月发行量很少，某几个月集中供给。类似的短期因素只对债券市场有短期的影响，在操作上也为投资经理留下了波段操作的机会。④政策的变化。宏观经济政策和货币政策的变化也会给债市带来影响。债券市场对宏观政策的消化通常也在 1～3 个月完成，政策推出的时候债券市场会根据预期调整收益率，随后预期和经济数据会逐步得到验证，债券市场也会将经济数据实际落地情况反映在债券收益率上。当然，债券市场的行为背后的微观主体都是投资经理，投资经理需要短期内关注是否有政策要推出、政策推出的力度，对债券市场的影响做出判断，并在此基础上提前操作账户，对市场的变化制定应对措施。

二、管理组合久期：久期分化与久期结构

投资经理需要根据基于对债券市场长期和短期的判断调节账户。调节账户最重要的手段就是久期和杠杆。

对于"久期"而言，2023 年之前市场上大部分产品久期的区间在 1～3 年。但 2024 年之后，随着绝对收益的降低，产品为追求收益不得不将久期整体提升，市场上产品的久期从 1～3 年的区间变成了 1～5 年。通常情况下，市场认为久期越长的产品，在债券市场下跌时，跌幅应当更大。但实践中，由于债券种类和参与投资的资金的不同，这个理论不一定成立。近年来，市场呈现了利率债、信用债、同业存单等不同品种走势分化的局面。例如在图 6-19 中的 2022 年债市波动中，如果你持有较多的利率债，即使久期比较长，由于利率债跌幅较小，产品的跌幅也是相对可控的。相反地，如果你持有的

是信用债，即使久期很短，在 2022 年债市波动中，产品跌幅也会十分巨大。具体原因本章第一节已经说明，在此不再赘述。

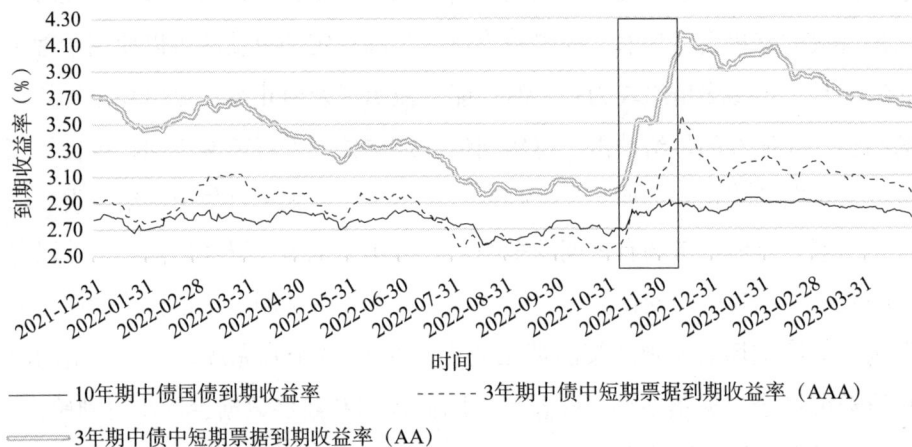

图6-19　2022年债市波动中债券到期收益率走势

值得注意的是，这种分化的现象不仅仅出现在 2022 年出现的债市波动期间，2022 年之后每次有发生"负反馈"的风险时，债券类似的分化走势都会出现，我们将其叫作"久期分化"。久期分化不仅仅出现在信用债和利率债之间，在信用债不同板块之间、利率债不同期限之间、债券的其他品种之间都会出现。因此，在进行组合管理时，由于存在久期分化，只对产品久期的绝对数量进行把控是不行的，投资经理还需要更为细致的久期结构管理。

对久期进行结构管理，需要投资经理对每个债券的细分板块、每个期限都进行预测和判断，并在此之上将投资组合调整到更为有利的细分板块以及细分期限上。上述 2022 年债市波动的例子就是利率债与信用债细分板块选择的例子。除此之外，我们在本章的第一节举了很多信用板块切换的例子，即使久期一样，投资经理依然可以在信用板块中寻找细分领域，使得净值更快上涨。例如，每次城投债化债之后，城投债板块都会迎来更大幅的信用利差压缩，从而使城投板块整体获得更快的上涨。

一个实践中常用到的操作是上文说到的久期结构调整中利率细分期限的

调整。在这个例子中，即使产品久期一样，且投资标的都是利率债，三年以下的利率债与三十年的利率债的走势也不一样。因为三年以下的利率债更多受资金面的牵引，而三十年的利率债更多受长期经济走势、股市等因素的牵引。如果判断未来资金面有所改善且宏观经济向好，则在久期结构上应当进行调整：买入三年以下的利率债等短期品种的同时卖出三十年利率债。如果判断正确，则当资金面改善时，三年以下的利率债将迎来上涨；当宏观经济面确实向好时，三十年利率债将下跌。这样在久期不变的情况下进行结构的调整，可以起到优化投资组合，提升组合净值的作用。

三、管理组合杠杆：套息有效性与流动性管理

对组合杠杆的管理一方面与套息有效性有关，另一方面与流动性管理有关。

组合杠杆的高低与套息有效性高度相关：如果组合融资成本较低，则套息有效性较高，组合倾向于采用高杠杆。相反地，如果组合融资成本很高，甚至比部分持有的资产更高，那么就会产生所谓的"负 carry"。"负 carry"是指组合在有杠杆的情况下，持有资产的到期收益率（YTM）低于融资成本，导致加杠杆行为带来的持有到期收益是负值。表面看上去，面粉比面包贵，确实不划算，但某些时候投资经理还是会选择持有部分"负 carry"的资产，主要原因是投资经理判断持有的长期债券收益率在未来会下行，因此，即使该债券的 YTM 低于融资成本，未来依然有可能通过获得债券收益率下行的价差收益，弥补融资成本的损失。除此之外，如果投资经理判断融资成本高于债券 YTM 的情况只是暂时的，未来融资成本将大幅下行且低于持有债券的 YTM，则投资经理会忍受这种暂时的"负 carry"。由图 6-20 可以看到，过去十年在债券市场使用三年国债套息 7 天回购利率的策略基本都能赚钱，"负 carry"偶尔存在，但会消失。但自 2024 年第二季度以来，这种"负 carry"变得十分明显且持续时间很长。如果融资成本长期高于债券收益率，则杠杆策略的有效性将大大降低。如果央行一致将 7 天回购利率维持在较高

的水平，则未来会有更多的产品采用低杠杆甚至无杠杆的策略。

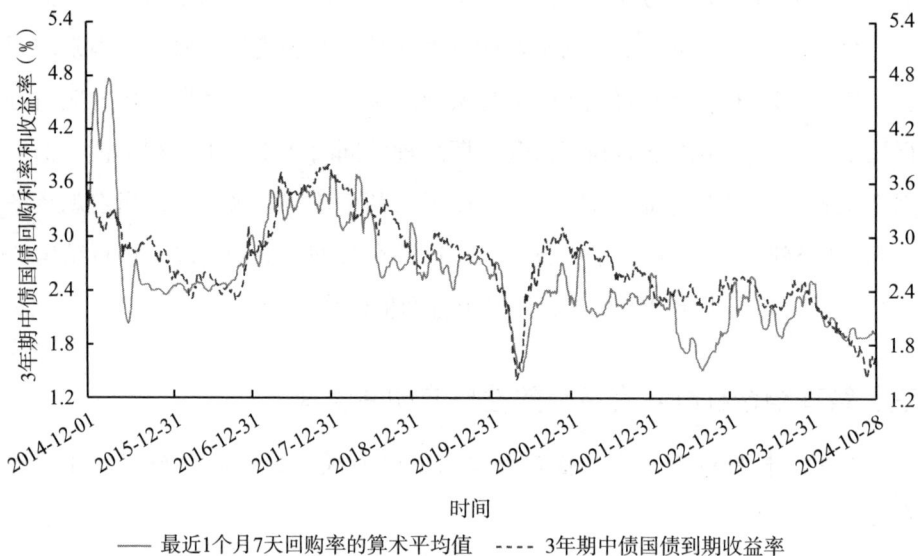

图6-20　3年期中债国债回购利率和收益率对比图

资料来源：Wind 资讯。

　　组合杠杆的高低还与产品的流动性要求有关。本章的第三节已经说明了不同产品的投资限制和流动性要求。在实际管理中，投资经理通过对杠杆的管理来满足不同产品的流动性要求。根据流动性要求的不同，投资经理将配置不同的流动性资产。例如，如果产品预计最高有 50% 的赎回可能性，则投资经理将预留 50% 的流动性资产或者杠杆空间。一般而言，流动性资产包括利率债、同业存单、五大行"二永"债等持续报价的债券品种。利率债中流动性最好的是五年期、十年期等关键期限的活跃券。同业存单中流动性最好的是大行的同业存单。当然，如果流动性要求较高，投资经理也可以给组合留出更多的杠杆融资空间，或者完全不加杠杆。杠杆空间在很多时候为组合留出了操作空间，这个操作空间既可以应对赎回，也可以在市场变化时留下加仓的空间。

四、信用下沉：信用风险的取舍

对于债券组合而言，变化久期和杠杆是为了更好地应对债券市场变动的风险。在市场风险之外，还有信用风险，"信用下沉"则是选择信用风险的过程。债券投资组合的很大一部分收益来自票息收益。这是债券市场和股票市场很不一样的地方，债券市场不是一个"零和博弈"的市场。因为每只债券都有YTM，这意味着债券持有至到期都是赚钱的，只是收益有高有低而已：你买的债券收益率高，则你持有至到期的收益就高；你买的债券收益率低，则你持有至到期的收益就低。按照这个朴素的理论，谁都想持有具有高收益率的债券，但收益和风险往往是匹配的，收益率越高的债券信用风险越高。这就是"信用下沉"策略的缘由，承担越多的信用风险，持有的债券就拥有越高的收益率，投资组合的底仓收益越高。因此，对于很多不想承担市场风险的债券投资者而言，会选择规避掉市场风险，完全选择"信用下沉"带来的票息收益。

本书大部分篇幅都在阐述如何规避信用风险并对信用主体进行排序，读者们应该清楚盲目选用"信用下沉"策略将有很大的"踩雷"风险，即你想赚人家债券的高收益率，但人家想拿走你的本金。因此，收益和信用风险的平衡是很重要的课题，也是本书的核心内容。信用债市场有句经常使用的名言："常在河边走，哪有不湿鞋。"这说的是如果投资经理一直采用极度的信用下沉策略，但投资经理本身对信用债研究并不深入，则投资组合踩雷的可能性极大。但信用风险对于投资经理而言，不是一个"0"或者"1"的选择，而是信用排序的选择。在获得正确信用排序的基础上，可以选择信用风险暴露的程度并给投资组合预留一定的信用风险缓冲空间。投资经理能正确地选择信用风险除了需要了解现在的信用风险排序，还需要判断未来信用市场的变化带来的信用风险排序的变化。如前文所述，不了解债券正确的信用风险排序，则你的投资标的也许看上去外部评级很高，也许收益率也不高，但却有迅速违约的可能。除此之外，如果投资经理不能判断债券市场的变化，跟不上债券市场的迭代，则有可能该投资标的被你买入的时候各方面都很优秀，但1～2年后却由于经营环境的快速恶化而违约了。上述投资标的所涉及的债券，在投资实践中并不少见，都是我们要引以为鉴的。因此，信用风险的选择是一个十分具有技术含量的课题。本人也一直不倡导"信用下沉"策略，而倾向于通过更为精细化的管理来获得超额收益。

五、组合管理考验投资经理的心理素质

投资经理这个职业也是一个十分考验心理素质的职业。企图战胜市场实际上也是在和自己的心理做斗争。

投资经理需要对未来的趋势做出预判，并期望提高预判的正确率。但未来本来就充满了不确定性，就像佛教说的"诸行无常"，没有什么是长久存在的，世事无常才是常态。所以，"试图预判未来"这件事似乎是在"揣摩天意"。整个职业生涯中，我时常会为自己未能预判到某些趋势并做出相应的操作而感到懊恼（这也是大部分投资经理都会经历的烦恼），这种焦虑感会伴随我整个职业生涯中的每一天。大到国外发生战争、宏观政策变化，小到某债券发行人业务被骗、非标违约，都是影响持仓债券的事件。投资经理由于对产品的投资结果负责，所以没有什么上班、下班、假期的概念，只要影响持仓证券的事情发生，投资经理都会被牵动神经，开始预测这件事情对宏观经济、利率走势、投资证券，以及产品净值的影响。这种对趋势预测错误的懊恼以及对发生的事件的牵肠挂肚考验投资经理的抗压能力。

对于投资经理而言，"追涨杀跌"是最舒服的状态，因为"追涨杀跌"是最符合人性的，因此造成的心理压力是最小的。市场参与者都在卖出的时候，市场价格一定比较好，对应的债券收益率也处于高位。此时，跟着市场高位减仓，减仓完毕产品处于低仓位防守状态，投资经理心理压力减小。但收益率高位往往是市场的最优价格，在市场最优价格处减仓对产品往往是不利的。因此，"追涨杀跌"符合人性，且减轻投资经理的压力，但长期而言对产品净值却不利。从债券市场的实践来看，很多时候刚刚在收益率的高位割

肉，此时债券收益率具有吸引力，聪明的资金进入，债券市场收益率迎来大幅度下行。相同地，如果大家都在追涨的时候买入，往往会买到比较差的市场价格。这样"追涨杀跌"的结果就是被市场"左右打脸"。因此，比较成功的投资应该是，在趋势判断的基础上尽量拿到最优市场价格。

谁都想拥有"最优市场价格"的证券，但这需要考验投资经理的心理素质，债券收益率越高越买，短时间内投资经理要承受一定的回撤压力。所以为了做出对产品最有利的投资选择，投资经理大部分时间都在跟市场做对，并承受这种反市场带来的心理折磨。正如巴菲特所说："别人恐惧时我贪婪，别人贪婪时我恐惧。"这句话听上去很简单，做起来当然很难。如果发生了让市场所有人都恐惧并卖出的事件，试问作为市场的一分子，你会不恐惧吗？恐惧是肯定恐惧的，但恐惧只会干扰投资经理的判断，越是在市场动荡的时候，投资经理越要去除恐惧，更为理性地分析市场，做出最客观的判断和决策。所以，保持理性，克服性格中的贪婪和软弱，也十分考验投资经理的心理素质。

后记

　　由于工作繁忙，这本书从开始改动到最后完成花了将近两年的时间。有些数据写着写着就旧了，有些政策写着写着就变了，有些网红债券写着写着就爆雷了。世界变化太快，债券投资人员不仅需要快速地吸收和学习新的知识，每天的盯市和交易也消耗巨大的精力，能挤出时间完成这本书实属不易。

　　我在这里要感谢我的父母和丈夫，在我利用业余时间写作和外出调研期间，帮我照顾我的女儿。我写本书的大部分时间，要么是在陪伴女儿写作业的时候挤出来的，要么是陪女儿在图书馆里看书的时候挤出来的。令我欣慰的是，我女儿酷爱阅读，我和她能默契地在图书馆里待上一天。

　　在本书的创作期间，我咨询了大量同业以及行业研究员，他们都给了我宝贵的意见和数据。我希望这本书尽量专业和客观，帮助到更多对信用债投资感兴趣的朋友。作为一个话痨，我其实还有很多债券投资中的故事想和读者分享，我试图以小说或者散文的形式记录我所经历的债券市场，因为真的很精彩。可能你们没有想到，在债券市场的从业者中，很多人是十分有才华的段子手，投资经理也是每天在市场暴击和自我嘲讽中度日的。很多事情我都已经记录，但最精彩的内容涉及业内机构，比较敏感，可能事过境迁才能出版发行。但不管怎样，我都会尽力给读者提供债券市场最新的方法论和投资心得。

　　最后，希望本书是与读者交流的开始，而不是结束。在快速变化的信用债投资市场，希望未来能更多地和读者交流。